혼자 공부하는 첫 프로그래밍

with 파이썬

개정판

혼자 공부하는 첫 프로그래밍 with 파이썬(개정판)

1:1 과외하듯 배우는 프로그래밍 자습서

초판 1쇄 발행 2020년 6월 30일
개정판 1쇄 발행 2024년 4월 5일

지은이 문현일 / **펴낸이** 전태호
펴낸곳 한빛미디어(주) / **주소** 서울시 서대문구 연희로2길 62 한빛미디어(주) IT출판1부
전화 02-325-5544 / **팩스** 02-336-7124
등록 1999년 6월 24일 제 25100-2017-000058호
ISBN 979-11-6921-213-7 94000 / 979-11-6224-194-3(세트)

총괄 배윤미 / **책임편집** 이미향 / **기획 · 편집** 석정아
디자인 박정화, 박정우 / **일러스트** 이진숙 / **전산편집** 이경숙 / **용어노트** 김도윤, 석정아
영업 김형진, 장경환, 조유미 / **마케팅** 박상용, 한종진, 이행은, 김선아, 고광일, 성화정, 김한솔 / **제작** 박성우, 김정우

이 책에 대한 의견이나 오탈자 및 잘못된 내용은 출판사 홈페이지나 아래 이메일로 알려주십시오.
파본은 구매처에서 교환하실 수 있습니다. 책값은 뒤표지에 표시되어 있습니다.

한빛미디어 홈페이지 www.hanbit.co.kr / 이메일 ask@hanbit.co.kr
소스 코드 www.hanbit.co.kr/src/11213 / 학습 사이트 hongong.hanbit.co.kr

Published by HANBIT Media, Inc. Printed in Korea

지금 하지 않으면 할 수 없는 일이 있습니다.
책으로 펴내고 싶은 아이디어나 원고를 메일(writer@hanbit.co.kr)로 보내 주세요.
한빛미디어(주)는 여러분의 소중한 경험과 지식을 기다리고 있습니다.

혼자 공부하는 첫 프로그래밍 with 파이썬

개정판

문현일 지음

혼자 공부하는 **시리즈 소개**

누구나 혼자 할 수 있습니다! 야심 찬 시작이 작심삼일이 되지 않도록 돕기 위해서 〈혼자 공부하는〉 시리즈를 만들었습니다. 낯선 용어와 친해져서 책장을 술술 넘기며 이해하는 것, 그래서 완독의 기쁨을 경험하고 다음 단계를 스스로 선택할 수 있게 되는 것이 목표입니다.
지금 시작하세요. 〈혼자 공부하는〉 사람들이 '때론 혼자, 때론 같이' 하며 힘이 되겠습니다.

HB 한빛미디어 Hanbit Media, Inc.

첫 독자가 전하는 말

'어떻게 하면 프로그래밍을 처음 접한 학습자가 더 쉽게 프로그래밍 공부를 시작할 수 있을까'라는 고민에서 시작한 이 책은 베타리더 28명의 실제 학습 결과를 기반으로 만들어졌습니다. 독자의 의견을 적극적으로 반영하여 한 단계 더 업그레이드한 프로그래밍 입문서를 지금 만나 보세요.

이 책은 프로그래밍을 처음 접하는 초보자도 쉽게 이해할 수 있도록 설명이 자세하고, 예제와 연습 문제가 풍부합니다. **실제 프로그래밍 문제를 해결하는 능력**을 키울 수 있습니다.

_ 베타리더 이석곤 님

인생 처음 코딩을 경험해 보고 싶은 사람들에게 권하고 싶습니다. 쉬운 용어로 설명하면서 그림을 통해 개념을 잘 잡아 줍니다. 이 책을 통해서 파이썬을 접하면 **코딩에 대한 좋은 터닝 포인트**가 될 거라고 확신합니다.

_ 베타리더 장대혁 님

왜 프로그래밍을 배워야 하는지, 그리고 왜 파이썬으로 시작해야 하는지 명확하게 제시하여 **동기 부여**가 되었습니다. 이론과 실습 코드를 따라가다 보면 어느 순간, 파이썬으로 작성한 **소스 코드를 읽고 쓸 수 있는 능력**을 갖춘 자신을 발견할 거예요.

_ 베타리더 강소현 님

프로그래밍을 전혀 모르는 입문자들을 위한 책입니다. 프로그래밍 경험이 없는 사람들도 쉽게 파이썬을 공부해 볼 수 있게 **프로그램 설치 없이 바로 개발을 시작**합니다. 쉬운 내용부터 시작하고 다양한 이미지로 설명하기 때문에 코딩을 처음 시작하는 분들도 걱정하지 말고 공부해 보라고 추천하고 싶습니다 .

_ 베타리더 이진영 님

독자 스스로 학습을 주도할 수 있게 **독립적인 학습 능력**을 길러주는 책입니다. 프로그래밍 과정을 단계별로 설명하고 실습을 통해 경험하게 하며, 파이썬의 기본적인 문법과 사용법을 체계적으로 배울 수 있습니다. 또한, **개정판으로 최신 트렌드와 업데이트된 정보를 제공**합니다. 프로그래밍 초보자부터 기존 파이썬 사용자까지 모든 독자에게 추천합니다. _ 베타리더 윤명식 님

프로그래밍 입문자가 편하게 접근할 수 있도록 그에 맞춘 친근한 예제들이 돋보입니다. **〈확인 문제〉와 〈도전 문제〉를 학습하면서 개념을 충분히 익힐 수 있어요.** 다른 프로그래밍 언어 혹은 파이썬 심화 학습으로 나아가기 위해 필요한 개념이 충분히 담겨 있습니다.

_ 베타리더 정진오 님

이 책은 **궁금한 내용들을 상세히 알려주고 혼자서도 공부할 수 있도록 친절하게 설명**해 줍니다. 중간중간에 캐릭터도 너무 예뻐요. 캐릭터처럼 머리끈 질끈 동여매고 열심히 프로그래밍에 도전해 보겠습니다.

_ 베타리더 전지우, 전준서 님

'첫 프로그래밍'이라는 제목에 걸맞는 알찬 내용! 말 그대로 혼자서 따라 하기에 제격인 교재이다. 일일이 유튜브를 전전하지 않고 혼자서 책을 끝마칠 수 있다.

_ 베타리더 임경륜 님

『혼자 공부하는 첫 프로그래밍 with 파이썬(개정판)』이 만들어지기까지

강소현, 강율, 김동우, 김민규, 김영익, 김태웅, 김호영, 신경섭, 안승태,
오두영, 윤명식, 이석곤, 이장훈, 이진영, 이호철, 임경륜, 임승민, 임승현,
임재경, 장대혁, 전지우, 전준서, 정진오, 조민혜, 최석균, 최준성, 한경흠, 황대선

28명의 독자가 함께해 주셨습니다. 감사합니다.

"교양 수업같이 편하게, 한번 도전해 보고 싶다면"

Q 저는 프로그래밍을 전혀 모르는데, 정말 이 책으로 혼자 배울 수 있나요?

A 이 책은 '나도 프로그래밍을 할 수 있을까?'라고 막연하게 생각할, 입문자 중에서도 더 입문자를 고려해 집필했습니다. 프로그래밍에 대해서 사전 지식이 없는 사람도 교양 수업처럼 편하게 공부할 수 있고, 끝까지 완독할 수 있도록 난이도를 조절한 책입니다. 또한 처음 시작할 때 프로그래밍 문법을 익히는 책으로 시작했다면 책 한 권을 끝냈어도 여전히 '왜 하는지', '어떻게 하는지'를 몰라 쉽게 포기해 버리는데, 이 책은 프로그래밍 각 요소들이 왜 필요하고, 그 요소들을 활용하면 무엇을 만들 수 있는지, 어떻게 만드는지 등에 초점을 두고 있습니다.

Q 이미 많은 프로그래밍 책이 출간되었는데요, 이 책은 무엇이 다른가요?

A 다른 책과 달리 프로그래밍 개념을 꼬리에 꼬리를 무는 방식으로 반복해서 설명하고, 실생활에서 쉽게 접하는 다양한 상황에 비유하여 처음 접하는 내용이라도 충분히 이해할 수 있도록 구성했습니다. 예제 코드는 실습할 때 부담이 없도록 최대한 10줄 이하로 작성되었고, 〈보면서 익히는 눈코딩〉으로 눈으로 읽어도 프로그래밍 개념을 이해하는 데 문제가 없도록 했습니다.

Q 개정판에서 무엇이 달라졌나요?

A 초판 출간 후 받은 다양한 피드백을 바탕으로 추가하면 좋겠다고 생각한 내용을 〈레벨 업〉과 〈도전 문제〉에 반영했습니다. 또 최근 사회에서 주목받는 생성형 AI의 활용법은 〈좀 더 알아보기〉를 통해 소개했습니다. 이외에도 독자가 오해할 수 있는 내용은 세심하게 검토하고 수정하였습니다.

"누구나 쉽게 시작해, 완독의 기쁨을 누릴 수 있어요"

Q 이 책을 보려면 어떤 선행 지식이 필요할까요?

A 이 책은 웹 브라우저로 인터넷에 접속할 수 있다면 누구라도 사전 배경지식 없이 바로 시작할 수 있어요. 예를 들어 웹 브라우저를 사용해서 한빛미디어 홈페이지에 접속한 뒤, 이 책에 대한 '독자리뷰'를 남길 수 있는 정도의 실력이면 충분합니다. 나머지 필요한 지식은 이 책을 통해서 충분히 학습할 수 있거든요. 나이, 전공, 직업에 상관없이 누구라도 쉽게 시작할 수 있고, 끝까지 읽을 수 있는 내용으로 구성하는 것에 중점을 뒀습니다.

Q 프로그래밍을 배우면 취업하는 데 도움이 될까요?

A 프로그래밍은 결국 데이터를 효과적으로 처리하는 도구로 사용됩니다. 만약 여러분이 회사에서 맡게 될 업무가 많은 데이터를 다뤄야 하는 것이라면 분명 프로그래밍 관련 지식이 취업에 도움이 될 거예요. 프로그래밍 전문가 수준의 지식이 없어도 기본적인 내용만 안다면 IT 담당자와 의사소통이 잘 이루어질 것이기 때문이죠. 분명 엑셀만 사용할 줄 아는 것과 기초적인 내용이라도 프로그래밍을 아는 것은 큰 차이가 있습니다.

Q 독자 여러분께 꼭 당부하고 싶은 말이 있다면?

A 프로그래밍 입문자에게 프로그래밍 언어는 외계어 같겠죠. 하지만 포기하지 말고 끝까지 읽으세요. 예제 코드를 입력하지 않아도 괜찮아요. 실제 코드를 입력하지 않아도 대략의 내용을 이해할 수 있도록 구성했고, 앞의 내용을 100% 이해하지 못했더라도 끝까지 읽을 수 있어요. 일단 끝까지 읽고 나면 프로그래밍 입문서를 완독했다는 기쁨을 느낄 수 있는 것은 물론, 본격적으로 프로그래밍 기본기를 다질 수 있는 파이썬, 자바, C 언어 등에 관심이 갈 것입니다. 마치 운전면허증을 따고 나면 하루빨리 운전대 잡고 차도를 달리고 싶은 것처럼 말이에요. 이렇게 대단히 어려운 일을 해내는 과정에 궁금하거나 잘 이해가 되지 않는 부분이 있다면 언제든 저자의 이메일이나 동영상 강의에 댓글로 질문을 남겨 주세요. 그 길이 즐거울 수 있도록 항상 함께하겠습니다.

『혼자 공부하는 첫 프로그래밍(개정판)』 7단계 길잡이

Start

1

핵심 키워드

해당 절에서 중점적으로 볼 내용을 확인합니다.

2

시작하기 전에

해당 절에서 배울 주제 및 주요 개념을 짚어 줍니다.

3

말풍선

지나치기 쉬운 내용 혹은 꼭 기억해 두어야 할 내용을 짚어 줍니다.

4

보면서 익히는 눈코딩

〈직접 해보는 손코딩〉을 하기 전에 코드를 이미지로 이해해 보세요. 코드가 실행되는 과정을 먼저 눈으로 살펴봅니다.

마무리

▶ 5가지 키워드로 정리하는

• while 반복문은 주어진 조건식을

• for 반복문은 필요한 반복 횟

하는 방법입니다

직접 해보는 손코딩

소스 코드는 직접 손으로 입력한 후 실행시켜 보세요! 코드 이해가 어려우면 주석, 실행 결과, 앞뒤의 코드 설명을 참고하세요.

확인 & 도전 문제

지금까지 학습한 내용을 문제를 풀면서 확인합니다.

* 도전 문제는 개정판에서 추가되었습니다.

5 6 7 Finish

핵심 포인트

절이 끝나면 마무리의 핵심 포인트에서 핵심 키워드의 내용을 복습하세요.

직접 해보는 손코딩 소스 코드

```
01  yo_price = 1800
02  yo_qty = 4
03  milk_price = 1500
04  milk_qty = 2
05
06  yo_sales = yo_price * yo_qty
    milk_sales = milk_price * m
```

▶ 확인 문제 (정답 312쪽)

1. 다음 중 올바른 문장은 무엇인가요?

① 하나의 변수에 여러 개의 데이터를 저장하기 위해 뒤 저장해야 합니다.

도전문제 easy medium hard

본문에서 리스트 데이터 세트를 만드는 방 가지 방법에 대해서 알아

『혼자 공부하는 첫 프로그래밍(개정판)』 100% 활용하기

이 책의 모든 예제는 코랩 사이트에서 실습합니다(50쪽). 온라인 환경이 아닌, 컴퓨터에 파이썬을 설치해 실습하고 싶다면 파이썬 공식 홈페이지에 접속하여 파이썬 설치 프로그램을 다운로드할 수 있습니다.

코랩 사이트 주소

URL http://colab.research.google.com

파이썬 공식 홈페이지 주소

URL https://www.python.org

본격적으로 학습을 시작하기 전에

코드 앞 '01, 02' 숫자의 의미

코드 앞에 주황색으로 적힌 '01, 02, 03, …' 숫자는 코드가 아니고 코드 줄 번호를 의미해요. 코드를 직접 입력할 때 코드 앞에 적힌 숫자는 빼고 입력하세요.

직접 해보는 손코딩 소스 코드 data01.py

```
01 yo_price = 1800
02 yo_qty = 4
03 milk_price = 1500
04 milk_qty = 2
05
```

→ 이 줄에 적힌 숫자는 소스 코드 입력할 때 적지 마세요!

코드 설명에서 '1줄, 2줄'의 의미

코드를 설명해 주는 내용에서 '1줄, 2줄, 3줄, …'은 코드의 '01, 02, 03, …' 줄 번호를 의미해요. 정확히 표현하면, '첫 번째 줄 코드는, 두 번째 줄 코드는, 세 번째 줄 코드는 …'입니다. 읽을 글자 수를 줄이기 위해 '1줄, 2줄, 3줄, …'이라고 썼습니다.

1줄은 count 변수에 3을 저장합니다.

2줄은 while 반복문입니다. 조건식 count < 4의 ㅊ
복 실행하고, False이면 실행을 종료합니다. 현재
True이고, 3~4줄을 반복 실행할 수 있습니다.

3줄은 count에 저장된 숫자를 출력합니다.

학습 사이트 100% 활용하기

예제 파일 다운로드,
동영상 강의 보기, 저자에게 질문하기를 **한 번에!**

hongong.hanbit.co.kr go

사이트 바로가기

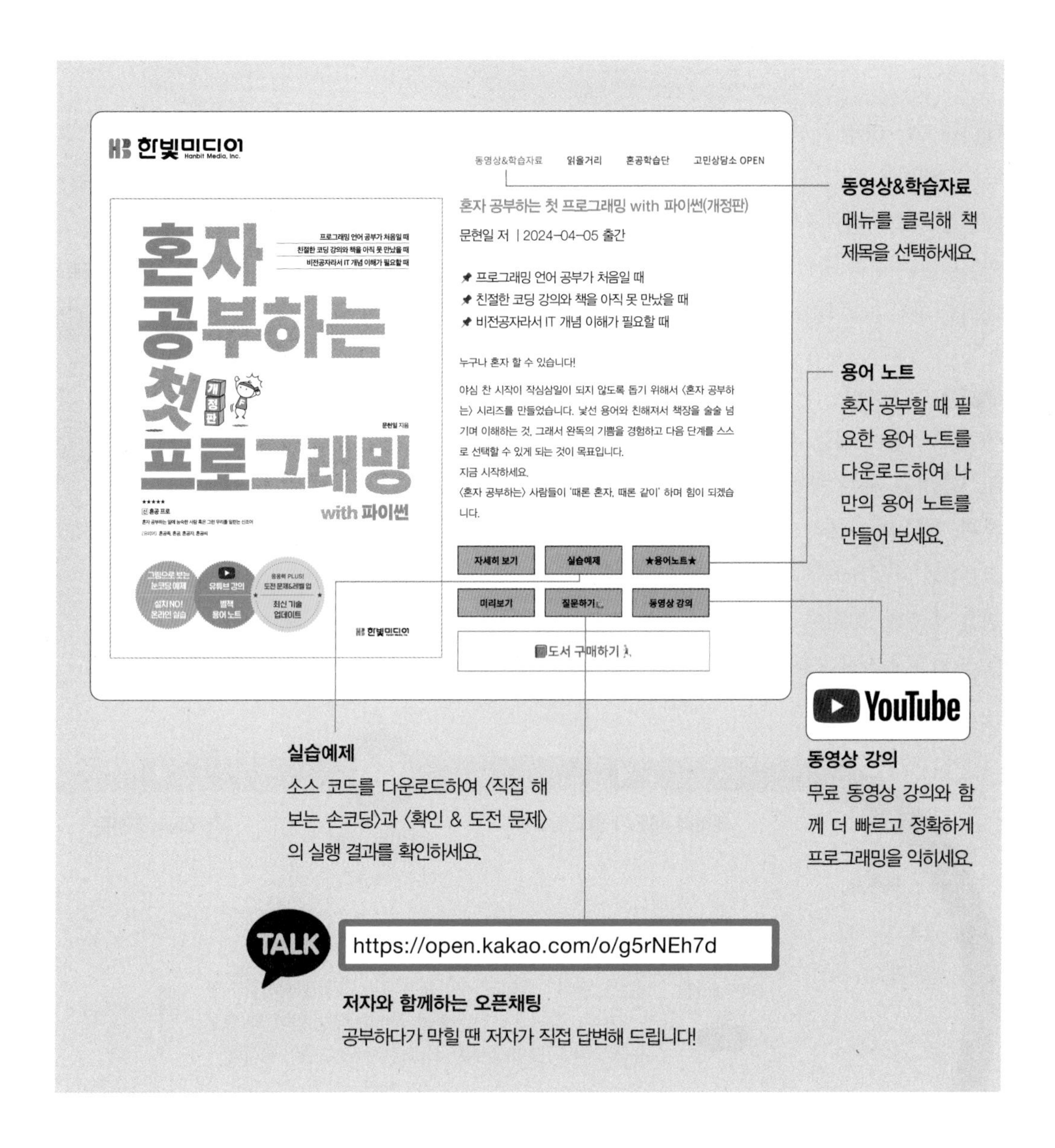

때론 혼자, 때론 같이! '혼공 학습단'과 함께하세요.

한빛미디어에서는 '혼공 학습단'을 모집합니다.
혼공 학습자들과 함께 학습 일정표에 따라 공부하며 완주의 기쁨을 느껴 보세요.

✉ 한빛미디어 홈페이지에서 '메일 수신'에 동의하면 학습단 모집 일정을 안내 받으실 수 있습니다.

학습 로드맵

일러두기

기본편 **01~03장**

프로그래밍을 하기 전, 알아야 하는 기본 개념을 다룹니다. 문자 데이터와 숫자 데이터의 차이점을 확실히 알 수 있고, 숫자 데이터 처리 시 주의할 점을 다룹니다.

고급편 **04~06장**

생활에서 쉽게 접할 수 있는 데이터로 프로그래밍을 하는 방법을 살펴봅니다. 기본편 개념만 사용해서 프로그램을 만들고, 이의 단점을 해결하기 위해서 다른 개념을 추가해, 꼬리에 꼬리를 무는 방식으로 개념을 확장하며 배웁니다.

난이도

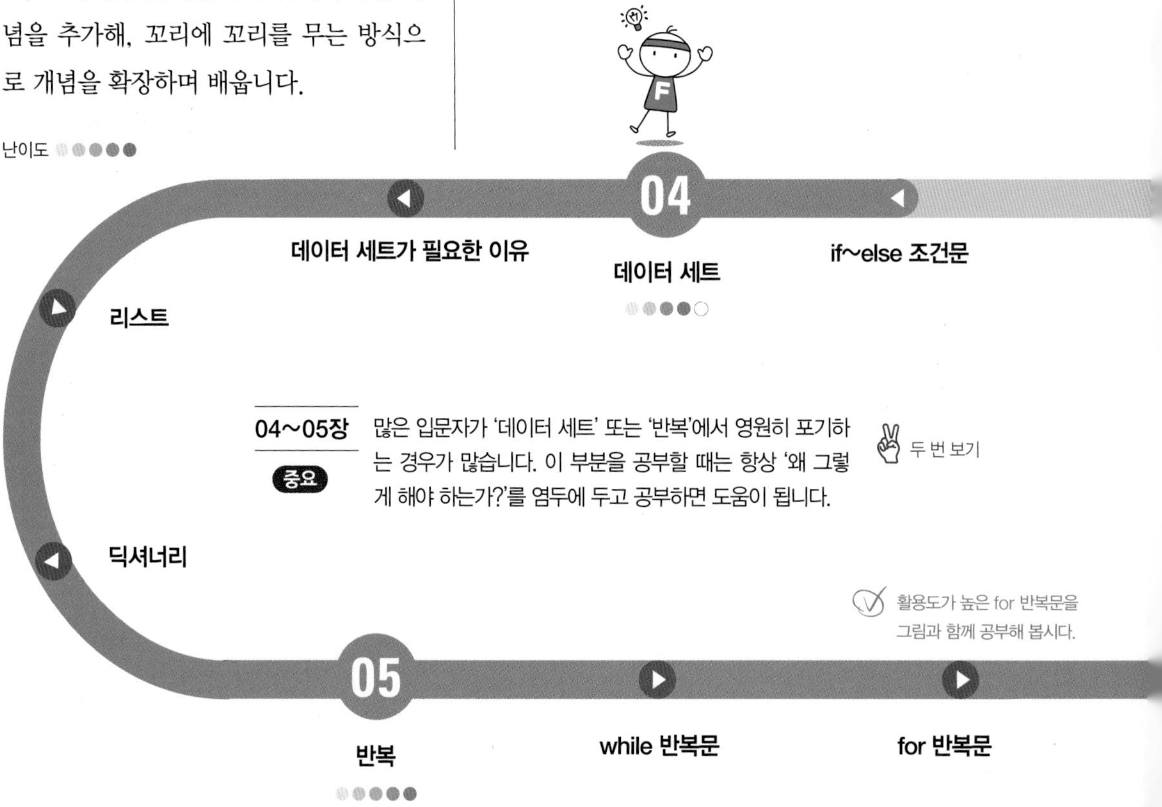

Start

01 첫 프로그래밍

프로그래밍 이해

04 데이터 세트

if~else 조건문

데이터 세트가 필요한 이유

리스트

04~05장 중요 많은 입문자가 '데이터 세트' 또는 '반복'에서 영원히 포기하는 경우가 많습니다. 이 부분을 공부할 때는 항상 '왜 그렇게 해야 하는가?'를 염두에 두고 공부하면 도움이 됩니다.

두 번 보기

딕셔너리

활용도가 높은 for 반복문을 그림과 함께 공부해 봅시다.

05 반복

while 반복문

for 반복문

01~03장 프로그래밍에 도전하는 입문자를 위해서 프로그래밍의 기본 내용을 다룹니다.

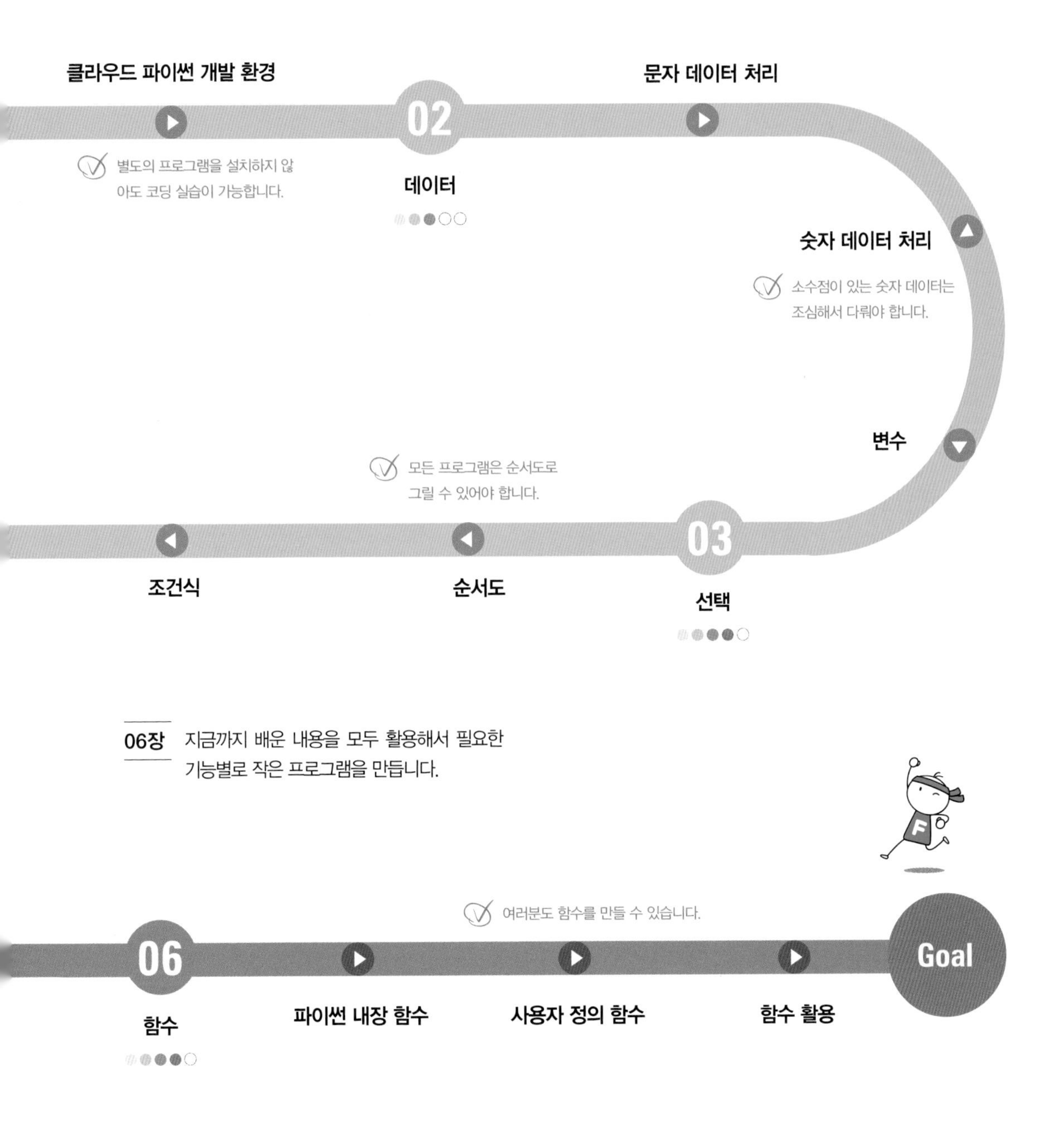

목차

Chapter 01 첫 프로그래밍

Chapter 02 데이터

02-3 숫자 데이터 100

02-4 변수 128

Chapter 03 선택

03-1 선택 구조 이해하기 140

03-2 선택 구조를 파이썬으로 코딩하는 방법 162

Chapter 04 데이터 세트

Chapter 05 반복

Chapter 01

4차 산업 혁명의 등장과 더불어 우리는 프로그래밍 기술이 더는 선택이 아니라 필수인 시대에 살고 있습니다. 모두가 프로그래머가 될 필요는 없지만, 적어도 프로그래밍의 개념이 우리의 일 혹은 일상과 어떻게 융합되는지를 알아야 하는 시대가 온 것이죠. 이번 장에서는 프로그래밍이 무엇이고, 왜 프로그래밍을 배워야 하는지 그 이유에 대해서 알아보겠습니다.

첫 프로그래밍

학습 목표

- 프로그래밍의 개념을 알 수 있습니다.
- 프로그래밍을 왜 배워야 하는지 알 수 있습니다.
- 프로그래밍을 배우려면 무엇을 공부해야 하는지 알 수 있습니다.

01-1 프로그래밍 알아보기

핵심 키워드

프로그램 | 프로그래밍 | 기계어 | 2진법 | 프로그래밍 언어 | 소스 코드

이 책을 집어 든 여러분들은 대부분 프로그래밍에 대해 잘 모르는 사람들일 텐데, 도대체 프로그래밍이 뭐길래 이 책을 보게 된 걸까요? 그 해답을 찾기 위해 첫 번째 주제로 프로그래밍이란 무엇인지, 왜 배워야 하는지, 무엇을 배워야 하는지를 알아보려고 해요. 가벼운 마음으로 편하게 읽어 주세요.

시작하기 전에

프로그램program의 사전적 의미는 컴퓨터에서 특정 작업을 수행하는 일련의 명령어들의 모음입니다. 프로그램은 컴퓨터에서 작업을 수행하기 때문에 '컴퓨터 프로그램'이라고 부르기도 합니다.

문서 작성에 쓰이는 워드프로세서, 수치 계산을 포함해 각종 업무에 필수로 쓰이는 엑셀, 4차 산업 혁명의 중요한 토픽 중 하나인 자율주행차, 현대 사회에 없어서는 안 될 카카오톡과 같은 메신저, 심지어 이제는 항상 몸에 지니고 있는 스마트폰까지, 우리가 접하는 거의 모든 것이 프로그램으로 처리되고 있어요.

지금은 너무도 당연한 것처럼 느끼고 사용하고 있지만, 이 모든 것을 가능하게 한 원동력은 바로 똑똑한 프로그램의 힘이라고 할 수 있지요.

> 프로그램은 소프트웨어(software)라고 부르기도 합니다.

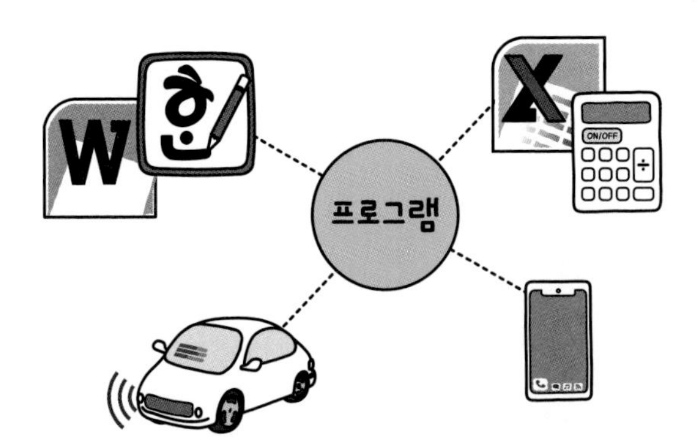

프로그램, 프로그래밍, 코딩 이해하기

프로그래밍programming이란 프로그램을 만드는 모든 과정을 말합니다. 프로그램에 필요한 기능을 분석하고, 분석한 내용을 바탕으로 프로그램을 설계하고, 설계한 기능을 실제 코드로 작성한 다음, 작성한 코드를 테스트한 뒤, 프로그램을 사용자에게 배포하는 모든 과정을 프로그래밍이라고 하는 것이죠. **프로그래머**programmer란 이러한 일련의 과정을 수행하며 프로그래밍을 하는 사람을 말해요.

그렇다면 **코딩**coding이란 무엇일까요? 일반적으로 코딩과 프로그래밍은 같은 의미로 사용하는데, 프로그래밍에서도 실제 코드를 작성하는 과정을 코딩이라고 해요. 코딩이 프로그래밍의 핵심적인 과정이고, 코딩을 공부하는 과정에서 자연스럽게 프로그래밍 전체를 알게 되므로 굳이 두 단어를 구분할 필요는 없어요. 구글 검색 사이트에서 'how to code'라고 검색하면 일상에서 코딩과 프로그래밍이 같은 의미로 쓰인다는 것을 확인할 수 있습니다.

따라서 이 책에서는 프로그래밍과 코딩, 그리고 프로그램과 코드라는 용어를 필요에 따라 적절히 섞어서 사용하겠습니다.

정리해 볼까요?

- **프로그램**은 컴퓨터에서 특정 작업을 수행하는 일련의 명령어들의 모음을 의미합니다.
- **프로그래밍**은 프로그램을 만드는 모든 과정을 말합니다.
- **코딩**은 실제 코드를 작성하는 과정이며, 일반적으로 프로그래밍과 같은 의미로 사용돼요.

프로그래밍을 배워야 하는 현실적 이유

애플을 창업한 스티브 잡스, 마이크로소프트를 창업한 빌 게이츠, 전 미국 대통령 버락 오바마 등 저명한 인사들이, 프로그래밍을 전공하지 않은 '프알못'도, 왜 프로그래밍을 배워야 한다고 말하는 걸까요?

'프알못'은 '프로그래밍을 알지 못하는 사람'의 줄인 말이에요.

여러 가지 이유가 있겠지만, 다음 문장으로 요약할 수 있어요.

"가장 강한 종이 살아남는 것이 아니고, 가장 지적인 종이 살아남는 것도 아니다. 변화에 가장 잘 적응하는 종이 살아남는다."

위 문장은 루이지애나 주립대학교 경영대학원 교수 리언 C. 메긴슨Leon C. Megginson이 찰스 다윈의 자연 선택설을 경영학의 관점에서 쉽게 풀어쓴 문장입니다. 핵심은 '변화에 가장 잘 적응하는 종이 살아남는다'는 것이에요. 반대로 생각하면, 세상의 변화에 적응하지 못하면 살아남을 수 없다는 것이죠. 지금 우리가 살고 있는 세상에는 어떤 변화가 일어나고 있을까요?

다음은 실제로 우리 주변에서 벌어지고 있는 변화를 단적으로 보여 주는 사례입니다.

노키아 스마트폰 세계 시장 점유율 변화

무려 14년(1998~2011년)간 휴대 전화 분야에서 세계 시장 점유율 1위를 자랑하던 노키아가 모바일 중심의 시장 변화를 제대로 읽지 못해 결국 휴대 전화 사업을 포기했어요.

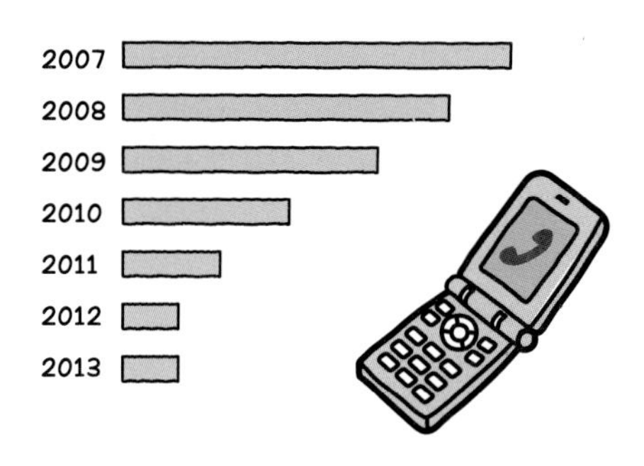

카카오의 폭발적인 성장

카카오는 스마트폰이 출시되자 기존의 유료 문자 메시지 서비스를 대체할 무료 메시지 서비스 카카오톡을 개발했고 이후 빠른 속도로 성장을 거듭한 끝에 대한민국 '국민 메신저'의 지위를 얻게 되었어요. 이러한 성공을 바탕으로 네이버와 한국 IT 산업을 양분했던 다음커뮤니케이션을 흡수합병한 후, 게임, 검색, 커머스, 엔터테인먼트, 교통, 심지어 진입 장벽이 높았던 금융 산업까지 진출해서 좋은 성적을 내고 있어요. 이렇듯 스마트폰 출시에 따른 모바일 환경 변화에 잘 대처한 카카오는 이제 대한민국을 대표하는 기업으로 성장했어요.

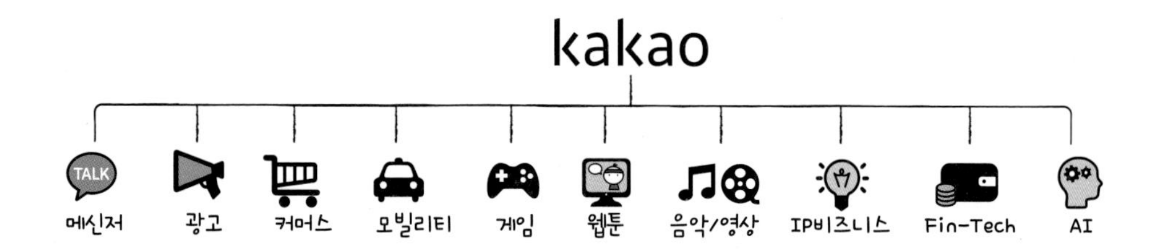

세상을 놀라게 한 인공지능

2016년 구글의 인공지능 소프트웨어 알파고가 세계 최정상급 프로 기사 이세돌 9단을 4:1로 이기며 그동안 난공불락이라 여겨졌던 바둑계에 큰 이슈로 등장했어요. 전 세계가 놀랐고, 눈부신 속도로 발전하고 있는 인공지능 분야를 대중에게 알리는 계기가 되었습니다.

포브스 선정 2019년 가장 가치 있는 브랜드 Top5

미국의 유명한 비즈니스 전문지 포브스는 2019년 세계에서 가장 가치 있는 브랜드(World's Most Valuable Brands)로 애플, 구글, 마이크로소프트, 아마존, 페이스북을 선정했습니다. 모두 IT 산업을 대표하는 기업입니다.

Logo	Rank	Brand
	#1	Apple
Google	#2	Google
Microsoft	#3	Microsoft
amazon	#4	Amazon
	#5	Facebook

인공지능의 발전

이후 시간이 흘러 2022년 11월, 인공지능 연구회사 OpanAI는 인공지능 챗봇 서비스 챗GPT ChatGPT를 출시했어요. 챗GPT의 놀라운 성능은 곧장 두각을 드러냈고 이후 전 세계에 챗GPT 열풍이 불었습니다. 그림을 그리거나, 글을 요약하거나, 프레젠테이션 자료를 만들어 주는 등 실제로 일상생활에 인공지능 기술이 깊이 파고들기 시작했죠. 분야를 막론하고 챗GPT를 비롯한 인공지능 기술을 잘 활용하는 사람이 일도 잘하는 시대가 온 거예요.

앞에서 다룬 모든 사례는 우연히 일어난 것이 아니에요. 이 변화의 중심에 기술 산업의 혁신이 자리하고 있으며, 이러한 변화를 '프로그래밍'이 이끌고 있어요. 그렇다면 이러한 시대의 흐름에 맞춰 모든 사람이 프로그래밍 전문가가 되어야 할까요?

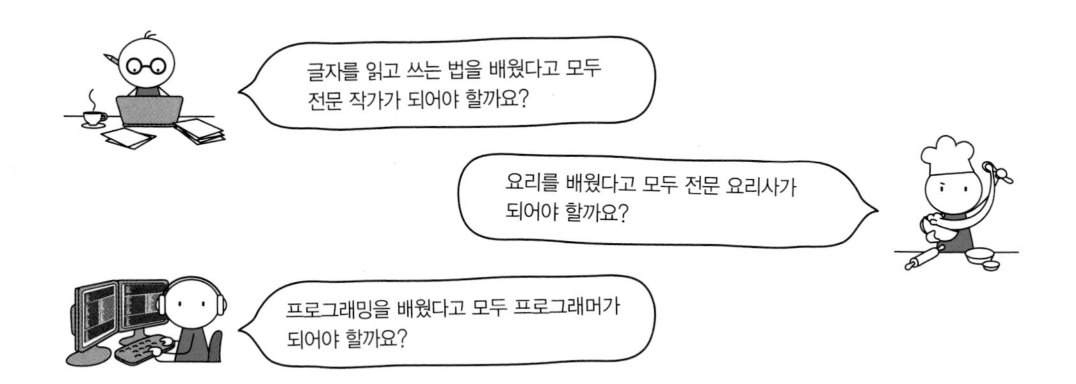

아니에요, 그렇지 않아요. 단지 요즘 일상생활에서 사용하고 있는 서비스 및 제품들이 모두 컴퓨터 프로그램으로 이루어진 만큼, 프로그래밍을 배우면 세상의 변화를 조금 더 잘 이해하고 효과적으로

변화에 대처할 수 있어요. 프로그래밍을 공부하는 과정에서 여러분 내면에 숨어 있던 재능을 발견할 수도 있는 것은 덤이고요. 앞으로 우리가 만나게 될 미래에서 프로그래밍은 더는 선택이 아닌 필수가 될 것입니다.

여러분의 의사와 관계없이 세상의 변화는 이미 시작됐어요. 전 세계 대학교가 앞다퉈 인공지능 교육 과정을 개설하고 프로그래밍을 필수 교육 과정의 하나로 지정하고 있으며, 우리나라도 초등학교에서 이미 프로그래밍 수업이 진행되고 있어요. 이러한 변화를 마냥 무시할 수만은 없겠죠? 그래서 여러분도 프로그래밍을 배워야 하는 거예요.

프로그래밍을 하려면 알아야 하는 것들

우리는 사람들과 **언어**language로 대화해요. 예를 들어 한국에서는 한국어로 대화하고, 미국에서는 영어로 대화합니다.

마찬가지로 컴퓨터도 그들만의 언어, 즉 **기계어**machine language라고 불리는 언어가 있어요. 기계어는 0과 1로 모든 것을 표현하는 **2진법**binary system을 사용해요. 처음 컴퓨터가 발명됐을 때 전기 신호가 들어왔는지(1), 들어오지 않았는지(0)를 확인하기 위한 방법으로 2진법을 사용하기 시작해서 지금까지 사용하고 있어요. 그렇다면 프로그래밍을 하기 위해서 기계어를 배워야 할까요?

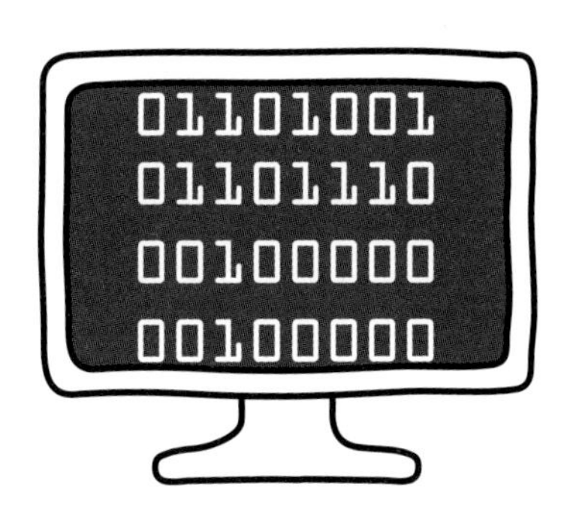

아닙니다. 컴퓨터가 발명된 초기에는 기계어로 코딩을 했지만, 프로그램이 복잡해지면서 어느 순간 기계어로 코딩을 하는 것이 사실상 불가능해졌고 마침내 컴퓨터 과학자들은 기계어의 대안을 찾기 시작했어요. 그 결과, 사람이 쉽게 이해할 수 있는 문자를 활용해서 프로그램을 만들 수 있는 새로운 언어를 개발했어요. 이 언어를 **프로그래밍 언어**programming language라고 해요. 말 그대로 프로그램을 만드는 데 사용하는 언어라는 의미예요.

프로그래밍 언어가 등장하면서 드디어 우리는 0과 1의 난해한 조합 대신 영어 알파벳, 한글 등을 사용해서 코딩을 할 수 있게 되었습니다. 이때부터 프로그래밍을 다루는 산업이 빠르게 발전합니다.

프로그래밍 언어는 다음과 같이 크게 **소스 코드**와 **번역기**로 이루어져 있어요.

소스 코드

모든 언어는 고유한 문법이 있어요. 한국어에는 국문법이 있고, 영어에는 영문법이 있듯이 말이죠. 컴퓨터도 마찬가지예요. 프로그래밍 언어마다 고유한 문법이 있는데, 이러한 문법에 따라 작성된 프로그램을 **소스 코드**source code라고 합니다. 소스 코드는 사람이 사용하는 문자인 영어 알파벳, 한글, 숫자 등으로 작성됩니다. 따라서 여러분이 만든 소스 코드를 실제 컴퓨터에서 실행하기 위해서는 컴퓨터가 이해할 수 있는 기계어로 번역해야 해요.

번역기

여러분이 작성한 소스 코드는 프로그래밍 언어의 번역기를 통해 기계어로 번역됩니다. 이 번역기를 **컴파일러**compiler 또는 **인터프리터**interpreter라고 하고, 번역된 코드를 머신 코드machine code 또는 바이너리 코드binary code라고 해요. 번역된 코드는 기계어로 작성되므로 컴퓨터가 이해하고 실행할 수 있어요.

소스 코드를 기계어로 번역한 것을 머신 코드(machine code) 또는 바이너리 코드(binary code)라고 합니다.

결국 프로그래밍이라는 것은,

1. 프로그래밍 언어의 문법에 따라 **소스 코드를 작성**하고,
2. 프로그래밍 언어의 번역기를 사용해서 소스 코드를 **기계어로 번역하는 과정**을 말합니다.

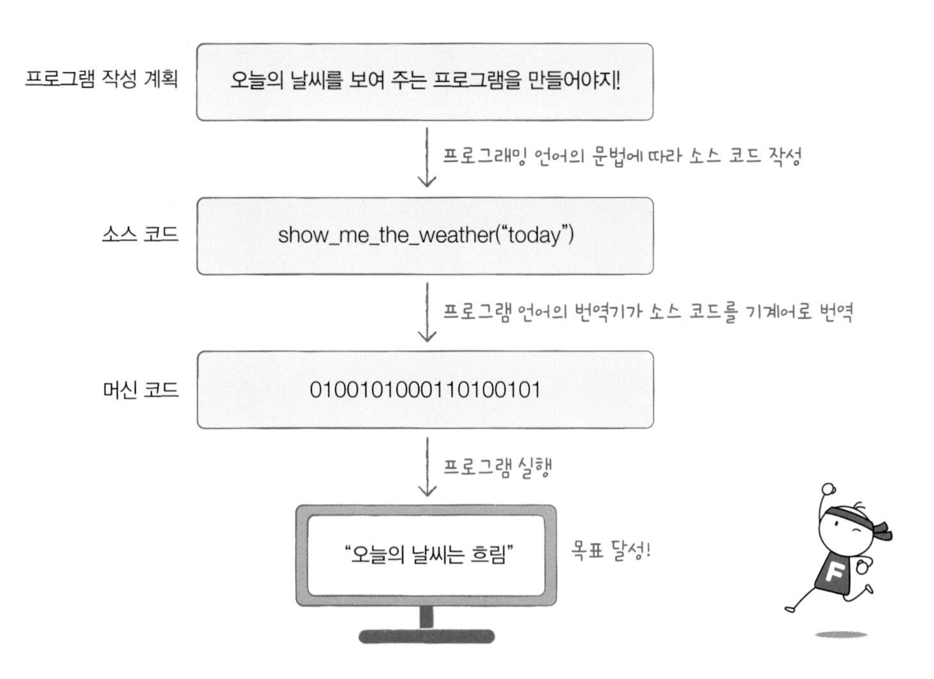

그렇다면 프로그래밍을 하기 위해서 무엇을 배워야 할까요? 정답은 바로 '프로그래밍 언어'입니다.

"프로그래밍을 하려면 프로그래밍 언어를 배워야 해요."

프로그래밍 언어를 배운다는 것은 다음 두 가지를 배우는 것을 의미해요.

1. 프로그래밍 언어의 문법에 따라 **소스 코드를 작성하는 방법**
2. 프로그래밍 언어가 제공하는 번역기를 사용해서 **소스 코드를 기계어로 번역하는 방법**

문법을 배우는 것도 모자라 기계어로 번역하는 방법까지 배워야 한다니, 영어보다 더 어렵게 느껴지나요? 걱정하지 마세요. 이 책을 모두 읽고 나면 우리가 평생 붙들고 있으면서도 유창하게 하지 못하는 영어보다 더 쉽게 느껴질 것입니다.

지금까지 이야기한 것을 머릿속에 쏙쏙 집어넣고 마무리하겠습니다.

- 컴퓨터와 대화하기 위해서는 컴퓨터가 이해하는 언어, 즉 **기계어**가 필요합니다.
- 기계어는 1과 0으로 모든 것을 표현하는 **2진법**을 사용합니다.
- 기계어는 사람이 이해하기 매우 어렵기 때문에 기계어를 대체할 수 있는 새로운 언어, 즉 **프로그래밍 언어**가 등장했습니다.

- 프로그래밍 언어의 문법에 따라 사람이 이해할 수 있는 문자로 작성된 프로그램을 **소스 코드**라고 합니다.
- 프로그래밍 언어가 제공하는 **번역기**를 이용해서 소스 코드를 컴퓨터가 이해할 수 있는 기계어로 번역해야 합니다.
- 기계어로 번역된 코드를 머신 코드 또는 바이너리 코드라고 합니다.

코딩을 하려면 프로그래밍 언어를 배워야 해요.

마무리

▶ 6가지 키워드로 정리하는 핵심 포인트

- **프로그램**이란 컴퓨터에서 특정 작업을 수행하는 일련의 명령어들의 모음을 말합니다.
- **프로그래밍**이란 프로그램을 만드는 모든 과정을 말합니다.
- 컴퓨터와 대화를 하기 위해서는 **기계어**를 사용해야 합니다.
- 컴퓨터는 모든 정보를 **2진법**을 사용해서 처리합니다.
- 사람이 이해하기 쉬운 언어로 컴퓨터와 대화하기 위해 **프로그래밍 언어**가 등장했습니다.
- 프로그래밍 언어를 사용해서 작성된 프로그램을 **소스 코드**라고 합니다.

▶ 확인 문제 (정답 374쪽)

1. 다음 중 틀린 문장은 무엇인가요?

① 프로그램이란 특정 작업을 수행하는 일련의 명령어들의 모음을 말합니다.
② 스마트폰에서 실행되는 카카오톡은 컴퓨터 프로그램이 아닙니다.
③ 컴퓨터는 모든 정보를 2진법을 사용해서 처리합니다.
④ 프로그래밍 언어는 사람이 이해할 수 있습니다.
⑤ 소스 코드는 프로그래밍 언어로 작성된 프로그램입니다.

2. 다음 중 프로그래밍 언어의 번역기를 일컫는 것을 두 개 고르세요.

① 소스 코드 ② 컴파일러 ③ 인터프리터 ④ 컴퓨터

01-2 "Hello, World!" 프로그램 만들기

핵심 키워드

머신 코드 | 파이썬 인터프리터 | 클라우드 파이썬 개발 환경

본격적으로 프로그램을 만들어 보겠습니다. 이번 절에서는 다양한 언어로 작성된 "Hello, World!" 프로그램을 알아보고, 그중에서 가장 쉬운 것을 선택해서 실습해 보겠습니다.

시작하기 전에

아래 단어들은 차례대로 한국어, 영어, 스페인어, 이탈리아어, 독일어 인사말입니다. 이러한 인사말의 특징은 무엇일까요? 바로 새로운 언어를 배울 때 가장 먼저 배우는 표현이라는 점입니다.

마찬가지로 프로그래밍 언어도 하나의 언어이기 때문에 인사말이 있습니다. 이번 절에서는 프로그래밍 언어에서 인사말은 어떤 의미가 있는지 알아보고, 실제 프로그램을 만들어 보겠습니다.

"Hello, World!" 프로그램 알아보기

새로운 언어를 배울 때 가장 먼저 배우는 것은 어떤 말일까요? 바로 인사말입니다. 한국어를 배운다면 '안녕하세요?', 영어를 배운다면 'Hello?'가 되겠죠?

프로그래밍 언어도 인사말이 있습니다. 바로 "Hello, World!"입니다. 프로그래밍 언어의 인사말이 "Hello, World!"라는 것은 무슨 의미일까요? 컴퓨터가 사람처럼 "Hello, World!"라고 외치는 것은 아닐 텐데 말이죠.

프로그래밍 언어의 인사말은 컴퓨터 화면에 "Hello, World!"라는 글자를 표시하는 것을 의미하고, 이러한 기능을 수행하는 프로그램을 "Hello, World!" 프로그램(이하 **헬로 월드 프로그램**)이라고 합니다.

헬로 월드 프로그램을 만들기 위해서는 다음과 같이 2가지 문법만 배우면 돼요.

- "Hello, World!"라는 글자를 만드는 방법
- 글자를 화면에 표시하는 방법

다음 세 가지 소스 코드는 서로 다른 프로그래밍 언어로 작성된 헬로 월드 프로그램입니다. 다음 소스 코드는 모두 "Hello, World!" 글자를 화면에 표시해요. 여러분이 '프알못'이라고 가정한다면 다음 세 가지 소스 코드 중에서 어떤 것이 쉽고 간단해 보이나요?

"Hello, World!" 프로그램의 다양한 소스 코드는 구글 검색 사이트에서 'hello world example'로 검색하면 확인할 수 있어요.

소스 코드 1

```
#include <stdio.h>
int main() {
    printf("Hello, World!");
    return 0;
}
```

소스 코드 2

```
public class HelloWorld {
    public static void main(String[] args) {
        System.out.println("Hello, World!");
    }
}
```

소스 코드 3

```
print("Hello, World!")
```

위 소스 코드들을 작성할 때 사용한 프로그래밍 언어는 다음과 같습니다.

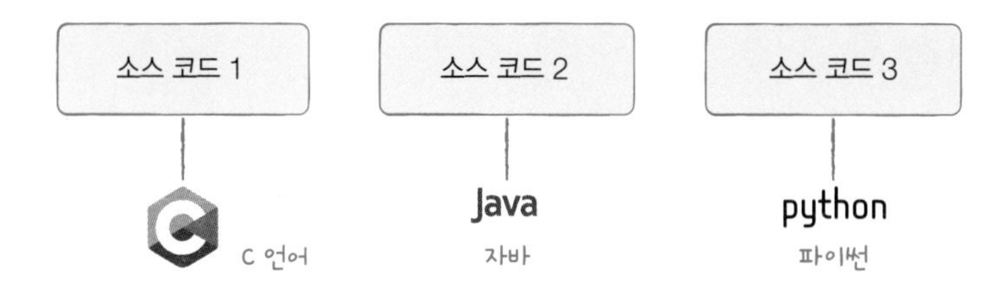

소스 코드 1, 2, 3은 모두 기능이 같은 프로그램이지만, 사용된 언어가 다르기 때문에 소스 코드의 내용도 달라요.

그렇다면 코딩 입문자의 입장에서 어떤 프로그래밍 언어를 배우는 것이 좋을까요? 아마 대부분은 단 한 줄로 헬로 월드 프로그램을 작성할 수 있는 파이썬을 선택할 것입니다. 코드의 길이가 짧다는 것은 그만큼 배워야 할 내용의 양이 적다는 뜻이고, 그만큼 쉽고 빠르게 배울 수 있다는 뜻이거든요. 따라서 앞으로 이 책에서는 파이썬으로 코딩에 입문하는 방법을 알려드릴 예정이에요.

파이썬으로 프로그래밍을 시작하는 이유

파이썬이 '쉽고 빠르게 배울 수 있는 언어'라는 것은 앞에서 간단히 설명 드렸어요. 그렇다면 다음과 같은 질문의 답도 파이썬일까요?

- **파이썬이 모든 면에서 뛰어난 언어인가요?**

  아니요. 모든 프로그래밍 언어가 그렇듯이 파이썬도 장단점이 있어요.

- **가장 인기 있는 언어인가요?**

  아니요. 분야에 따라 다르지만 우리나라의 취업 시장에서 가장 인기 있는 언어는 자바java입니다.

파이썬은 네덜란드 출신의 개발자 '귀도 반 로섬'이 1991년에 발표한 프로그래밍 언어입니다.

- **가장 쉬운 언어인가요?**

  아니요. 프로그래밍 언어 중 하나인 자바스크립트javascript는 웹 브라우저만 있으면 별도의 프로그램 설치 없이 바로 코딩할 수 있고, 난이도로 따져 봐도 파이썬과 비슷합니다.

- **참고 자료가 가장 많은 언어인가요?**

  아니요. 역사가 오래된 C 언어의 자료가 더 많아요.

모든 면에서 뛰어난 언어도, 가장 인기 있는 언어도, 가장 쉬운 언어도, 참고 자료가 가장 많은 언어도 아닌 파이썬을 써야 하는 진정한 이유는 무엇일까요? 그 이유는 다음의 한 문장으로 요약할 수 있어요.

"인생은 짧아요. 그래서 파이썬이 필요해요(Life is short. You need Python.)."

『씽킹 인 C++(Thinking in C++)』, 『씽킹 인 자바(Thinking in Java)』의 저자이자, 저명한 ANSI C++ 프로그래밍 언어 개발자인 브루스 에켈Bruce Eckel은 위와 같이 말했습니다.

해석하자면, '세상에 할 일이 너무도 많으니 어렵게 돌아가지 말고, 파이썬을 써서 쉽고 빠르게 해결하자'라는 말입니다. 세계적으로 유명한 개발자가 한 말이기에 사람들의 관심을 끌었죠. 급기야 'Life is short. Use Python'이라는 메시지를 활용한 여러 가지 상품도 등장했어요. 그만큼 위 문장이 파이썬의 특징을 짧고 재미있게 잘 표현했다는 뜻이죠.

이제부터 파이썬을 꼭 선택해야 하는 이유를 하나씩 살펴볼게요.

하나, 파이썬은 인기가 많다!

파이썬이 인기가 많은 이유는 다음과 같이 두 가지로 요약할 수 있어요.

- 파이썬은 활용도가 높아 다양하게 쓸 수 있습니다.
- 파이썬은 많은 사람들이 사용하기 때문에 궁금한 점이 있을 때 쉽게 해결책을 찾을 수 있습니다.

만약, 여러분이 익힌 지식이 다양하게 쓰이지 않고 곧 사라질 운명이라면 배우고 싶겠어요? 어떤 필요에 의해서 배웠다 해도 공들인 만큼 보람이 없겠죠. 또한 인기가 없는 프로그래밍 언어라면 궁금한 점이 있어도 해결책을 찾기가 쉽지 않아요. 프로그램 개발이 어려워진다는 이야기죠. 따라서 프로그래밍을 처음 공부하는 사람은 인기 있는 언어를 선택하는 것이 합리적일 것입니다.

파이썬은 다양한 응용 분야에서 활용됩니다. 예를 들어 데이터 수집, 업무 자동화, 대용량 데이터 처리·분석·시각화 분야에서는 거의 표준으로 사용되죠. 특히 머신러닝, 딥러닝 등 인공지능 분야에서는 파이썬이 기본이기 때문에 인공지능 관련 프로그램을 코딩하려면 반드시 파이썬을 배워야 합니다.

그럼 파이썬이 인기가 많다는 사실은 어떻게 알 수 있을까요? 전 세계 모든 개발자들이 궁금한 점이 있을 때 찾는 사이트가 있어요. 이름하여 스택 오버플로https://stackoverflow.com라는 사이트인데요, 여러분이 어떤 언어를 선택하든지 상관없이 궁금한 점이 있다면 이 사이트에서 찾아보세요. 거의 모든 언어에 대한 답을 구할 수 있을 정도로 유명한 사이트입니다.

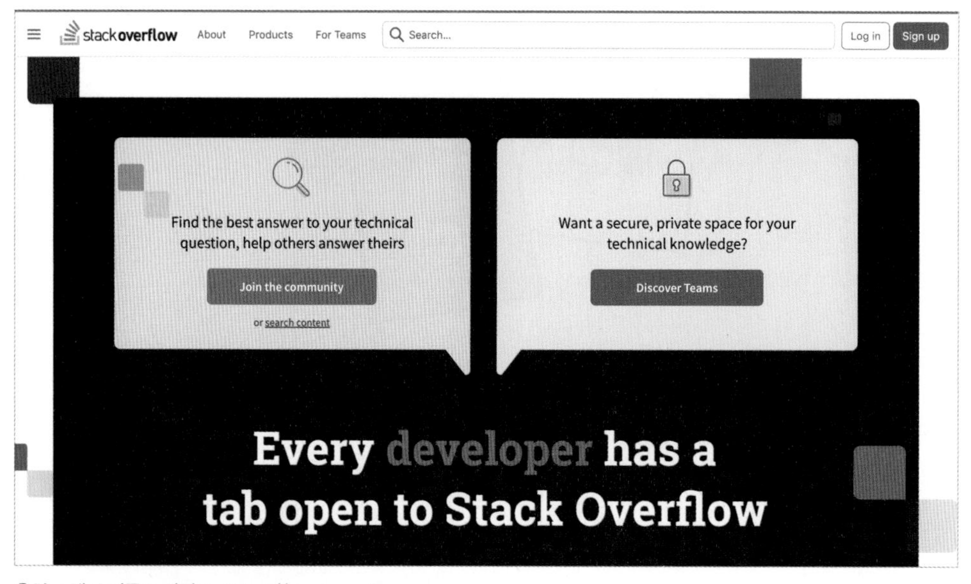

출처 스택 오버플로 사이트_ https://stackoverflow.com

스택 오버플로는 매년 프로그래밍 언어와 관련하여 여러 가지 재미있는 통계치를 발표해요. 그런데 이곳에서도 파이썬의 인기가 급상승하여 '파이썬의 놀라운 성장The Incredible Growth of Python'이라는 제목의 기사를 낸 적이 있어요(2017년 7월).

이 기사에 따르면 2011년 말부터 2017년 상반기까지 스택 오버플로에서 이루어진 주요 프로그래밍 언어의 질문 조회수를 집계한 결과, 2012년부터 파이썬 사용자는 놀라운 속도로 늘어났고, 결국 2017년 6월에 파이썬이 주요 프로그래밍 언어를 누르고 처음으로 1위를 합니다. 또한 같은 기사에서 주요 프로그래밍 언어의 인기도traffic를 예측했는데, 다음 그래프의 음영 부분에서 알 수 있듯 파이썬 사용자가 지속적으로 증가하여 1위를 유지할 것으로 예측되었습니다.

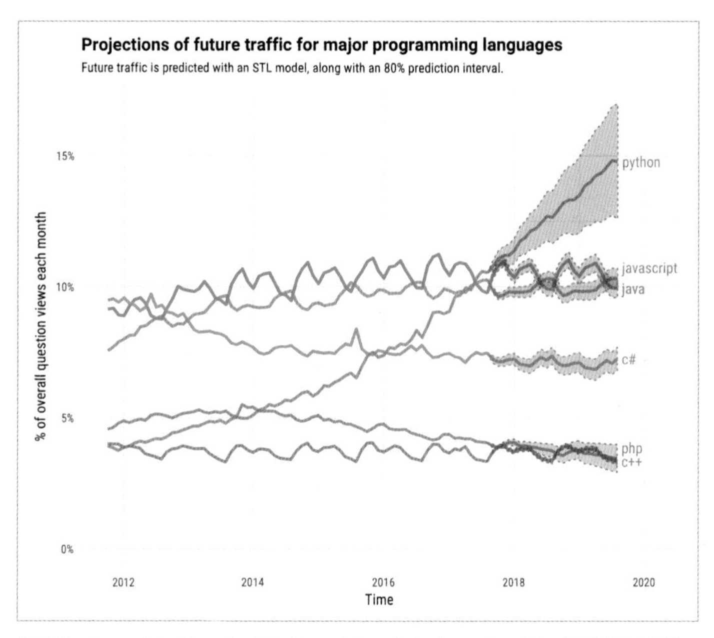

출처 The Incredible Growth of Python_ https://stackoverflow.blog/2017/09/06/incredible-growth-python

실제로 위 그래프가 공개된 이후의 상황은 어떻게 변했을까요? 스택 오버플로는 2008년 설립 이후 현재까지 자사 서비스에 등록된 질문에 사용된 태그를 집계해서 프로그래밍 트렌드를 파악할 수 있는 서비스를 제공합니다. 구글에서 'stack overflow trends(스택 오버플로 트렌드)'로 검색하면 다음 그림과 같은 페이지를 볼 수 있어요.

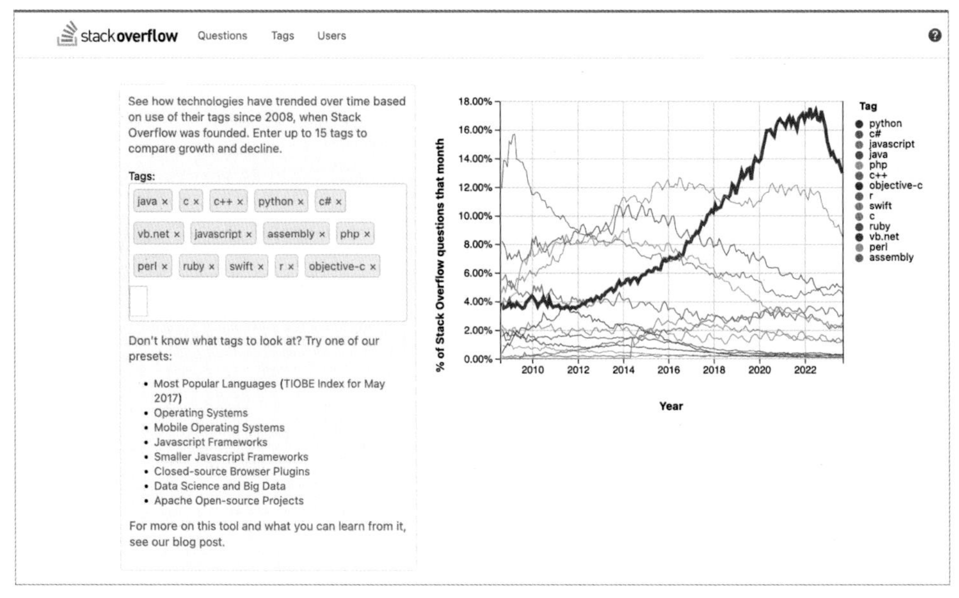

출처 Stack Overflow Trends_ https://insights.stackoverflow.com/trends?tags=c%2Cjavascript%2Cjava%2Cpython

위 그림을 보면 파이썬에 대한 관심이 2012년부터 증가하기 시작해 지금까지도 꾸준히 상승세를 보이고 있음을 알 수 있어요. 2012년에 무슨 일이 일어났던 걸까요?

2012년에 이미지넷ImageNet 대회에서 딥러닝 알고리즘 기반 알렉스넷AlexNet이 우승을 차지하면서 인공지능 분야에 혁신적인 변화가 일어났습니다. 이러한 딥러닝 모델들을 구현하고 학습시키기 위해 파이썬이 널리 사용되었죠. 이후 인공지능 관련 프로그래밍 언어하면 파이썬이 대세가 됐습니다.

이미지넷(ImageNet)은 이미지 인식 및 분류에 관한 연구를 촉진하기 위해 개최된 대회입니다.

이 정도면 파이썬의 인기를 실감할 수 있겠죠?

둘, 파이썬은 배우기 쉽다!

파이썬은 정말 배우기 쉬워요. 물론 쉽다는 것은 상대적인 개념이지만, 전 세계 프로그래밍 전문가들이 배우기 쉬운 프로그래밍 언어로 항상 파이썬을 우선순위에 둔다면 어느 정도 객관적인 것으로 봐도 되겠죠? 구글 검색 사이트에서 'easy programming language to learn(가장 배우기 쉬운 프로그래밍 언어)'이라는 검색어로 검색해 보세요.

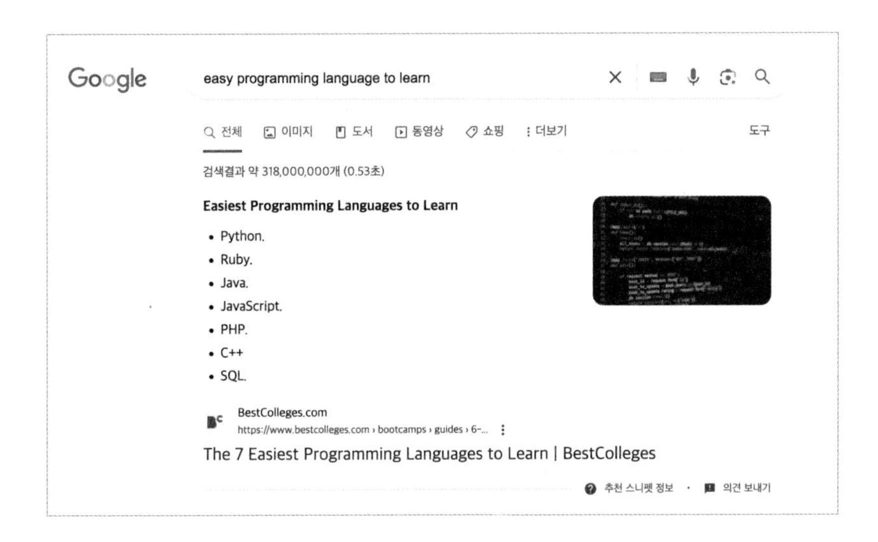

배우기 쉬운 프로그래밍 언어로 파이썬이 가장 먼저 언급되고 있어요. 검색 결과는 시점에 따라 달라질 수 있지만, 파이썬이 배우기 쉬운 프로그래밍 언어 목록에 늘 빠지지 않는다는 것은 변하지 않는 사실이죠.

파이썬의 문법은 일반적인 영어 문장을 그대로 옮겨 놓은 것과 별 차이가 없을 정도로 비슷해서 프로그래밍을 잘 알지 못해도 쉽게 배울 수 있어요. 또한 파이썬은 소스 코드의 가독성을 높이기 위해 **들여쓰기**indent를 강제로 도입했어요. 이 규칙은 호불호가 명확한데, 어쨌든 이 규칙 덕분에 파이썬 소스 코드의 가독성이 높아진 것은 사실이죠.

파이썬의 들여쓰기 규칙은 3장에서 다시 언급하겠습니다.

셋, 파이썬은 충분히 빠르다!

어떤 프로그래밍 언어가 '빠르다' 또는 '느리다'라고 말하려면 다음과 같이 두 가지 측면을 고려해야 합니다.

- 컴퓨터가 프로그램을 실행하는 속도
- 사람이 프로그램을 개발하고 유지 보수하는 속도

첫 번째 측면에서 보면 파이썬은 상대적으로 C 언어나 자바보다 느려요. 이 책에서 자세히 설명하기는 어렵지만, 파이썬 설계상 어쩔 수 없는 부분이죠.

하지만, 두 번째 측면을 고려하면 파이썬은 다른 어떤 언어보다 빠르다고 볼 수 있어요. 쉬운 문법, 거대한 라이브러리, 활발한 커뮤니티 등 파이썬이 갖고 있는 여러 가지 특징은 프로그램 개발 속도를 향상시키고, 유지 보수 비용을 절감하는 데 큰 도움을 줘요.

✚ 여기서 잠깐 라이브러리

라이브러리(library)란 파이썬이 기본적으로 제공하거나 다른 사람이 만든 프로그램을 말합니다. 라이브러리를 이용하면 여러분이 필요한 기능을 직접 개발하지 않고 쉽고 빠르게 가져다 활용할 수 있습니다.

게다가 최근에는 컴퓨터 성능(CPU, 메모리, 스토리지 등)이 향상되어 프로그램 실행 속도의 중요성은 점점 작아지고 있는 반면, 급변하는 사회 트렌드에 대응하기 위해 빠른 개발의 중요성은 점점 커지고 있어요.

예를 들어, 여러분의 경쟁 업체가 최신 트렌드에 맞는 서비스를 내놓았을 때, 이에 대응하기 위해 새로운 프로그램을 개발한다고 가정해 보죠. 이때 프로그램 실행 속도를 1~2초 단축하기 위해 개발 기간이 3개월 걸리는 자바 언어나 C 언어를 쓰겠어요, 아니면 프로그램 실행 속도가 1~2초 느리지만 개발 기간이 일주일 걸리는 파이썬을 쓰겠어요?

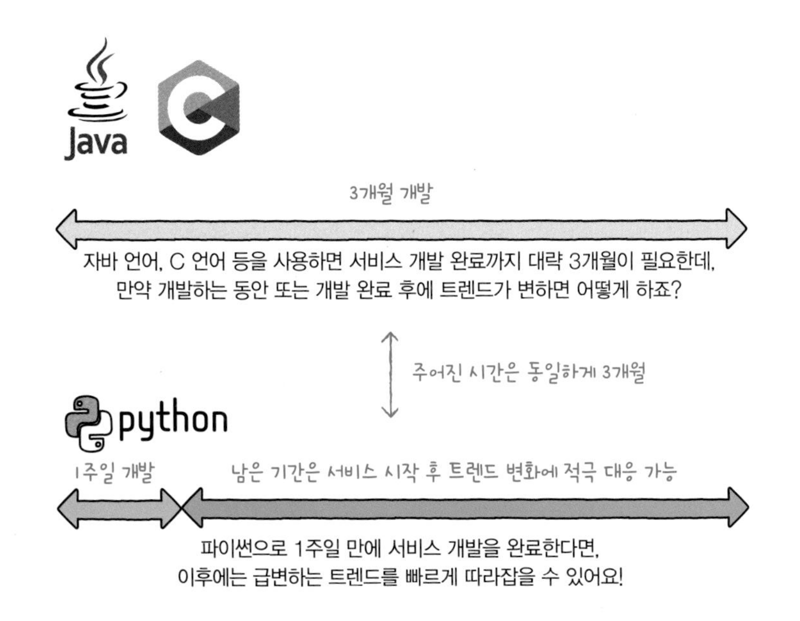

여러분의 가치 판단에 따라 결정이 달라지겠지만, 실행 속도가 조금 느리더라도 개발 속도를 끌어올리는 것이 최근의 추세입니다. 세계적으로 유명한 SNS 인스타그램instagram, 동영상으로 전세계를 휩쓸고 있는 유튜브YouTube가 괜히 파이썬으로 서버를 개발했겠어요?

넷, 파이썬은 다른 언어와 궁합이 좋다!

만약 높은 개발 난이도와 비싼 유지 보수 비용을 고려할 필요가 없다면, C 언어는 최고의 프로그래밍 언어라고 볼 수 있어요. 오랜 시간 동안 수많은 사람에 의해 성능과 안정성이 검증된 프로그램을 활용할 수 있기 때문이죠.

그럼 C 언어도 배워야 할까요? 그렇지는 않습니다. C 언어는 파이썬에 비해 어렵고 복잡한 프로그래밍 언어예요. 여러분이 C 언어를 배워야 하는 뚜렷한 목적과 흥미가 있다면 배우는 게 좋겠지만, 그렇지 않다면 굳이 C 언어를 배울 필요가 없어요.

하지만 C 언어로 작성된 프로그램이 견고하고 효율적이라는 사실은 여전하죠. 그래서 파이썬은 이런 좋은 프로그램을 가져다 편리하게 활용합니다.

파이썬은 스스로 **접착제 언어**glue language라고 홍보할 정도로 다른 언어와 궁합이 좋아요. 즉, 다른 언어와 섞어 쓰기 좋다는 것이죠. 예를 들어, C 언어로 작성된 중요 프로그램을 파이썬에 가져다 쓴다면 앞서 이야기했던 프로그램 실행 속도가 느리다는 파이썬의 단점을 거의 완벽하게 보완할 수 있죠.

이를테면 실행 속도가 느릴 것으로 예상되는, 수리적인 계산이 필요한 부분은 C 언어로 작성하여 프로그램 실행 속도를 높이고, 나머지 다른 부분은 파이썬으로 작성해서 개발 속도를 높여 두 프로그램을 결합하면 C 언어의 장점과 파이썬의 장점을 동시에 활용할 수 있죠!

다른 언어도 파이썬과 마찬가지로 C 언어로 작성된 프로그램을 가져다 활용할 수 있지만, 그 과정이 복잡하고 어려운 경우가 많아요. 반면, 파이썬은 다른 언어와 접착제만 발라 붙여서 사용할 수 있다고 비유할 수 있을 정도로 간단합니다.

최근 데이터 사이언스 분야에서 파이썬이 주목받으며 거의 표준으로 자리 잡고 있는 이유가 바로 여기에 있습니다. 파이썬은 다른 언어로 만든 프로그램을 마치 원래 파이썬 프로그램이었던 것처럼 사용할 수 있고, 그 방법이 간단하기 때문이지요.

머신러닝과 관련하여 가장 인기 있는 프로그램인 **텐서플로**tensorflow, **넘파이**numpy, **판다스**pandas 등이 이러한 파이썬의 장점을 활용해서 작성되었습니다.

그럼 이제, 굳이 왜 파이썬이어야 하는지 다 이해되셨죠? '인생은 짧아요. 그래서 파이썬이 필요해요.'라고 하는 부분에서 파이썬의 철학이 느껴지지 않나요? 인기가 있는 것에는 다 이유가 있습니다. 이제 파이썬을 배워야 하는 이유를 요약해 보겠습니다.

- 다양한 분야에 범용적으로 쓰이며 많은 사람이 쓰고 있기 때문에 문제 해결에도 도움이 됩니다.
- 문법이 쉽고, 가독성이 뛰어납니다.
- 프로그래밍 언어의 속도를 고려할 때는 프로그램 실행 속도뿐만 아니라 프로그램 개발 속도도 고려해야 하며, 최근 후자의 중요성이 점점 부각되고 있습니다.
- 다른 프로그래밍 언어와 호환성이 좋아 다른 언어의 장점과 파이썬의 장점을 동시에 누릴 수 있습니다.

파이썬으로 코딩하기 위해 필요한 것들

이제 본격적으로 코딩을 하기 전에 필요한 준비물을 알아보겠습니다. 여러분이 파이썬을 프로그래밍 언어로 선택했기 때문에 필요한 준비물은 딱 하나면 됩니다. 그것은 바로 파이썬 소스 코드를 머신 코드로 번역하는 **번역기**입니다. 여기서 **소스 코드**source code는 인간이 이해할 수 있는 언어로 작성된 프로그램을 말하고, **머신 코드**machine code는 별도의 절차 없이 컴퓨터가 바로 실행할 수 있는 기계어 혹은 이진 부호로 이루어진 프로그램을 말합니다.

+ 여기서 잠깐 **기계어, 이진 코드, 머신 코드**

기계어는 컴퓨터가 바로 이해할 수 있는 이진 부호를 말하며, 머신 코드는 0과 1로 작성된 프로그램을 말합니다. 세밀하게 들어가면 조금씩 다른 의미가 있지만, 일반적으로 기계어(machine language), 이진 코드(binary code), 머신 코드(machine code)는 같은 의미로 사용됩니다.

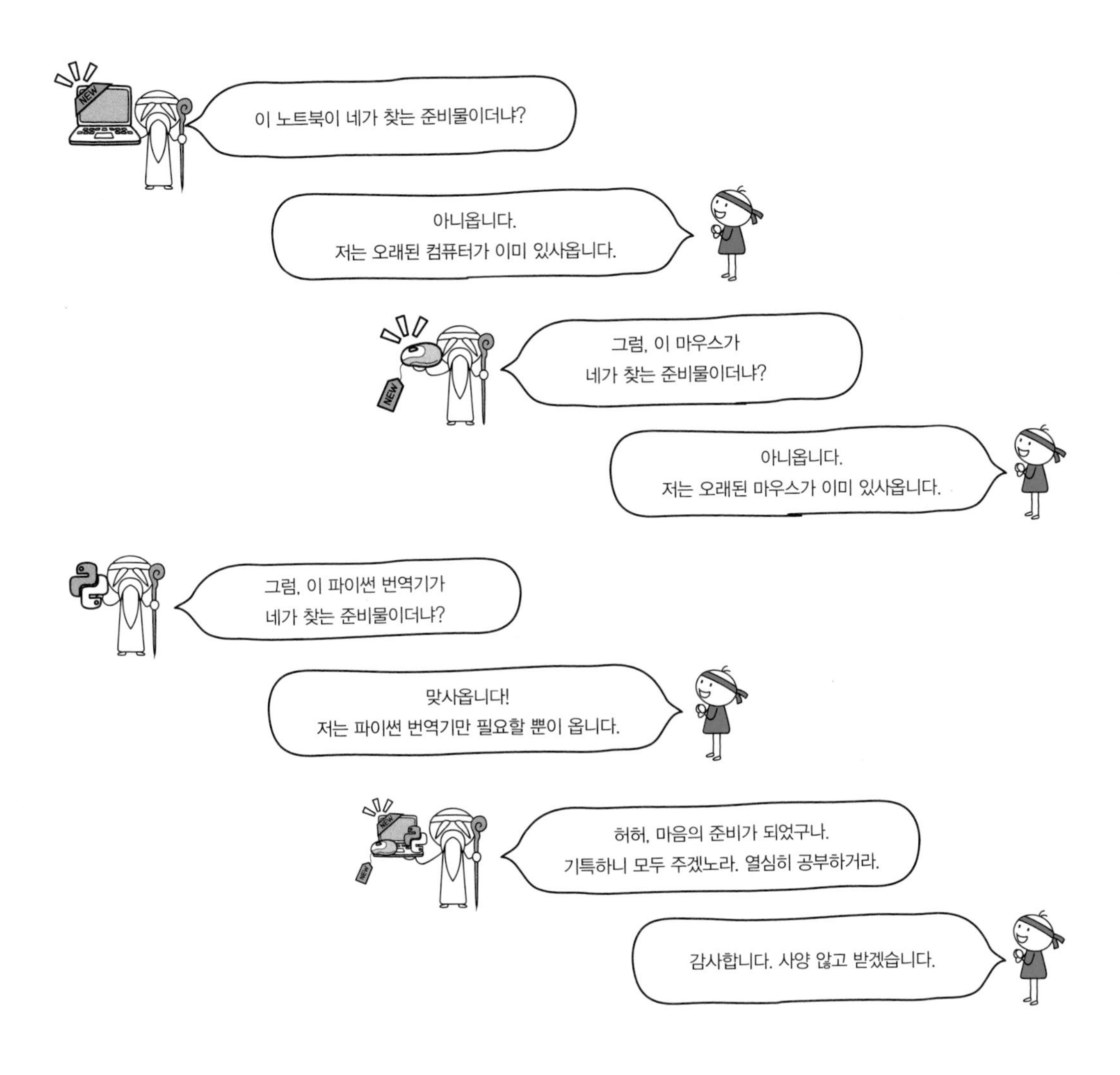

먼저, 번역기의 종류에 대해서 잠깐 알아볼게요. 번역기는 일반적으로 번역기의 작동 방식에 따라 크게 '컴파일러'와 '인터프리터'로 구분할 수 있어요.

컴파일러

컴파일러compiler는 소스 코드를 머신 코드로 번역하는 프로그램을 말합니다. 이 과정을 **컴파일**compile이라고 해요. 다음에서 설명할 인터프리터도 소스 코드를 번역하는 기능을 가지고 있지만, 컴파일러는 프로그램 실행에 필요한 전체 소스 코드를 한 번에 번역하는 것이 특징입니다.

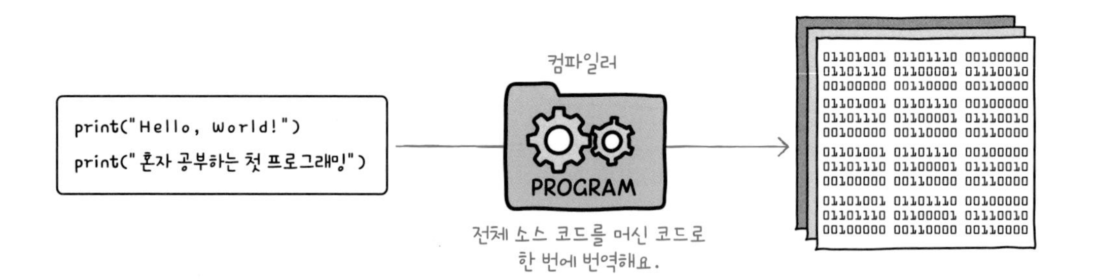

인터프리터

인터프리터interpreter도 컴파일러와 마찬가지로 소스 코드를 머신 코드로 번역하지만, 소스 코드를 한 줄씩 필요한 부분만 번역한다는 점에서 컴파일러와 차이가 있죠.

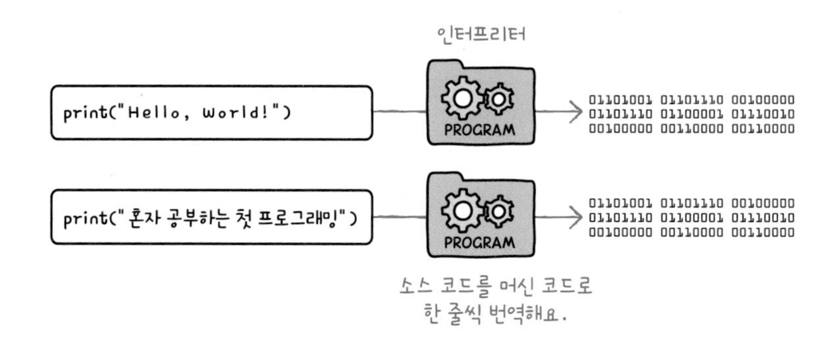

+ 여기서 잠깐 **컴파일러와 인터프리터의 기능과 역할**

컴파일러와 인터프리터의 기능과 역할을 정확히 구분하여 설명하자면 어렵고 지루한 내용이 될 것입니다. 따라서 프로그래밍을 처음 접하는 단계에서 컴파일러는 전체 소스 코드를 한 번에 번역하고, 인터프리터는 소스 코드를 한 줄씩 필요한 부분만 번역한다고만 알아 두면 충분합니다.

파이썬 인터프리터

여러분이 작성한 파이썬 소스 코드를 머신 코드로 번역하고 실제로 실행하기 위해서는 파이썬 전용 번역기, 즉 **파이썬 인터프리터**가 필요합니다. 파이썬 인터프리터는 보통의 인터프리터와 달리 내부에 **파이썬 컴파일러**를 포함하고 있습니다. 따라서 기본적으로는 소스 코드를 한 줄씩 필요한 부분만 번역하지만, 상황에 따라서는 전체 소스 코드를 한번에 번역하는 경우도 있어요. 어떤 방법이든 파이썬 인터프리터가 소스 코드를 머신 코드로 번역한다는 점은 같아요.

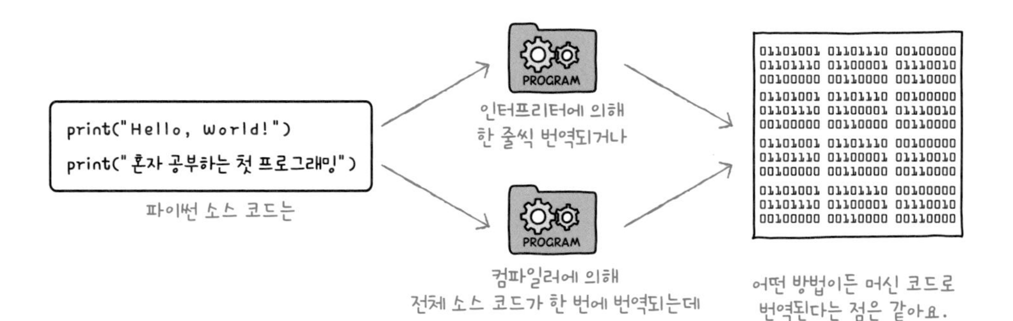

그런데 파이썬 인터프리터를 컴퓨터에 설치하는 것이 생각보다 단순하지 않아요. 다음과 같이 예상치 못한 문제점이 발생할 수 있거든요.

- 컴퓨터의 운영 체제에 따라 파이썬 인터프리터 설치 방법이 다릅니다.
- 컴퓨터에 이미 파이썬 인터프리터가 설치되어 있는데, 그 사실을 모르고 추가로 설치하는 경우 인터프리터의 경로 문제나 버전 문제가 발생할 수 있습니다.
- 컴퓨터에 보안 솔루션이 설치된 경우, 보안 솔루션이 파이썬 설치를 막는 경우가 종종 있습니다. 특히 회사 컴퓨터에 파이썬을 설치할 때 알 수 없는 설치 오류가 발생할 수 있는데, 전문가가 아니라면 오류의 원인을 쉽게 파악할 수 없죠.

+ 여기서 잠깐 | 운영 체제

운영 체제(Operating System)란 컴퓨터를 켜면 제일 처음 실행되는 핵심 프로그램을 말하는데, 대표적인 운영 체제는 윈도우(Windows), 맥OS(macOS), 리눅스(Linux) 등이 있습니다.

+ 여기서 잠깐 | 경로 문제와 버전 문제

경로 문제란 동일한 프로그램이 여러 곳에 설치된 경우 실행할 프로그램의 경로(위치)를 정확히 지정하지 않아서 발생하는 문제를 말합니다. 버전 문제란 여러 가지 버전의 프로그램이 설치된 경우 버전별로 지원하는 명령어가 다를 때 발생하는 문제를 말합니다.

이외에도 문제가 발생할 가능성이 있는 사례가 많지만, 이러한 문제들의 공통점은 '컴알못'이나 '프알못'이 해결하기 어렵다는 점입니다.

'컴알못'이란 '컴퓨터에 대해 잘 알지 못하는 사람'의 줄임말입니다.

따라서 이 책에서는 과감하게 파이썬 인터프리터를 설치하는 과정을 생략할게요! 이 책이 처음부터 끝까지 지향하는 것은 '파이썬을 쉽고 빠르게 배워서 잘 써먹는 것'이기 때문에 발생 가능한 문제점을 최대한 사전에 만들지 않으려고 해요. 이어지는 내용에서 파이썬 실습을 가장 스마트하게 하는 방법을 알아보겠습니다.

스마트하게 파이썬을 실습하는 방법: 클라우드 파이썬 개발 환경

5G 시대답게 인터넷만 연결되어 있으면 언제 어디서든 파이썬 실습을 할 수 있어요. 모바일 환경(스마트폰, 태블릿 PC)에서도 파이썬 실습이 가능하죠. 인터넷에 구성된 파이썬 개발 환경, 즉 클라우드 파이썬 개발 환경에 대해 알아보겠습니다.

+ 여기서 잠깐 | 개발 환경

이 책에서는 컴퓨터에 직접 파이썬 인터프리터를 설치하지 않고, 인터넷만 연결되어 있으면 언제 어디서든 할 수 있는 클라우드 파이썬으로 실습 환경을 구성합니다. 이처럼 파이썬 코딩을 위해 준비하는 과정을 '개발 환경을 구성한다'라고 표현합니다. 참고로 대규모 프로젝트에 투입되는 전문가들도 첫 한 주 동안은 개발 환경 구성에만 신경 쓸 정도로 프로그래밍의 개발 환경 구성은 쉽지 않은 경우가 많습니다.

클라우드 파이썬 개발 환경을 사용하면 소스 코드를 작성하고, 이것을 머신 코드로 번역하고, 번역된 머신 코드를 실행하고, 실행된 결과를 인터넷으로 확인할 수 있어요. 이처럼 인터넷에 접속할 수 있는 웹 브라우저만 있으면 프로그래밍의 모든 것이 가능해요.

이러한 과정은 인터넷 뉴스 댓글을 작성하는 것과 크게 다르지 않아요.

예를 들면, 인터넷 뉴스 사이트에 접속해서,

① 댓글을 작성하고,

② 등록 버튼을 누르면,

③ 등록된 댓글을 확인할 수 있어요.

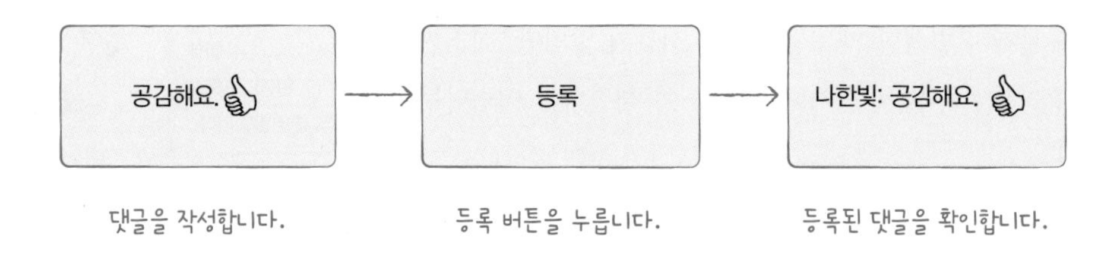

클라우드 파이썬 개발 환경도 위와 비슷한 방식으로 작동해요.

인터넷에 접속해서,

① 소스 코드를 작성하고,

② 실행 버튼을 누르면,

③ 그 결과를 웹 브라우저에서 확인할 수 있어요. 여기서 실행 버튼은 소스 코드를 번역하고 번역된 결과를 실행하는 과정을 한번에 처리해요.

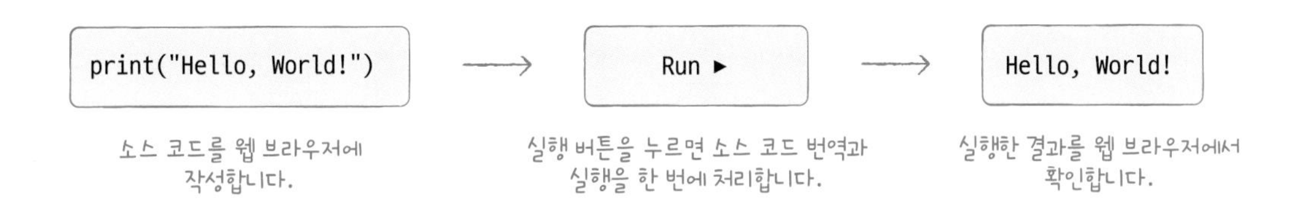

+ 여기서 잠깐 **클라우드 서비스**

클라우드 서비스(cloud service)란 필요한 프로그램을 인터넷에 접속해서 실행하는 방식을 말하는데, 여러분의 개인 컴퓨터에 프로그램을 설치할 필요가 없다는 장점이 있어요. 예를 들면 마이크로소프트는 오피스 365라는 클라우드 서비스를 제공하는데, 인터넷에 접속해서 웹 브라우저로 워드(Word), 엑셀(Excel) 같은 프로그램을 쓸 수 있어요.

클라우드 파이썬 개발 환경을 제공하는 서비스가 여러 가지 있어요. 그중에서 우리는 구글 **코랩**Colab 이라는 서비스를 이용할 예정입니다. 이 서비스는 코드 작성과 실행이 매우 간편하다는 장점이 있고, 무료 회원가입을 하면 여러분이 작성한 코드를 클라우드(인터넷)에서 관리할 수 있어요.

이제 본격적으로 코랩에서 소스 코드를 작성해 볼게요.

01 코랩 사이트 접속하기 인터넷 웹 브라우저를 실행하고 주소 입력란에 https://colab.research.google.com을 입력해 코랩 사이트에 접속합니다. 다음과 같은 화면이 보이면, 구글 계정에 로그인하기 위해 오른쪽 위에 있는 [로그인] 버튼을 클릭해 주세요.

웹 브라우저는 크롬, 엣지, 파이어폭스 등 최신 브라우저 사용을 추천합니다.

코랩 사이트 주소

URL https://colab.research.google.com

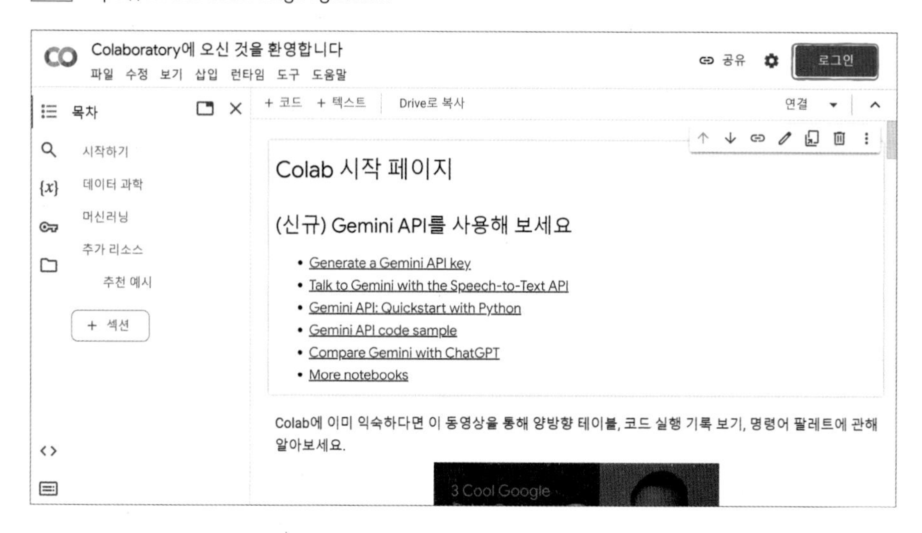

02 구글 계정 로그인하기 다음과 같이 구글 로그인 화면이 보이면, 이메일과 비밀번호를 입력하고 로그인하세요. 2단계 인증이 설정되어 있는 경우 휴대전화 또는 태블릿 PC에서 2단계 인증까지 완료해 주세요.

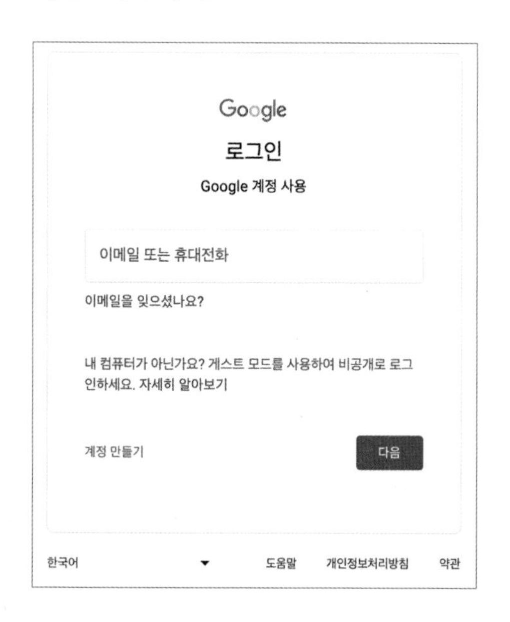

구글 계정이 없다면 [계정 만들기]를 클릭해서 계정을 만들고 로그인을 진행하세요.

03 **새 노트 만들기** 구글 로그인이 완료되면, 다음 그림과 같이 [노트 열기] 창이 나타납니다. 코드를 작성하기 위해 왼쪽 아래에 있는 [+ 새 노트] 버튼을 클릭하세요.

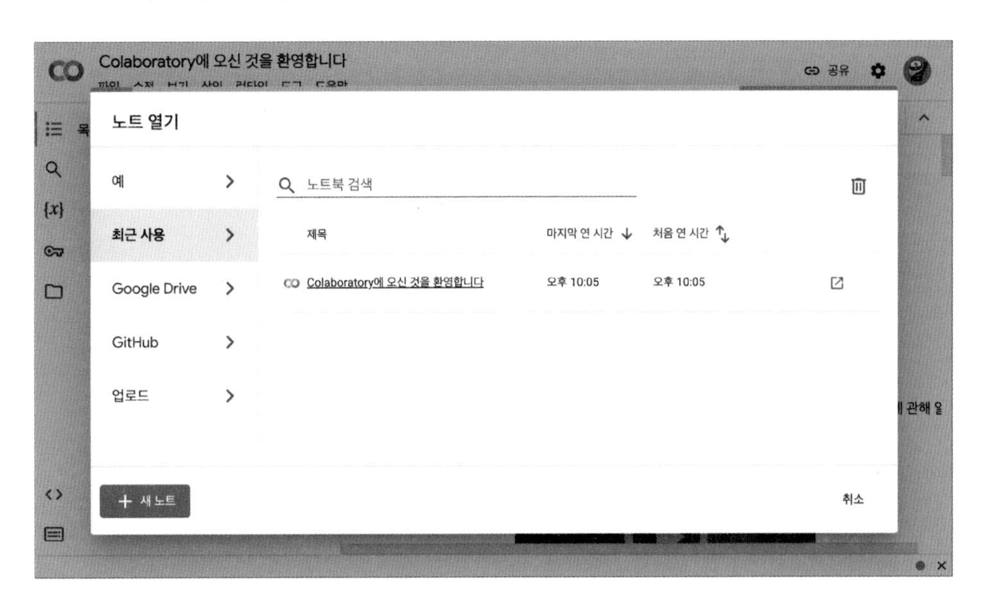

+ 여기서 잠깐 **[노트 열기] 창이 보이지 않는 경우 새 노트 만드는 방법**

코랩에서는 파이썬 소스 코드를 '노트'라고 부릅니다. 코랩 노트의 왼쪽 상단에 [파일], [수정], [보기] 등 주요 메뉴가 있어요. 메뉴에서 [파일]–[새 노트]를 클릭하면 새 노트를 만들 수 있어요.

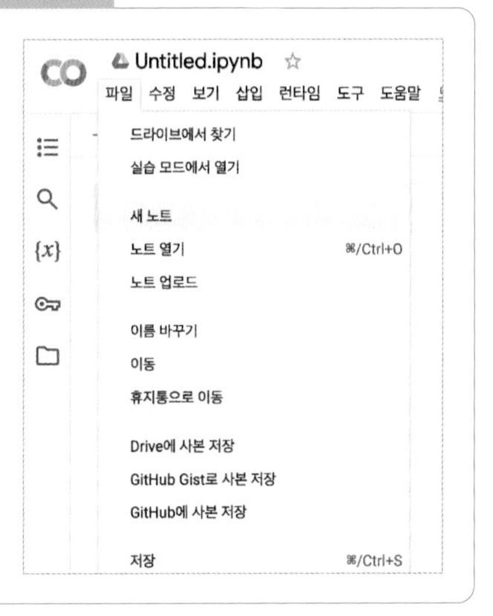

04 **기본 메뉴 둘러보기** 노트는 다음과 같이 구성되어 있습니다. 실습에 필요한 메뉴만 간단히 살펴볼게요.

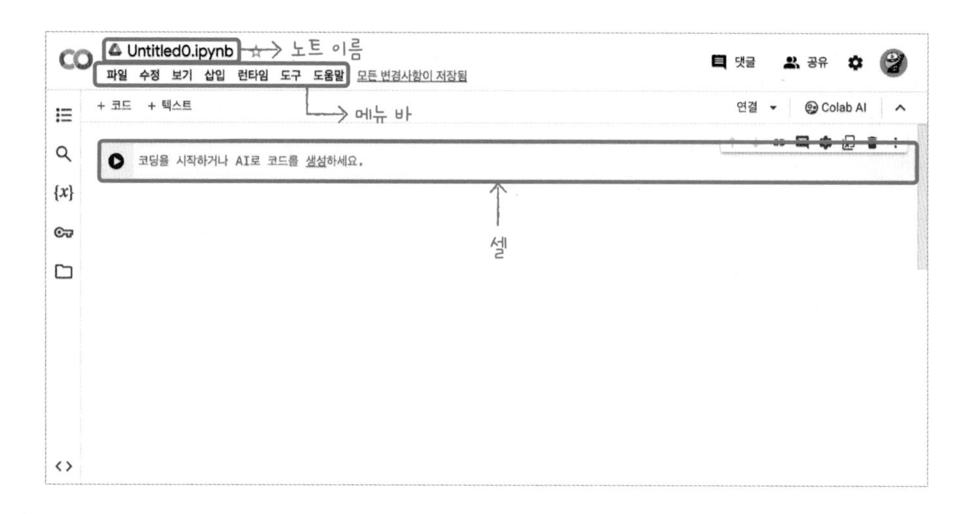

- **노트 이름**: 왼쪽 위에 있는 'Untitled0.ipynb'는 현재 작성 중인 노트의 이름입니다. 이름을 클릭하면 수정할 수 있어요.
- **메뉴 바**: 제목 아래에는 코랩의 주요 메뉴를 모아 놓은 메뉴 바가 있어요.
- **셀**: [셀 실행(▶)] 아이콘이 있는 글상자를 셀cell이라고 해요. 셀 실행 아이콘 오른쪽의 빈 공간을 클릭하면 소스 코드를 입력할 수 있어요.

05 **헬로 월드 프로그램 작성하기** 셀을 클릭하세요. 세로 막대(커서)가 깜빡 거리면 소스 코드를 입력할 준비가 된 것입니다! 여기에 다음 그림과 같이 print("Hello, World!")를 입력하세요.

✚ 여기서 잠깐 **자동으로 입력되는 '닫는 괄호'**

코랩에서 소스 코드를 입력할 때 여는 괄호 '('를 입력하면, 닫는 괄호 ')'가 자동으로 입력됩니다. 이것은 소스 코드 작성의 편의성을 높이기 위해서 코랩이 제공하는 기능이에요.

06 **작성된 프로그램 실행하기** 여러분이 작성한 소스 코드 왼쪽의 [셀 실행(▶)] 아이콘을 누르세요. 잠시 기다리면 코드 바로 아래에 'Hello, World!'라는 메시지를 확인할 수 있어요.

> [셀 실행(▶)] 아이콘을 클릭하면 코랩이 자동으로 여러분이 작성한 소스 코드를 머신 코드로 번역하고 실행한 뒤, 그 결과를 화면에 보여 줍니다.

✚ 여기서 잠깐 **코랩 노트가 저장되는 위치**

여러분이 작성한 노트는 기본적으로 구글 드라이브에 저장되어, 인터넷이 연결되어 있다면 어디서든 실행 또는 수정할 수 있습니다. 이처럼 인터넷을 사용해 어디서든 프로그램 개발에 필요한 자원을 제공하는 소프트웨어를 클라우드 개발 환경이라고 해요.

자, 이제 여러분은 코딩의 세계에 첫발을 내디뎠어요! 축하합니다. 간단하게 주요 내용을 한 번 더 되짚어 보고 다음 장으로 넘어가 본격적으로 프로그래밍 공부를 시작하겠습니다.

- 클라우드 파이썬 개발 환경은 인터넷에 준비된 파이썬 개발 환경을 의미합니다.
- 클라우드 파이썬 개발 환경을 사용하면 소스 코드 작성, 번역, 실행, 결과 확인을 모두 인터넷 웹 브라우저를 통해 할 수 있습니다.

✚ 여기서 잠깐 **만약 코랩 사이트의 화면이 책의 내용과 다르다면?**

코랩은 계속 발전하고 있는 사이트이기 때문에 여러분이 보는 화면이 책의 내용과 다를 수 있어요. 이런 경우에는 다음 순서대로 문제를 해결해 주세요.

1. 웹 브라우저의 가로 길이를 늘려 보세요. 휴대전화를 사용하는 경우라면 화면을 가로로 돌려서 보세요.
2. 최신 웹 브라우저(크롬, 사파리, 엣지 등)를 사용해 보세요.
3. 최신 업데이트 내용은 아래 주소에서 확인할 수 있습니다.
   URL https://github.com/himoon/my-first-coding-se/wiki

좀 더 알아보기 | 소스 코드를 사용하는 방법

이 책은 처음 프로그래밍에 도전하는 입문자를 위한 책으로, 대부분의 예제를 직접 입력해서 실습하는 것을 추천합니다. 하지만 아무리 쉬운 코드라도 입문자에게는 어렵게 느껴질 수 있습니다. 따라서 쉽게 실습할 수 있도록 〈직접 해보는 손코딩〉, 〈레벨 업〉, 〈도전 문제〉 소스 코드를 파일로 제공합니다. 이제부터 소스 코드를 코랩에서 실행하는 방법을 알아보겠습니다.

01 **코랩에서 노트 열기** 구글 코랩 홈페이지에서 [파일]–[노트 열기] 메뉴를 클릭하세요.

구글 코랩 홈페이지 주소

URL https://colab.research.google.com

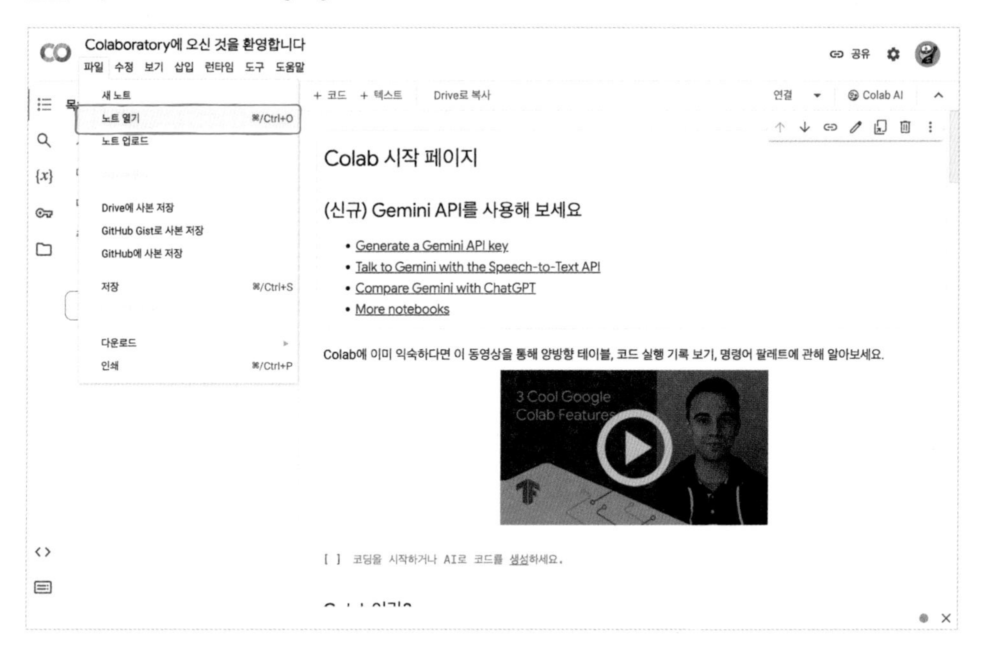

02 **깃허브 클릭하기** [노트 열기] 창의 왼쪽 메뉴에서 [GitHub]를 클릭합니다.

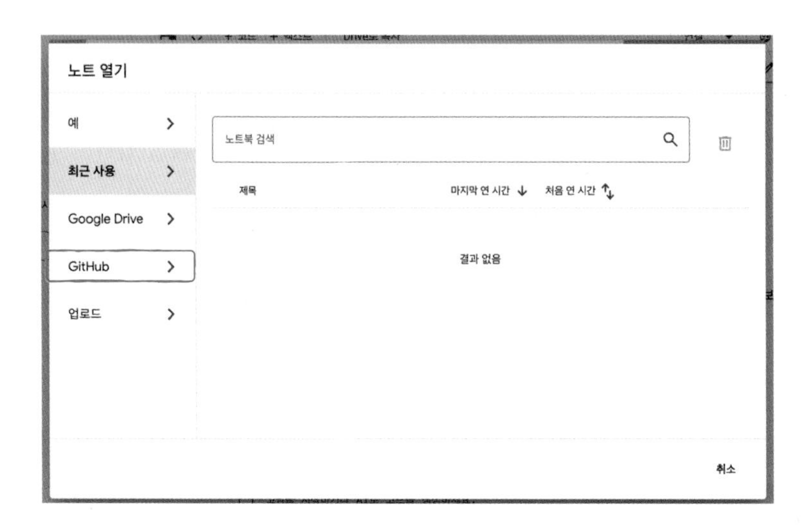

03 **깃허브 저장소에서 노트 불러오기** [노트 열기]-[GitHub] 창의 상단의 검색창에 이 책의 깃허브 저장소 주소 또는 'himoon/my-first-coding-se'를 입력하고 [검색()] 아이콘을 눌러 검색하세요.

주소를 올바르게 입력하면 검색 결과로 소스 코드가 저장된 노트 리스트를 확인할 수 있습니다. 소스 코드의 제목에 장과 절 번호가 있으니 원하는 소스 코드를 선택하면 됩니다. 예를 들어 notebook/ch02-1.ipynb는 2장 1절에 해당하는 〈문자 데이터〉에 대한 소스 코드입니다.

혼자 공부하는 첫 프로그래밍 with 파이썬(개정판) 깃허브 저장소
URL https://github.com/himoon/my-first-coding-se

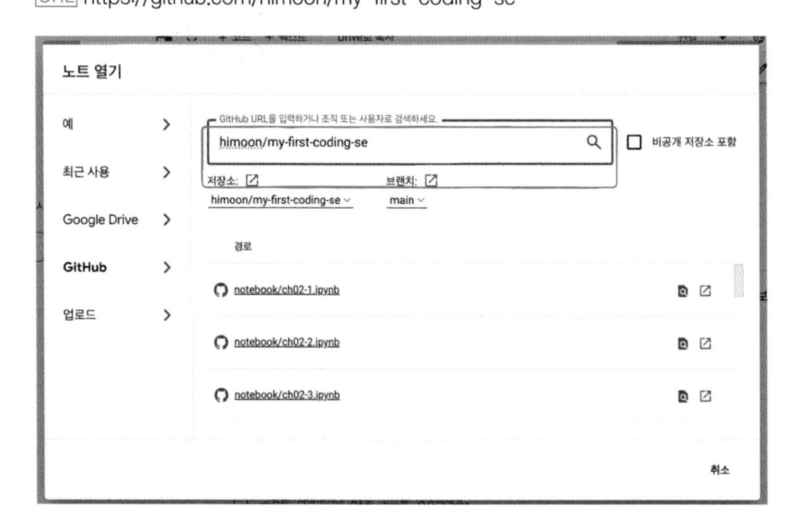

✚ 여기서 잠깐 깃허브란?

깃허브(Github)는 클라우드에서 소스 코드를 관리할 수 있는 플랫폼입니다. 깃허브를 사용하면 소스 코드를 버전별로 관리할 수 있고, 여러 사람이 협업할 수도 있어요. 세상에 존재하는 많은 프로그램이 깃허브에서 만들어지고 관리됩니다.

04 코랩에서 노트 실행하기 실행하고자 하는 소스 코드를 클릭하면 코랩 노트에 소스 코드가 보입니다. 셀에 마우스를 가져다 대거나 클릭하면 [셀 실행(▶)] 아이콘이 활성화됩니다. [셀 실행(▶)] 아이콘을 클릭하면 소스 코드의 실행 결과를 볼 수 있어요.

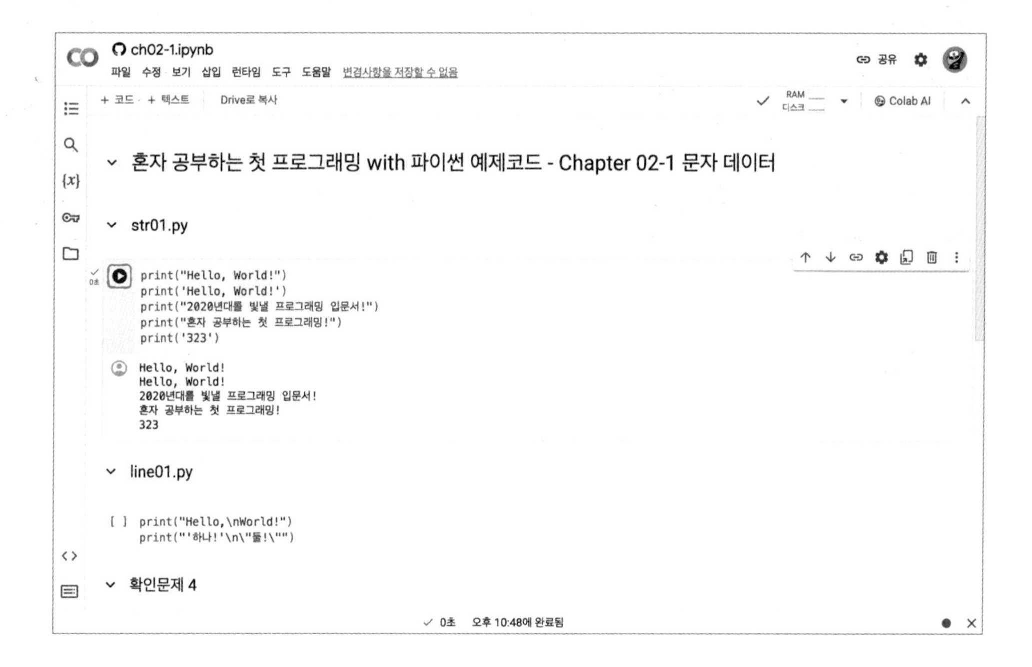

이때 다음과 같이 '경고: 이 노트북은 Google에서 작성하지 않았습니다' 창이 열리면 [무시하고 계속하기]를 클릭하세요.

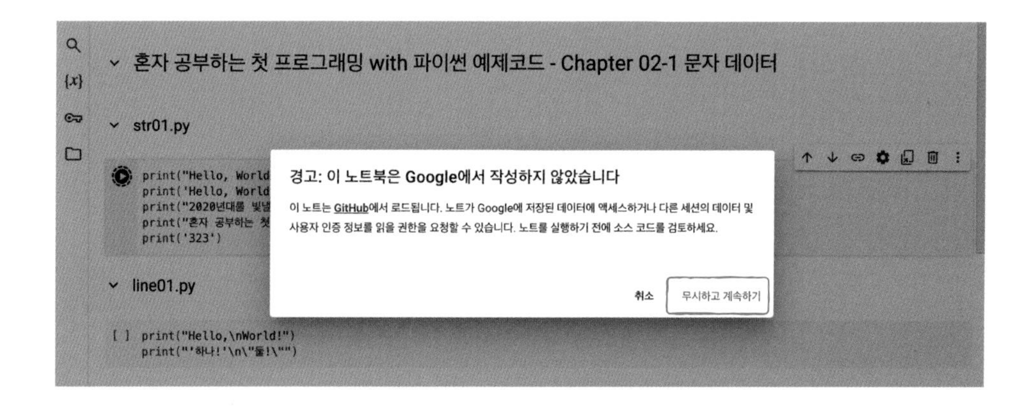

+ 여기서 잠깐 　한빛미디어 홈페이지에서 소스 코드 받기

한빛미디어 홈페이지의 자료실에서 '혼자 공부하는 첫 프로그래밍 with 파이썬(개정판)'을 검색하면 이 책에 수록된 모든 예제의 소스 코드를 압축 파일 형식으로 다운로드할 수 있습니다.

한빛미디어 홈페이지 자료실 주소

URL https://www.hanbit.co.kr/src/11213

마무리

▶ 3가지 키워드로 정리하는 핵심 포인트

- **머신 코드**는 별도의 절차 없이 컴퓨터가 바로 실행할 수 있는 기계어 혹은 이진 부호로 이루어진 프로그램을 말합니다.
- **파이썬 인터프리터**(번역기)는 소스 코드를 기계어로 번역해서 실행하는 역할을 합니다.
- **클라우드 파이썬 개발 환경**은 인터넷을 통해 이용할 수 있는 파이썬 번역기로, 이를 사용하면 소스 코드 작성, 실행, 결과 확인을 모두 인터넷 웹 브라우저에서 할 수 있습니다.

▶ 확인 문제 (정답 374쪽)

1. 다음 중 틀린 문장은 무엇인가요?

① 헬로 월드 프로그램은 화면에 "Hello, World!" 메시지를 출력하는 프로그램입니다.
② 컴파일러는 소스 코드 전체를 한 번에 번역합니다.
③ 클라우드 파이썬 인터프리터는 인터넷을 통해 이용할 수 있는 파이썬 번역기입니다.
④ 클라우드 파이썬 인터프리터를 사용하면 웹 브라우저 외에 별도의 파이썬 코드 편집기가 필요합니다.

2. 다음 중 파이썬에 대한 설명으로 올바른 문장은 무엇인가요?

① 파이썬은 귀도 반 로섬에 의해 만들어진 프로그래밍 언어입니다.
② 파이썬의 문법은 배우기 어렵습니다.
③ 파이썬은 실행 속도가 느리기 때문에 교육용으로 주로 사용됩니다.
④ 파이썬은 다른 프로그래밍 언어로 작성된 코드를 활용할 수 없습니다.

3. 다음 중 파이썬에 대한 설명으로 틀린 문장은 무엇인가요?

① 파이썬 소스 코드의 확장자는 'python'입니다.

② 컴퓨터 운영 체제에 따라 파이썬 인터프리터 설치 방법이 다릅니다.

③ 머신 코드는 컴퓨터가 이해할 수 있는 언어로 작성된 프로그램을 말합니다.

④ 소스 코드 번역기는 일반적으로 번역기의 작동 방식에 따라 컴파일러와 인터프리터로 구분할 수 있습니다.

4. 다음 헬로 월드 프로그램의 소스 코드 중 파이썬으로 작성된 프로그램을 고르세요.

(1) 소스 코드 1

```
#include <stdio.h>
int main() {
    printf("Hello, World!");
    return 0;
}
```

(2) 소스 코드 2

```
public class HelloWorld {
    public static void main(String[] args) {
        System.out.println("Hello, World!");
    }
}
```

(3) 소스 코드 3

```
print("Hello, World!")
```

도전 문제

easy | medium | hard

코랩에서 헬로 월드 프로그램을 작성해 보았죠. 이제 여러분은 코랩의 새 노트에서 텍스트를 출력할 수 있습니다. 한번 해 볼까요? 첫걸음을 잘 내디뎠으니 다음 걸음은 쉬울 거예요!

1. 자기 소개 프로그램

코랩에 새 노트를 만들고 화면에 자기 소개를 보여 주는 프로그램을 만들어 보세요.

```
나의 첫 자기 소개 프로그램
1. 이름: 나한빛
2. 코딩을 공부하는 이유: 나만의 프로그램을 만들어 보고 싶어서!
3. 올해의 목표: '혼자 공부하는 첫 프로그래밍 with 파이썬' 완독하기
```

hint 헬로 월드 프로그램을 유심히 살펴보세요. print와 소괄호, 큰따옴표가 필요할 거예요.

자기 소개 프로그램을 잘 만들었다면 이외에도 다양한 메시지를 화면에 보여 줄 수 있을 거예요.

Chapter 02

이번 장에서는 프로그래밍의 시작과 끝에 해당하는 데이터에 대해서 알아보고, 변수를 활용해 데이터에 이름을 붙이는 방법을 공부하겠습니다.

데이터

학습 목표

- 문자 데이터가 무엇인지 이해할 수 있습니다.
- 문자 데이터를 처리하는 방법을 알 수 있습니다.
- 숫자 데이터가 무엇인지 이해할 수 있고, 이와 관련된 연산자에 대해서 알 수 있습니다.
- 데이터 처리를 쉽게 할 수 있도록 도와주는 변수에 대해 알 수 있습니다.

02-1 문자 데이터

핵심 키워드

문자 데이터 | 따옴표 | 이스케이프 문자 | 문자 인코딩

이번 절에서는 문자 데이터가 무엇인지 알아보겠습니다. 또한 문자 데이터를 표현하는 방법, 이스케이프 문자가 무엇이고 어떻게 쓰이는지, 마지막으로 문자 인코딩이 무엇인지 알아보겠습니다.

시작하기 전에

프로그래밍에서 **데이터**data란 프로그램을 운용할 수 있는 형태로 기호화 또는 숫자화한 자료를 의미합니다(출처: Oxford Languages). 문자로 표시된 영화 제목이나, 숫자로 표시된 급여 소득 등을 각각 데이터로 볼 수 있죠.

일반적으로 데이터 그 자체는 어떤 사실을 표현한 것에 불과하지만, 잘 가공하면 원하는 정보를 얻는 데 필요한 재료가 됩니다. 예를 들면, 연도별 총급여 데이터를 수집한 뒤, 전년도 대비 총급여 증가율을 계산하고 그 결과를 그래프로 표현하면 총급여 증가율의 추세를 쉽게 알 수 있습니다. 그리고 다른 정보를 결합하여 미래에 대한 예측에도 활용할 수 있습니다.

데이터를 효율적으로 가공하기 위해서는 데이터를 상황에 맞게 적절히 분류해야 하는데, 컴퓨터 프로그래밍에서는 크게 문자 데이터와 숫자 데이터로 분류합니다.

월간 강우량 [기준일:2014년] (단위:mm)

구분	시청	강경	연무	성동	강석	노성	상벌	부적	연산
1	2	4	4	3	3	3	2	4	4
2	10	8	6	10	9	9	13	12	8
3	73	82	83	72	67	69	69	72	70
4	72	74	67	77	76	67	69	65	63
5	51	55	47	55	57	57	61	55	50
6	133	99	109	114	136	113	103	114	89
7	118	120	95	111	110	126	126	128	93
8	268	249	272	250	243	217	205	248	273
9	107	105	90	116	112	104	106	103	98
10	118	166	129	156	149	140	139	158	158
11	47	45	50	43	40	36	37	45	54
12	41	38	37	45	40	38	43	40	35
합계	1,062	1,045	989	1,052	1,062	979	975	1,044	995

데이터 수집

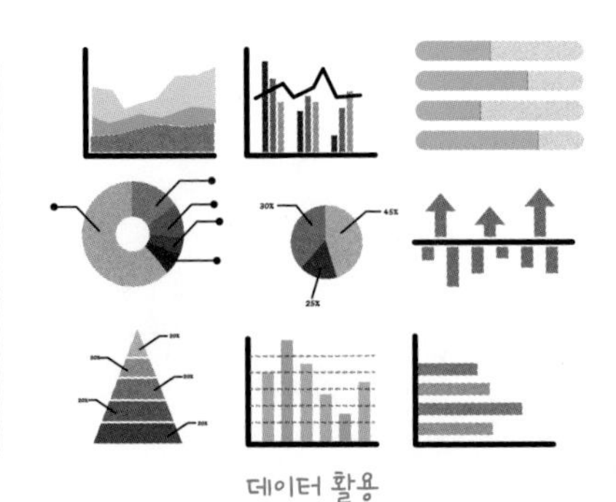

데이터 활용

문자 데이터 이해하기

한국어, 영어 등 우리가 사용하는 언어를 문자 또는 기호로 표현하는 방법은 여러 가지가 있습니다. 예를 들어, 한국어 인사말을 '안녕하세요'라고 한글로 표기할 수 있지만, 영어 알파벳 'annyeonghaseyo'로 쓸 수도 있어요.

언어뿐만 아니라, 우리가 보고 듣고 느끼는 모든 것은 문자(또는 기호)로 표현할 수 있어요. 예를 들면, 누군가를 사랑하는 감정은 '사랑' 또는 '♥'를 사용해서 표현할 수 있죠.

이와 같이 언어를 포함해 세상에 존재하는 모든 것은 문자로 표기할 수 있고, 문자로 표기된 것을 **문자 데이터**character data라고 해요.

문자 데이터를 이해했으니 간단한 질문 하나만 할게요.

"아라비아 숫자(0~9)만 써서 표기한 것도 문자 데이터인가요?"

컴퓨터가 처리할 수 있는 데이터는 크게 문자 데이터와 숫자 데이터로 나눌 수 있어요. 이렇게 두 가지로 나누는 이유는 저장하는 방법이나 용도, 다루는 방법 등이 확연히 다르기 때문입니다.

문자 데이터는 앞서 설명해 드렸듯이 세상에 존재하는 것을 문자(한글, 영어 알파벳, 아라비아 숫자, 이모티콘 등)로 표기한 것이에요. 어떤 문자를 쓰든지 상관없어요. 반면에 **숫자 데이터**numeric data는 수number를 아라비아 숫자로 표기한 것을 말해요. 숫자 데이터도 문자를 써서 표기한 것이라는 점에서 문자 데이터라고 볼 수도 있지만, 사칙 연산같이 수리적인 계산을 할 수 있다는 점 때문에 문자 데이터와 확실한 차이점이 있어요.

숫자 데이터가 문자 데이터와 확실히 다른 점은 수리적인 계산을 할 수 있다는 것이에요.

여러분, 혹시 계좌 번호를 가지고 계시나요? 은행에서 예금에 가입하거나 증권사에서 주식 투자를 하거나 보험사에서 신규 보험을 가입하면 숫자로 쓰인 계좌 번호라는 것을 알려 줘요. 예를 들어 제가 은행에 가서 통장을 만들고 예금 상품에 가입했어요. 뿌듯한 마음에 통장 겉면을 열어 봤더니 다음과 같이 아라비아 숫자로 쓰인 계좌 번호라는 것을 발견했어요.

계좌 번호는 숫자 데이터일까요? 아니면 문자 데이터일까요? 일단 숫자로만 표현되어 있으니 숫자 데이터처럼 보이기는 합니다.

✚ 여기서 잠깐 **숫자 데이터의 특징**

숫자 데이터의 가장 큰 특징은 사칙 연산(더하기, 빼기, 곱하기, 나누기)과 같이 수리적인 계산이 가능하다는 점이에요. 애초에 물건을 세기 위해서 숫자의 개념이 만들어졌고, 여러 가지 수리적인 계산을 통해 음수, 무리수, 허수 등으로 수의 개념이 확장됐다는 것을 생각해 보면 수리적인 계산은 숫자 데이터의 기본적인 특징이라고 할 수 있어요.

대부분의 금융 회사는 계좌 번호를 무작위로 생성하는 것이 아니라 일정한 업무 규칙에 의해서 만들어요. 계좌 번호를 만들 때 다음과 같은 생성 규칙이 있다고 가정해 보겠습니다.

```
계좌 번호: 취급 지점 번호 + 상품 구분 번호 + 취급 일련 번호
```

위와 같은 생성 규칙에 따라 예시의 계좌 번호는 다음과 같은 의미가 있어요.

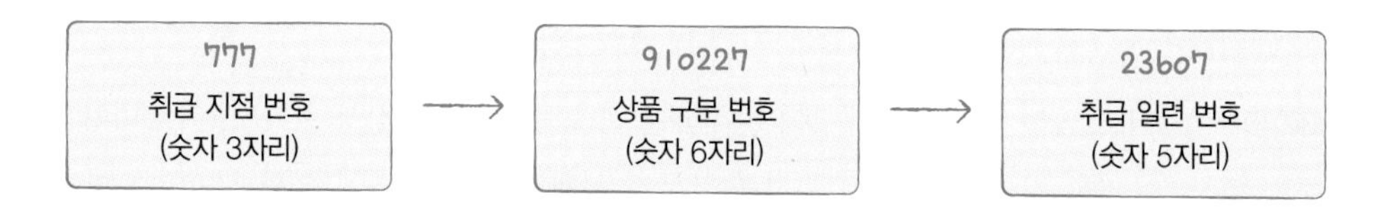

즉 계좌 번호 생성 규칙을 통해서 생성된 '77791022723607' 계좌 번호는 수리적인 계산에 쓰이는 것이 아니라, 단순히 지점이나 상품 구분을 쉽게 하기 위한 기호로 사용한다는 것을 알 수 있습니다. 따라서 계좌 번호는 **문자 데이터**입니다.

> 가상의 데이터입니다. 금융 기관별로 계좌 번호 자릿수와 생성 규칙은 달라요.

이로써 '아라비아 숫자(0~9)로 표기된 것도 문자 데이터인가요?'라는 질문에 대한 답변도 명확해졌습니다.

"그때그때 달라요. 사칙 연산같이 수리적인 계산이 필요한 데이터라면 숫자 데이터라고 할 수 있고, 그렇지 않으면 문자 데이터입니다."

자, 정리해 보겠습니다.

- 문자로 표기된 것을 **문자 데이터**라고 합니다.
- 아라비아 숫자만으로 표기된 데이터는 그 데이터의 의미, 생성 방법, 사용 방법, 수리적 계산 여부 등을 고려해서 문자 데이터인지, 아니면 숫자 데이터인지 구분해야 합니다.

문자 데이터 표현하기

이번에는 문자 데이터를 프로그래밍 언어로 표현하기 위해 앞에서 다뤘던 계좌 번호 데이터를 가져오겠습니다.

```
계좌 번호: 77791022723607
```

앞에서 계좌 번호가 문자 데이터라는 사실을 확인했는데요, 컴퓨터는 단순한 계산 기계에 불과하기 때문에 계좌 번호가 사칙 연산이 필요한 데이터인지 여부를 판단할 수 없고, 따라서 이것이 문자 데이터인지 숫자 데이터인지 구분할 수 없어요. 그래서 컴퓨터 과학자들은 합의했어요.

"문자의 양쪽 끝을 따옴표로 감싸서 문자 데이터를 표현하자."

여기서 따옴표는 큰따옴표("...") 또는 작은따옴표('...') 모두 사용 가능해요. 예를 들어, Hello, World!를 문자 데이터로 표시하기 위해서는 다음과 같이 따옴표를 사용해요.

파이썬은 문자 데이터를 표현하는 기호로 "..."와 '...'를 모두 사용할 수 있어요.

```
"Hello, World!"
'Hello, World!'
```

프로그래밍 언어는 따옴표로 둘러싸인 데이터, 즉 Hello, World!를 문자 데이터로 인식하는 것이죠. 간단하게 〈직접 해보는 손코딩〉으로 확인해 보겠습니다. 코랩에서 새 노트를 열고 셀에 다음의 코드를 입력한 다음 [셀 실행(▶)] 아이콘을 누르면 실행 결과를 확인할 수 있어요.

코랩에 소스 코드를 입력하고 실행하는 방법을 잊었다면 55쪽을 참조하세요.

직접 해보는 손코딩 소스 코드 str01.py

```
01 print("Hello, World!")
02 print('Hello, World!')
03 print("대한민국을 빛낼 프로그래밍 입문서!")
04 print("혼자 공부하는 첫 프로그래밍!")
05 print('323')
```

[실행 결과]

```
Hello, World!
Hello, World!
대한민국을 빛낼 프로그래밍 입문서!
혼자 공부하는 첫 프로그래밍!
323
```

〈직접 해보는 손코딩〉의 코드를 한 줄씩 살펴볼까요?

1줄은 print 명령어를 사용해서 문자 데이터를 화면에 출력합니다. print 명령어를 사용하기 위해서는 괄호와 함께 화면에 출력할 데이터를 적어 줘야 합니다. 여기서는 큰따옴표로 문자 데이터를 만들고, print 명령어에 전달해서 화면에 출력합니다(실행 결과 1줄).

2줄은 작은따옴표로 문자 데이터를 만들고, print 명령어에 전달해서 화면에 출력합니다(실행 결과 2줄). 1줄의 명령어와 동일한 결과를 얻을 수 있습니다.

print 명령어는 주어진 데이터를 화면에 출력하는 기능을 합니다.

3줄은 큰따옴표를 사용해서 "대한민국을 빛낼 프로그래밍 입문서!"를 포함한 문자 데이터를 만들고, 화면에 출력합니다(실행 결과 3줄).

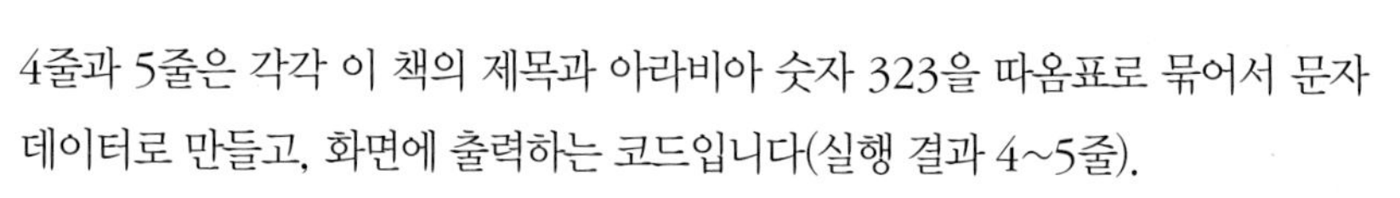

4줄과 5줄은 각각 이 책의 제목과 아라비아 숫자 323을 따옴표로 묶어서 문자 데이터로 만들고, 화면에 출력하는 코드입니다(실행 결과 4~5줄).

이로써 파이썬은 큰따옴표 또는 작은따옴표를 사용해서 문자 데이터를 만든다는 사실을 알 수 있습니다.

중요한 내용이므로 한번 정리하고 넘어가겠습니다.

- 프로그래밍에서 따옴표로 묶은 모든 데이터는 **문자 데이터**로 인식합니다.
- 문자 데이터를 만들 때는 **큰따옴표** 또는 **작은따옴표**를 모두 쓸 수 있습니다.

이스케이프 문자 알기

앞에서 문자 데이터는 **따옴표**("...", '...')로 표현한다는 사실을 배웠어요. 이것은 프로그래밍 언어의 문법이기 때문에 반드시 지켜야 해요. 그런데 만약 따옴표 자체를 문자 데이터로 표시하고 싶으면 어떻게 해야 할까요? 다음과 같은 문장이 있다고 해 보죠.

```
'아, 이렇게 코딩을 쉽게 알려주다니!'라고 생각했다.
```

문자 데이터를 만들고 싶으면 문자를 큰따옴표 또는 작은따옴표로 감싸서 사용한다고 했습니다. 그럼 위 문장은 다음과 같이 문자 데이터로 표현할 수 있어요.

```
"'아, 이렇게 코딩을 쉽게 알려주다니!'라고 생각했다."
''아, 이렇게 코딩을 쉽게 알려주다니!'라고 생각했다.'
```

첫 번째 예제는 큰따옴표로 문자 데이터를 만들었어요. 프로그래밍 언어는 첫 번째 큰따옴표를 만나면 '아, 문자 데이터의 시작이구나. 그럼 다음 큰따옴표까지 문자 데이터로 인식하면 되겠다'라고 받아들여요. 따라서 첫 번째 예제는 문제가 없어요.

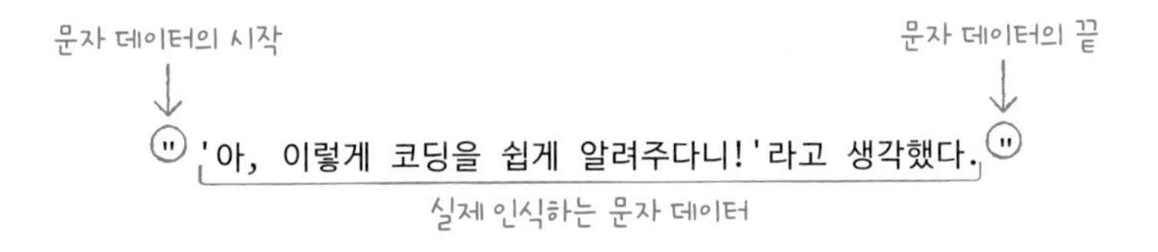

두 번째 예제는 작은따옴표로 문자 데이터를 만들었어요. 이 예제에서는 작은따옴표로 시작했기 때문에 그다음 작은따옴표를 만날 때까지의 문자를 문자 데이터로 인식해요.

다음 내용을 잘 살펴보세요.

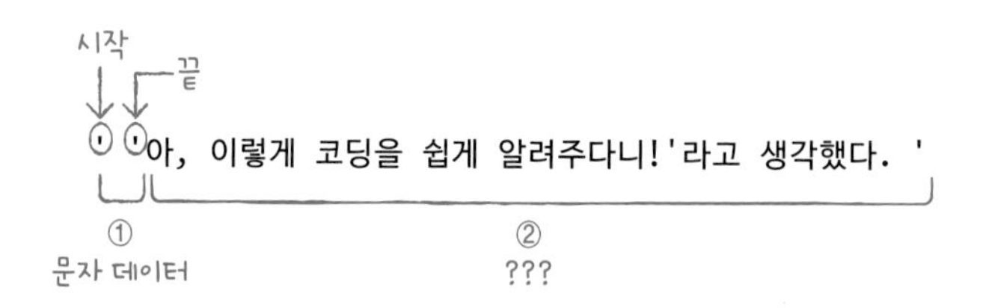

프로그래밍 언어는 두 번째 예제를 위 그림과 같이, 처음 만나는 작은따옴표와 바로 이어져 나오는 작은따옴표를 하나의 문자 데이터(①)로 인식해요. 나머지 부분(②)은 해석 불가능한 상태가 되어 오류를 일으키고 프로그램 실행을 중단합니다.

그러면 어떻게 이 문제를 해결할까요? 이 문제를 해결하기 위해 다시 컴퓨터 과학자들이 모여서 다음과 같이 약속합니다.

- 역슬래시(\) 기호 뒤에 작은따옴표(')를 쓰고, 이렇게 합쳐 쓴 문자를 **이스케이프 문자**라고 부르기로 합니다.
- 문자 데이터를 표현할 때 이스케이프 문자(\')는 작은따옴표 그 자체를 의미하는 문자로 쓰기로 합니다.

역슬래시는 Enter 키 바로 위에 보이는 ₩ 또는 \ 를 누르면 입력할 수 있습니다. 글꼴에 따라 ₩로 보이기도, \로 보이기도 합니다.

따라서 두 번째 예제와 같이 작은따옴표가 포함된 문자 데이터의 작은따옴표는 이스케이프 문자(\')로 바꿔서 써주면 돼요. 예를 들어 다음과 같이 표현할 수 있어요.

```
'\'아, 이렇게 코딩을 쉽게 알려주다니!\'라고 생각했다.'
```

즉 컴퓨터는 시작과 끝에 있는 작은따옴표를 통해 문자 데이터임을 인식하고, \'를 만나면 여러분의 의도대로 그 위치에 작은따옴표 기호를 표시합니다.

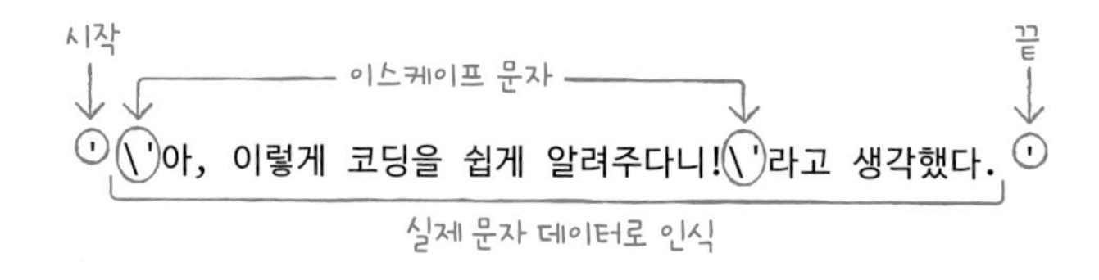

그렇다면 큰따옴표를 문자 데이터 자체로 쓰고 싶을 때도 있겠죠? 작은따옴표를 처리하는 것과 동일

합니다. 다음 문장을 문자 데이터로 처리하고 싶다고 가정해 볼게요.

```
"요즘 혼자 공부하는 첫 프로그래밍이라는 책이 그렇게 인기 있다며?"라고 동료가 내게 물었다.
```

이 문장을 다음과 같이 두 가지 방법으로 만들 수 있습니다.

```
"\"요즘 혼자 공부하는 첫 프로그래밍이라는 책이 그렇게 인기 있다며?\"라고 동료가 내게 물었다."
'"요즘 혼자 공부하는 첫 프로그래밍이라는 책이 그렇게 인기 있다며?"라고 동료가 내게 물었다.'
```

첫 번째 예제는 기존에 있던 큰따옴표를 이스케이프 문자 \" 로 바꿔준 뒤, 전체 문자 데이터를 큰따옴표로 감싸서 처리했어요.

두 번째 예제는 작은따옴표로 문자 데이터를 처리했기 때문에 문자 데이터 내에 있는 큰따옴표는 그냥 사용하면 돼요.

+ 여기서 잠깐 | 이스케이프 문자의 잘못된 사용

이스케이프 문자는 역슬래시와 그 뒤를 따르는 기호 사이에 공백(space)이 없어야 해요. 공백이 있으면 이스케이프 문자가 아니기 때문에 프로그램 실행이 중단되는 오류를 일으켜요. 프로그래밍 문법이니까 꼭 지켜줘야 해요.

이스케이프라는 단어는 '벗어나다(escape)'라는 뜻이 있는데요, 어디에서 벗어나는 것일까요? 결론부터 이야기하면 원래 주어진 역할에서 벗어나는 것을 의미해요. 예를 들면 큰따옴표는 코딩할 때 문자 데이터임을 표시해 주는 도구로 사용되는데, 이스케이프 문자 \"로 쓰면 코딩 시 기본적인 역할(문자 데이터를 표현하는 역할)에서 벗어나 새로운 역할(문자 데이터 그 자체)로 사용하겠다는 의미입니다. 이스케이프 문자 \'도 마찬가지입니다.

따옴표는 문자 데이터로 만들어 주는 역할을 하지만,

역슬래시가 따옴표 앞에 붙으면 문자 데이터 자체로 사용되지요!

이와 같이 모든 프로그래밍 언어는 여러 가지 이스케이프 문자를 문법으로 정의해 두고 사용하는데, 대부분 역슬래시(\)와 함께 한두 개의 문자를 붙여 써요. 그중에서 여러분이 코딩할 때 필요한 문자는 다음 세 개면 충분해요.

구분	의미	용도
\"	큰따옴표	문자 데이터에 직접 큰따옴표를 표현하고 싶을 때 사용
\'	작은따옴표	문자 데이터에 직접 작은따옴표를 표현하고 싶을 때 사용
\n	줄 바꾸기	줄을 바꾸라는 지시를 내리고 싶을 때 사용

\"와 \'는 이미 알고 있고, \n은 추가로 알아둬야 할 문자인데, 여기서 n은 새로운 줄new line이라는 의미로 역슬래시와 함께 사용하면 줄을 바꾸라는 이스케이프 문자로 인식해요.

이스케이프 문자 \n은 개행문자라고 부르기도 해요.

예를 들어, 앞에서 많이 다뤘던 print("Hello, World!")라는 명령어는 화면에 Hello, World!라는 메시지를 출력하지만 print("Hello,\nWorld!")라고 쓰면 Hello,와 World!를 서로 다른 줄에 출력해요.

직접 해보는 손코딩 소스 코드 line01.py

```
01  print("Hello,\nWorld!")
02  print("'하나!'\n\"둘!\"")
```

[실행 결과]

```
Hello,
World!
'하나!'
"둘!"
```

1줄은 Hello, World! 메시지를 화면에 출력하는 코드인데, 중간에 줄바꿈을 의미하는 이스케이프 문자 \n이 보입니다. 따라서 Hello,를 출력한 뒤 \n이 있는 곳에서 새로운 줄로 바꿔서 나머지 World!를 출력합니다.

2줄은 전체 문자 데이터를 큰따옴표를 사용해서 만들었기 때문에 작은따옴표를 사용한 '하나!'는 문제없이 화면에 출력됩니다. 그리고 \n을 만나 새로운 줄로 바꾼 뒤 나머지 \"둘!\"을 출력합니다.

이때 큰따옴표를 의미하는 \"를 사용해서 큰따옴표 자체를 화면에 출력했습니다.

우리가 일상에서 접해 보지 못한 이스케이프 문자가 낯설죠? 하지만 낯선 것을 하나씩 알아가다 보면 금방 익숙해질 거예요.

정리해 보겠습니다.

- **이스케이프 문자**는 문자가 가지는 원래의 의미를 벗어난 특수한 의미가 있습니다.
- 이스케이프 문자는 프로그래밍 언어별로 다양하게 정의되어 있는데, 실제 코딩에 자주 쓰이는 것은 \", \' , \n 세 개입니다.
- 따옴표는 원래 문자 데이터를 표현하기 위해 사용하는 기호인데, \"와 \' 처럼 이스케이프 문자로 사용하면 따옴표를 문자 데이터 자체로 사용할 수 있습니다.
- \n에서 소문자 n은 새로운 줄new line을 의미하는 것으로, 이스케이프 문자로 사용하면 줄바꿈을 명령하는 문자로 사용할 수 있습니다.

문자 인코딩 UTF-8

코딩을 하다 보면 '문자 인코딩은 UTF-8이다'와 같은 표현을 자주 볼 수 있어요. 이것이 도대체 무슨 의미일까요?

일단, **인코딩**encoding이란 데이터를 다른 형식으로 변환하는 과정을 의미해요. 요즘 가장 높은 관심을 받는 유튜브를 예로 들어 볼게요. 여러분이 열심히 동영상 편집 프로그램으로 편집한 동영상은 유튜브에 곧바로 올릴 수 없고, 유튜브가 제시하는 기준(MP4 형식, MOV 형식 등)에 맞춰 변환해야 하는데, 이러한 과정을 **동영상 인코딩**이라고 해요.

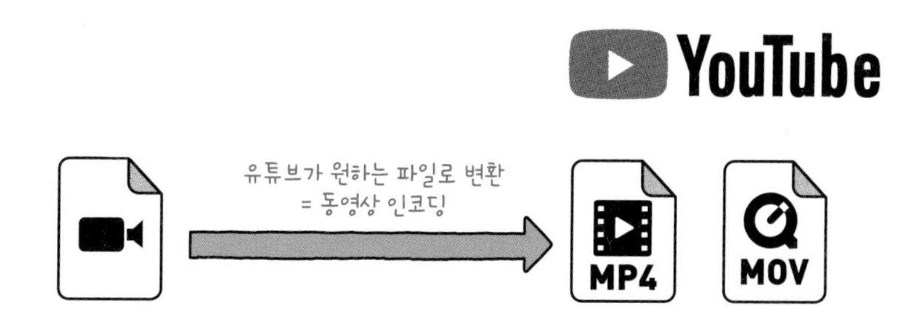

동영상 인코딩이 동영상 데이터를 다른 형식의 동영상으로 변환하는 것이라면, 문자 인코딩은 문자 데이터를 다른 형식으로 변환하는 과정이라는 것을 충분히 추측할 수 있겠죠?

그렇다면 문자 데이터를 무엇으로 변환한다는 의미일까요? 바로 컴퓨터가 알아듣는 기계어로 변환한다는 의미예요. 앞 장에서 컴퓨터는 모든 데이터를 2진법(0과 1로만 표현하는 방법)으로 처리한다고 했어요. 자연어로 표시된 문자 데이터도 결국 기계어로 번역되어야 하는데, 이렇게 문자 데이터를 기계어로 번역하는 과정을 **문자 인코딩**이라고 해요.

동영상 인코딩 과정에서 동영상의 형식(MP4, MOV 등)을 지정했듯이, 문자 인코딩 과정에서도 문자 데이터의 형식을 지정해야 하는데 대표적으로 UTF-8, EUC-KR 등이 있어요. 현재 UTF-8 형식이 표준으로 자리 잡고 있어요.

+ 여기서 잠깐 UTF-8과 utf-8 차이

UTF-8과 utf-8은 같습니다. 일반적으로 프로그래밍 언어는 인코딩을 표시할 때, 대소문자나 하이픈(-) 기호의 존재 여부를 구분하지 않습니다. 예를 들면 UTF-8, UTF8, utf-8, utf8은 모두 같은 의미로 해석돼요. 마찬가지로 EUC-KR, EUCKR, euc-kr, euckr도 모두 같은 의미예요.

문자 인코딩에 대한 주제는 마음먹으면 책 한 권도 쓸 수 있는데요, 우리는 박사 논문을 쓸 것이 아니므로 여기까지만 하고 정리하겠습니다.

- **문자 인코딩**이란 문자 데이터를 기계어로 번역하는 과정을 말합니다.
- 문자 인코딩에 사용되는 방법으로 UTF-8, EUC-KR 등이 있는데, **UTF-8**이 전 세계적으로 표준입니다.

마무리

▶ 4가지 키워드로 정리하는 핵심 포인트

- **문자 데이터**는 세상에 존재하는 어떤 것을 문자(한글, 영어 알파벳, 아라비아 숫자, 이모티콘 등)로 표기한 것을 말합니다.
- 문자 데이터는 **따옴표**("...", '...')를 사용해서 표현합니다.
- **이스케이프 문자**는 본래 주어진 역할을 벗어나 새로운 기능을 하는 문자로 역슬래시(\)를 사용해서 표현합니다.
- **문자 인코딩**은 문자 데이터를 기계어로 번역하는 과정을 말합니다.

▶ 확인 문제 (정답 375쪽)

1. 다음 중 올바른 문장을 두 개 고르세요.

① 아라비아 숫자(0~9)로 표기한 데이터는 항상 숫자 데이터를 의미합니다.
② 문자 데이터를 만들기 위해서는 따옴표를 사용해야 합니다.
③ 따옴표 그 자체를 문자 데이터로 사용할 수 없습니다.
④ 인코딩이란 어떤 데이터를 다른 형식으로 변환하는 과정을 말합니다.
⑤ 문자 인코딩의 한 종류인 UTF-8은 한국에서만 사용됩니다.

2. 다음 중 문자 데이터로 볼 수 없는 것은 무엇인가요?

① "\n"
② 혼자 공부하는 첫 프로그래밍
③ "3 + 2 = 5"
④ '323'
⑤ " "

3. 다음 문자 데이터는 모두 오류가 있습니다. 문제점을 파악한 뒤, 올바른 문자 데이터로 수정해 보세요.

```
'프로그래밍을 \'처음\' 배우는 상황이라면?"
"프로그래밍이란 무엇인지 \"감\'을 잡고 싶다면?'
'프로그래밍 '입문자\'에게 책을 추천하고 싶다면?'
'이 모든 상황에 알맞은 \"만능", '코딩 입문서'!\n'
""혼자 공부하는 첫 프로그래밍\"을 소개합니다!!!"
```

[수정한 문자 데이터]

4. 다음 소스 코드를 보고 예상되는 실행 결과를 적어 보세요.

```
01 print("Hello, World!")
02 print("Sun is shining.")
```

[실행 결과]

5. 다음 소스 코드를 보고 예상되는 실행 결과를 적어 보세요.

```
01  print('"혼공프"로 시작하는 프로그래밍!')
02  print('\'혼공프\'로 시작하는 프로그래밍!')
03  print("'혼공프'로 시작하는 프로그래밍!")
04  print("\"혼공프\"로 시작하는 프로그래밍!")
05  print("Sun,\nMoon,\nSky")
```

[실행 결과]

02-2 문자 데이터 처리

핵심 키워드

문자 데이터 연결 연산자 · 문자 데이터 반복 연결 연산자 · len · 인덱스 · 슬라이싱 · 인덱싱

이번 절에서는 컴퓨터가 문자 데이터를 관리하는 방법부터 문자 데이터의 다양한 활용법까지 알아보겠습니다.

시작하기 전에

문자 데이터는 따옴표를 사용해서 만든다고 했습니다. 이렇게 만들어진 문자 데이터는 실제 프로그램이 실행될 때 한 글자씩 순서대로 연결되어 컴퓨터 메모리에 저장되고 관리돼요.

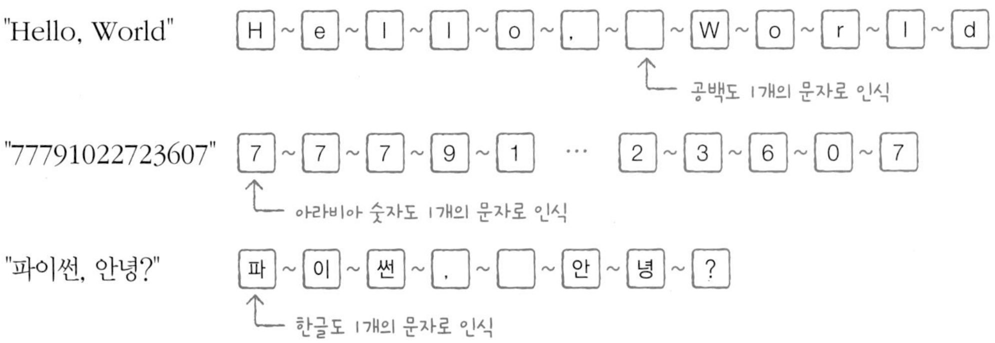

"Hello, World"　H ~ e ~ l ~ l ~ o ~ , ~ (공백) ~ W ~ o ~ r ~ l ~ d
공백도 1개의 문자로 인식

"77791022723607"　7 ~ 7 ~ 7 ~ 9 ~ 1 … 2 ~ 3 ~ 6 ~ 0 ~ 7
아라비아 숫자도 1개의 문자로 인식

"파이썬, 안녕?"　파 ~ 이 ~ 썬 ~ , ~ (공백) ~ 안 ~ 녕 ~ ?
한글도 1개의 문자로 인식

문자 데이터가 한 글자씩 연결되어 있기 때문에 다음과 같은 처리를 쉽게 할 수 있어요.

- 여러 개의 문자 데이터를 연결해서 하나의 새로운 문자 데이터로 만들 수 있습니다.
- 문자 데이터의 길이(문자의 개수)를 알 수 있습니다.
- 문자 데이터에서 원하는 위치의 문자만 선택해서 새로운 문자로 만들 수 있습니다.

연산자 이해하기

연산자operator란 특정 작업을 수행하도록 기호로 표시한 명령어입니다. 예를 들어, 숫자 3과 2를 덧셈하는 코드는 기호 +를 사용해서 3+2라고 쓸 수 있어요.

연산자는 항상 데이터와 함께 쓰여요. 연산자와 함께 쓰인 데이터를 **피연산자**operand라고 합니다. 위의 덧셈 예제에서 연산자는 + 기호이고, 데이터(피연산자)는 3과 2라고 할 수 있어요.

3 + 2

데이터 / +기호로 표현된 덧셈 연산자 / 데이터

컴퓨터의 연산자는 우리가 수학 시간에 배웠던 연산자와 비슷하지만 다릅니다. 프로그래밍에서 말하는 연산자는 일반 수학 연산자와 달리, 피연산자 즉 연산의 대상이 되는 데이터의 특성에 따라 기능이 결정됩니다.

예를 들면 + 기호가 숫자 데이터와 함께 쓰이면 덧셈이라는 수리적인 계산 기능을 하지만, 문자 데이터와 함께 쓰이면 문자 데이터를 연결하는 기능을 해요.

원한다면 + 기호에 여러분이 원하는 기능을 등록할 수도 있어요.

이제부터 여러 가지 연산자 중에서 문자 데이터와 함께 쓰이는 연산자에 대해서 알아보겠습니다.

문자 데이터 연결 연산자: +

+ 연산자가 문자 데이터와 함께 쓰이면 **문자 데이터 연결**concatenate 기능을 해요. 문자 데이터를 연결한다는 것은 두 개의 문자 데이터를 합쳐서 한 개의 새로운 문자 데이터를 만든다는 의미입니다.

공항에 가면 비행 스케줄을 확인할 수 있습니다. 스케줄표는 비행기 편명, 출발 도시, 출발 시각, 비행 상태(탑승, 착륙, 도착 등)와 같은 여러 가지 정보를 담고 있어요. 지금부터 문자 데이터 연결 연산자 +를 써서 비행기 편명을 만들어 볼게요. 규칙은 다음과 같습니다.

```
비행기 편명 작성 규칙: 항공사 코드(2자리)와 일련번호(1~4자리)의 조합
```

예를 들어, 다음과 같은 정보가 있다고 가정해 볼게요.

```
대한항공을 나타내는 코드: "KE"
인천 출발 파리 도착 노선의 일련번호: "901"
파리 출발 인천 도착 노선의 일련번호: "902"
```

위 정보를 바탕으로 대한항공이 운항하는 인천 출발 파리 도착 노선은 다음과 같습니다.

```
"KE" + "901" → "KE901"
```

문자 데이터 연결 연산자 +가 문자 데이터 "KE"와 "901"을 연결해서 1개의 새로운 문자 데이터 "KE901"을 만들었어요.

K ~ E + 9 ~ 0 ~ 1

"KE" 문자 데이터와 "901" 문자 데이터를 연결해서

K ~ E ~ 9 ~ 0 ~ 1

"KE901"이라는 새로운 문자 데이터를 만들어요.

마찬가지로 대한항공이 운항하는 파리 출발 인천 도착 노선은 다음과 같이 만들 수 있어요.

```
"KE" + "902" → "KE902"
```

이제 여러분은 어떤 두 개의 문자 데이터가 있을 때, 그 문자 데이터들을 연결해서 한 개의 새로운 문자 데이터를 만들 수 있어요. 그럼 〈직접 해보는 손코딩〉으로 간단히 실습해 볼게요.

직접 해보는 손코딩 소스 코드 str02.py

```
01 print("대한민국을" + " " + "빛낼" + " " + "프로그래밍" + " " + "입문서!")
02 print("혼자" + " " + "공부하는" + " " + "첫" + " " + "프로그래밍!")
03 print("혼공" + "족")
04 print("혼공" + "프로")
05 print("혼공" + "파")
```

[실행 결과]

```
대한민국을 빛낼 프로그래밍 입문서!
혼자 공부하는 첫 프로그래밍!
혼공족
혼공프로
혼공파
```

1줄은 "대한민국을 빛낼 프로그래밍 입문서!"라는 문자 데이터를 만들고, print 명령어에 전달해서 화면에 출력하는 코드입니다(실행 결과 1줄). 여기서 주목할 점은 공백 문자 데이터(" ")와 각 단어를 문자 데이터 연결 연산자(+)를 사용해서 하나의 문자 데이터로 만들었다는 것입니다. 문자 데이터 사이에 + 연산자를 사용해서 공백 문자 데이터 " "를 추가하는 것은 문자 데이터를 다루는 프로그램에서 흔히 볼 수 있는데, 특히 단어 사이의 띄어쓰기를 표현할 때 자주 사용되는 방식입니다.

2줄은 1줄과 같은 방식으로 "혼자 공부하는 첫 프로그래밍!" 문자 데이터를 만들고 화면에 출력합니다(실행 결과 2줄).

3~5줄은 "혼공" 문자 데이터에 각각 "족", "프로", "파" 문자 데이터를 연결해서 하나의 문자 데이터로 만든 뒤, 그 데이터를 화면에 출력합니다(실행 결과 3~5줄).

문자 데이터 반복 연결 연산자: *

* 연산자는 문자 데이터를 반복해서 연결해요. 반복 연산자를 사용하려면 다음과 같이 어떤 문자 데이터를(①), 몇 번 반복해서 연결할지(②), 알려줘야 합니다. 이때 반복할 데이터와 반복 횟수의 위치는 서로 바꿔 쓸 수 있어요.

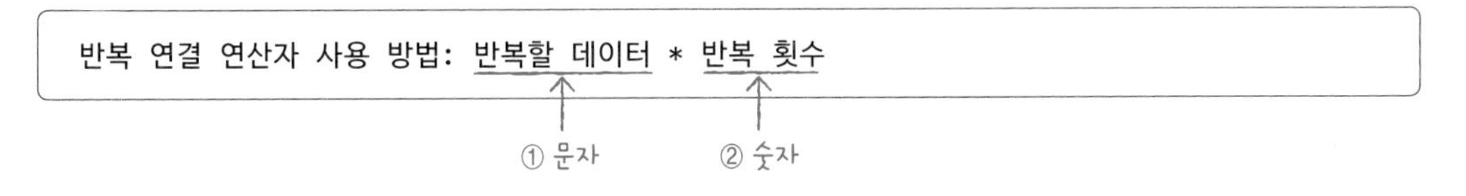

예를 들어, 줄line을 의미하는 "====="와 같은 문자 데이터를 만들고 싶을 때, 한 글자씩 입력해서 만들어도 되지만, 다음과 같이 반복 연결 연산자 *를 쓸 수도 있어요.

```
"=" * 5 → "====="
5 * "=" → "====="
```

이 예제와 같이 반복하고 싶은 문자 데이터(여기서는 =)와 반복 횟수(여기서는 5회)를 반복 연결 연산자 *와 함께 쓰면, 문자 데이터를 반복 횟수만큼 연결한 새로운 문자 데이터를 만들 수 있어요.

문자 데이터와 반복 횟수의 위치를 서로 바꿔도 같은 결과를 얻을 수 있어요.

= * 5

"=" 문자 데이터를 5회 반복 연결

= ~ = ~ = ~ = ~ =

1회 2회 3회 4회 5회

문자 데이터 반복 연결 연산자에 대해서 간단히 〈직접 해보는 손코딩〉 실습을 하겠습니다.

직접 해보는 손코딩 소스 코드 str03.py

```
01 print("*" * 2)
02 print(" " * 2 + "*")
03 print(" " * 3 + 1 * "*")
04 print(" " * 4 + 1 * "*")
05 print(" " * 5 + 2 * "*")
```

[실행 결과]

```
**
  *
   *
    *
     **
```

1줄은 문자 데이터 반복 연결 연산자(*)를 사용해서 문자 데이터 "*"를 2회 반복하여 "**"를 만들고, print 명령어에 전달해서 화면에 출력합니다(실행 결과 1줄). 여기서 "*"는 따옴표가 양옆에 있기 때문에 문자 데이터로 처리하고, *는 따옴표가 없기 때문에 문자 데이터 반복 연결 연산자로 처리합니다. 같은 모양의 기호(*)이지만 따옴표 유무에 따라서 처리가 다르다는 점, 꼭 기억하세요!

2줄은 공백 문자 " "를 2회 반복해서 2칸의 공백을 만들고, 문자 데이터 연결 연산자(+)를 사용해서 문자 데이터 "*"를 연결한 결괏값을 화면에 출력합니다(실행 결과 2줄).

3줄은 공백 문자 " "를 3회 반복해서 3칸의 공백을 만들고, 문자 데이터 연결 연산자(+)를 사용해서 문자 데이터 "*"를 연결한 결괏값을 화면에 출력합니다(실행 결과 3줄). 4~5줄도 반복 횟수만 다르고 방법은 동일합니다(실행 결과 4~5줄).

문자 데이터 길이 알아내기

문자 데이터의 길이[length]란 문자 데이터에 포함된 문자의 개수를 의미해요. 같이 세어 보세요.

```
"Hello, World"의 길이 → 12
"77791022723607"의 길이 → 14
"파이썬, 안녕?"의 길이 → 8
"\"아!\""의 길이 → 4
```

여러분도 동일한 결과가 나왔나요? 문자 데이터의 길이를 구할 때 다음 사항을 주의하세요.

- 공백도 한 개의 문자로 인식합니다.
- 특수 문자(,, ?, ! 등)도 한 개의 문자로 인식합니다.
- 이스케이프 문자도 역슬래시(\)와 기호(", ', n 등)를 붙여서 한 개의 문자로 인식합니다.

\" ~ 아 ~ ! ~ \"

이스케이프 문자는 역슬래시와 기호를 하나의 문자로 인식해요.

이제까지 문자 데이터 길이의 의미를 살펴봤어요. 그럼, 실제로 파이썬에서 문자 데이터의 길이를 구하는 방법을 알아볼게요.

파이썬은 문자 데이터 길이를 구하기 위해 **len**이라는 명령어를 제공해요. 마치 화면에 데이터를 출력하기 위해 print라는 명령어를 제공하듯 문자 데이터의 길이를 계산하기 위해 len 명령어를 제공하는 거죠.

✚ 여기서 잠깐 **이 책에서 말하는 '명령어'**

프로그래밍을 해 본 경험이 있다면 "print와 len은 함수 아닌가요?"라고 질문할 수도 있습니다. 네, 맞습니다. print와 len은 함수(function)입니다. 그러나 이 책에서는 '컴퓨터에 어떤 처리를 하도록 명령을 내리는 코드'라는 의미로 '명령어'라는 용어를 사용합니다. 사실 명령어는 세부적인 기능에 따라 함수, 연산자, 메서드 등으로 분류할 수 있지만 지금 단계에서는 구분하지 않고 모두 명령어로 통칭해도 공부하는 데 전혀 문제가 없어요.

len 명령어는 다음과 같은 방식으로 쓸 수 있어요.

```
len(문자 데이터)
```

그럼 문자 데이터의 길이를 〈직접 해보는 손코딩〉을 통해 확인해 볼게요. 다음 코드를 파이썬 코드 편집기에 쓰고 실행해 보세요.

직접 해보는 손코딩 소스 코드 len01.py

```
01  print(len("AAA"))
02  print(len("Hello, World"))
03  print(len("77791022723607"))
04  print(len("파이썬, 안녕?"))
05  print(len("\"아!\""))
```

[실행 결과]

```
3
12
14
8
4
```

그럼 이제까지 배운 것을 정리해 볼게요.

- **문자 데이터 연결 연산자(+)**는 두 개의 문자 데이터를 연결해서 하나의 새로운 문자 데이터를 만듭니다.
- **문자 데이터 반복 연결 연산자(*)**는 문자 데이터를 반복 횟수만큼 연결해서 새로운 문자 데이터를

만듭니다.

- **문자 데이터의 길이**는 문자 데이터에 포함된 문자의 개수를 의미합니다.
- 파이썬은 문자 데이터의 길이를 구하기 위해 **len** 명령어를 제공합니다.

+ 여기서 잠깐 **다른 종류의 데이터에도 사용할 수 있는 len 명령어**

파이썬 len 명령어는 주어진 데이터의 개수를 세는 기능을 합니다. 따라서 len 명령어는 문자 데이터뿐만 아니라, 데이터의 개수를 셀 수 있는 모든 종류의 데이터에 사용할 수 있습니다. 예를 들어 나중에 배울 리스트, 딕셔너리 또는 레인지에 저장된 데이터의 개수를 확인할 때도 len을 사용할 수 있습니다. 참고로 프로그래밍 언어별로 데이터 개수를 확인하는 방법이 모두 다르지만, 파이썬은 대부분의 경우 len 명령어 하나로 처리할 수 있습니다.

문자 데이터 자르기

문자 데이터는 한 글자씩 순서대로 연결된 것이에요. 따라서 여러분이 원한다면 특정 위치에서 문자 간의 연결 고리를 끊어서 새로운 문자를 만들 수 있어요. 보통 이러한 행위를 **문자 데이터 자르기**, 또는 문자 데이터 **슬라이싱**slicing이라고 해요.

앞에서 비행기 편명 "KE901"은 대한항공이 운항하는 인천 출발 파리 도착 비행기를 뜻한다고 했죠? 여기서 대한항공을 뜻하는 "KE"만 뽑아서 새로운 문자 데이터로 만들려면 어떻게 해야 할까요? 다양한 방법이 있는데, 여기서는 문자 데이터 자르기를 활용할 거에요.

문자 데이터 자르기를 하려면 어떤 정보가 필요할까요? 일단,

1. 문자 데이터를 준비하고,
2. 자를 위치(시작과 끝)를 정하고,
3. 자를 도구가 필요합니다.

파이썬은 문자 데이터를 자를 때 대괄호([...])와 콜론(:)을 도구로 제공하는데, 이 도구는 다음과 같이 쓸 수 있어요.

```
문자 데이터[시작 위치:끝 위치]
```

예를 들어, "KE901"에서 "KE"만 잘라내려면 다음과 같이 사용합니다.

```
"KE901"[0:2] → "KE"
```

여기서 시작 위치와 끝 위치에 주목하세요. 파이썬을 포함한 대부분의 프로그래밍 언어는 문자 데이터의 각 문자에 순서대로 0부터 1씩 더하며 숫자를 부여해서 위치를 표시합니다. 이때 각 위치에 부여된 숫자를 **인덱스**index라고 해요. 예를 들어 첫 번째 문자 "K"의 위치(인덱스)는 0이고, 두 번째 문자 "E"의 위치(인덱스)는 1이에요. 이것을 표로 나타내면 다음과 같아요.

문자 데이터	K	E	9	0	1
인덱스	0	1	2	3	4

그런데 아직도 조금 이상하죠? 위 표에서 "KE"만 가져오려면 인덱스 0부터 인덱스 1까지 자르면 되니까 다음과 같이 해야 되는 거 아닌가요?

```
"KE901"[0:1]
```

문자 데이터 자르기 문법에서 끝 위치는 **끝 위치 포함 금지**라는 의미가 있어요. 따라서 "KE901"[0:1]과 같이 끝 위치에 1을 쓰면 이는 1번 인덱스(문자 "E")를 포함하지 말고 그 이전까지 자르라는 의미이므로 "K"만 가져와요. 그런데 우리가 원하는 것은 "KE"이므로 다음과 같이 써야 해요.

```
"KE901"[0:2]
```

그러면 "KE901"[0:2]의 끝 위치는 2이고, 2번 인덱스(문자 "9")를 포함하지 말고 그 이전까지 자르라는 의미이므로 우리가 원하는 "KE"를 가져올 수 있어요.

한 가지만 더 살펴볼까요? 이번에는 편명에서 일련번호 "901"을 가져와 볼게요. 다음과 같이 자르면 "901"을 가져올 수 있어요.

```
"KE901"[2:5]
```

위 표를 참고하면 "9"의 인덱스가 2이므로 시작 위치는 2가 되고, 마지막 문자 "1"의 인덱스가 4이므로 끝 위치는 4에서 1을 더한 5가 됩니다. 왜냐하면 끝 위치가 5라는 것은 인덱스 5에 해당되는 문자를 포함하지 말고 자르라는 의미니까요.

+ 여기서 잠깐 **데이터 크기를 벗어난 인덱스의 사용**

파이썬은 문자 데이터의 크기보다 큰 인덱스가 주어지면 마지막 문자까지 포함해서 잘라 달라는 명령으로 받아들입니다. 예를 들면 다음과 같이 끝 위치를 100으로 지정해도 동일한 결과를 얻을 수 있어요.

```
"KE901"[2:100] → "901"
```

파이썬은 문자 자르기를 할 때 끝 위치를 생략하는 문법도 제공합니다. 끝 위치를 생략하면 끝 위치를 잘 모르겠지만, 마지막 문자까지 포함해서 잘라 달라는 의미입니다. 예를 들면, 다음과 같이 끝 위치를 생략해서 위와 동일한 결과를 얻을 수 있어요.

```
"KE901"[2:] → "901"
```

끝 위치를 생략할 수 있으니 당연히 시작 위치도 생략할 수 있겠죠? 시작 위치를 생략하면 첫 번째 문자부터 시작해서 잘라 달라는 명령과 같아요. 따라서, "KE"를 가져오는 명령은 다음과 같이 쓸 수 있어요.

```
"KE901"[:2] → "KE"
```

그럼 시작 위치와 끝 위치를 둘 다 생략할 수 있는지도 궁금하죠? 시작 위치와 끝 위치를 동시에 생략하면 문자 데이터 전체를 포함해서 잘라 달라는 명령입니다.

```
"KE901"[:] → "KE901"
```

지금까지 배운 내용을 간단히 〈직접 해보는 손코딩〉으로 확인해 볼게요.

직접 해보는 손코딩 소스 코드 sli01.py

```
01 print("KE901"[0:2])
02 print("KE901"[2:5])
03 print("KE901"[2:100])
04 print("KE901"[2:])
05 print("KE901"[:2])
06 print("KE901"[:])
```

[실행 결과]

```
KE
901
901
901
KE
KE901
```

이제까지 배운 것을 정리해 볼게요. 문자 데이터 자르기를 할 때 **끝 위치 포함 금지**는 반드시 기억해야 합니다.

- 문자 데이터에서 각 문자의 위치는 **인덱스**라고 합니다.
- 문자 데이터는 **문자 데이터[시작 위치:끝 위치]**와 같은 표현으로 자를 수 있습니다.
- 시작 위치(시작 인덱스) 문자는 포함하고, 끝 위치(끝 인덱스) 문자는 포함하지 않습니다.
- 끝 위치를 생략하면 마지막 문자까지 포함하라는 의미입니다.
- 시작 위치를 생략하면 첫 문자부터 포함하라는 의미입니다.
- 시작 위치와 끝 위치를 생략하면 문자 데이터 전체를 포함하라는 의미입니다.

문자 데이터 인덱싱

문자 데이터에서 인덱스는 매우 유용하게 쓰입니다. 대표적으로 **인덱싱**indexing은 인덱스를 활용해 문자 데이터에서 하나의 문자를 고르는 기능입니다.

앞서 슬라이싱에서는 범위를 지정하기 때문에 두 개의 인덱스와 범위의 시작과 끝을 구분할 콜론(:)이 필요하지만, 인덱싱에서는 하나의 문자를 고르기 때문에 하나의 인덱스만 필요합니다.

인덱싱은 다음과 같은 형태로 사용할 수 있습니다.

```
문자 데이터[문자 인덱스]
```

문자 데이터 "Hello!"가 있다고 가정해 봅시다. 파이썬은 문자 데이터를 만들 때 각각의 문자에 순번, 즉 인덱스를 부여합니다.

문자 데이터	H	e	l	l	o	!
인덱스	0	1	2	3	4	5

파이썬에서 인덱스는 0부터 시작합니다.

이때 인덱싱은 다음과 같이 작동합니다.

```
"Hello!"[0] → "H"
"Hello!"[1] → "e"
"Hello!"[2] → "l"
"Hello!"[3] → "l"
"Hello!"[4] → "o"
"Hello!"[5] → "!"
```

〈직접 해보는 손코딩〉으로 다시 한번 확인하고 정리하겠습니다.

직접 해보는 손코딩 소스 코드 ind01.py

```
01 print("KE901"[0])
02 print("KE901"[1])
03 print("KE901"[2])
04 print("KE901"[3])
05 print("KE901"[4])
```

[실행 결과]

```
K
E
9
0
1
```

코드를 한 줄씩 살펴볼까요?

1줄은 문자 데이터 "KE901"에 대해서 0번 인덱스에 해당하는 문자를 화면에 출력합니다. "KE901"은 다음과 같이 인덱스가 부여되기 때문에 이 코드는 "K"를 출력합니다(실행 결과 1줄).

문자 데이터	K	E	9	0	1
인덱스	0	1	2	3	4

2~5줄은 문자 데이터 "KE901"에 대해서 1부터 4까지 인덱스에 해당하는 문자를 각각 화면에 출력합니다(실행 결과 2~5줄).

✚ 여기서 잠깐 **문자 데이터를 인덱싱할 때 주의 사항**

인덱싱은 하나의 특정 문자를 고르는 것이기 때문에 해당 문자의 인덱스를 정확히 입력해야 합니다. 그렇지 않으면 오류가 발생하여 프로그램이 종료됩니다. 예를 들어, 아래 코드처럼 인덱스 범위를 벗어난 인덱스를 지정하면 에러가 발생합니다.

```
print("KE901"[10])
```

[실행 결과]

```
Traceback (most recent call last):
  File "main.py", line 1, in <module>
    print("KE901"[10])
IndexError: string index out of range
```

문자 데이터 "KE901"의 최대 인덱스는 4인데, 위 코드처럼 10을 입력하는 경우, 인덱스 범위를 벗어남(index out of range)이라는 오류가 발생합니다.

문자 데이터 인덱싱을 정리해 보겠습니다.

- **문자 데이터 인덱싱**이란 문자 데이터에서 하나의 문자를 특정하여 뽑는 것을 말하며, 이때 **인덱스**를 활용합니다.
- 문자 데이터의 인덱스 범위를 벗어나서 인덱싱 하는 경우 오류가 발생합니다.

문자 데이터를 가공하는 여러 가지 방법

이번 절에서는 문자 데이터의 여러 가지 특징을 알아봤어요. 이제부터 문자 데이터와 관련한 몇 가지 명령어를 추가로 살펴볼게요. 알아 두면 유용하게 쓸 수 있을 거예요.

문자 데이터 교체 명령어: replace

앞에서는 인덱싱과 슬라이싱을 활용해 문자 데이터에 포함된 특정 문자를 추출했었죠. 이번에는 문자 데이터에 포함된 특정 문자를 다른 문자로 교체해 보겠습니다. 다음과 같이 전화번호 문자 데이터가 주어진 상황에서 전화번호 사이에 있는 문자 "–"를 삭제해 볼게요.

- 전화번호 문자 데이터: "010–1234–5678"
- 문자 "–"를 삭제한 문자 데이터: "01012345678"

슬라이싱 활용하기

"–" 문자를 제외한 나머지 문자 데이터를 잘라내기 위해 슬라이싱을 활용할 수 있습니다.

직접 해보는 손코딩 | 소스 코드 /level/levup_02_02_01.py

```
01  print("010-1234-5678")
02  print("010-1234-5678"[:3])
03  print("010-1234-5678"[4:8])
04  print("010-1234-5678"[9:])
05  print("010-1234-5678"[:3] + "010-1234-5678"[4:8] + "010-1234-5678[9:])
```

[실행 결과]

```
010-1234-5678
010
1234
5678
01012345678
```

1줄은 print 명령어를 사용해서 전화번호 문자 데이터를 그대로 출력합니다.

2줄은 전화번호 데이터에서 첫 세 글자를 슬라이싱으로 잘라내고 그 결과를 화면에 출력합니다. 이때 대괄호 안의 시작 위치가 비어 있는 것을 확인해 주세요.슬라이싱을 할 때 시작 위치가 생략되면 첫 번째 문자부터 포함하라는 의미입니다.

3줄은 전화번호의 네 번째 숫자(1)부터 일곱 번째 숫자(4)까지 슬라이싱으로 잘라내고 출력합니다.

4줄은 전화번호 데이터의 아홉 번째 문자부터 끝까지 잘라냅니다. 이때도 끝 위치가 생략되면 마지막 문자까지 포함하라는 의미입니다.

5줄에서 2~4줄의 결과를 +연산자로 결합해 새로운 문자 데이터를 만들고 그 결과를 print 명령어에 전달해서 출력합니다.

+ 여기서 잠깐 **변수를 사용해서 데이터 쉽게 관리하기**

"010-1234-5678" 문자 데이터를 반복해서 입력하려니 번거롭죠? 이와 같이 동일한 데이터를 반복적으로 사용하는 경우 데이터에 이름을 붙여서 쉽게 관리할 수 있는데, 이렇게 이름이 붙은 데이터를 변수(variable)라고 해요. 변수에 대해서는 곧 자세히 다룰게요.

replace 명령어 활용하기

만약 전화번호에 국가 번호(예를 들어 '+82')가 포함되어 있다면 이를 제거하기 위해 슬라이싱 인덱스를 적절히 바꿔야 합니다. 하지만 국가 번호의 길이는 나라별로 다르기 때문에 정확히 잘라내는 것이 상당히 어렵죠. 이제 다른 방법을 찾아볼 때가 된 것 같군요.

replace 명령어는 특정 문자를 다른 문자를 교체하고 새로운 문자 데이터를 생성합니다. 사용 방식은 다음과 같습니다.

```
문자 데이터.replace(교체 전 문자, 교체 후 문자)
```

replace 명령어 앞 마침표(.)에 주목하세요. replace 명령어는 문자 데이터의 오른쪽에 반드시 마침표(.)와 함께 써야 해요. replace 다음에는 교체 전 문자("-")와 교체 후 문자(" ")를 차례로 적고 콤마(,)로 각 데이터를 구분해 주세요. 교체해야 할 문자가 여러 개인 경우에는 replace 명령어를 중첩해서 사용할 수 있어요. 예를 들어 "010-1234-5678"에서 "-"를 제거하려면 다음과 같이 사용합니다.

```
"010-1234-5678".replace("-", "") → "01012345678"
```

바로 실습해 보겠습니다.

직접 해보는 손코딩 소스 코드 /levelup/levup_02_02_02.py

```
01 print("010-1234-5678".replace("-", ""))
02 print("+8210-1234-5678".replace("-",""))
03 print("+82 10-1234-5678".replace("-", "").replace(" ", ""))
```

[실행 결과]

```
01012345678
+821012345678
+821012345678
```

1줄은 국가 번호가 포함된 전화번호 문자 데이터에 replace 명령어를 사용해서 "-" 문자를 아무것도 없는 빈 문자 데이터 " "로 교체했습니다. 교체하고자 하는 문자의 정확한 인덱스를 몰라도 replace 명령어를 사용해 손쉽게 특정 문자를 교체할 수 있네요.

2줄은 "-" 문자와 공백 문자 " "를 모두 제거하기 위해 replace 명령어를 2번 중첩하여 사용했습니다. 실행 결과에는 "-" 문자와 공백 문자 " "가 잘 제거되었네요.

문자 데이터 변환 명령어: repr

repr 명령어는 숫자, 문자 등 주어진 데이터를 문자 데이터로 변환하고 결괏값으로 문자 데이터 양 끝에 작은따옴표(')를 붙여 새로운 문자 데이터를 만듭니다. 다음과 같이 사용할 수 있습니다.

```
repr(문자 데이터)
```

repr 명령어를 사용하여 표시한 문자 데이터는 양쪽 끝에 따옴표가 붙어 데이터의 시작점과 끝이 눈에 잘 보입니다. 그러면 눈으로 존재를 확인하기 어려운 "\n" 같은 이스케이프 문자나 공백 문자 " "를 표시할 수 있어요. 다음 코드로 실습해 보겠습니다.

직접 해보는 손코딩 소스 코드 levelup/levup_02_02_03.py

```
01 print("   323   ")
02 print(repr("   323   "))
03 print(repr("   323   ".replace(" ", "")))
```

[실행 결과]

```
   323
'   323   '
'323'
```

1줄은 문자 데이터 "   323   "을 만들고 화면에 출력합니다. 문자열 왼쪽의 공백은 눈에 보이지만 오른쪽은 그렇지 않죠. 오른쪽에 공백 문자가 있는지 확인해 볼 방법이 필요합니다.

2줄은 repr 명령어를 사용해 문자 데이터 "   323   "의 양 끝에 작은따옴표를 붙여 화면에 출력합니다. 따옴표 덕분에 문자 왼쪽에 있는 공백은 물론 오른쪽에 있는 공백 문자도 눈으로 확인할 수 있습니다.

3줄은 문자 데이터 "   323   "을 만들고 replace 명령어를 사용해서 공백 문자 " "을 빈 문자 ""로 교체한 뒤 repr 명령어를 사용해서 결괏값의 양 끝에 작은따옴표를 붙여 화면에 출력합니다. 실행 결과를 확인해 보세요. 문자 양 끝의 공백이 제거되고 작은따옴표가 붙어 있습니다. repr 명령어를 사용한 덕분에 오른쪽에 있는 공백이 확실히 제거된 것을 확인할 수 있습니다.

repr 명령어는 문자 데이터의 출력값을 확인할 때 잘 쓰입니다.

공백 제거 명령어: strip, lstrip, rstrip

파이썬은 문자 데이터에 포함된 공백을 제거하는 명령어를 제공합니다.

```
문자 데이터.strip()   ⟶ 문자 데이터 양 옆 공백 제거
문자 데이터.lstrip()  ⟶ 문자 데이터 왼쪽 공백 제거
문자 데이터.rstrip()  ⟶ 문자 데이터 오른쪽 공백 제거
```

다음과 같이 문자 데이터의 중간과 왼쪽, 오른쪽에 공백이 포함된 경우를 살펴보겠습니다.

```
"   Sun is shining.   " → "Sun is shining."
```

위에서 소개한 세 가지 공백 제거 명령어와 replace 명령어의 차이점을 비교하며 실습해 보도록 하겠습니다.

직접 해보는 손코딩 소스 코드 /levelup/levup_02_02_04

```
01 print("   Sun is shining.   ".replace(" ", ""))
02 print("   Sun is shining.   ".strip())
03 print("   Sun is shining.   ".lstrip())
04 print("   Sun is shining.   ".rstrip())
```

[실행 결과]

```
Sunishining
Sun is shining
Sun is shining
   Sun is shining
```

1줄은 replace 명령어를 사용해서 공백 문자 " "를 모두 ""로 교체해서 문장 내 공백이 전부 제거되었습니다.

2줄은 strip 명령어를 사용해서 문자 데이터 양 옆의 공백을 제거했습니다.

3줄은 lstrip 명령어를 사용해서 문자 데이터 왼쪽의 공백을 모두 제거했습니다.

4줄은 rstrip 명령어를 사용해서 문자 데이터 오른쪽의 공백을 모두 제거했습니다.

+ 여기서 잠깐 문자 데이터의 원본

일반적으로 프로그래밍에서 한번 생성된 문자 데이터는 수정할 수 없습니다. 따라서 문자 데이터를 슬라이싱하거나, replace 명령어 등을 사용 해 교체하면 그 결과로 새로운 문자 데이터가 생성됩니다.
문자 데이터의 원본을 보존해야 한다면 = 명령어를 사용해 사본을 만들어 두어야 한다는 점을 기억하세요.

마무리

▶ 6가지 키워드로 정리하는 핵심 포인트

- **문자 데이터 연결 연산자(+)**는 서로 다른 문자 데이터를 연결하는 처리를 합니다.
- **문자 데이터 반복 연결 연산자(*)**는 지정된 횟수만큼 문자 데이터를 반복 연결하는 처리를 합니다.
- 파이썬 len 명령어를 사용하면 문자 데이터의 크기를 알 수 있습니다.
- 문자 데이터를 구성하는 각각의 문자에 숫자가 부여되는데, 이 숫자를 **인덱스**라고 합니다.
- **슬라이싱**이란 범위를 지정해서 새로운 문자 데이터를 만드는 방법입니다.
- **인덱싱**이란 문자 데이터에서 특정한 위치에 존재하는 문자를 선택하는 방법입니다

▶ 확인 문제 (정답 377쪽)

1. 파이썬을 기준으로 할 때, 다음 중 올바른 문장은 무엇인가요?

① 문자 데이터의 길이란 공백space을 제거한 문자의 개수를 의미합니다.
② 이스케이프 문자는 역슬래시와 기호로 이루어졌으므로, 문자 데이터의 길이를 계산할 때 2로 계산합니다.
③ 문자 데이터에 저장된 각 문자는 인덱스라는 숫자로 관리하는데, 인덱스는 1부터 시작할 수도 있습니다.
④ 슬라이싱은 범위를 지정해서 여러 개의 문자를 선택할 때 사용하고, 인덱싱은 1개의 문자를 선택할 때 사용합니다.
⑤ 슬라이싱과 인덱싱을 할 때 문자 데이터의 길이를 넘어선 인덱스 번호를 사용하면 오류가 발생합니다.
⑥ 슬라이싱을 할 때 인덱스 번호를 생략할 수 있듯이, 인덱싱을 할 때도 인덱스 번호를 생략할 수 있습니다.

2. 다음 소스 코드를 보고 실행 결과를 맞혀 보세요.

```
01 print("3" + " + " + "2" + " = " + "5")
02 print("=" * 10)
03 print("5" + "분" + " " + "23" + "초")
```

[실행 결과]

3. 다음 소스 코드를 보고 실행 결과를 맞혀 보세요.

```
01 print("0123456789"[3])
02 print("0123456789"[3:3])
03 print("0123456789"[2:3])
```

[실행 결과]

4. 다음 소스 코드를 보고 실행 결과를 맞혀 보세요.

```
01  print("혼자 공부하는 프로그래밍")
02  print(len("혼자 공부하는 프로그래밍"))
03  print("혼자 공부하는 프로그래밍"[:2])
04  print("혼자 공부하는 프로그래밍"[3:7])
05  print("혼자 공부하는 프로그래밍"[8:])
```

[실행 결과]

5. 다음 소스 코드를 보고 실행 결과를 맞혀 보세요.

```
01  print("C Major Scale")
02  print("-" * len("C Major Scale"))
03  print(
04      "ABCDEFG"[2]
05      + "ABCDEFG"[3]
06      + "ABCDEFG"[4]
07      + "ABCDEFG"[5]
08      + "ABCDEFG"[6]
09      + "ABCDEFG"[0]
10      + "ABCDEFG"[1]
11  )
```

파이썬 명령어 print를 사용할 때 작성할 코드의 길이가 긴 경우, 3~11줄처럼 여러 줄에 걸쳐 작성할 수 있습니다.

[실행 결과]

도전 문제 easy | medium | hard

이번에는 문자 데이터 연산자, 슬라이싱 및 인덱싱을 배웠어요. 앞으로 정말 자주 쓰이는 중요한 내용이에요. 도전 문제를 통해서 정리해 봅시다.

1. 날짜 형식 변환 프로그램

우리나라에서는 날짜를 표현할 때 기본적으로 연/월/일 순으로 쓰지만, 영국에서는 일/월/연, 미국에서는 월/일/연 순으로 쓰는 게 일반적이죠. 이처럼 나라별로 날짜 형식이 달라서 혼란이 생기는 경우가 많아요.

파이썬을 활용해서 날짜 형식을 변환하는 프로그램을 만들어 봅시다. 아래와 같이 "일/월/연" 형식으로 주어진 날짜 데이터 "23/03/2024"를 "연-월-일" 형식으로 변환해서 화면에 출력하는 프로그램을 만들어 보세요.

```
"23/03/2024" → "2024-03-23"
```

hint 문자 데이터를 슬라이싱한 뒤에 다시 이어 붙이세요. + 연산자가 필요할 거예요.

슬라이싱을 사용하면 필요한 데이터만 선택하여 추출할 수 있어요.

02-3 숫자 데이터

핵심 키워드

정수 | 부동 소수점 수 | 사칙 연산자 | 제곱 연산자 | 정수 나누기 연산자 | 나머지 연산자 | 연산자 우선순위

숫자 데이터는 문자 데이터에 비해 속도와 저장 장치 한계를 극복할 수 있는 다양한 표현 방법을 가지고 있어서 머신러닝 등 인공지능 분야는 물론 다양한 곳에서 많이 쓰입니다. 이번 절에서는 숫자 데이터에 대해서 알아보는 시간을 갖겠습니다.

시작하기 전에

2019년 미국 메이저리그에서 류현진 선수가 평균 자책점 분야 전체 1위를 달성했어요. 류현진 선수가 높은 기록을 세울 수 있었던 건, 바로 '상대방에 대한 철저한 분석' 덕분이라고 합니다.

야구는 '데이터의 스포츠'라고 불릴 정도로 선수 개개인에 대한 많은 통계 자료를 가지고 있고, 그러한 자료를 잘 분석해서 상대방의 약점을 파고들면 좋은 성적을 낼 수 있습니다. 그만큼 스포츠에서는 선수 또는 팀을 평가할 때 다양한 숫자 데이터를 사용합니다. 이때 데이터의 양이 매우 많기 때문에 오류를 방지하기 위해 컴퓨터를 이용합니다.

컴퓨터를 이용한 숫자 데이터 처리는 빠르고 정확한 결과를 보여 주지만, 주의를 기울이지 않으면 예상치 못한 결과를 가져올 수 있어요. 이번 절에서는 숫자 데이터의 특징과 정확한 활용법에 대해 알아보겠습니다.

컴퓨터가 처리하는 숫자 데이터의 특징

박찬호 선수는 국내 최초로 미국 메이저리그에 진출한 뒤, 선수 생활을 은퇴할 때까지 많은 기록을 쌓았고, 아시아 선수 중 최다 승수를 보유한 투수예요. 메이저리그는 공식 홈페이지mlb.com에 모든 선수의 개인 기록을 제공하고 있는데, 박찬호 선수의 메이저리그 기록을 가져와 살펴보면서 숫자 데이터의 특징에 대해 알아볼게요.

박찬호 선수는 메이저리그 선수 생활을 은퇴했기 때문에 이 데이터는 언제 가져와도 동일합니다.

박찬호 선수(#61)의 메이저리그 기록

게임 수(G)	승(W)	패(L)	평균 자책점(ERA)	투구 이닝 수(IP)
476	124	98	4.36	1993.0

데이터를 보면 숫자에 소수점(.)이 붙은 게 있고 붙지 않은 게 있죠? 예를 들어 게임 수, 승패에는 소수점이 없고, 나머지 데이터에는 소수점이 있습니다. 왜 그런지 항목별로 살펴보겠습니다.

먼저 **소수점이 없는 데이터**입니다.

- 게임 수: 이 데이터는 선수가 한 번 출전하면 '1씩 증가'하는 데이터입니다. 따라서 이 데이터는 '0.1번 출전'이나 '0.9번 출전' 등과 같이 소수점이 포함될 수 없습니다. 박찬호 선수는 총 476번 게임에 출전한 것을 알 수 있습니다.
- 승패: 야구는 게임의 승패에 결정적인 기여한 투수 한 명에게 승리 또는 패배의 기록을 부여합니다. 여기서 중요한 것은 승리 또는 패배에 따라 관련 기록이 '1씩 증가'한다는 것이죠. '0.1번 승리' 또는 '0.9번 패배' 같은 데이터는 있을 수 없습니다. 따라서 이 데이터도 소수점이 포함될 수 없습니다. 박찬호 선수는 총 124승을 거둔 것을 알 수 있습니다.

이번에는 **소수점이 있는 데이터**입니다.

- 투구 이닝 수: 야구는 공격과 수비로 나누어 게임이 진행되는데, 투수(공을 던지는 사람)는 수비할 때 등장합니다. 야구 1게임당 총 9번의 수비를 할 수 있고, 이때 수비를 진행한 횟수를 이닝이라고 합니다. 예를 들어 투수가 9번의 수비를 모두 담당했다면 '9이닝을 소화했다'라고 표현하죠. 많은 이닝을 소화할수록 좋은 투수로 평가받습니다. 만약 투수가 공을 던지던 중 다른 투수로 교체되면 어떻게 될까요? 이때는 교체 전까지 처리한 타자(공을 치는 사람) 수를 반영한 횟수를 기록합니다. 예를 들어, 한 명의 타자를 처리했다면 '0.1', 두 명의 타자를 처리했다면 '0.2'로 표현하는 식이죠. 따라서 투구 이닝 수 데이터는 소수점이 필요합니다.

- 평균 자책점: 자책점이란 수비할 때 투수의 잘못으로 실점한 경우 그 점수를 말합니다. 예를 들어 3 자책점이란 투수의 잘못으로 3점 실점한 것을 의미하죠. 평균 자책점이란 1게임(9이닝)당 자책점을 의미합니다. 구체적인 산출 공식은 여기서 다루지 않지만, 중요한 것은 평균 자책점을 구하기 위해 현재까지 투수의 투구 이닝 수로 나눈다는 것입니다. 숫자의 나눗셈 연산은 소수점이 발생할 가능성이 높고, 야구에서는 그 소수점을 매우 중요하게 여깁니다. 따라서 평균 자책점 데이터는 소수점이 필요합니다. 참고로 평균 자책점이 낮을수록 좋은 투수로 평가받습니다.

지금까지 우리는 다양한 항목(게임 수, 평균 자책점 등)의 숫자 데이터에 소수점이 필요한지 여부를 하나씩 살펴봤습니다. 그런데 왜 이렇게까지 숫자 데이터의 소수점 포함 여부를 자세히 살펴봤을까요? 그 이유는 바로 숫자 데이터의 소수점 포함 여부에 따라 컴퓨터가 숫자 데이터를 처리하는 방식이 매우 다르기 때문이에요. 특히 소수점이 있는 숫자 데이터를 계산할 때는 항상 조심해야 합니다.

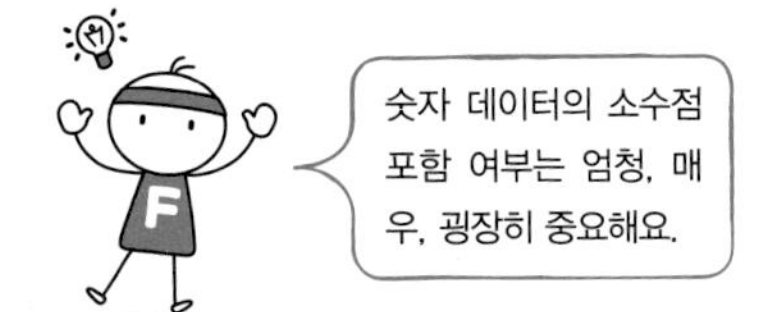

이제 본격적으로 코딩 이야기를 할게요.

여러분이 일반적으로 코딩할 때 숫자 데이터는 소수점이 없는 것과 있는 것을 구분해 다룹니다. 소수점이 없는 숫자 데이터를 **정수**integer라고 하고, 소수점이 있는 숫자 데이터를 **부동 소수점 수**floating point number 혹은 **부동 소수점**floating point이라고 해요. 부동 소수점 수는 편의상 **실수**real number라고 표현하기도 해요.

박찬호 선수의 데이터를 코딩에 대입해보면 다음과 같이 게임 수와 승패는 정수로, 평균 자책점와 투구 이닝 수는 부동 소수점 수로 표현할 수 있어요.

- **정수**: 게임 수, 승패
- **부동 소수점 수**: 투구 이닝 수, 평균 자책점

숫자 데이터를 표현하는 방법

이전 절에서 문자 데이터는 따옴표 기호를 써서 표현한다고 배웠습니다. 이번에는 숫자 데이터를 표현하는 방법을 알아보겠습니다.

정수

정수는 소수점이 없는 수입니다. 따라서 대부분의 프로그래밍 언어에서는 소수점 없이 그냥 숫자를 사용하면 정수로 간주해요. 다만, 따옴표('...', "...")로 둘러싼 숫자는 문자 데이터로 처리됩니다. 문자 데이터는 사칙연산을 할 수 없다는 사실을 꼭 기억해 주세요.

한 가지 더 알려드릴 게 있어요. 일상생활에서는 큰 수(예를 들면 100000000)를 쉽게 읽기 위해서 세 자리마다 쉼표(,)로 구분하지만, 코딩할 때는 숫자 데이터에 쉼표를 넣으면 그 데이터는 컴퓨터가 이해할 수 없으며 프로그램 오류를 일으킵니다.

프로그래밍에서는 숫자 데이터에 쉼표를 쓸 수 없어요!

+ 여기서 잠깐 **코딩할 때 큰 수를 세 자리씩 끊어서 표시하는 방법**

코딩할 때 큰 수를 세 자리씩 끊어서 표시하는 건 불가능할까요? 아닙니다. 가능합니다. 최종 결과를 출력하기 전까지는 쉼표 없이 숫자 데이터로 처리하고, 마지막 결괏값에 쉼표를 넣어서 문자 데이터로 변환한 뒤 출력하는 방법이 있습니다. 듣기만 해도 복잡하죠? 맞아요. 여러분이 쉬우리라 생각하는 것들이 프로그래밍하기 힘든 경우가 많아요.
여러 가지 방법이 있지만, 간단한 방법을 한 가지 알려드리자면 파이썬이 제공하는 format 명령어를 사용하는 방법이 있습니다. 아래와 같이 format(숫자 데이터, ",")의 형식으로 숫자 데이터를 format 명령어에 전달하면 숫자에 쉼표가 포함된 결과를 얻을 수 있어요. 다만, format 명령어를 통해 처리한 숫자 데이터는 문자 데이터로 자동 변환됩니다. 숫자 데이터는 쉼표를 포함할 수 없기 때문이죠.

```
print(format(100000000000, ",")) → "100,000,000,000"(문자 데이터)
```

부동 소수점 수

부동 소수점 수는 소수점이 있는 수입니다. 대부분의 프로그래밍 언어에서는 소수점을 포함해서 숫자를 적으면 부동 소수점 수로 간주해요. 그렇다면 숫자 데이터 0.0은 정수일까요? 부동 소수점 수일까요? 직접 코딩하면서 확인해 볼게요.

직접 해보는 손코딩 소스 코드 bin02.py

```
01  print(type(0.0))
02  print(type(0))
```

[실행 결과]

```
<class 'float'>
<class 'int'>
```

파이썬이 주어진 데이터를 어떤 방식으로 처리하는지 확인하려면 type 명령어를 사용합니다. **type** 명령어는 print 명령어와 마찬가지로 파이썬이 기본적으로 제공하는 명령어로, **데이터 타입**data type을 알려주는 기능을 합니다.

데이터 타입은 데이터 종류 또는 데이터 형식이라고도 합니다.

예를 들어 type(0.0)과 같이 type 명령어에 숫자 데이터 0.0을 전달하면 파이썬이 0.0을 어떤 데이터로 처리하는지 확인할 수 있습니다. 이 예제에서는 0.0의 데이터 타입이 float라고 표시되고, 0의 데이터 타입이 int라고 표시되는 것을 확인할 수 있습니다. 여기서 **float**란 **부동 소수점 수**floating point number를 의미하고, **int**는 **정수**integer를 의미해요.

type 명령어로 확인한 결과, 0.0은 부동 소수점 수라는 사실을 확인할 수 있었습니다. 기억해 두세요! 숫자에 소수점이 붙으면 부동 소수점 수가 됩니다.

+ 여기서 잠깐 print 명령어의 역할

위 예제에서 print 명령어를 삭제하고 실행하면 화면에 어떤 결과도 표시되지 않습니다. 한번 시도해 보세요. type 명령어는 주어진 데이터의 데이터 타입을 알려 주는 기능만 할 뿐, 그 결과를 화면에 표시하지는 않기 때문이죠. 따라서 type 명령어의 처리 결과를 print 명령어에 전달해야 화면에서 그 결과를 확인할 수 있습니다. 앞으로도 어떤 코드를 실행했는데 결과가 화면에 보이지 않다면, print 명령어를 사용해 보세요.

+ 여기서 잠깐 type 명령어를 문자 데이터에 사용한 결과

문자 데이터를 type 명령어로 확인하면 **str**이라고 표시됩니다. 예를 들어 문자 데이터 "Hello, World!"의 데이터 타입은 다음과 같이 확인할 수 있습니다.
참고로, 여기서 str은 스트링(string)의 줄임말로써 일반적으로 문자열 또는 문자 데이터를 의미합니다.

```
print(type("Hello, World!")) → <class 'str'>
```

부호

보통 음수를 표현할 때 숫자 앞에 마이너스(−) 기호를 붙이죠. 반드시 지켜야 하는 규칙 같은 거예요. 코딩할 때도 똑같아요. 숫자 왼쪽에 마이너스 기호가 있다면 그것은 음수를 의미합니다. 그런데 양수를 표현할 때는 굳이 숫자 앞에 플러스(+) 기호를 붙이지 않습니다. 기호가 없으면 양수로 취급합니다.

숫자 데이터의 표현 방법에 대해 정리해 보겠습니다.

- 데이터가 소수점 없이 숫자만으로 표현된 경우, 그 데이터는 **정수**로 봅니다.
- 데이터가 숫자와 소수점의 조합으로 표현된 경우, 그 데이터는 **부동 소수점 수**로 봅니다.
- 0.0은 부동 소수점 수입니다.
- 숫자 데이터를 표현할 때 콤마(,)를 사용해서는 안 됩니다.
- **음수**는 숫자 데이터 왼쪽에 마이너스(−) 기호를 붙여서 표현합니다.
- **양수**는 플러스(+) 기호를 붙일 수 있는데, 보통 붙이지 않습니다.

+ 여기서 잠깐 **숫자에 영어 알파벳 e가 들어있는 것도 숫자 데이터**

간혹 데이터에 영어 알파벳 e(또는 E)가 중간에 들어 있는 것을 볼 수 있는데, 이 또한 숫자 데이터입니다. 이렇게 숫자 데이터를 표현하는 방법을 **과학적 기수법**(scientific notation)이라고 하는데, 이것은 수가 매우 크거나 작을 때 유용하게 쓰입니다. 예를 들면, 정수 1억은 100000000으로 표현할 수 있지만, 1e8로 표현할 수도 있습니다.

숫자 데이터의 연산자

코딩에서 **연산자**operator는 자주 쓰는 기능을 특정 기호로 압축해서 표시한 명령어입니다. 연산자는 데이터와 함께 쓰이는데, 데이터의 종류에 따라 연산자의 기능이 달라집니다. 예를 들어, + 연산자가 숫자 데이터와 쓰이면 연산자 양옆의 수를 더하는 기능을 하지만, 문자 데이터와 쓰이면 두 데이터를 연결하는 기능을 합니다.

이제부터 숫자 데이터에 필요한 연산자를 하나씩 살펴보겠습니다.

사칙 연산자: +, −, *, /

숫자 데이터의 **사칙 연산**(더하기, 빼기, 곱하기, 나누기)은 모든 프로그래밍 언어가 기본적으로 지원하는 핵심 연산이라고 할 수 있어요. 애초에 컴퓨터가 발명된 계기도 사칙 연산을 빠르고 정확하게 하기 위해서죠.

따라서, 모든 프로그래밍 언어는 사칙 연산을 위한 연산자, 즉 **사칙 연산자**를 미리 등록해 뒀어요. 더하기는 +, 빼기는 −, 곱하기는 *, 나누기는 / 기호입니다. 그 결과 사칙 연산은 복잡한 명령어를 따로 익힐 필요 없이 간단히 기호를 입력해서 처리할 수 있어요.

'연산'이라는 단어가 익숙하지 않으면 '계산'으로 바꿔서 생각하세요.

사칙 연산자를 실습하기 전에 잠깐 주식 투자 이야기를 조금 해볼게요. 사칙 연산 중에 주식 투자자가 가장 좋아하는 연산은 무엇일까요?

바로 곱하기(*)입니다. 뛰어난 전략으로 효율적인 주식 포트폴리오를 구성해서 원금 대비 100% 수익을 올렸다면 자산을 기존 대비 두 배로 키울 수 있으니까요.

또한 투자자들은 곱하기 연산 만큼은 아니지만 더하기(+) 연산도 좋아해요. 큰 욕심 부리지 않고 소소하게 투자해서 가족 외식 비용을 충당할 수 있을 만큼의 수익을 내는 것에 만족하는 것도 즐거운 일이니까요.

반면, 투자자들은 나누기(/)는 정말 싫어해요. 여러분이 투자한 주식의 가치가 일명 반 토막 나서 원금 대비 1/2로 줄었다면 기분이 어떨까요? 같은 이유로 빼기(−)도 기분 좋은 연산은 아니죠.

이제 코딩과 연결 지어 이야기해 볼게요.

사칙 연산자를 실습할 때 여러분이 주식 투자자라고 생각하고 얼마의 이익이 났는지, 또는 손실이 났는지 상상하면서 코딩해 보면 느낌이 확실하게 올 거예요. 바로 실습해 볼게요.

참고로 숫자 데이터에는 콤마(,)를 사용할 수 없기에 1천만 원을 눈으로 쉽게 확인하려고 일부러 10 * 1000 * 1000이라고 표현했어요. 물론 10000000으로 써도 됩니다.

직접 해보는 손코딩 소스 코드 fou01.py

```
01  print(10 * 1000 * 1000 * 10)         # 1천만 원 * 10배
02  print(10 * 1000 * 1000 * 1 / 10)     # 1천만 원 * 1/10배
03  print(10 * 1000 * 1000 + 30 * 1000)  # 1천만 원 + 3만 원
04  print(10 * 1000 * 1000 - 100 * 1000) # 1천만 원 - 10만 원
```

[실행 결과]

```
100000000
1000000.0
10030000
9900000
```

+ 여기서 잠깐 주석

소스 코드에는 프로그램의 실행과 관련 없는 문장을 남길 수 있는데, 이것을 **주석**(comment)이라고 합니다. 주석은 여러 가지 용도로 사용될 수 있는데, 주로 소스 코드에 대한 설명을 작성하는 데 사용됩니다. 파이썬에서 주석의 시작은 # 기호를 사용하고, 주석의 끝은 별도의 기호를 사용하지 않고 # 기호가 사용된 줄의 끝을 주석의 끝으로 봅니다.
앞서 〈직접 해보는 손코딩〉 소스 코드에서는 다음과 같이 모두 4개의 주석이 작성되었습니다. 이러한 주석은 파이썬 인터프리터가 소스 코드를 번역할 때 자동으로 제외하고 번역합니다.

- # 1천만 원 * 10배
- # 1천만 원 * 1/10배
- # 1천만 원 + 3만 원
- # 1천만 원 – 10만 원

실행 결과를 하나씩 살펴볼까요?

1줄은 1천만 원 투자해서 10배의 수익(수익률 1000%)을 달성한 경우예요. 굉장히 드물죠. 이쯤 되면 '전업 투자자로 나서볼까?'라는 생각을 하게 되죠.

2줄은 1천만 원 투자해서 1/10배로 원금이 쪼그라든 경우예요. 이쯤 되면 원금을 뺄 생각보다는 자식에게 물려줄 계획을 세우게 되죠. 참고로 파이썬은 숫자 데이터의 나눗셈의 결과를 부동 소수점 수로 표현합니다. 예를 들어 10을 1로 나눈 결괏값은 10이지만, 파이썬은 10.0으로 표현합니다. 파이썬의 언어적 특징이지요.

3줄은 1천만 원 투자해서 소소하게 3만 원 수익을 낸 경우죠. 바로 출금해서 '치맥(치킨과 맥주의 줄임말)'으로 파티를 열어야죠.

4줄은 '뭐, 1천만 원 투자해서 10만 원 손실이면 선방한 거지'라고 생각할 수 있는데요, 잘 생각해 보셔야 해요. 비율로 따지면 1% 손해니까요. 가랑비에 옷 젖을 수 있어요.

주식의 예가 확 와닿기도, 혹은 그렇지 않기도 할 텐데, 여러분의 다양한 경험을 숫자로 바꿔서 실습해보세요. 학교 다닐 때의 성적, 연봉의 변화 등 좋은 상상으로 실습하면 학습 효과가 좋습니다. 사칙 연산자에 대해 간단히 정리하고 다음 연산자로 넘어갈게요.

- **사칙 연산자**는 **사칙 연산**을 수행하는 명령어를 기호로 나타낸 것입니다.
- 숫자 데이터에 나눗셈을 한 결괏값은 부동 소수점 수입니다. 정수가 아니라는 것을 기억하세요.

+ 여기서 잠깐 **파이썬에서 숫자 데이터의 나눗셈 결과를 정수로 표현하는 방법**

파이썬은 숫자 데이터의 나눗셈의 결과를 부동 소수점 수로 표현합니다. 예를 들어 정수를 정수로 나눈 결괏값이 정수인 경우에도 부동 소수점 수로 표현합니다.

```
print(6/2)  →  3.0을 화면에 출력
```

만약 파이썬에서 나눗셈 결과를 정수로 표현하고 싶다면 일반적으로 다음 2가지 중 하나를 사용합니다.

1. 정수 나누기 연산자(//)를 사용합니다(바로 다음 주제에서 설명합니다).
2. 파이썬 int 명령어를 사용합니다.

int 명령어는 주어진 숫자 데이터에서 정수만 떼어 냅니다. 예를 들어 다음과 같이 int 명령어에 3.23을 전달하면 3을 얻을 수 있습니다.

```
print(int(3.23))  →  print(3) → 3을 화면에 출력
```

정수 나누기 연산자와 나머지 연산자: //, %

정수 나누기 연산자는 //이며, 두 가지 연산이 차례로 이루어지는 연산입니다. 먼저 두 수를 나누고, 그 결과에서 정수 부분만 추출하는 연산입니다. 그런 의미에서 **정수 나누기**라고 표현해요.

3/2결과　　0.5를 버립니다.

```
3 // 2  → 1.5  → 1 + 0.5  → 1
3.25 // 2  → 1.625  → 1.0 + 0.625  → 1.0
```

3.25/2결과　　0.625를 버립니다.

이러한 과정을 거치기 때문에 정수 나누기 연산을 설명할 때 종종 '몫을 구하는 연산'이라고 표현하기도 해요.

이번에는 **나머지 연산자**를 살펴볼게요. 초등학교 수학 시간에 나눗셈을 배웠습니다. 아마도 3 나누기 2라면 다음과 같이 써서 계산을 했을 텐데요.

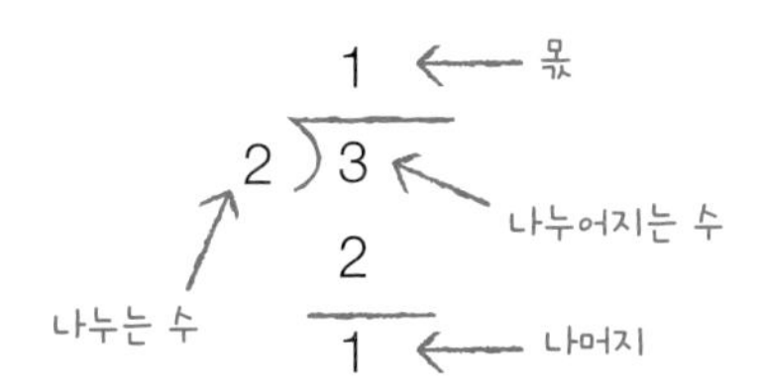

이 그림에서 '나머지'라고 표시된 게 있는데, 이 나머지를 구하는 것을 **나머지 연산**이라고 해요. 나머지 연산은 코딩에서 굉장히 자주 사용하는 기능이고, 파이썬을 포함한 대부분의 프로그래밍 언어에서 퍼센트(%) 기호를 나머지 연산자로 사용해요. 나머지 연산자를 써서 나머지 연산을 해볼게요.

직접 해보는 손코딩 소스 코드 fou02.py

```
01  print(3 % 2)
02  print(3.25 % 7)
```

[실행 결과]

```
1
3.25
```

1줄은 처음에 이야기한 3 나누기 2를 나머지 연산자로 연산한 결과예요. 정상적으로 나머지 연산이 수행되었죠?

2줄은 나누어지는 수(3.25)가 나누는 수(7)보다 작아 더는 나눌 수 없어 3.25라는 결과가 나왔습니다.

이번에는 실제로 어떤 경우에 정수 나누기 연산자와 나머지 연산자를 사용하는지 알아볼게요. 여러분이 어떤 회사의 구내식당 운영을 담당하는 영양사라고 가정하겠습니다. 제주도에서 구입한 맛있는 귤 323개를 직원들에게 분배하려고 해요. 다음과 같이 2가지 문제를 풀어 봅시다.

귤 323개를 총 임직원 수 60명에게 똑같은 개수로 분배하려면,

1. 1명당 몇 개씩 분배해야 할까요?
2. 분배하고 남은 귤의 개수는 몇 개일까요?

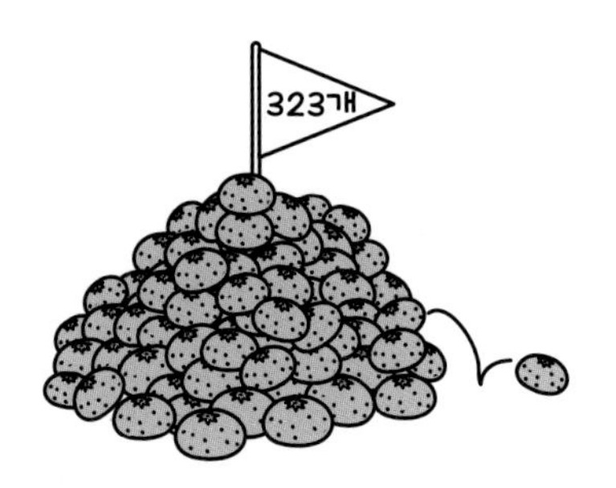

1번 문제는 정수 나누기 연산자를 이용하면 쉽게 풀 수 있습니다. 323을 60으로 정수 나머지 연산자로 나누면 323 // 60 → 5.3833 → 5 + 0.3833 → 5와 같이 계산됩니다. 즉 1명당 5개씩 나눠주면 모두 동일한 개수의 귤을 받을 수 있습니다.

2번 문제는 나머지 연산자를 이용하면 쉽게 풀 수 있습니다. 323을 60으로 나머지 연산자로 나누면 323 % 60 → 몫이 5, 나머지가 23이므로, 나머지 연산의 결괏값은 23입니다. 즉 귤 323개를 60명에게 5개씩 나눠주면, 23개의 귤이 남습니다.

실제 코딩으로 옮겨 보면 결과는 다음과 같습니다.

직접 해보는 손코딩 소스 코드 fou03.py

```
01  print(323 // 60)
02  print(323 % 60)
```

[실행 결과]

```
5
23
```

정수 나누기 연산자와 나머지 연산자에 대해 간단하게 정리해 볼게요.

- **정수 나누기 연산자**는 //로 표시합니다.
- **정수 나누기 연산**은 두 수를 나누고, 그 결괏값에서 정수를 선택하는 연산을 수행합니다.

- **나머지 연산**이란 두 수를 나눈 결과에서 나머지를 선택하는 연산입니다.
- **나머지 연산자**는 퍼센트(%) 기호를 사용합니다.

제곱 연산자: **

제곱 연산은 어떤 수 m을 n번 곱하는 연산입니다. 예를 들어, 3을 2번 곱하는 연산을 '3의 2제곱' 또는 '3의 2승'이라고 표현합니다. 수학적인 표현으로는 3^2라고 쓰기도 해요. 모두 같은 의미입니다.

파이썬은 곱하기(*) 기호를 두 번 붙여 쓴 ** 기호를 **제곱 연산자**로 사용해요. 따라서 별다른 조건 없이 **만 쓰면 **제곱 연산**을 쉽게 할 수 있어요.

C 언어나 자바 언어는 제곱 연산자를 제공하지 않고 별도의 명령어를 제공해요.

실제로 제곱 연산자가 제대로 작동하는지 확인해 볼까요?

직접 해보는 손코딩 소스 코드 fou04.py

```
01  print(3 ** 2)
02  print(3.25 ** 3)
03  print(4 ** 0.5)
```

[실행 결과]

```
9
34.328125
2.0
```

이 코드에서 1줄과 2줄은 각각 3의 2제곱과 3.25의 3제곱의 결괏값을 화면에 출력하는 코드입니다(실행 결과 1~2줄).

3줄은 4의 0.5제곱의 결괏값을 화면에 출력합니다(실행 결과 3줄). 이처럼 제곱 연산자는 정수가 아닌 부동 소수점 수를 사용할 수도 있습니다.

제곱 연산자는 간단하게 정리할 수 있어요.

- **제곱 연산**은 어떤 수 m을 n번 곱하는 계산을 의미합니다.
- 파이썬의 **제곱 연산자**는 ** 기호를 사용합니다.

숫자 연산자의 우선순위

지금까지는 숫자 연산자를 한 번씩만 사용하는 예제로 설명했어요. 따라서 계산을 할 때 혼란이 없었는데요, 만약 여러 가지 연산자가 동시에 나타나면 어떻게 계산할까요?

숫자의 사칙 연산을 할 때 별다른 언급이 없다면 곱셈과 나눗셈을 먼저 계산하고, 그다음에 덧셈과 뺄셈을 합니다. 즉 곱셈과 나눗셈이 덧셈과 뺄셈보다 우선순위가 높다는 것이죠. 코딩에서도 마찬가지로 **연산자 우선순위**가 존재해요. 그러나 모든 연산자의 우선순위를 모두 외울 필요는 없어요. 실제 자주 쓰이는 우선순위만 알아두고 필요할 때마다 찾아 쓰면 됩니다.

자주 사용하는 연산자의 우선순위는 다음과 같습니다.

- 곱셈과 나눗셈은 덧셈과 뺄셈에 우선합니다.
- 곱셈과 나눗셈이 동시에 나타나는 경우에는 왼쪽에서 오른쪽으로 계산합니다.

간단한 코딩 실습으로 확인하고 넘어갈게요.

직접 해보는 손코딩 소스 코드 fou05.py

```
01 print(3 + 2 * 5)
02 print(3 * 2 + 5)
03 print(3 / 2 * 5)
```

[실행 결과]

```
13
11
7.5
```

이 코드의 실행 결과를 하나씩 살펴볼게요.

1줄의 경우 곱셈은 덧셈에 대해 우선순위가 있기 때문에 2 * 5를 먼저 계산하고, 그 결과에 3을 더해서 13을 출력합니다.

2줄의 경우 3 * 2를 먼저 계산하고, 그 결과에 5를 더해서 11을 출력합니다.

3줄의 경우 곱셈과 나눗셈은 우선순위가 같기 때문에 왼쪽에서 오른쪽으로 계산합니다. 따라서 3 / 2를 먼저 계산하고, 그 결과에 5를 곱해서 최종적으로 7.5를 출력합니다.

그런데 아무리 우선순위를 잘 알고 있다고 해도 복잡한 계산식에 능숙한 사람은 흔치 않아요. 이런 경우 수학에서는 괄호를 사용해서 계산 순서를 정하죠? 코딩에서도 마찬가지입니다. 단, 코딩과 수학의 괄호 사용에 있어서 차이가 있습니다. 수학은 대괄호[...] 기호, 중괄호{...} 기호, 소괄호(...) 기호를 모두 사용하지만, 코딩에서는 소괄호만 사용해요. 이는 대괄호와 중괄호가 프로그래밍에서 다른 의미로 사용되기 때문이에요.

괄호를 써서 연산의 우선순위를 표현한 예제를 실습해 보겠습니다.

직접 해보는 손코딩 소스 코드 fou06.py

```
01 print(3 + (2 * 5))
02 print((3 * 2) + 5)
03 print((3 / 2) * 5)
```

[실행 결과]

```
13
11
7.5
```

실행 결과는 이전의 결과와 동일하기 때문에 따로 설명하지는 않겠습니다. 다만, 추가로 소괄호의 다양한 활용법에 관해 설명할게요.

이 예제의 첫 번째 코드는 괄호를 두 번 사용했어요. 첫 번째 쓰임새는 괄호 안에 있는 데이터를 print 명령어에 전달하기 위해 사용했고, 두 번째 쓰임새는 3 + (2 * 5)와 같이 연산자의 우선순위를 명확하게 표시하기 위해 사용했어요.

지금까지 배운 내용을 정리해 볼게요.

- 모든 연산자에는 우선순위가 있습니다. 예를 들어 곱셈과 나눗셈은 덧셈과 뺄셈에 대해 우선순위가 있습니다.
- 우선순위가 같은 연산자가 연이어 있으면 왼쪽에서 오른쪽으로 계산합니다.
- 코딩에서는 소괄호(...) 기호를 사용해서 연산 우선순위를 지정할 수 있습니다.

+ 여기서 잠깐 큰 숫자 데이터의 가독성을 높이는 방법

프로그래밍에서 숫자 데이터는 아라비아 숫자(0~9)와 소수점(.)만 사용할 수 있습니다. 그래서 큰 숫자를 다룰 때는 항상 조심해야 합니다. 콤마(,)가 없어 헷갈릴 수가 있으니까요.

이러한 문제점을 해결하기 위해 '숫자 데이터의 연산자'에서 10000000을 10*1000*1000과 같이 표현했죠. 조금 불편하지만 실수를 줄이기 위해 많이 사용되는 방법입니다.

한편 최근에는 파이썬(3.6버전부터), 자바(7버전부터) 등 많은 언어가 숫자 데이터를 표시할 때 밑줄(_)을 사용하는 것을 허용합니다. 숫자 사이에 밑줄을 쓰면 번역기는 이 밑줄을 무시하고(없는 것으로 보고) 나머지 코드를 처리합니다. 이러한 성질을 이용하면 큰 숫자를 다룰 때 세 자리마다 밑줄을 넣어서 다음과 같이 표현할 수 있습니다. 코드의 가독성을 쉽게 높일 수 있죠.

- 1000000 → 1_000_000
- 100000000 → 100_000_000

밑줄은 다음과 같이 부동 소수점 수에도 사용할 수 있습니다.

- 0.001 → 0.00_1
- 0.00001 → 0.00_00_1

주의해야 할 점은 밑줄은 숫자 사이에만 사용할 수 있다는 점입니다. 밑줄 앞 또는 뒤에 숫자가 없거나, 소수점이 올 경우 문법 오류가 발생합니다.

- _1 또는 1._0 → 밑줄 앞에 숫자가 없으므로 사용 불가
- 1_ 또는 1_.0 → 밑줄 뒤에 숫자가 없으므로 사용 불가

부동 소수점 수 처리의 함정

컴퓨터는 정수와 부동 소수점 수를 다른 방식으로 처리합니다. 실제 코딩을 통해서 결과를 비교하면 그 차이점을 명확히 알 수 있어요.

정수와 부동 소수점 수로 간단한 덧셈 연산을 해 볼게요.

정수의 덧셈

먼저 정수 계산부터 해 볼까요? 다음은 1과 2를 덧셈한 결과를 표시하는 프로그램입니다. 이와 같이 코드를 작성하고 실행하면 다음 결과를 확인할 수 있어요.

직접 해보는 손코딩 소스 코드 int01.py

```
01  print(1 + 2)
02  print(3)
```

[실행 결과]

```
3
3
```

예상한 대로 1과 2를 덧셈한 결과가 3이 나왔습니다. 위 예제에서 숫자를 바꿔 어떤 다른 정수로 테스트하더라도 여러분이 알고 있는 덧셈의 결과가 나옵니다.

숫자 데이터에서 + 기호는 양옆의 숫자(여기서는 1과 2)를 더하는 기능을 하는 덧셈 연산자입니다.

부동 소수점 수의 덧셈

이번에는 부동 소수점 수의 덧셈을 코딩해 보겠습니다.

직접 해보는 손코딩 소스 코드 flo01.py

```
01  print(0.1 + 0.2)
02  print(0.3)
```

[실행 결과]

```
0.30000000000000004
0.3
```

분명 0.1과 0.2를 더하면 0.3이 나와야 되는데, 다른 결과가 나왔습니다. 몇 번을 다시 실행해도, 파이썬이 아닌 다른 프로그래밍 언어로 코딩해도 같은 결과가 나옵니다.

위 결과를 어떻게 해석해야 할까요? 2줄에서 print 명령어에 0.3을 전달한 결과 0.3이 정확히 출력된 것으로 보아, 컴퓨터가 부동 소수점 수 0.3을 제대로 인식하긴 하는 것 같은데요.

다른 예제를 실행해 보겠습니다. 첫 번째 수는 0.1로 두고, 두 번째 수를 0.1부터 0.9까지 총 9번 덧셈하는 계산을 해 볼게요.

직접 해보는 손코딩 소스 코드 bin01.py

```
01 print(0.1 + 0.1)
02 print(0.1 + 0.2)
03 print(0.1 + 0.3)
04 print(0.1 + 0.4)
05 print(0.1 + 0.5)
06 print(0.1 + 0.6)
07 print(0.1 + 0.7)
08 print(0.1 + 0.8)
09 print(0.1 + 0.9)
```

[실행 결과]

```
0.2
0.30000000000000004
0.4
0.5
0.6
0.7
0.7999999999999999
0.9
1.0
```

어떤가요? 컴퓨터로 계산하면 뭐든지 정확하게 나올 것 같았는데 몇몇 부동 소수점 수의 덧셈 결과는 예상과 다르죠?

컴퓨터는 모든 데이터를 0과 1만 사용해서 처리한다고 했습니다. 이렇게 수를 0과 1만으로 처리하는 것을 2진법이라고 합니다.

우리가 평소 사용하는 10진법은 0부터 9까지의 숫자로 수를 표현합니다.

숫자 데이터 역시 0과 1만 사용해서 수를 표현하고 필요한 계산을 합니다. 여기서 문제는 모든 정수는 2진법으로 정확히 표현되는데, 부동 소수점 수는 2진법으로 표현하면 약간의 오차가 발생할 수 있다는 거예요. 이는 2진법을 이용해서 부동 소수점 수를 처리하는 방식에 한계가 있기 때문에 나타나는 결과입니다. 숫자 데이터를 계산한 결과가 부동 소수점 수인 경우, 그 결괏값을 다른 숫자 데이터와 비교(같다, 크다, 작다 등)할 때만 조심하면 큰 문제 없이 처리할 수 있어요(부동 소수점 수 크기 비교 시 주의 사항 183쪽 참고).

요약해 보겠습니다.

- 컴퓨터는 숫자 데이터를 **정수**와 **부동 소수점 수**로 분류합니다.
- 부동 소수점 수의 계산 결괏값은 우리의 예상과 다를 수 있기 때문에 항상 주의를 기울여야 합니다.

레벨 업 숫자 데이터를 가공하는 여러 가지 방법

이번 절에서는 숫자 데이터의 여러 가지 특징을 알아봤어요. 이제부터 숫자 데이터를 처리하거나 문자 데이터를 숫자 데이터로 변환하는 여러 가지 명령어를 살펴볼게요.

정수 변환 명령어: int

int 명령어는 부동 소수점 수 또는 문자 데이터를 정수로 변환합니다. int 명령어를 사용하는 방법은 다음과 같아요.

```
int(숫자 데이터 또는 문자 데이터)
```

int 명령어에는 숫자 데이터와 문자 데이터를 모두 전달할 수 있지만, 문자 데이터를 전달할 경우에는 부호(+, −)와 아라비아 숫자(0~9)만 사용할 수 있어요. 소수점(.)이나 콤마(,) 등을 포함하면 오류가 발생합니다.

int는 integer(정수)의 줄임말이에요.

〈직접 해보는 손코딩〉으로 확인해 볼게요.

직접 해보는 손코딩 소스 코드 /levelup/levup_02_03_01

```
01 print(int(3.23), int(-3.23))
02 print(int(323), int(-323))
03 print(int("323"), int("-323"))
```

[실행 결과]

```
3 -3
323 -323
323 -323
```

1줄은 부동 소수점 수 3.23과 -3.23을 만들고 int 명령어에 전달해서 정수로 만들었습니다. 정수로 변환된 데이터는 print 명령어에 전달하는데, 이렇게 여러 데이터를 한번에 전달할 때는 각 데이터 사이에 콤마(,)를 입력해야 합니다. 실행 결과는 첫 번째 부동 소수점 수 3.23에서 소수점 이하의 수를 버린 정수 3과 두 번째 부동 소수점 수 -3.23에서 소수점 이하의 수를 버린 정수 -3이 출력되었습니다.

2줄은 양의 정수 323과 음의 정수 -323을 int 명령어에 전달했습니다. 이 데이터는 이미 정수이기 때문에 int 명령어를 사용하기 전과 후의 값이 동일합니다.

3줄은 int 명령어에 문자 데이터 "323"과 "-323"을 전달했습니다. 실행 결과에는 데이터가 정수로 변환되어 출력된 것을 확인할 수 있습니다.

부동 소수점 수 변환 명령어: float

float 명령어는 정수 또는 문자 데이터를 부동 소수점 수로 변환합니다. float 명령어를 사용하는 방법은 다음과 같아요.

```
float(숫자 데이터 또는 문자 데이터)
```

float 명령어 역시 int 명령어와 같이 숫자 데이터와 문자 데이터를 모두 전달할 수 있고, 문자 데이터를 전달할 경우에는 부호(+, -)와 아라비아 숫자(0~9), 그리고 소수점(.)만 사용할 수 있어요. 특히 콤마(,)를 포함하면 오류가 발생합니다.

float는 float point number(부동 소수점 수)의 줄임말이에요.

〈직접 해보는 손코딩〉으로 확인해 볼게요.

직접 해보는 손코딩 소스 코드 /levelup/levup_02_03_02

```
01 print(float(323), float(-323))
02 print(float(3.23), float(-3.23))
03 print(float("3.23"), float("-3.23"))
```

[실행 결과]

```
323.0 -323.0
3.23 -3.23
3.23 -3.23
```

1줄은 float 명령어에 양의 정수 323과 음의 정수 −323을 전달해서 부동 소수점 수로 변환하고, print 명령어를 사용해 출력합니다. 실행 결과에서 323이 323.0으로, −323은 −323.0으로 출력되어 부동 소수점 수로 변환된 것을 확인할 수 있어요.

2줄은 float 명령어에 양의 부동 소수점 수 3.23과 음의 부동 소수점 수 −3.23을 전달했어요. 이 데이터는 이미 부동 소수점 수이므로 float 명령어를 사용하기 전과 후의 실행 결과가 동일합니다.

3줄은 float 명령어에 문자 데이터 "3.23"과 "−3.23"을 전달했습니다. 실행 결과를 보면 문자 데이터가 부동 소수점 수로 잘 변환된 것을 확인할 수 있습니다.

int와 float 명령어는 매우 자주 사용하게 될 거예요. 중요한 내용이니 한번 정리해 보겠습니다.

- **int** 명령어는 숫자 데이터 또는 문자 데이터(+, −, 0~9)를 정수로 변환합니다.
- **float** 명령어는 숫자 데이터 또는 문자 데이터(+, −, 0~9)를 부동 소수점 수로 변환합니다.
- print 명령어에 여러 데이터를 한 번에 전달할 때는 각 데이터를 콤마(,)로 연결합니다.

+ 여기서 잠깐 | 소수점이 포함된 문자를 정수로 변환하는 방법

문자 데이터에 소수점(.)이 포함되어 있는 경우 int 명령어를 사용하면 오류가 발생합니다. 예를 들어 문자 데이터 "3.23"을 정수로 변환하기 위해 int 명령어를 사용하면 다음과 같이 오류가 발생합니다.

```
print(int("3.23")) → ValueError: invalid literal for int() with base 10: '3.23'
```

소수점이 포함된 문자 데이터를 정수로 변환하는 방법은 여러 가지가 있지만, 가장 간단한 방법은 float 명령어를 사용해 문자 데이터를 부동 소수점 수로 변환한 다음 int 명령어를 사용하는 것입니다.

```
print(int(float("3.23"))) → 3.23
```

반올림 연산 명령어: round

숫자 데이터 반올림 연산은 어떤 숫자의 근삿값을 구하는 연산으로, 반올림할 자리의 숫자가 5 미만이면 버리고, 5 이상이면 올림하는 연산을 말합니다.

예를 들어, 숫자 데이터 345.678을 일의 자리에서 반올림하면 350.0이 되고, 소수점 둘째 자리에서 반올림하면 345.7이 되죠. 지금부터 반올림 명령어와 몇 가지 사례를 살펴 보겠습니다.

round 명령어는 숫자 데이터 반올림 연산을 처리해요. 다음과 같이 round 명령어에 숫자 데이터와 자릿수를 전달하면, 반올림 연산을 수행한 후 해당 자릿수까지 새로운 숫자 데이터를 생성합니다. 자릿수에는 정수만 전달 가능한데 양의 정수는 소수점 아래 자릿수를, 음의 정수는 정수 부분의 자릿수를 의미합니다.

```
round(숫자 데이터, 자릿수)
```

〈직접 해보는 손코딩〉으로 확인해 볼게요.

직접 해보는 손코딩 소스 코드 levelup/levup_02_03_03.py

```
01 print(345.678)
02 print(round(345.678, 1))
03 print(round(345.678, 0))
04 print(round(345.678, -1))
```

[실행 결과]

```
345.678
345.7
346.0
350.0
```

1줄은 숫자 데이터 345.678을 만들고 화면에 출력합니다.

2줄은 round 명령어를 사용해 숫자 데이터 345.678을 반올림하여 소수점 첫 번째 자리까지 표시합니다. 따라서 소수점 두 번째 자리에서 반올림한 결괏값인 345.7이 출력됩니다.

3줄은 round 명령어를 사용해 숫자 데이터 345.678을 소수점 0번째 자리 즉, 1의 자리까지 표시합니다. 따라서 345.678을 소수점 첫 번째 자리에서 반올림한 결괏값인 346.0이 출력됩니다.

4줄은 round 명령어를 사용해서 숫자 데이터 345.678을 반올림하여 10의 자리까지 표시합니다. 따라서 345.678을 1의 자리에서 반올림한 결괏값인 350.0이 출력됩니다.

파이썬의 반올림

반올림은 어떤 수의 근삿값을 구하는 연산이기 때문에 오차가 발생할 수 있어요. 이러한 오차를 어떻게 처리하느냐에 따라 다양한 반올림 방법이 있는데, 여기서는 가장 많이 쓰이는 두 가지를 소개합니다.

1. 반올림 하려는 숫자가 5보다 작으면(0, 1, 2, 3, 4) 버리고, 5보다 크거나 같으면(5, 6, 7, 8, 9) 올립니다.
2. 반올림 하려는 숫자가 5보다 작으면 버리고, 5보다 크면 올립니다. 만약 정확히 5인 경우, 앞자리 수가 짝수라면 버리고, 홀수라면 올립니다.

1번은 우리가 일반적으로 사용되는 **사사오입**rounding half away from zero 방식이고, 2번은 자연과학 및 공학 분야에서 일반적으로 사용되는 **오사오입**rounding half to even 방식이에요. 이 두 가지 방법 모두 국제 표준(IEEE 754)입니다. 파이썬은 기본적으로 2번 방식을 사용합니다.

〈직접 해보는 손코딩〉으로 실습해 볼게요.

직접 해보는 손코딩 소스 코드 levelup/levup_02_03_04.py

```
01 print(round(3.25, 1), round(3.35, 1))
02 print(round(325, -1), round(335, -1))
03 print(
04     round(325, -1),
05     round(325.0, -1),
06     round(325.25, -1),
07 )
```

[실행 결과]

```
3.2 3.4
320 340
320 320.0 330.0
```

1줄은 round 명령어를 사용해서 부동 소수점 수 3.25와 3.35를 소수점 두 번째 자리에서 반올림하고, 그 결괏값인 3.2와 3.4를 출력합니다. 파이썬의 부동 소수점 수 반올림 연산이 오사오입 방식임을 알 수 있죠.

2줄은 round 명령어를 사용해서 정수 325와 335를 각각 소수점 0번째 자리, 즉 1의 자리에서 반올림 연산을 하고, 그 결괏값인 320과 340을 출력합니다. 이로써 정수의 반올림 연산도 오사오입 방식을 사용하는 것을 확인 했어요.

3~7줄은 round 명령어를 사용해서 정수 325와 부동 소수점 수 325.0, 325.25를 1의 자리에서 반올림하고, 그 결괏값을 화면에 출력합니다. 각각 320, 320.0, 330.0이군요.

325, 325.0과 같이 정수와 부동 소수점 수가 같은 값이면, 반올림 연산의 결과도 오사오입 방식이 적용된 320, 320.0 으로 같다는 것을 알 수 있어요. 하지만, 325.0과 325.25의 반올림 결괏값은 왜 320.0과 330.0으로 다를까요? 특히 325.25를 오사오입 방식에 따라 1의 자리에서 반올림하면 320.0이 되어야 하는 것 아닌가요?

오사오입 방식은 반올림 자리의 숫자가 정확히 절반일 때 적용합니다. 예를 들어 50, 5, 0.5, 0.05 등과 같이 100의 절반, 10의 절반, 1의 절반, 0.1의 절반일 때 적용된다는 뜻입니다.

325.0의 경우 1의 자리 숫자가 정확히 10의 절반인 5니까 오사오입에 따라 320.0으로 반올림 합니다. 반면에 325.25의 경우, 반올림 자리의 숫자가 10의 절반인 5보다 큰 5.25이기 때문에 330.0으로 반올림하죠. 그래서 예상과 다른 결괏값이 출력된 거예요.

> 오사오입 반올림 방식은 반올림 자리의 숫자가 정확히 절반일 때 적용합니다.

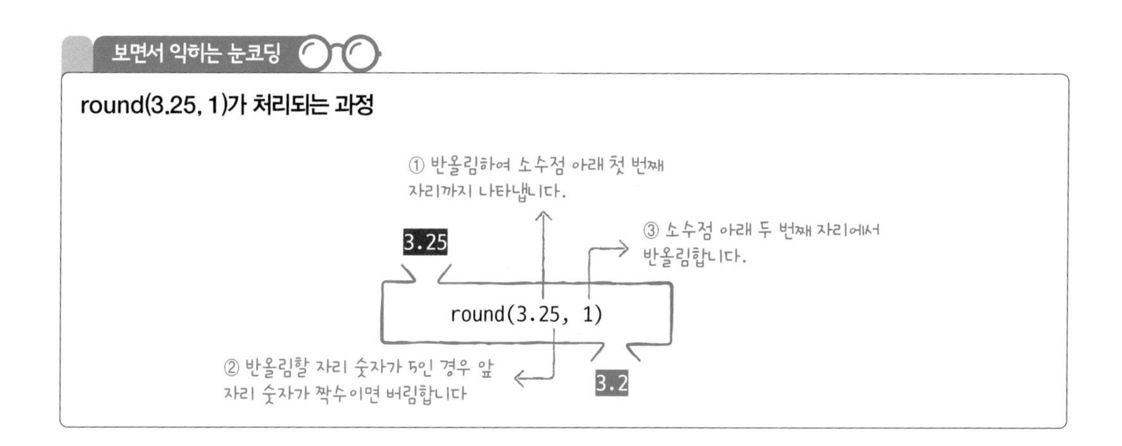

부동 소수점 수의 반올림

round 명령어를 사용해서 부동 소수점 수 0.55와 2.55를 반올림하면 다음과 같습니다.

```
print(round(0.55, 1)) → 0.6
print(round(2.55, 1)) → 2.5
```

0.55를 소수점 두 번째 자리에서 반올림했더니 오사오입 방식에 따라 0.6이 출력되었죠. 그렇다면 2.55의 반올림 결괏값은 2.6이 되어야 하는데, 2.5가 출력되었어요. 이게 대체 무슨 일이죠?

컴퓨터는 숫자 데이터를 이진법으로 저장하는데, 부동 소수점 수는 완벽하게 이진법으로 표현하기 어렵습니다. format 명령어를 사용하면 부동 소수점 수가 실제로 어떻게 저장되는지 간단히 알 수 있습니다. 다음의 코드를 살펴보죠.

```
print(format(0.55, ".30f")) → 0.550000000000000044408920985006
print(format(2.55, ".30f")) → 2.549999999999999822364316059975
```

format 명령어는 데이터의 서식을 지정합니다. 이 코드에 있는 format(0.55, ".30f")는 숫자 데이터 0.55를 소수점 30자리까지 표시하라는 의미입니다.

> format 명령어는 데이터의 서식을 지정합니다. 여기서는 더 자세히 다루지 않을게요.

위 결과를 통해 0.55는 실제로 0.550000…5006으로, 2.55는 2.549999…9975로 처리된다는 사실을 알았네요. 따라서 0.55와 2.55를 소수점 첫 번째 자리에서 반올림하면 각각 0.6, 2.5가 됩니다.

이러한 결과는 부동 소수점 수를 사용하는 모든 프로그래밍 언어의 특징입니다. 조금 복잡하게 느껴질 수도 있지만, 걱정 마세요. 지금은 '알아 둔다'는 느낌으로 이해하는 것으로 충분합니다.

〈확인 문제〉와 〈도전 문제〉를 풀어 보세요.

마무리

▶ 7가지 키워드로 정리하는 핵심 포인트

- **정수**는 소수점이 없는 숫자 데이터를 말합니다.
- **부동 소수점 수**는 소수점이 있는 숫자 데이터를 말합니다.
- **사칙 연산자 +, -, *, /**는 숫자 데이터의 사칙 연산을 처리합니다.
- **제곱 연산자 ****는 숫자 데이터의 제곱 연산을 처리합니다.
- **정수 나누기 연산자 //**는 숫자 데이터의 정수 나누기 연산을 처리합니다.
- **나머지 연산자 %**는 숫자 데이터의 두 수를 나눈 나머지를 구하는 연산을 처리합니다.
- 연산은 **연산자 우선순위**에 따라 순서대로 처리하며, 괄호를 사용하면 연산의 우선순위를 지정할 수 있습니다.

▶ 확인 문제 (정답 380쪽)

1. 다음 중 올바른 문장은 무엇인가요?

① "323"과 323은 아라비아 숫자가 쓰였기 때문에 둘 다 숫자 데이터입니다.

② 코딩에서 여러 가지 연산이 연속으로 사용된 경우 대괄호, 중괄호 또는 소괄호를 사용해서 연산의 우선 순위를 강제로 정할 수 있습니다.

③ 여러 개의 사칙 연산자(+, -, *, /)가 동시에 사용된 경우 왼쪽부터 계산합니다.

④ 정수 나누기 연산자(//)는 숫자 데이터의 나눗셈을 처리한 뒤, 정수 부분만 추출하는 기능을 하므로, 3 // 2의 결괏값은 '3 // 2 → 1.5 → 1 + 0.5 → 1' 이 과정을 거쳐서 1입니다.

⑤ 나머지 연산자(%)는 숫자 데이터의 나눗셈을 처리한 뒤, 정수 부분을 뺀 나머지를 구하는 기능을 하므로, 3 % 2의 결괏값은 '3 % 2 → 1.5 → 1 + 0.5 → 0.5' 이 과정을 거쳐 0.5입니다.

2. 다음 소스 코드를 실행한 후 결과를 적어 보세요.

```
01  print("숫자 데이터 확인 문제")
02  print("=*" * 5 + "=")
03  print(3 ** 2)
04  print(323 // 60)
05  print(323 % 60)
06  print(323.0 ** 60)
07  print(323.0 // 60)
08  print(323.0 % 60)
```

[실행 결과]

3. 다음 소스 코드를 실행한 후 결과를 적어 보세요.

```
01  print("연산자 우선순위 확인 문제")
02  print("=*" * 5 + "=")
03  print(23 + 323 // 60 * 100)
04  print(23 + (323 // 60 * 100))
05  print((23 + 323) // 60 * 100)
```

[실행 결과]

도전 문제

easy | medium | hard

지금까지 문자 데이터와 숫자 데이터를 가공하는 여러 가지 방법에 대해서 공부했어요. 문자 데이터를 숫자 데이터로 변환하는 프로그램을 만들면서 정리해 볼게요.

1. 부동 소수점 수 변환하기

콤마(,)와 소수점(.)이 들어있는 문자 데이터 "1,234.567"을 부동 소수점 수로 변환하는 프로그램을 만들어 보세요.

```
1234.567
```

hint1 float 명령어에 콤마(,)가 포함된 문자 데이터를 전달하면 오류가 발생합니다.

hint2 replace 명령어가 필요해요.

2. 정수 변환하기

이번에는 문자 데이터를 정수로 변환하는 프로그램을 만들어 봅시다. 문자 데이터 "1,234.567"을 정수로 변환해 보세요.

```
1234
```

hint int 명령어에 소수점(.)이나 콤마(,)가 포함된 문자 데이터를 전달하면 오류가 발생합니다.

소수점이 포함된 문자 데이터를 정수로 변환하면 오류가 발생해요.

02-4 변수

핵심 키워드

변수 | 네이밍 룰 | 네이밍 컨벤션

모든 사람은 자신만의 이름이 있습니다. 마찬가지로 데이터에도 이름을 붙일 수 있습니다. 이번 절에서는 데이터에 이름을 붙이는 이유와 그 방법에 관해 공부하겠습니다.

시작하기 전에

이 세상에 새로운 생명이 태어나면 부모님은 자식에게 가장 아름답고 의미 있는 이름을 지어줍니다. 이렇게 정해진 이름은 다양하게 활용되며, 특별한 사유가 없는 한 변경하지 않습니다.

이와 마찬가지로 컴퓨터 프로그램의 창작자인 여러분은 코딩하면서 데이터를 만들고, 그 데이터에 의미 있는 이름을 지을 수 있어요. 이렇게 이름이 정해진 데이터는 프로그램이 종료될 때까지 다양하게 쓰이게 됩니다. 이번 절에서는 데이터에 이름을 붙이고 활용하는 방법에 대해 알아볼게요.

아이의 이름: 사랑이

새로운 생명에게 이름을 지어주듯이,

데이터의 이름: 인사말

"Hello, World!"

새로운 데이터에도 이름을 지을 수 있습니다.

데이터에 이름이 필요한 이유

여러분의 휴대 전화를 꺼내서 통화 목록을 한번 살펴보세요. 연락처에 저장된 번호는 통화 목록에 이름이 표시되기 때문에 누구와 통화를 했는지 쉽게 알 수 있지만, 연락처에 저장된 번호가 아닐 경우 그 대화 상대방이 누군지 확인하기 어렵습니다. 따라서 여러분에게 중요한 사람이라면 연락처에 이름과 전화번호를 기록해 둬야 여러 사고를 방지할 수 있어요.

일상 생활에서 중요한 정보는 필요한 순간에 떠올리기 위해 기록해 두는 것처럼, 코딩할 때 사용하게 될 수많은 데이터에도 반드시 이름을 지어야 합니다. 이름이 없는 데이터는 다시 사용할 수 없기 때문입니다. 마치 한 번 쓰고 버리는 일회용 데이터처럼요. 반면 이름이 있는 데이터는 프로그램이 종료될 때까지 계속 재사용할 수 있습니다.

데이터에 붙이는 이름, 변수

데이터에 붙이는 이름을 **변수**variable라고 합니다. 영어 단어 variable은 '변할 수 있는, 가변적인'이라는 뜻을 지니고 있는데요, 데이터에 붙이는 이름을 왜 변수라고 할까요?

여러분의 휴대 전화 연락처에 친구 '나한빛'의 전화번호가 02-100-1000으로 저장되어 있다고 가정하겠습니다. 이때 전화번호 02-100-1000은 문자 데이터에 해당하고, 친구의 이름 '나한빛'은 문자 데이터에 붙은 이름, 즉 변수에 해당합니다.

이때, 데이터와 변수(데이터에 붙은 이름)의 관계를 설명하는 다양한 표현이 있어요. 다음과 같이 데이터를 변수에 '저장한다, 할당한다, 대입한다'라는 표현을 사용하거나, 변수가 데이터를 '가리킨다'라고 표현해요.

- 문자 데이터 02-100-1000을 변수 '나한빛'에 **저장한다(할당한다, 대입한다)**.
- 변수 '나한빛'은 문자 데이터 02-100-1000을 **가리킨다**.

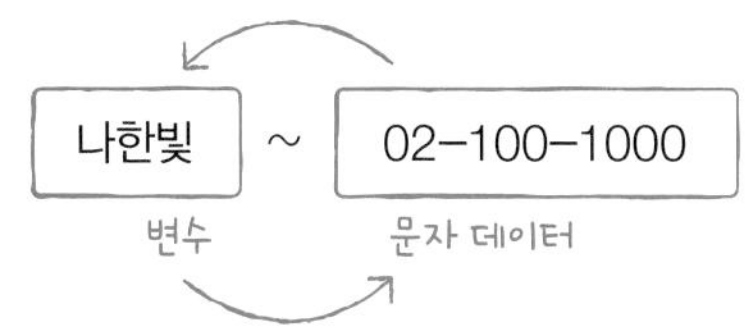

만약, 나한빛의 전화번호가 02-500-5000으로 변경되면 어떻게 될까요? 여러분의 연락처에도 변경된 전화번호를 저장해야겠죠? 이때 변수 '나한빛'은 기존의 문자 데이터(전화번호)와의 연결을 끊고 새로운 문자 데이터를 **가리킨다**라고 표현해요. 새로운 문자 데이터를 변수 '나한빛'에 **저장한다**(**할당한다**, **대입한다**)라고 표현할 수도 있겠죠.

- 변수 '나한빛'은 기존 데이터와의 연결을 끊고, 새로운 데이터를 **가리킨다**.
- 새로운 데이터를 변수 '나한빛'에 **저장한다**(**할당한다**, **대입한다**).

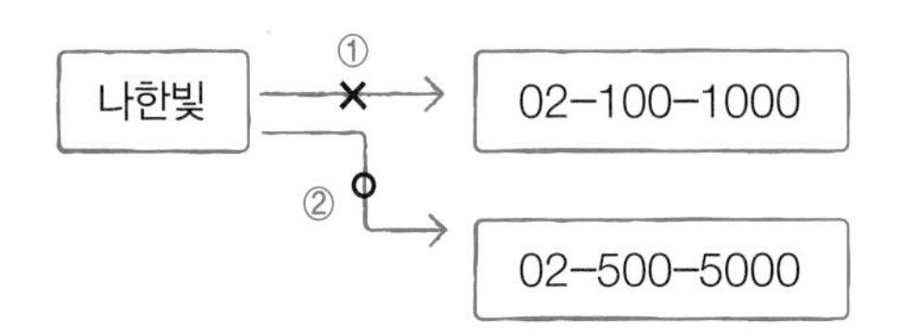

변수 '나한빛'은
① 기존 데이터(전화번호)와의 연결(관계)을 끊고
② 새로운 데이터를 가리킵니다.

문자 데이터 02-500-5000을 변수 '나한빛'에 저장한다(할당한다, 대입한다).

이처럼 데이터의 이름이 가리키는 대상이 상황에 따라서 수시로 변할 수 있기에, 또는 동일한 이름에 새로운 데이터를 저장할 수 있기에 데이터의 이름을 **변수**라고 해요.

정리해 볼게요. 다음의 표현을 기억해 두세요. 데이터에 중심을 두느냐, 변수에 중심을 두느냐에 따라 표현이 다르지만 의미는 같아요. 이 책에서는 상황에 따라 두 가지 표현 중에서 하나를 골라 쓰겠습니다.

- 데이터를 변수에 **저장한다**.
- 변수가 데이터를 **가리킨다**.

변수는 어떤 데이터든지 가리킬 수 있고, 어떤 데이터든지 변수에 저장할 수 있습니다.

변수를 만들고 활용하는 방법

이번에는 앞서 배웠던 문자 데이터와 숫자 데이터를 변수에 저장하는 실습을 해볼게요.

파이썬을 포함한 대부분의 프로그래밍 언어는 다음과 같이 등호(=) 기호를 사용해서 데이터를 변수에 저장합니다.

```
변수 이름 = 변수에 저장할 데이터
```

예를 들어, 문자 데이터 "Hello, World!"를 변수 message에 저장하기 위해서는 다음과 같이 코딩합니다. 여기서 message는 변수 이름입니다.

```
message = "Hello, World!"
```

한편, 프로그래밍을 할 때는 언제나 여러분의 의도대로 데이터가 잘 처리되었는지 확인해야 합니다. 이 예에서도 변수 message에 문자 데이터를 저장했으므로, 해당 문자 데이터가 변수에 잘 저장되었는지 확인해야 합니다.

변수에 저장된 데이터를 확인하는 방법은 주로 파이썬 명령어 print를 사용합니다. 만약 print 명령어에 주어진 데이터가 변수라면 파이썬은 변수에 저장된 데이터로 바꿔서 실행합니다.

〈직접 해보는 손코딩〉을 실행해 보세요.

직접 해보는 손코딩 소스 코드 var01.py

```
01  message = "Hello, World!"
02  print(message)
```

[실행 결과]

```
Hello, World!
```

1줄은 문자 데이터 "Hello, World!"를 변수 message에 저장합니다. 앞으로 message라는 변수를 통해 문자 데이터 "Hello, World!"에 접근할 수 있습니다.

+ 여기서 잠깐 변수와 관련된 다양한 표현

'변수에 데이터를 저장한다', '변수가 데이터를 가리킨다', '변수를 통해 데이터에 접근한다'라는 말은 프로그래밍에서 모두 같은 의미로 사용됩니다. 아직 익숙하지 않겠지만 자주 봐서 눈에 익히는 것이 좋습니다.

2줄은 파이썬 명령어 print를 사용해서 변수 message에 저장된 데이터를 화면에 출력합니다. 실제 이 코드를 실행하는 순간 파이썬은 변수 message에 저장된 데이터로 대체해서 실행합니다. 예를 들면 print(message)라는 명령어를 실행할 때, 변수 message는 이 변수에 저장된 데이터, 즉 "Hello, World!"로 대체되어 결국 print("Hello, World!")를 실행합니다. 따라서 이 코드를 실행하면 결국 "Hello, World!" 메시지를 화면에 출력합니다.

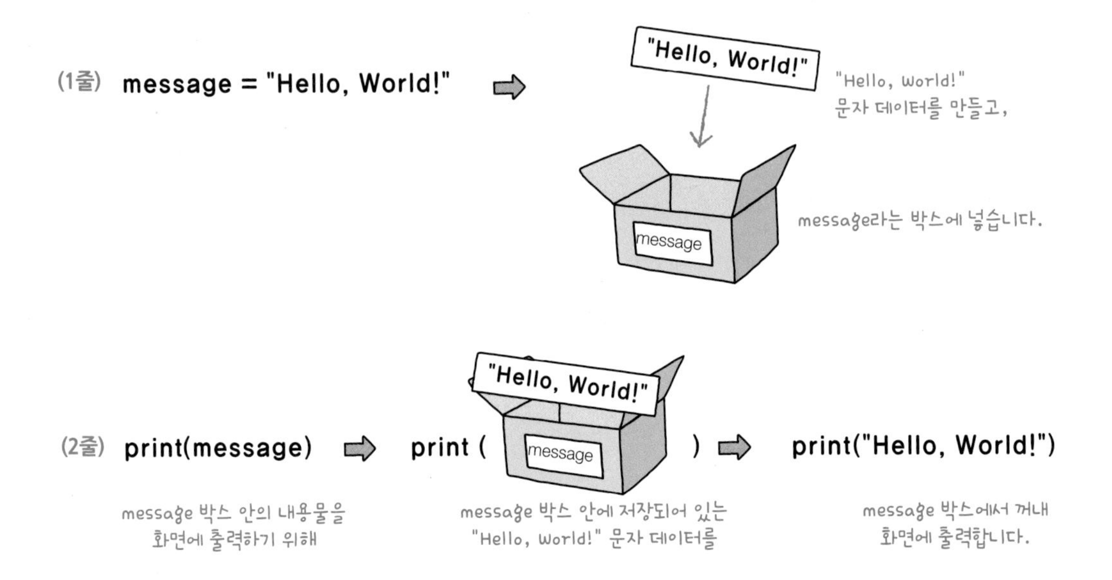

변수를 만들고 활용하는 방법을 정리해 보겠습니다.

- **변수**를 만들기 위해서는 등호(=) 기호를 사용해서 변수 이름과 데이터를 연결합니다.
- 변수 이름에 어떤 데이터가 저장되어 있는지 확인하려면 파이썬 명령어 **print**를 활용해 데이터를 화면에 출력해 봅니다.

변수 이름을 짓는 규칙과 관례

변수 이름을 지을 때 지켜야 하는 규칙과 관례가 있습니다. 매우 중요한 내용이지만 쉽게 이해할 수 있는 내용이므로 편하게 살펴보세요.

변수 이름을 짓는 규칙: 네이밍 룰

변수 이름을 짓는 규칙을 **네이밍 룰**naming rules이라고 합니다. 파이썬의 네이밍 룰은 다음과 같습니다. 다음 규칙을 지킨다면 어떤 이름이든 사용 가능합니다.

- 변수 이름은 숫자로 시작할 수 없습니다.
- 변수 이름에 공백을 사용할 수 없습니다.
- 변수 이름에 특수 문자는 밑줄(_)만 사용할 수 있습니다.
- 변수 이름에 **키워드**keyword를 사용할 수 없습니다. 키워드란 파이썬이 미리 선점한 이름이라고 생각하면 됩니다.

키워드라는 단어가 처음 등장했네요. 키워드는 말 그대로 핵심 단어를 의미합니다. 파이썬이 '이 이름은 프로그래밍 언어의 문법을 구성하는 요소로 사용되기 때문에 변수 이름으로 사용할 수 없습니다'라고 미리 선점한 이름입니다.

파이썬에서 키워드의 개수는 35개로 정해져 있고 구체적인 목록은 다음과 같습니다. 파이썬 버전에 따라 키워드 개수는 조금 다를 수 있습니다.

키워드를 변수 이름으로 지정하면 문법 오류(syntax error)가 일어나고 프로그램이 종료됩니다.

```
False, None, True, and, as, assert, async, await, break, class, continue, def,
del, elif, else, except, finally, for, from, global, if, import, in, is, lambda,
nonlocal, not, or, pass, raise, return, try, while, with, yield
```

키워드는 '변수 이름으로 사용할 수 없다'라는 것만 기억해 두고 구체적인 키워드 목록은 기억하지 않아도 됩니다. 필요할 때 찾아서 보는 것으로 충분합니다.

+ 여기서 잠깐 **프로그래밍 언어의 네이밍 룰**

파이썬뿐만 아니라 모든 언어가 네이밍 룰을 가지고 있는데, 대부분 큰 차이 없이 비슷한 내용입니다. 다만, 특수문자($, &, *, _ 등)의 허용에 대한 규칙은 언어별로 조금 차이가 있습니다.

파이썬 네이밍 룰에 따라 사용 가능한 이름을 예로 들면 다음과 같습니다.

- _hidden_name_: 변수 이름에 밑줄(_)을 넣을 수 있습니다.
- m: 변수 이름의 길이에 제한이 없으므로, 한 글자 변수 이름도 사용 가능합니다.
- add_3_and_2: 변수 이름에 숫자를 넣을 수 있습니다(숫자로 시작하는 것은 불가능).
- is_this_love: 키워드(is)와 다른 단어의 조합은 변수 이름으로 사용할 수 있습니다.
- 이것이사랑인가요: 변수 이름으로 꼭 영어를 써야 하는 것은 아닙니다. 한글도 가능합니다.

반면에, 사용 불가능한 이름을 예로 들면 다음과 같습니다.

- $money: 밑줄(_)을 제외한 다른 특수 문자는 사용할 수 없습니다.
- 1st: 변수 이름은 숫자로 시작할 수 없습니다.
- my name: 변수 이름에 공백을 사용할 수 없습니다.
- finally: 키워드(finally)는 변수 이름으로 사용할 수 없습니다.

변수 이름을 짓는 관례: 네이밍 컨벤션

변수 이름을 짓는 관례를 **네이밍 컨벤션**naming convention이라고 합니다. 네이밍 컨벤션은 네이밍 룰처럼 반드시 지켜야 하는 것은 아니고 전 세계 많은 개발자에 의해 만들어지고 다듬어진 변수 이름 짓는 가이드라고 생각하면 됩니다.

파이썬의 네이밍 컨벤션은 다음과 같습니다.

- 변수 이름은 영어 알파벳(A–Z, a–z)을 사용하는 것이 좋습니다.
- 변수 이름만으로 변수가 가리키는 데이터를 유추할 수 있도록 충분히 자세한 이름이 좋습니다.
- 두 가지 이상의 단어가 모여 만들어진 변수 이름은 각 단어 사이에 밑줄(_)을 추가하거나 각 단어 첫 글자를 대문자로 변환합니다.

네이밍 컨벤션을 따르지 않는 변수 이름을 예로 들면 다음과 같습니다.

- 인사말: 이 변수 이름은 한글로 변수 이름을 지었습니다. 문법적으로 오류가 있는 것은 아니지만, 문자 인코딩에서 오류 발생 가능성이 있으므로 지양하는 게 좋습니다.
- m: 이 변수 이름은 media, message, max 등 다양한 의미를 가질 수 있기 때문에 한눈에 변수의 의미를 파악할 수 없습니다. 따라서 이 변수가 가리키는 데이터가 무엇인지 유추할 수 있도록 충분히 자세한 이름을 사용하는 것이 좋습니다.
- datareceivedfromhanbit: 이 변수 이름은 두 가지 이상의 단어가 모여 만들어진 이름입니다. 한눈에 어떤 데이터인지 확인이 어렵기 때문에 다음과 같이 각 단어의 구분이 쉽도록 이름을 짓는 게 좋습니다.
  - data_received_from_hanbit: 각 단어 사이에 밑줄을 추가했습니다.
  - DataReceivedFromHanbit: 각 단어의 첫 글자를 대문자로 변경했습니다.

+ 여기서 잠깐 **파이썬 프로그램 작성 시 지켜야 할 관례**

파이썬 공식 커뮤니티는 파이썬 프로그램 작성 시 지켜야 할 관례를 정리해서 공개했습니다. 일명 'PEP 8'이라는 가이드인데요, 구체적인 내용이 궁금하다면 구글에서 'python pep 8 guide'로 검색해 보세요. 파이썬 공식 홈페이지에서 관련 내용을 확인할 수 있어요.

네이밍 룰과 **네이밍 컨벤션**에 대해 정리해 보겠습니다.

- 변수 이름을 짓는 규칙을 네이밍 룰, 변수 이름을 짓는 관례를 네이밍 컨벤션이라고 합니다.
- 네이밍 룰은 반드시 지켜야 하지만,
- 네이밍 컨벤션은 지키면 좋은 가이드로 볼 수 있습니다.

파이썬 네이밍 룰은 다음과 같습니다.

- 특수 문자 밑줄(_)은 변수 이름에 들어갈 수 있지만, 나머지 특수 문자는 불가능합니다.
- 변수 이름에 숫자를 사용할 수 있지만, 첫 글자로 숫자는 사용할 수 없습니다.
- 공백은 변수 이름에 들어갈 수 없습니다.
- 키워드는 변수 이름으로 사용할 수 없습니다.

네이밍 컨벤션은 다음과 같습니다.

- 변수 이름은 영어 알파벳(A~Z, a~z)을 사용하는 것이 좋습니다.
- 변수 이름은 변수가 가리키는 데이터를 유추할 수 있도록 짓는 것이 좋습니다.
- 두 가지 이상의 단어가 모여 만들어진 변수 이름은 각 단어 사이에 밑줄(_)을 추가하거나 각 단어 첫 글자를 대문자로 변환하여 알아보기 쉽게 합니다.

마무리

▶ 3가지 키워드로 정리하는 핵심 포인트

- 데이터에 이름을 붙여 저장할 수 있는 저장소를 **변수**라고 합니다.
- 변수 이름을 정할 때 지켜야 할 규칙을 **네이밍 룰**이라고 합니다.
- 변수 이름을 정할 때 지키면 좋은 관례를 **네이밍 컨벤션**이라고 합니다.

▶ 확인 문제 (정답 382쪽)

1. 다음의 변수 이름 중에서 파이썬 네이밍 룰에 맞지 않는 것을 고르고, 그 이유를 쓰세요.

변수이름	사용 가능 여부(O/X)	사용 불가능한 이유
this_element		
that element		
$my_element		
_		
None		
안녕하세요		

2. 다음 소스 코드를 실행한 후 결과를 적어 보세요.

```
01  hello = "Hello"
02  world = "World!"
03  print(hello + ", " + world)
```

[실행 결과]

3. 다음 소스 코드를 실행한 후 결과를 적어 보세요.

```
01 quotient = 323 // 60
02 remainder = 323 % 60
03 print(quotient)
04 print(remainder)
```

[실행 결과]

4. 다음 소스 코드를 실행한 후 결과를 적어 보세요.

```
01 data = "안녕하세요"
02 print(data)
03 data = "만나서 반가워요"
04 data = "나한빛입니다"
05 print(data)
```

[실행 결과]

Chapter 03

본격적으로 프로그래밍을 시작하는 장입니다. 이번 장에서는 여러 가지 대안이 주어진 경우, 각 대안을 선택하는 방법에 대해서 알아보겠습니다. 다양하고 재미있는 예제를 만날 수 있습니다.

선택

학습 목표

- 프로그래밍에서 참/거짓을 구별하는 방법을 알 수 있습니다.
- 여러 가지 대안이 주어진 경우, 각 대안을 선택하는 방법(선택 구조)을 알 수 있습니다.
- 다양한 선택 구조의 활용법을 알 수 있습니다.

03-1 선택 구조 이해하기

핵심 키워드

조건식 | 선택 구조 | 순서도

이번 절에서는 조건에 따라 여러 가지 대안이 주어진 경우, 각 대안을 판단하는 방법, 판단 결과에 따라 대안을 선택하는 방법에 대해 알아보겠습니다.

시작하기 전에

여러분은 스파게티를 먹을 때 어떤 도구를 사용하나요? 어떤 사람은 포크를 쓰고, 어떤 사람은 젓가락을 쓰겠죠. 포크를 쓸 때는 스파게티 면을 포크에 감아서 먹고, 젓가락을 사용할 때는 면을 젓가락으로 집어서 먹습니다. 이렇듯 어떤 도구를 사용하느냐에 따라 음식을 먹는 방법이 달라집니다.

프로그래밍을 할 때도 여러 가지 선택 가능한 대안 중에 어떤 대안을 선택할 것인지(처리할 것인지), 그 판단 기준은 무엇으로 할 것인지 등을 정할 수 있어요.

이번 절에서는 다양한 선택을 할 수 있는 대안이 있을 때, 그 대안을 선택하는 방법에 관해서 공부해 보겠습니다.

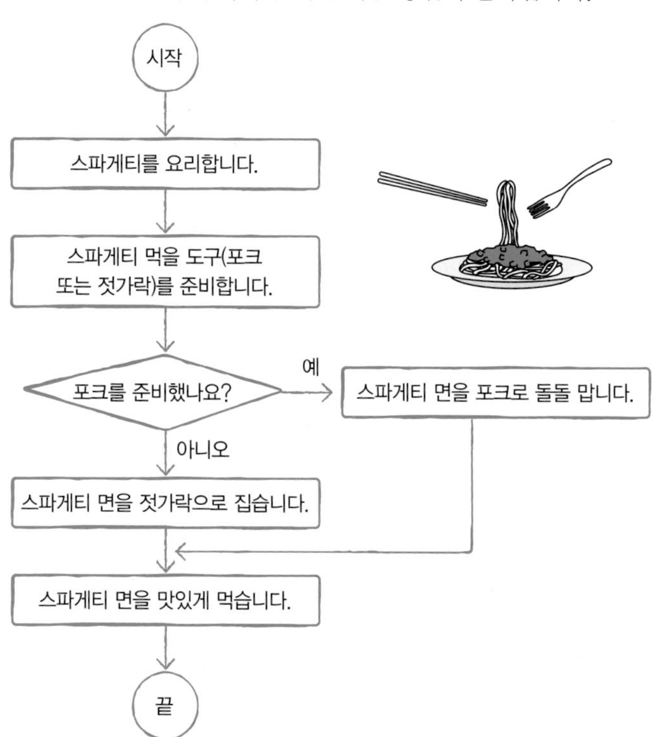

실생활에서 만나는 프로그램 속 선택 상황

프랑스의 유명한 철학자 장 폴 사르트르는 다음과 같이 말했어요.

"인생은 B(birth)와 D(death) 사이의 C(choices)이다."

위 문장을 풀이해 보면 인간은 태어나서 죽을 때까지 수많은 선택을 하며 살아간다는 것을 의미하죠. 다르게 생각해 보면 정답이 하나로 정해진 일방통행의 삶이란 없다는 것을 의미하기도 해요.

여러분도 지금껏 살아온 인생을 돌이켜보면 수많은 선택을 해왔어요. 대학에 진학할 것인지, 취업할 것인지, 대학에 진학한다면 어느 대학에 원서를 넣을 것인지, 어떤 과목을 전공할 것인지, 취업한다면 어느 회사에 지원할 것인지, 여행을 간다면 어디로 갈 것인지, 프로그래밍 책을 고른다면 어떤 책을 고를 것인지 등 일일이 나열할 수 없을 만큼 많습니다.

컴퓨터 프로그램도 인간의 삶과 비슷한 면이 많아요. 여러분이 만든 프로그램이 컴퓨터에서 실행되면 프로그램에 생명이 부여된 것이고, 그 프로그램은 실행이 종료되기 전까지 여러분의 선택(명령)을 기다리며, 그 선택에 따라 데이터를 처리하는 행위를 반복합니다.

여러분이 사용하는 스마트폰도 컴퓨터입니다.

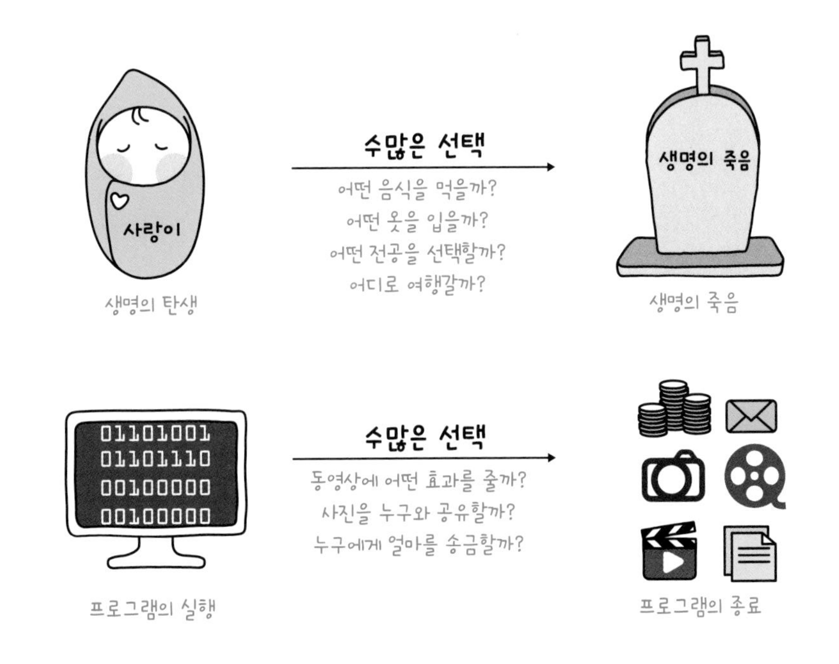

예를 들면, 여러분이 컴퓨터나 스마트폰에서 카카오톡 아이콘을 선택하면 카카오톡이 실행되고 프로그램으로서의 삶이 시작되죠. 이때부터 카카오톡은 아래와 같이 여러분의 선택을 기다리고, 여러분의 선택에 따라 사전에 정의된 명령대로 데이터를 처리합니다.

- 사용자가 친구 목록을 선택하는 경우, 카카오톡에 등록된 사용자의 친구 목록을 표시합니다.
- 사용자가 대화 목록을 선택하는 경우, 카카오톡에 등록된 사용자 대화 목록을 표시합니다.
- 사용자가 친구와의 대화를 선택하는 경우, 카카오톡은 해당 대화 창의 데이터를 가져와서 화면에 표시합니다.
- 사용자가 친구에게 송금을 선택하는 경우, 카카오톡은 사용자에게 송금 대상과 금액을 확인하는 과정을 거쳐 정해진 금액만큼 송금합니다.

이렇듯 여러분이 프로그램에 내리는 명령어 하나하나가 프로그램 내부에서는 모두 '선택'과 그에 따른 '명령 수행'이라는 단계를 거칩니다. 한편, 사용자가 프로그램 '종료'를 선택하는 순간, 카카오톡과 같은 컴퓨터 프로그램은 자신이 사용했던 컴퓨터 자원(CPU, 메모리 등)을 반납하고 프로그램으로서의 삶을 마감합니다.

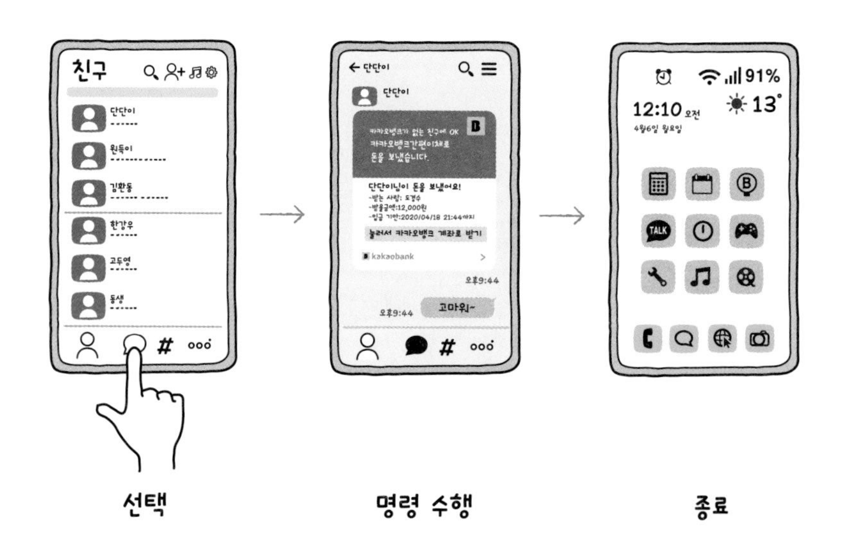

일반적으로 프로그램의 실행과 종료 시 컴퓨터에 자원을 요청하고 반납하는 등의 작업은 운영 체제(윈도우, macOS 등)가 알아서 처리합니다. 따라서 대부분의 프로그래머는 '사용자의 선택에 따라 프로그램으로 어떻게 데이터를 처리할 것인가?'에 집중합니다.

이제부터 이러한 선택의 과정을 프로그래밍 언어로 어떻게 표현하는지 알아보겠습니다.

선택하기 위한 필수 요소 두 가지

다음의 상황을 가정해 볼게요. 여러분은 오늘 집을 나서기 전에 오후부터 강한 비바람이 예정되어 있을 것이라는 일기 예보를 봤어요. 그런데 지금 하늘을 보니 햇볕이 너무 쨍쨍합니다. 잠시 다음과 같은 고민에 빠집니다.

'일기 예보를 믿고 우산을 가지고 나가려니 왠지 비는 내리지 않을 것 같고,
안 가지고 나갔는데 혹시 비가 내리면 어떡하지?'

위와 같은 선택의 순간에 놓여 있다면 여러분은 어떤 선택을 하시겠어요? 그 선택은 어떤 과정을 거쳐 결정될까요? 여기서는 선택의 과정을 다음과 같이 2단계로 나누어 설명하려고 해요.

- 1단계: 선택의 순간이 왔을 때 무엇을 선택할 수 있는지 가능한 모든 대안을 확인합니다.
- 2단계: 각각의 대안을 선택하는 판단 기준이 무엇인지 확인합니다.

이제 우산을 가져갈지 말지 선택하는 과정을 하나씩 살펴보겠습니다.

1단계: 선택 가능한 모든 대안을 확인합니다

앞서 제시한 상황에서 선택 가능한 모든 대안은 어떤 것이 있을까요? 다음과 같이 두 가지 대안을 생각해 보았습니다.

- 우산을 가져간다.
- 우산을 가져가지 않는다.

너무 간단하죠? 일반적으로 선택 가능한 대안을 찾는 과정은 이처럼 큰 어려움 없이 확인할 수 있습니다. 문제는 그 대안을 선택하게 만드는 판단 기준을 정하는 것입니다.

2단계: 판단 기준이 무엇인지 확인합니다

선택 가능한 대안이 무엇인지 확인했다면 이제는 각각의 대안을 선택하는 판단 기준을 정해야 합니다. 예를 들면 다음과 같이 판단 기준을 정할 수 있습니다.

> **햇볕이 쨍쨍해 비가 올 것 같지 않지만 오늘은** 중요한 면담이 있으니까 **일기 예보를 믿고 우산을 챙겨야겠다.**

위 문장에서는 '중요한 일정이 있는지'가 판단의 기준이 됩니다. 중요한 면담이 있는 날이므로, 조금

이라도 비가 올 가능성이 있다면 최대한 준비해서 비를 피해야 합니다.

```
강한 비바람이 예상된다고 했지만 오늘은 비 오는 거리를 느끼고 싶으니까 우산은 집에 두고 가야겠다.
```

위 문장에서는 '개인의 심리 상태'가 판단의 기준이 됩니다. 비가 조금 올지라도 '그 정도 비는 맞아도 괜찮아'라고 생각한다면 굳이 우산을 준비하지 않습니다. 이처럼 세상을 살아가면서 어떤 대안을 선택하는 판단 기준은 상황에 따라 그때그때 다릅니다.

프로그래밍도 마찬가지입니다. 어떤 명령어를 컴퓨터에서 실행하도록 할지는 주어진 상황에 따라 판단 기준이 다릅니다. 다만, 프로그래밍을 할 때는 판단의 기준을 컴퓨터가 이해할 수 있도록 표현해야 합니다. 예를 들어 일상생활에서는 아래와 같이 표현할 수 있습니다.

```
오늘은 중요한 일정이 있으니까, 우산을 가져가야지.
오늘은 중요한 일정이 없으니까, 굳이 우산을 가져가지 않아도 되겠어.
```

컴퓨터는 인간이 하는 말을 이해할 수 없기 때문에 프로그래밍을 할 때는 어떤 판단 기준을 예(True) 또는 아니오(False)로 대답할 수 있는 질문 형태로 표현해야 합니다.

```
오늘 중요한 일정이 있는가?
    (예, True) 있다면, 우산을 가져간다.
    (아니오, False) 없다면, 우산을 가져가지 않는다.
```

위와 같이 예/아니오로 대답할 수 있도록 판단의 기준을 질문 형태로 표현한 것을 **조건식**conditional expression 또는 **불식**boolean expression이라고 합니다.

이 책에서는 주로 '조건식'이라는 단어를 사용합니다.

만약 판단 기준이 '개인의 심리 상태'에 따른 것이면 다음과 같은 조건식으로 표현할 수 있습니다.

```
오늘 심리 상태는 비를 맞아도 되는가?
    (예, True) 그렇다면, 우산을 가져가지 않는다.
    (아니오, False) 그렇지 않다면, 우산을 가져간다.
```

이렇게 표현된 조건식은 두 가지(예/아니오) 중 하나로 판단할 수 있고, 이 조건식의 판단 결과(예/아니오)를 앞서 다루었던 선택 가능한 대안에 연결할 수 있습니다.

예를 들면 '중요한 일정이 있는가?'라는 조건식과 선택 가능한 대안을 연결하면 다음과 같아요.

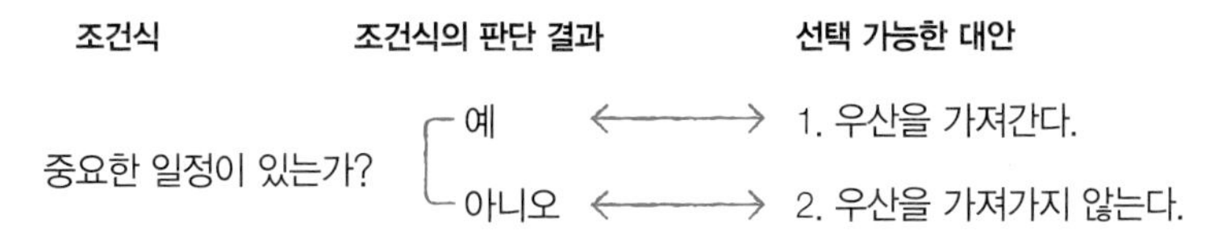

조건식의 판단 결과(예/아니오)와 선택 가능한 대안을 연결해 줍니다.

이처럼 프로그래밍에서는 선택의 판단 기준이 되는 조건식을 만들고, 각 조건식의 판단 결과(예/아니오)에 선택 가능한 대안을 연결해주는 것으로 선택의 과정을 처리해요. 이러한 방식의 프로그램 흐름을 **선택 구조**selection structure 또는 **조건문**conditional statement이라고 합니다.

정리해 보겠습니다.

- 어떤 선택을 할 때는 '선택 가능한 대안에는 어떤 것이 있는가?'와 '각각의 대안을 선택하는 기준은 무엇인가?'를 고려해야 합니다.
- 프로그래밍에서는 각 대안을 선택하는 기준을 예(True) 또는 아니오(False)로 대답할 수 있는 질문 형태로 표현해야 하고, 이렇게 표현된 것을 **조건식**이라고 합니다.
- 조건식의 판단 결과(예/아니오)와 선택 가능한 대안을 연결하는 방식으로 코딩하는 것을 **선택 구조** 또는 **조건문**이라고 합니다.

그림으로 표현하는 선택 구조, 순서도

이번에는 선택 구조를 그림으로 표현하는 방법을 알아보겠습니다. 그림으로 표현하면 복잡한 문제도 쉽게 풀 수 있거든요. 이렇게 문제 처리 과정을 그림으로 표현한 것을 **순서도**flowchart라고 합니다.

모든 프로그램의 처리 과정은 순서도로 그릴 수 있습니다. 즉, 모든 처리 과정을 그림으로 나타낼 수 있다는 것이죠. 만약 그림으로 표현할 수 없는 처리 과정이라면 아마도 그 프로그램은 오류 발생 가능성이 크기 때문에 프로그램을 처음부터 다시 설계하는 것이 좋아요.

프로그램의 모든 처리 과정은 그림으로 그릴 수 있어야 합니다.

프로그램을 그림으로 표현하는 것은 어느 정도 정해진 규칙이 있습니다. 여기서는 가장 많이 쓰이는 네 가지만 소개하겠습니다. 네 가지 요소만 사용해도 거의 모든 프로그램 처리 과정을 표현할 수 있어요.

- **원** ○: 프로그램의 시작과 끝을 알리는 용도로 사용됩니다.
- **직사각형** ▭: 명령어의 처리를 의미합니다.
- **마름모** ◇: 선택의 순간이 왔음을 의미합니다.
- **화살표** ←↑→↓: 명령어의 처리 순서(흐름)를 의미합니다.

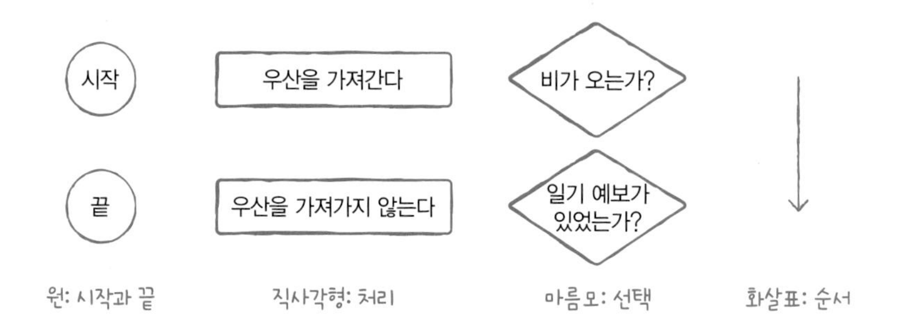

이제부터 우산을 가져가야 할지 말지를 선택하는 과정을 그림으로 표현해 보겠습니다. 일단 선택 구조를 두 가지 요소로 분리해야 합니다.

- **조건식**: 비가 내리는 중인가?
- **선택 가능한 대안**: 그렇다면(예) 우산을 가져간다. 그렇지 않으면(아니오) 우산을 가져가지 않는다.

01 **프로그램 시작 표현하기** 프로그램의 시작을 표시하기 위해 원을 그리고, 원 안에 '시작'이라는 글자를 적습니다. 그러고 나서 다음 단계로 연결하기 위해 화살표를 아래 방향으로 그립니다.

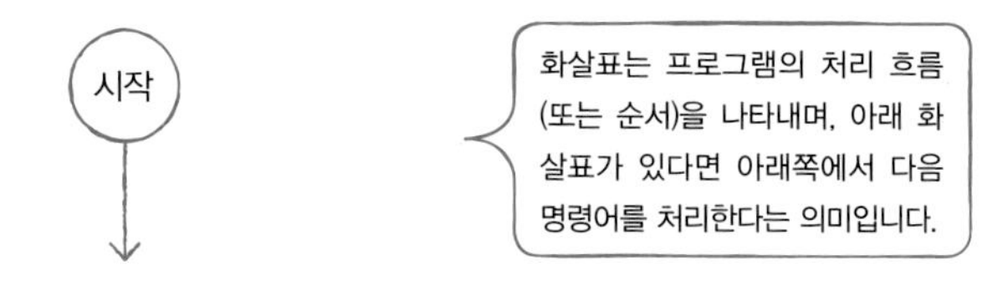

02 **조건식 표현하기** 선택의 순간이 왔어요. 마름모 도형을 그리고, 그 안에 조건식의 판단 기준인 '비가 내리는 중인가?'를 적습니다.

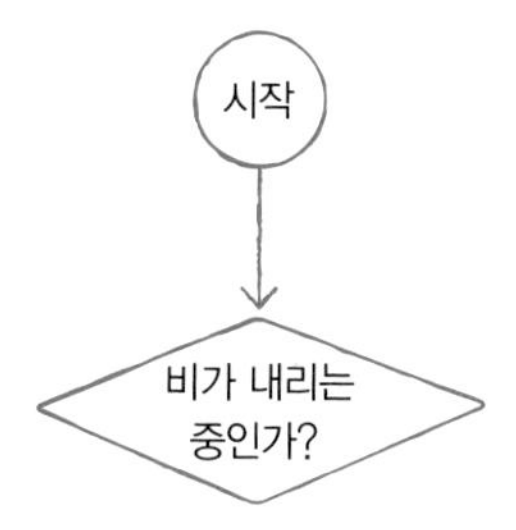

조건식의 판단 결과는 예 또는 아니오로 결정되기 때문에 처리의 흐름이 두 가지로 분리됩니다. 그림과 같이 오른쪽으로 나가는 화살표와 아래로 향하는 화살표를 그립니다.

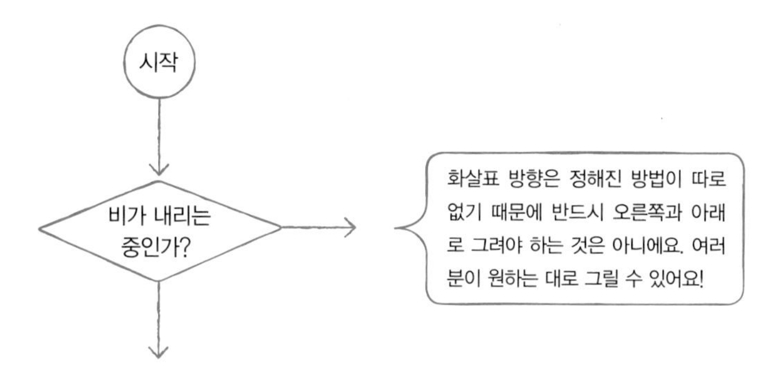

그런 다음 오른쪽 화살표에는 '예(또는 True)'를 적고, 아래쪽 화살표에는 '아니오(또는 False)'를 적습니다.

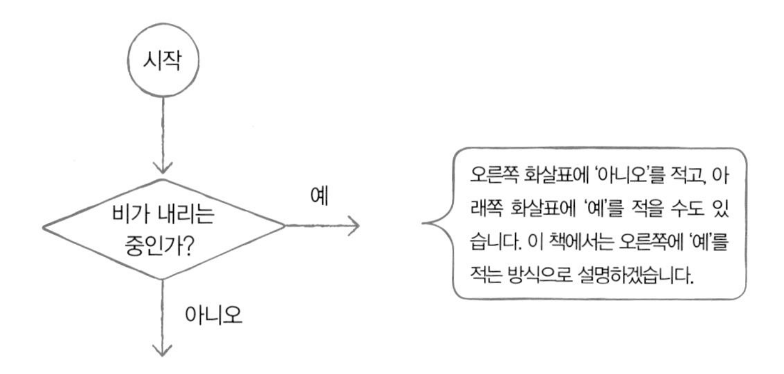

03 **선택 가능한 대안 연결하기** 이제는 조건식의 판단 결과(예/아니오)에 선택 가능한 대안을 연결해 보겠습니다. '우산을 가져간다'는 대안을 직사각형 안에 적고, '예'의 결과로 이어지도록 화살표로 연결하세요. 마찬가지로 '우산을 가져가지 않는다'는 대안은 '아니오'의 결과로 연결합니다.

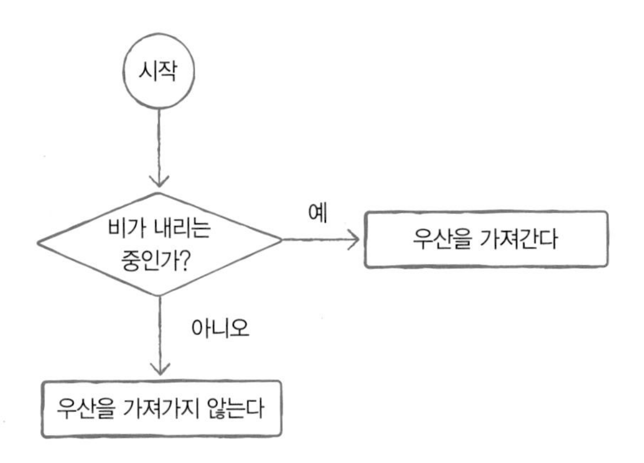

04 **다음 단계 잇기** 이제 각각의 대안에 다음 단계로 향하는 화살표를 그립니다. 이때 주의할 것은 '우산을 가져간다'라는 대안의 다음 명령어를 가리키는 화살표는 '우산을 가져가지 않는다'라는 명령어를 건너뛰어야 한다는 것입니다.

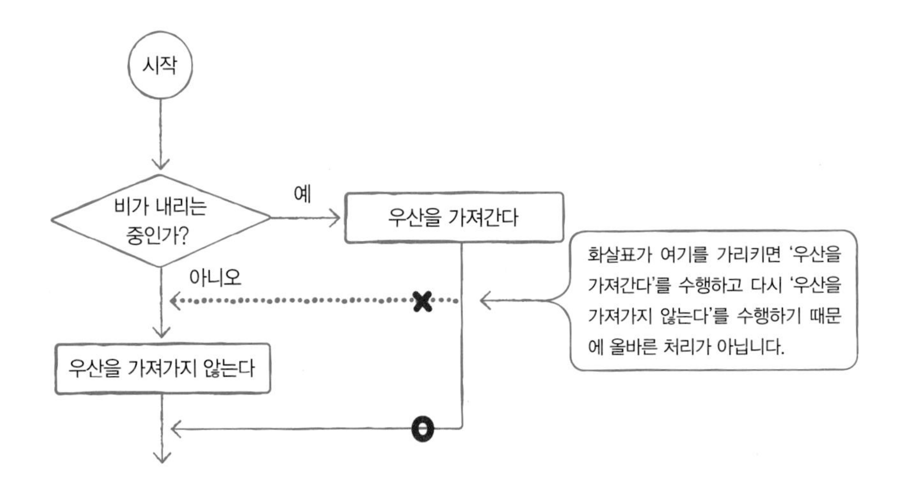

05 **프로그램 종료하기** 이제 프로그램의 종료를 표현하기 위해 동그라미를 그리고 그 안에 '끝'이라고 적습니다.

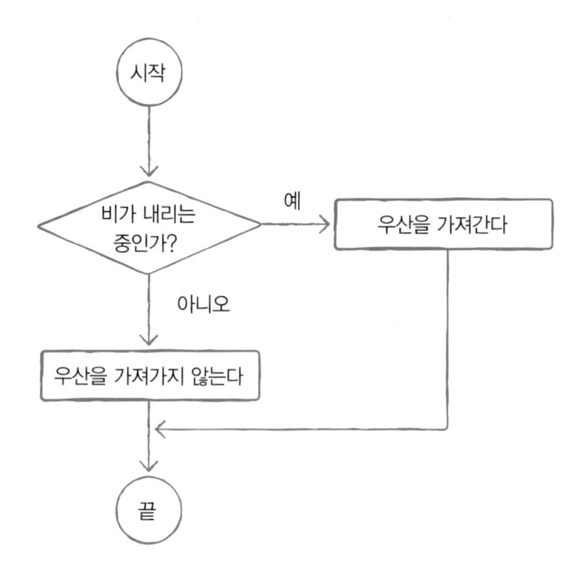

이것으로 모든 처리를 그림으로 표현해 보았습니다. 이 내용은 나중에 프로그래밍을 할 때 실제 필요한 명령어로 적절하게 대체됩니다.

정리해 보겠습니다.

- 모든 프로그램 처리 과정은 그림으로 나타낼 수 있는데, 이 그림을 **순서도**라고 합니다.
- 순서도를 그릴 때 화살표, 직사각형, 정사각형, 원, 이렇게 네 가지 요소를 가장 많이 사용합니다.

+ 여기서 잠깐 **순서도를 그려야 하는 이유**

순서도를 그리는 이유는 여러 가지가 있지만, 다음 두 가지 측면에서 특히 유용하기 때문입니다.

1. 여러분의 의도를 정확히 전달할 수 있어요.
다른 사람과 함께 작업을 하는 경우 말이나 글자로 설명하면 때때로 오해가 생길 수 있어요. 표현에 따라 상대방이 다르게 해석할 수 있기 때문이죠. 반면 순서도는 누가 보더라도 다르게 해석할 여지가 없어서 의도를 정확히 전달할 수 있어요.

2. 복잡한 조건을 정리하는 데 도움이 돼요.
실제 프로그래밍을 하다 보면 여러 조건을 결합해야 하는 경우가 많아요. 이런 것을 중첩된(nested) 조건이라고 하는데, 중첩된 조건이 많을수록 오류가 발생할 가능성이 높아져요. 이럴 때 순서도를 그리면 구조를 한눈에 파악할 수 있어 오류를 줄일 수 있어요.

좀 더 알아보기

일상생활에 적용하는 순서도

순서도는 어떤 처리 과정을 그림으로 표현한 것이기 때문에 일상생활에도 적용할 수 있어요. 이 책에서는 카페에서 손님에게 커피를 제공하는 과정을 순서도로 표현해 볼게요.

카페에서 커피를 주문하려면 여러 단계의 선택 구조가 필요해요. 여러분이 카페의 직원이라고 생각하고 손님이 아이스 아메리카노를 주문하는 과정을 떠올려 보세요.

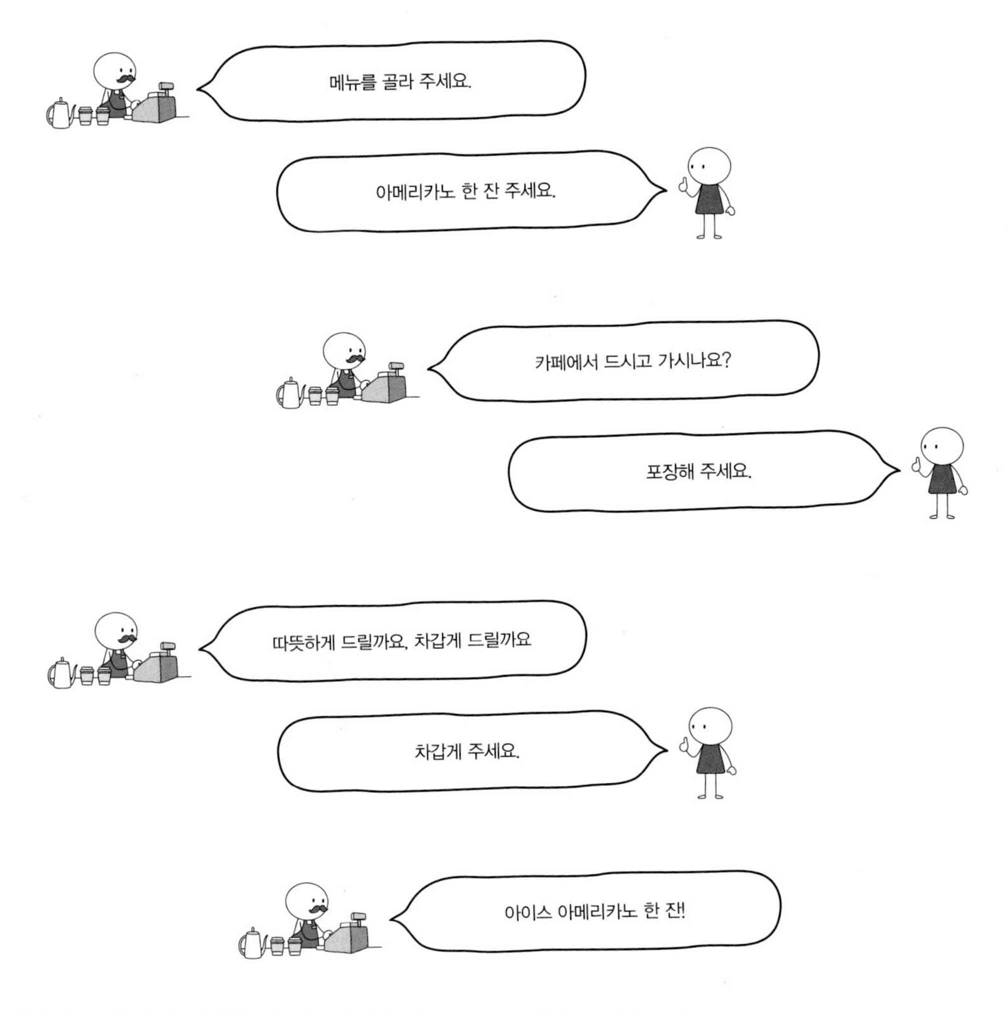

선택 구조에 따라 커피를 만드는 과정을 순서도로 표현해 보겠습니다.

아메리카노 제조 과정을 순서도로 표현하기

아메리카노란 원두 추출물인 에스프레소에 물을 섞어 만든 커피입니다. 아메리카노의 제조 과정은 3단계의 선택 구조를 통해 표현할 수 있어요.

> 아메리카노는 에스프레소에 물을 더한 커피예요. 다른 것은 첨가하지 않아요.

1단계: 메뉴를 선택합니다.

메뉴는 아메리카노 또는 카페라테입니다. 두 가지 메뉴 중 하나를 선택해야 해요. 아메리카노를 주문했다면 커피 제조를 진행할 겁니다.

- 아메리카노를 선택한다.
- 카페라테를 선택한다.

2단계: 커피를 포장할지 선택합니다.

커피는 카페에서 마시고 가거나 포장해서 가져갈 수 있습니다. 두 가지 중 하나를 선택해야 해요.

- 머그잔을 준비한다.
- 일회용 컵을 준비한다.

3단계: 커피를 차갑게 마실지 선택합니다.

커피는 따뜻하게 마시거나 차갑게 마실 수 있습니다. 두 가지 중 하나를 선택해야 해요. 준비한 물에 에스프레소를 부으면 아메리카노가 완성되어요.

- 따뜻한 물을 붓는다.
- 얼음물을 붓는다.

이제부터 선택 구조를 하나씩 순서도로 표현해 보겠습니다.

01 **프로그램 시작 표현하기** 프로그램의 시작을 표시하기 위해 원 도형을 그리고, 원 안에 '시작'이라고 적습니다. 원 테두리에 화살표를 그려서 다음 단계로 연결하세요. 모든 커피에는 에스프레소가 필요합니다. 직사각형에 '에스프레소를 준비합니다.'를 적고 화살표로 연결하세요.

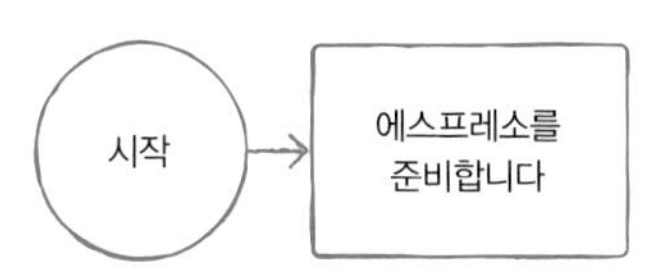

02 **조건식으로 메뉴 선택하기** 마름모 도형을 그리고 '아메리카노를 주문했나요?'라고 적으세요. 마름모 오른쪽 화살표에는 '예'를, 아래쪽 화살표에는 '아니오'를 적으세요. 이렇게 메뉴에 대한

선택 구조를 그렸으니, 이 선택 구조의 판단 결과(예/아니오)에 선택 가능한 대안을 연결해야 합니다.

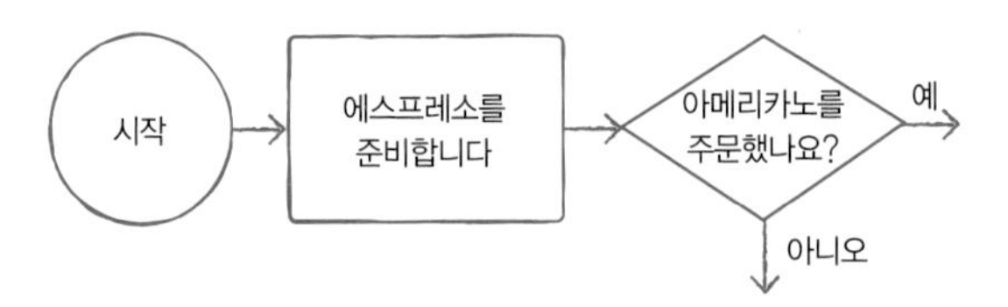

03 **조건식으로 포장 여부 선택하기** 아메리카노를 주문한 경우 커피를 담을 컵을 선택해야 합니다. '예' 화살표 오른쪽에 새로운 마름모 도형을 그리고 '음료를 포장할까요?'를 적으세요. 그리고 선택 구조의 판단 결과(예/아니오)를 화살표로 연결합니다.

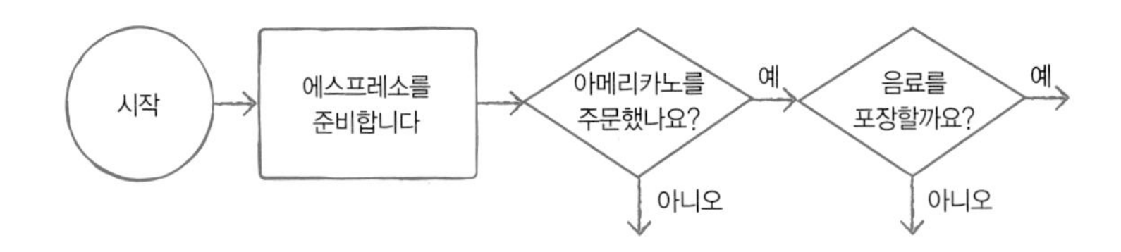

04 **선택 가능한 대안 연결하기** 포장 여부를 묻는 조건식의 판단 결과(예/아니오)에 선택 가능한 대안을 연결합니다. '예' 화살표 오른쪽에 직사각형을 그리고 '일회용 컵을 준비합니다.'를, '아니오' 화살표 아래쪽에 직사각형을 그리고 '머그잔을 준비합니다'를 적으세요.

한편, 아메리카노를 주문하지 않았다면 순서도를 종료합니다. 원을 그리고 첫 번째 조건식의 '아니오' 화살표에 연결한 뒤, 원 안에 '끝'이라고 적으세요.

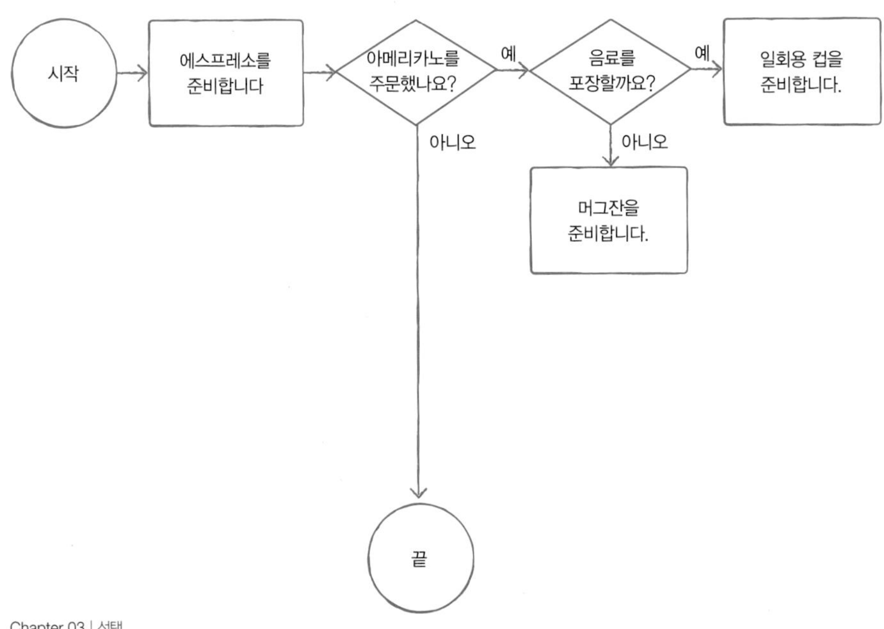

05 **조건식으로 음료 온도 선택하기** 이제 컵에 물을 담고 커피를 붓기만 하면 완성입니다. 이때 따뜻한 아메리카노에는 따뜻한 물을, 차가운 아메리카노에는 얼음물을 추가해야 합니다. 마름모 도형을 그리고 '얼음을 추가할까요?'라고 적으세요.

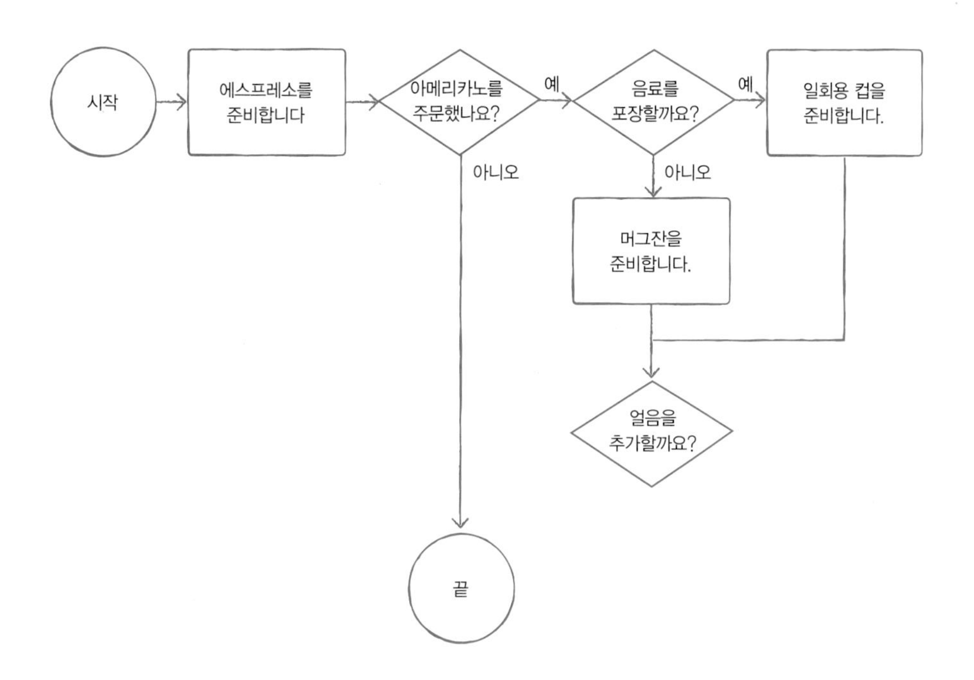

06 **선택 가능한 대안 연결하기** 마름모의 오른쪽에는 '예' 화살표를 그리고, 아래쪽으로 '아니오' 화살표를 그립니다. '예' 화살표에 직사각형 '얼음물을 부으세요.'를, '아니오' 화살표에는 직사각형 '따뜻한 물을 부으세요.'를 연결하세요.

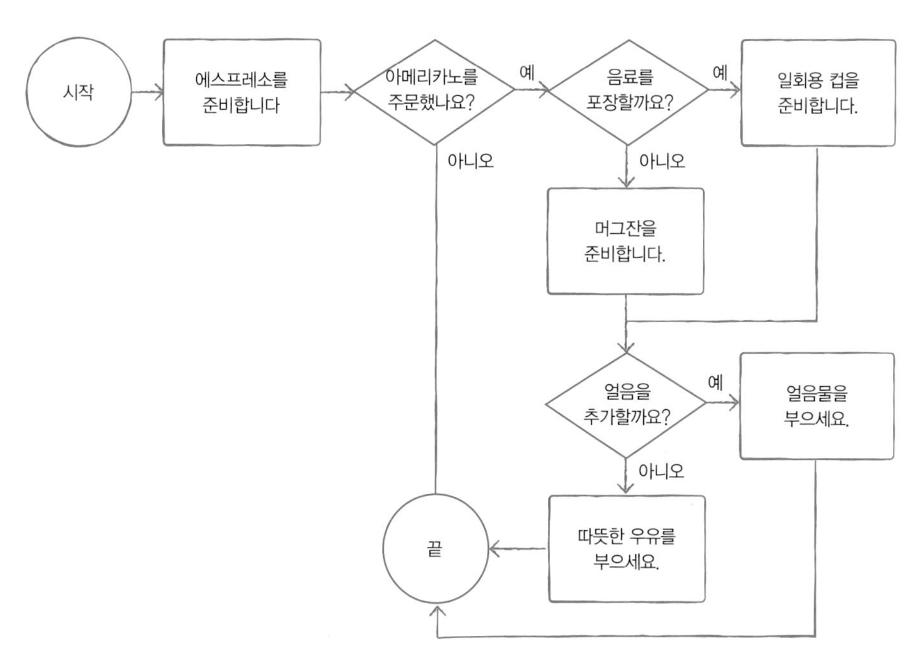

카페라테 제조 과정을 순서도로 표현하기

카페라테는 에스프레소에 물 대신 우유를 섞어 만든 커피입니다.
카페라테의 제조 과정은 3단계의 선택 구조가 필요합니다.

카페라테는 에스프레소에 우유를 더한 커피예요.

1단계: 메뉴를 선택합니다.

메뉴는 아메리카노 또는 카페라테입니다. 두 가지 메뉴 중 하나를 선택해야 해요. 카페라테를 주문했다면 커피 제조를 시작하고, 그렇지 않으면 종료합니다.

- 아메리카노를 선택한다.
- 카페라테를 선택한다.

2단계: 커피를 포장할지 선택합니다.

커피는 카페에서 마시고 가거나 포장해서 가져갈 수 있습니다. 두 가지 중 하나를 선택해야 해요.

- 머그잔을 준비한다.
- 일회용 컵을 준비한다.

3단계: 커피를 차갑게 마실지 선택합니다.

커피는 따뜻하게 마시거나 차갑게 마실 수 있습니다. 두 가지 중 하나를 선택해야 해요. 준비한 우유에 에스프레소를 부으면 카페라테가 완성되어요.

- 따뜻한 우유를 붓는다.
- 차가운 우유를 붓는다.

에스프레소를 컵에 담는 것까지는 라페라테와 아메리카노의 제조 단계가 동일합니다. 다른 점은 3단계에서 물 대신 우유를 붓는 것이죠. 그러니 아메리카노의 제조 과정을 나타낸 순서도의 일부분을 재활용해 봅시다.

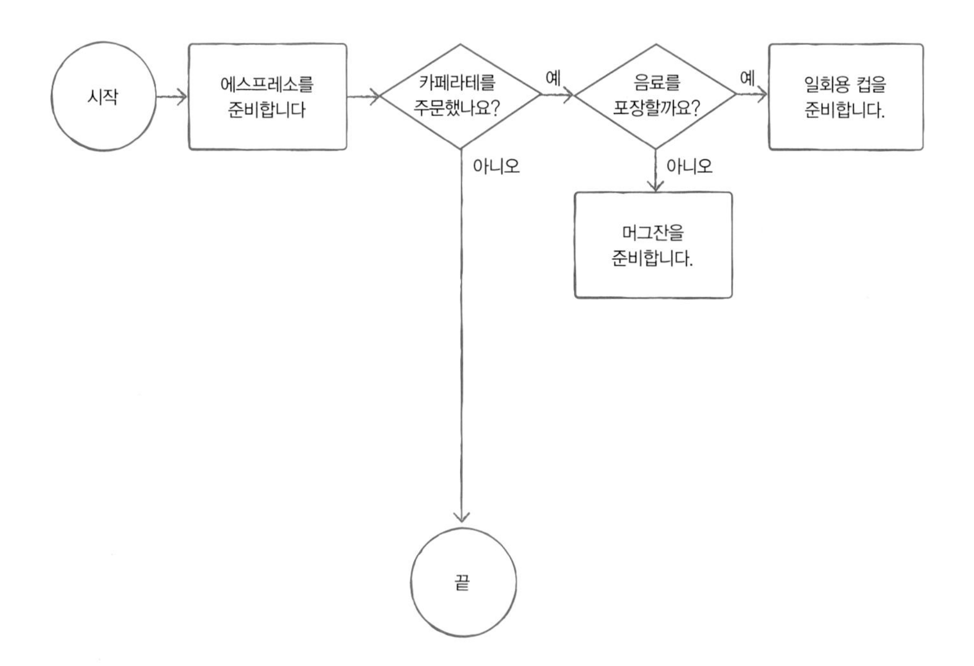

01 조건식으로 음료 온도 선택하기 에스프레소와 컵이 준비되었다면 우유를 부을 차례입니다. 따뜻한 카페라테에는 따뜻한 우유를, 차가운 카페라테에는 차가운 우유를 추가해야 하므로, 마름모를 그리고 '우유를 데울까요?'라고 적은 뒤 사각형에 연결하세요.

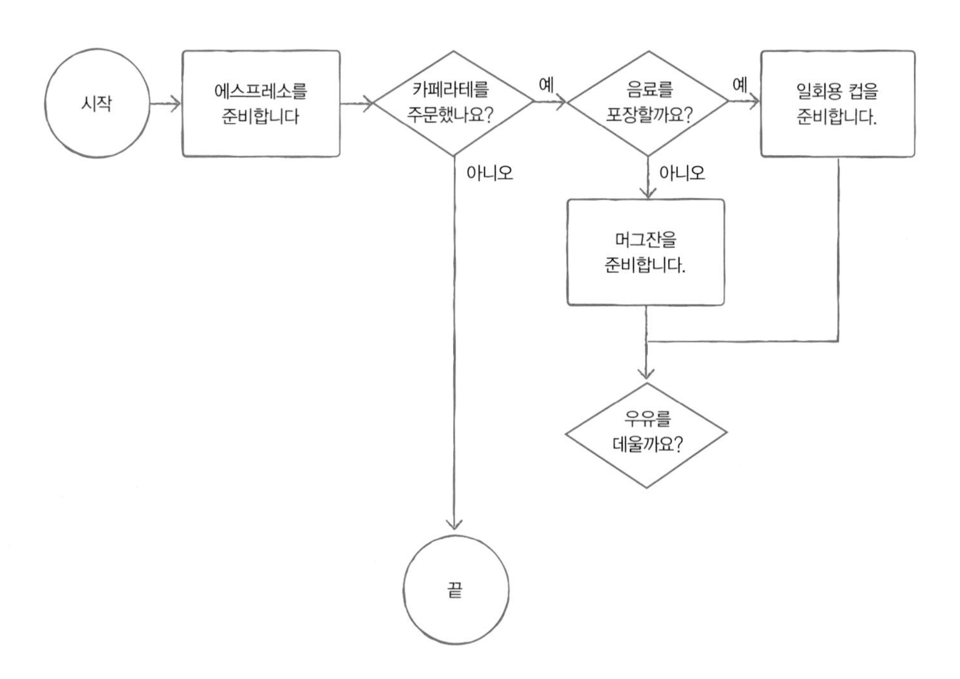

02 **선택 가능한 대안 연결하기** 마름모의 오른쪽에 '예' 화살표를, 아래쪽에 '아니오' 화살표를 그리고 사각형을 연결하세요. 따뜻한 카페라테를 주문했다면 따뜻한 우유를, 차가운 카페라테를 주문했다면 차가운 우유를 에스프레소에 붓기만 하면 커피 제조가 끝납니다.

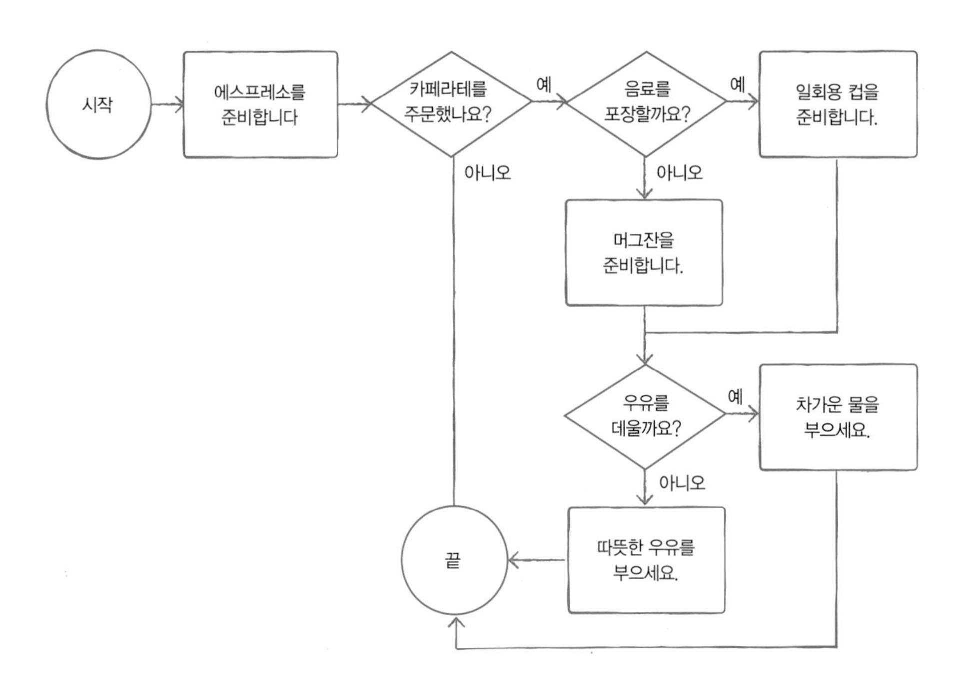

두 순서도를 하나로 통합하기

아메리카노와 카페라테의 제조법은 상당히 비슷해서 순서도 역시 비슷합니다. 이렇게 순서도의 내용이 서로 비슷한 경우 하나로 통합해서 관리하는 것이 좋습니다. 이유는 유지보수가 편리하기 때문이에요.

예를 들어 커피를 머그잔이나 일회용 컵이 아닌 텀블러에 담는 경우를 선택 가능한 대안에 추가한다고 생각해 보세요. 만약 순서도를 메뉴별로 따로 관리하고 있다면, 모든 순서도에 텀블러에 담는 경우를 각각 반영해야 합니다. 메뉴가 다양해질수록 더 번거롭겠죠. 반면 순서도를 통합하면 하나의 순서도만 수정해도 됩니다.

> 비슷한 순서도가 여러 개 있다면 하나로 통합해서 관리해요.

이제 커피 제조 과정을 나타낸 두 순서도를 통합해 볼게요. 아메리카노와 카페라테의 제조 과정은 에스프레소와 컵을 준비하는 단계까지는 동일합니다.

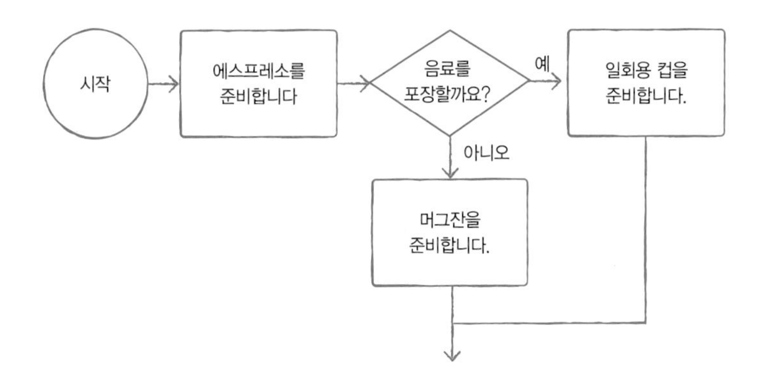

아메리카노와 카페라테의 다른 점은 에스프레소에 물을 붓느냐, 우유를 붓느냐예요. 메뉴에 따른 선택 구조와 가능한 대안을 연결합니다.

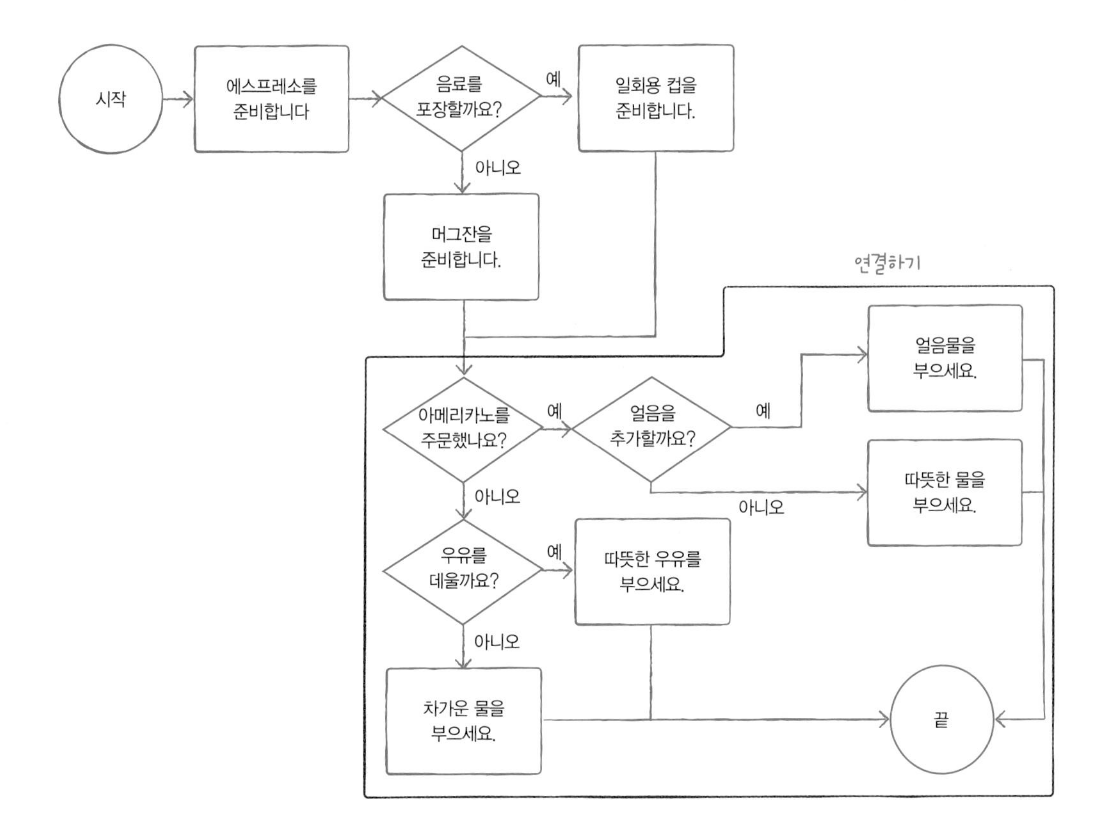

통합된 순서도는 유지보수가 편리하다고 했죠. 위에서 예로 들었던 텀블러에 커피를 포장해 가는 경우를 추가해 보겠습니다. 모든 메뉴에 대한 절차가 하나의 순서도에 통합되어 있으므로 한 번만 수정하면 됩니다.

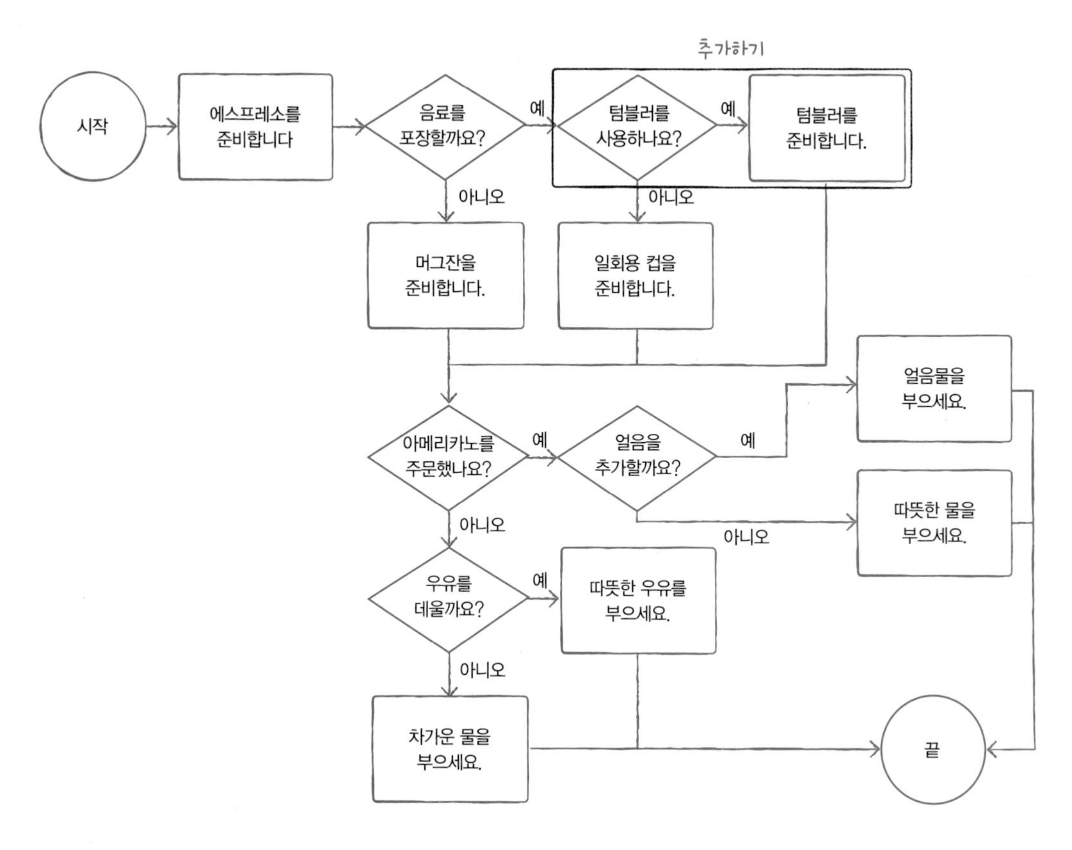

여러분이 프로그래밍을 하다 보면 이러한 과정을 수없이 경험하게 될 거예요. 어떤 프로그램에 많은 기능이 있다면 복잡성은 더욱 커지겠죠? 이럴 때는 반드시 순서도를 그려서 복잡한 프로그램을 정리해야 합니다.

단순해 보일지 몰라도 순서도는 매우 중요합니다. 프로그래밍을 만들기 전에 순서도를 그리는 습관을 들이면 실수를 줄이고 유지보수 비용을 절감할 수 있어요.

마무리

▶ 3가지 키워드로 정리하는 핵심 포인트

- **조건식**이란 대안을 선택하는 판단 기준을 예/아니오로 대답할 수 있도록 질문 형태로 표현한 것을 말합니다.
- 선택의 순간이 왔을 때 선택 가능한 대안을 조건식에 연결하는 프로그래밍 방식을 **선택 구조**라고 합니다.
- **순서도**는 프로그램의 처리 과정을 그림으로 표현한 것을 말합니다.

▶ 확인 문제 (정답 384쪽)

1. 다음 중 틀린 문장은 무엇인가요?

① 조건식이란 대안을 선택하는 판단 기준을 예/아니오로 대답할 수 있도록 질문 형태로 표현한 것을 말합니다.
② 순서도는 프로그램의 처리 과정을 그림으로 표현한 것을 말합니다.
③ 프로그램의 모든 처리 과정은 그림으로 그릴 수 있어야 합니다.
④ 조건식을 그림을 표현할 때 조건식의 결과가 "예"인 경우 오른쪽 화살표로, "아니오"인 경우 아래쪽 화살표로 그려야 합니다.

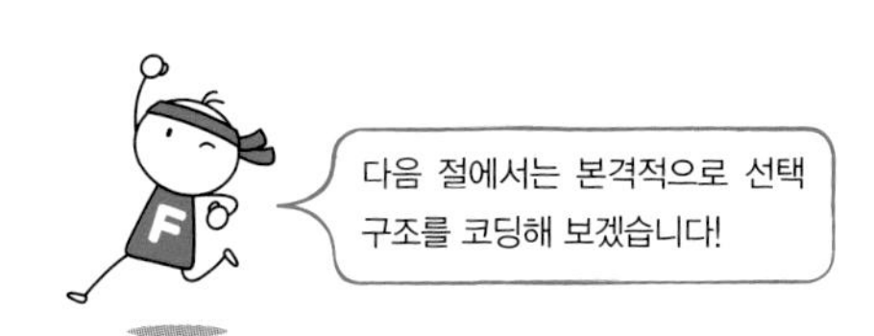

2. 순서도에 사용하는 다음 기호와 설명을 알맞게 연결하세요.

- 원 ○
- 직사각형 □
- 마름모 ◇
- 화살표 ←↑→↓

- 명령어의 처리를 의미합니다.
- 프로그램의 시작과 끝을 알리는 용도로 사용됩니다.
- 명령어의 처리 순서(흐름)를 의미합니다.
- 선택의 순간이 왔음을 의미합니다.

3. 다음 선택 구조를 순서도로 표현해 보세요.

```
운전면허가 있습니까?
    (예, True) 그렇다면, 자동차를 운전할 수 있습니다.
    (아니오, False) 그렇지 않다면, 자동차를 운전할 수 없습니다.
```

도전 문제

easy | medium | hard

순서도를 그리면 선택 구조를 한눈에 파악할 수 있기 때문에 복잡한 프로그램을 만들 때 많은 도움이 됩니다. 특히 다음 장에서 배울 조건식은 순서도와 관련이 깊어요. 그러니 도전 문제를 통해 순서도를 연습해 봅시다.

1. 홀짝 판별하기

주어진 숫자 데이터가 홀수인지 짝수인지 판별하는 프로그램의 선택 구조를 순서도로 나타내 보세요.

hint 어떤 수를 2로 나눈 나머지가 1이면 홀수, 0이면 짝수입니다.

프로그램을 코딩하기 전에 순서도를 그리면 실수를 줄일 수 있어요.

03-2 선택 구조를 파이썬으로 코딩하는 방법

핵심 키워드

불 데이터 | 비교 연산자 | 불연산자 | if~else | if~elif~else | pass

선택의 순간이 왔을 때 선택 가능한 대안을 조건식에 연결하는 프로그래밍 방식을 선택 구조라고 했습니다. 이번 절에서는 선택 구조를 실제 파이썬 소스 코드로 표현하는 방법에 대해서 알아봅니다.

시작하기 전에

앞에서 배운 선택 구조를 실제 코딩으로 옮기는 방법을 공부하겠습니다. 먼저 조건식을 만드는 방법과 조건식의 결괏값을 표현하는 방법, 그리고 조건식의 결괏값과 선택 가능한 대안을 연결하는 방법에 대해서 알아보겠습니다.

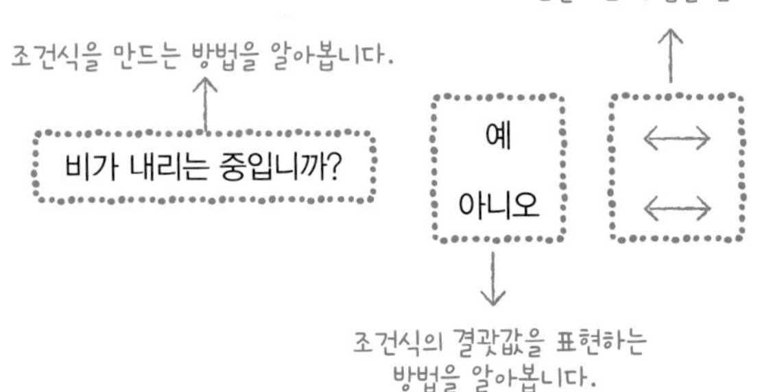

조건식을 코딩하는 방법

조건식을 파이썬으로 표현하는 방법을 알아보겠습니다.

예/아니오를 나타내는 데이터

프로그래밍 언어는 모두 저마다 예/아니오를 표현하는 방법이 있습니다. 굉장히 자주 쓰는 표현이기 때문에 대부분의 프로그래밍 언어에서는 예/아니오를 문법의 한 요소로 지정하는 경우가 많습니다.

파이썬의 경우 예/아니오는 True/False로 표현하고 키워드로 등록했습니다. 키워드로 등록했다는 말은 파이썬 문법을 구성하는 기호이기 때문에 다른 데이터의 이름, 즉 변수로 사용할 수 없다는 의미와 같습니다.

파이썬에서 **True**와 **False**는 예/아니오를 나타내는 데이터입니다. 이것을 **불**bool 또는 boolean **데이터**라고 해요. 불 데이터는 문자 데이터, 숫자 데이터처럼 데이터의 한 종류입니다.

> 파이썬에서 True와 False의 첫 글자는 항상 대문자로 시작해야 해요.

+ 여기서 잠깐 **True와 False에 따옴표 사용**

문자 데이터는 따옴표("...", '...')로 감싸서 표현합니다. 한편, True와 False는 불 데이터인데, True와 False 양쪽에 따옴표를 붙이면 그것은 문자 데이터가 됩니다.

```
"True", "False" → 문자 데이터
True, False → 불 데이터
```

불 데이터를 확인해 볼까요? 다음 내용을 입력한 후 실행합니다.

직접 해보는 손코딩 소스 코드 torf01.py

```
01 print(True)
02 print(False)
```

[실행 결과]

```
True
False
```

비교 연산자와 조건식

비교 연산자란 어떤 두 데이터를 비교한 뒤, 그 결괏값으로 True 또는 False를 전달하는 연산자를 의미합니다. 비교 연산자는 다음과 같이 기능별로 6개가 있어요.

연산자	사용 예시	설명
〉	x 〉 y	x는 y보다 크다
〉=	x 〉= y	x는 y보다 크거나 같다
〈	x 〈 y	x는 y보다 작다
〈=	x 〈= y	x는 y보다 작거나 같다
==	x == y	x는 y와 같다
!=	x != y	x는 y와 같지 않다(다르다)

비교 연산자를 사용하면 그 결과를 True 또는 False로 얻을 수 있기 때문에 비교 연산자를 사용한 코드는 **조건식**이라고 볼 수 있습니다. 숫자 데이터의 경우, 다음과 같이 두 숫자 데이터의 크기(크다, 작다, 같다 등)를 비교 연산자로 비교할 수 있습니다. 그리고 그 결과는 True 또는 False로 얻을 수 있죠.

예를 들어, 다음과 같이 3과 2를 다양하게 비교할 수 있습니다.

조건식 예시	의미	조건식 판단 결과
3 〉 2	3은 2보다 크다	True(예)
3 〉= 2	3은 2보다 크거나 같다	True(예)
3 〈 2	3은 2보다 작다	False(아니오)
3 〈= 2	3은 2보다 작거나 같다	False(아니오)
3 == 2	3은 2와 같다	False(아니오)
3!= 2	3은 2와 같지 않다(다르다)	True(예)

비교 연산자는 문자 데이터에도 사용할 수 있습니다. 예를 들어 ==는 두 문자 데이터가 서로 같은지를, =!는 두 문자 데이터가 다른지를 비교해서 그 결과를 True 또는 False로 알려 줍니다. 또한 문자 데이터를 오름차순 또는 내림차순으로 정렬할 때도 비교 연산자 〉 또는 〈를 사용할 수 있습니다. 이때는 문자 데이터를 구성하는 각 문자의 이진코드 값의 크기를 비교합니다.

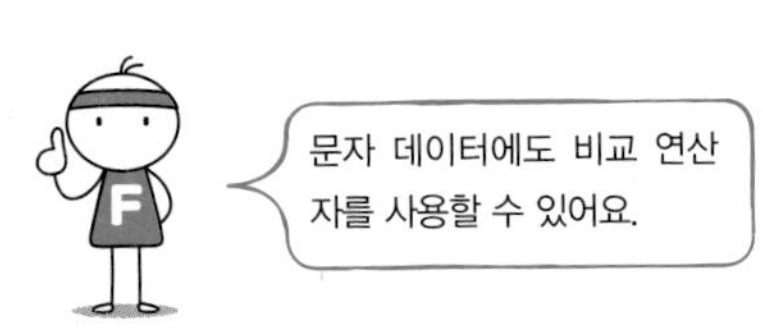

구체적으로 다음과 같이 문자 데이터에 비교 연산자를 사용할 수 있어요.

조건식 예시	의미	조건식 판단 결과
"325" > "323"	"325"는 "323"보다 크다	True(예)
"323" >= "325"	"323"는 "325"보다 크거나 같다	False(아니오)
"Abc" < "abc"	"Abc"는 "abc"보다 작다	True(예)
"Abc" <= "abc"	"Abc"는 "abc"보다 작거나 같다	True(예)
"ABC" == "ABC"	"ABC"는 "ABC"와 같다	True(예)
"ABC" != "ABC"	"ABC"는 "ABC"와 같지 않다(다르다)	False(아니오)

+ 여기서 잠깐 **"Abc"와 "abc" 비교하기**

문자 데이터에 비교 연산자를 사용하면 문자 데이터를 구성하는 각 문자의 이진코드 값의 크기를 비교한다고 했죠. 이진코드(binary code)는 문자를 0과 1만을 사용하여 숫자로 표현한 것인데, 문자 데이터의 크기를 비교하는 것은 결국 이진코드로 표현된 숫자의 크기를 비교하는 것과 같습니다. 예를 들어, 문자 "A"의 이진코드 값은 십진법으로 표현하면 65이고, "a"의 이진코드 값은 십진법으로 표현하면 97입니다. 따라서 조건식 "Abc" < "abc" 의 결괏값은 True가 맞아요.
더 자세히 설명하면 너무 복잡해지니 이쯤 해 둘게요. 실제로 문자 데이터의 크기를 비교하는 경우는 흔하지 않고, 문자 데이터가 서로 같은지(==) 또는 다른지(!=) 비교하는 게 대부분이에요.

실제 코드를 입력해 결과를 확인하면서 비교 연산자를 정리해 보겠습니다.

직접 해보는 손코딩 소스 코드 com01.py

```
01  print(325 > 325)
02  print(325 != 325)
03  print(0 == 0)
04  print("abc" == " abc ")
05  print("Abc" != "abc")
```

[실행 결과]

```
False
False
True
False
True
```

〈직접 해보는 손코딩〉을 한 줄씩 살펴볼게요.

1줄은 숫자 데이터 325가 325보다 크다고 했습니다. 따라서 이 조건식의 결과는 False입니다.

2줄은 숫자 데이터 325와 325는 같지 않다고 했습니다. 따라서 이 조건식의 결과는 False입니다.

3줄은 숫자 데이터 0과 0은 같다고 했습니다. 따라서 이 조건식의 결과는 True입니다.

4줄은 문자 데이터 "abc"와 " abc "가 서로 같은지 비교합니다. 두 번째 문자 데이터에는 양 옆에 공백 문자 " "가 포함되어 있기 때문에 첫 번째 문자 데이터와 같지 않아요. 따라서 이 조건식의 결과는 False입니다.

5줄은 문자 데이터 "Abc"와 "abc"가 서로 다른지 비교합니다. 문자 데이터 "A"와 "a"는 각각 서로 다른 이진코드 값을 가지기 때문에 같은 문자가 아닙니다. 따라서 이 조건식의 결과는 True입니다.

불 연산자와 조건식

불 연산자boolean operator란 두 개의 조건식을 하나로 연결하거나, 조건식의 결과를 반대로 만드는 연산을 말합니다. 예를 들면 〈a 그리고 b〉, 〈a 또는 b〉, 〈a가 아님〉 등의 연산을 의미합니다. 불 연산도 그 연산의 결괏값으로 True 또는 False 값을 얻을 수 있습니다. 따라서 불 연산도 조건식입니다.

불 연산은 논리 연산(logical operation)이라고 부르기도 합니다.

불 연산자는 and, or, not 세 가지 영문 단어로 등록되어 있어요. 불 데이터와 마찬가지로 키워드로 등록되어 있기 때문에 변수 이름으로 사용할 수 없습니다.

연산자	사용 예시	설명
and	x and y	x 그리고 y
or	x or y	x 또는 y
not	not x	x가 아님

and 연산자의 경우, 두 가지 조건식이 모두 True일 때만 그 결괏값이 True가 됩니다. 나머지는 모두 False입니다.

and 연산자 예시	조건식 판단 결과
True and True	True(예)
True and False	False(아니오)
False and True	False(아니오)
False and False	False(아니오)

or 연산자의 경우, 두 가지 조건식 중 하나만 True여도 그 결괏값이 True가 됩니다. 나머지는 모두 False입니다.

〈예/아니오〉를 〈참/거짓〉으로 표현하기도 합니다.

or 연산자 예시	조건식 판단 결과
True or True	True(예)
True or False	True(예)
False or True	True(예)
False or False	False(아니오)

not 연산자의 경우, 주어진 조건식의 반대 결과를 얻을 수 있습니다. 예를 들어 not True라면 False 값을, not False라면 True 값을 얻을 수 있습니다.

not 연산자 예시	조건식 판단 결과
not True	False(아니오)
not False	True(예)

이처럼 불 연산은 여러 조건식을 연결할 때 사용합니다. 직접 코딩을 하면서 불 연산자를 활용한 조건식을 연습해 보겠습니다. 다음의 코드를 입력한 후 결과를 확인해 보세요.

직접 해보는 손코딩 소스 코드 boo01.py

```
01 my_age = 20
02 my_money = 10000
03 print(my_age > 19)
04 print(my_money >= 25000)
05 print(my_age >= 19 and my_money >= 25000)
```

[실행 결과]

```
True
False
False
```

첫 번째 줄부터 살펴볼까요?

1줄은 숫자 데이터 20을 변수 my_age에 저장합니다.

2줄은 숫자 데이터 10000을 변수 my_money에 저장합니다.

3줄은 조건식 my_age 〉 19의 결과를 화면에 출력합니다. 변수 my_age는 20을 가리키고, 이 값은 19보다 크기 때문에 조건식의 결과는 True가 됩니다.

```
my_age > 19 → 20 > 19 → True
```

4줄은 조건식 my_money 〉= 25000의 결과를 화면에 출력합니다. 변수 my_money는 10000을 가리키고, 이 값은 25000보다 작아서 조건식의 결과는 False가 됩니다.

```
my_money >= 25000 → 10000 >= 25000 → False
```

5줄은 3줄의 조건식과 4줄의 조건식을 불 연산자 and를 써서 연결했습니다. and 연산자는 양쪽의 조건식 결과가 모두 True일 때만 True의 결괏값을 얻을 수 있으므로, 이 조건식의 결과는 False입니다.

지금까지 배운 것은 매우 중요하므로 정리하고 다음으로 넘어가겠습니다.

- 대부분의 프로그래밍 언어는 예/아니오를 데이터로 표현하는 방법을 제공하는데, 이를 **불 데이터**라고 합니다.
- 파이썬은 **True**와 **False**로 예/아니오를 표현하고, 이 단어는 키워드로 등록되어 있습니다.
- **비교 연산**이란 두 데이터의 크기를 비교하는 연산으로, 문자 데이터에서는 문자 데이터가 서로 같은지(==) 또는 다른지(!=)를 확인할 때 주로 사용해요.
- 파이썬은 〉, 〉=, 〈, 〈=, ==, != 기호를 **비교 연산자**로 제공합니다.

- **불 연산**(또는 **논리 연산**)은 두 개의 조건식을 하나로 연결하거나, 조건식의 결과를 반대로 만드는 연산을 합니다.
- 파이썬은 and(그리고), or(또는), not(~가 아님)을 **불 연산자**로 제공합니다.

선택 구조를 코딩하는 방법

본격적으로 선택 구조를 파이썬으로 코딩하기 전에 알아 두어야 할 파이썬 문법을 살펴봅니다.

파이썬 문법(1): if~else 조건문

다음은 선택 구조와 관련된 파이썬 문법입니다.

```
if 조건식:
□□□□대안1
else:
□□□□대안2
```


이 문법과 관련해서 주의해야 몇 가지를 알려드립니다.

첫째, 이 문법에 쓰인 **if**와 **else**는 파이썬이 선택 구조를 표현할 때 사용하는 키워드입니다. 키워드는 파이썬이 미리 정해 둔 기호이므로 변수 이름으로 사용할 수 없어요.

둘째, if와 else가 쓰인 코드의 오른쪽 끝에 **콜론**(:)이 있습니다. 파이썬 문법을 구성하는 기호로 쓰였기 때문에 반드시 써야 해요.

셋째, 색 글씨는 여러분이 요구 사항에 맞게 작성해야 하는 곳이죠. **조건식**에는 여러 가지 대안 중 하나를 선택하기 위한 판단 기준을, **대안1**과 **대안2**에는 조건에 따라 실행할 내용을 적습니다.

넷째, 대안1과 대안2를 쓸 때는 반드시 **들여쓰기**(띄어쓰기)합니다. 일반적으로 4칸을 들여 쓰는 것이 표준이에요. 앞서 그림으로 표현하는 조건식에서 조건식의 결과와 선택 가능한 대안을 연결해 준다고 했었죠? 이때 파이썬에서는 들여쓰기가 두 가지를 연결하는 문법으로 쓰입니다.

들여쓰기는 일반적으로 4칸을 들여 쓰는 것이 표준이에요.

이렇게 if 와 else로 표현하는 선택 구조를 **if~else 구조**, 또는 **if~else 조건문**이라 하고, 처리 과정은 다음과 같습니다. if~else 조건문에서

- 조건식의 결괏값이 True이면 대안1을 실행하고 바로 if~else 조건문을 빠져나옵니다(종료합니다).
- 조건식의 결괏값이 False이면 else로 이동한 후, 대안2를 실행합니다.

if~else 실전 예제: 우산 휴대 여부를 출력하는 프로그램

이제 앞서 배운 문법을 활용해서 프로그램을 만들어 보겠습니다.

다음과 같은 프로그램 요구 사항이 있다고 가정해 봅시다.

- 변수 weather에 날씨 정보를 저장합니다. 날씨는 "맑음", "흐림", "비" 등 세 가지 중 하나라고 가정합니다.
- 날씨를 확인해서 비가 내리면 "우산을 가져간다"라는 메시지를 화면에 출력하고, 그렇지 않으면 "우산을 가져가지 않는다"라는 메시지를 화면에 출력합니다.

요구 사항에 맞춰 간단히 〈보면서 익히는 눈코딩〉으로 전체 흐름을 정리하겠습니다.

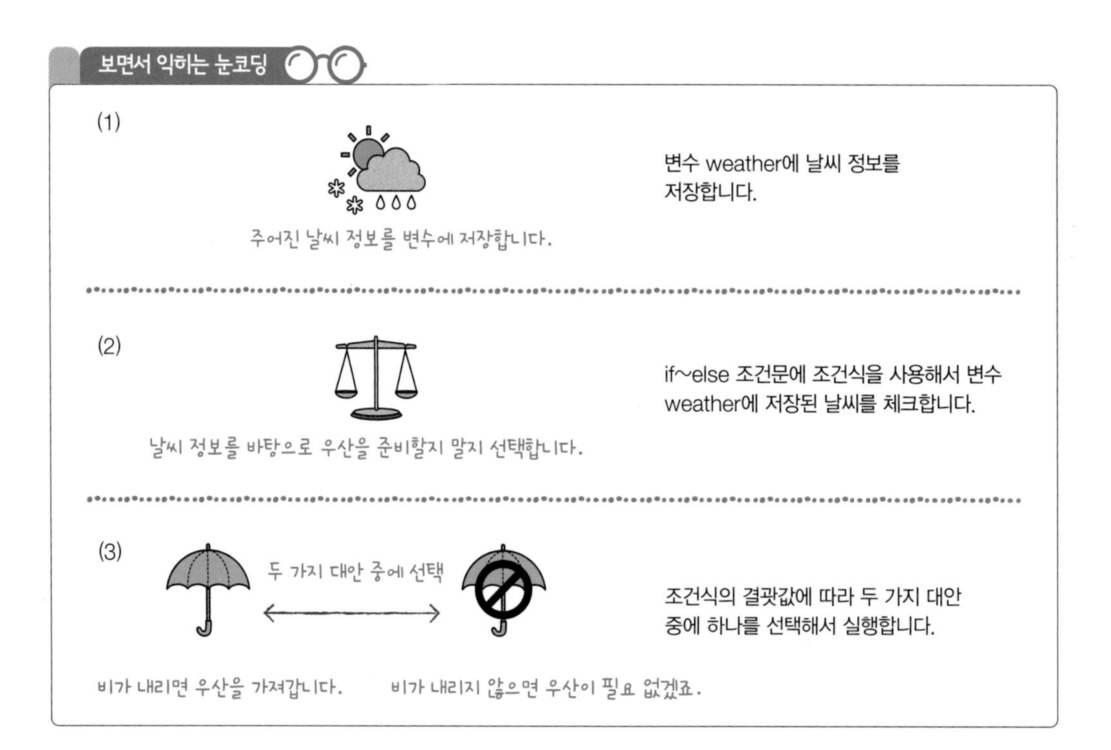

순서도를 이용해 조금 더 구체적으로 표현해 보겠습니다.

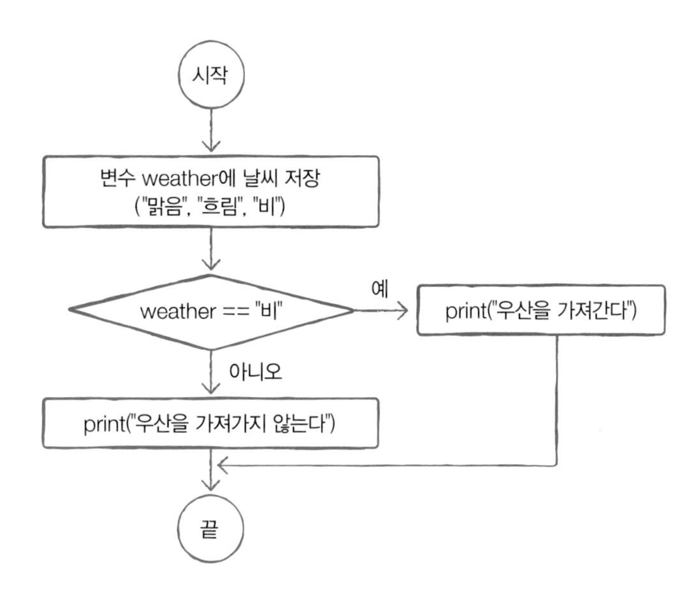

프로그램의 요구 사항을 〈보면서 익히는 눈코딩〉과 순서도로 차례대로 풀어 봤습니다. 이제 '우산 휴대 여부 프로그램'의 전체 흐름을 이해할 수 있겠죠? 실제로 코딩해 보며 마무리하겠습니다.

직접 해보는 손코딩 　소스 코드 ife01.py

```
01 weather = "맑음"
02 print("비가 내리는가?", weather == "비")
03 if weather == "비":
04     print("우산을 가져간다")
05 else:
06     print("우산을 가져가지 않는다")
```

[실행 결과]

```
비가 내리는가? False
우산을 가져가지 않는다
```

1줄은 문자 데이터 "맑음"을 변수 weather에 저장합니다. 이제 현재 날씨 데이터는 변수 weather로 나타낼 수 있습니다.

2줄은 조건식 "비가 내리는가?"를 구현하기 위해서 비교 연산자 ==를 사용해 변수 weather에 저장된 문자 데이터 "맑음"과 "비"가 같은지를 비교합니다. 그 결과 '아니오'라는 불 데이터(False)를 출력합니다.

print 명령어에 여러 개의 데이터를 콤마(,)를 사용해서 연속으로 입력하면, 여러 개의 데이터를 동시에 출력할 수 있습니다.

```
weather == "비" → "맑음" == "비" → False
```

3줄은 if 키워드 다음에 조건식을 써주고 콜론(:)으로 마무리합니다.

4줄은 조건식이 참(True)일 때 수행할 명령어입니다. 프로그램 요구 사항에 따라 "우산을 가져간다"를 출력하는 명령어를 작성합니다. 이때 4칸 들여 쓰는 것을 잊지 마세요!

5줄은 else 키워드를 입력하고 콜론(:)으로 마무리합니다. 이 또한 문법이니까 꼭 지켜 주세요.

6줄은 3줄의 조건식이 거짓(False)일 때 수행할 명령어입니다. 프로그램 요구 사항에 따라 "우산을 가져가지 않는다"를 출력하는 명령어를 적습니다. 역시 4칸 들여쓰기를 지켜 주세요.

이번에는 〈직접 해보는 손코딩〉에서 변수 weather에 문자 데이터 "비"를 저장하고, 다시 실행해 보세요. 이렇게 변경된 소스 코드의 결과는 다음과 같습니다.

직접 해보는 손코딩 소스 코드 ife02.py

```
01 weather = "비"
02 print("비가 내리는가?", weather == "비")
03 if weather == "비":
04     print("우산을 가져간다")
05 else:
06     print("우산을 가져가지 않는다")
```

[실행 결과]

```
비가 내리는가? True
우산을 가져간다
```

파이썬 문법(2): if~elif~else 조건문

조건식을 실행하면 예/아니오로 결론이 나기 때문에 선택 가능한 대안 2개를 1개의 조건식에 연결할 수 있었습니다. 이와 관련된 파이썬 문법이 if~else입니다. 그런데 대안이 3개인 경우에는 조건식이 1개뿐인 if~else 조건문으로 모든 대안을 연결할 수 없습니다. 그래서 2개의 조건식을 기술할 수 있는 새로운 문법이 필요합니다.

파이썬은 다음과 같은 문법을 제공합니다.

```
if 조건식1:
□□□□대안1
elif 조건식2:
□□□□대안2
else:
□□□□대안3
```

if~else 조건문 사이에 elif가 추가되었습니다. elif 키워드 오른쪽에 조건식을 쓰고 콜론(:)으로 마무리합니다. 이러한 구조를 **if~elif~else 구조** 또는 **if~elif~else 조건문**이라 하고, 처리 과정은 다음과 같습니다.

elif는 else if의 줄임말입니다. 다른 프로그래밍 언어에서는 else if로 표현하기도 합니다.

if~elif~else 조건문에서

- 조건식1이 참이면 대안1을 실행하고 바로 if~elif~else 조건문을 빠져나옵니다.
- 조건식1이 거짓이면 elif로 이동해 조건식2를 판단합니다.
- 조건식2가 참이면 대안2를 실행하고 if~elif~else문을 빠져나옵니다.
- 조건식2가 거짓이면 else로 이동한 후, 바로 대안3을 실행합니다.

그림으로 표현하면 다음과 같습니다.

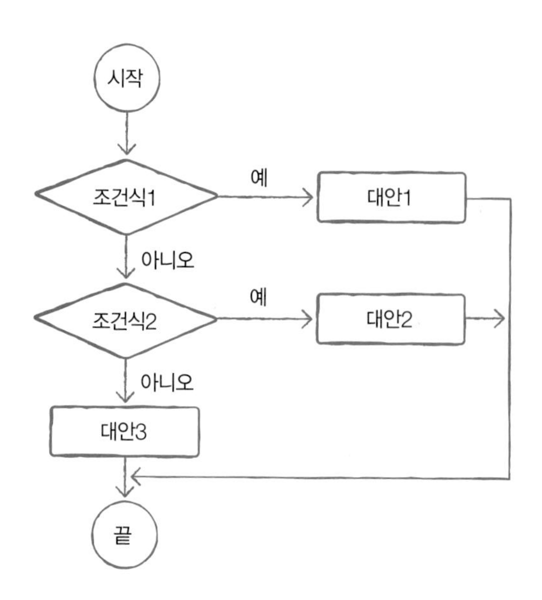

✚ 여기서 잠깐 **조건식의 예/아니오 분기 방향**

아래 순서도는 조건식의 결과가 '예'라면 아래로, '아니오'라면 오른쪽으로 화살표를 그려 프로그램 처리 방향을 표현했습니다. 이렇듯 순서도는 여러분이 편한 방법으로 다양하게 작성할 수 있습니다.

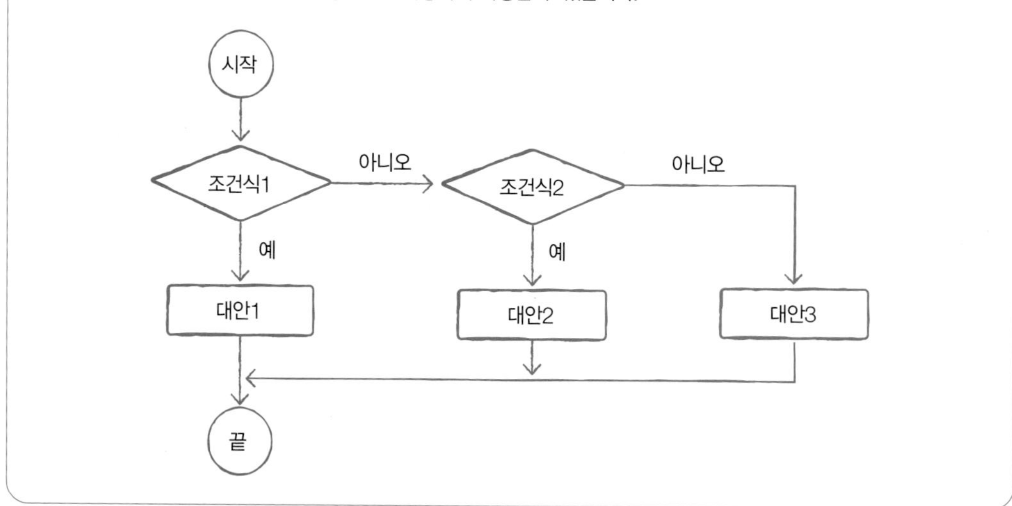

만약 더 많은 대안을 연결하기 위해 조건식을 추가하고 싶다면 if와 else 사이에 필요한 개수만큼 elif를 추가하면 됩니다. 예를 들어, 다음과 같이 3개의 elif를 추가해서 총 5개의 대안을 선택할 수 있는 if~elif~else 구조를 만들 수 있습니다.

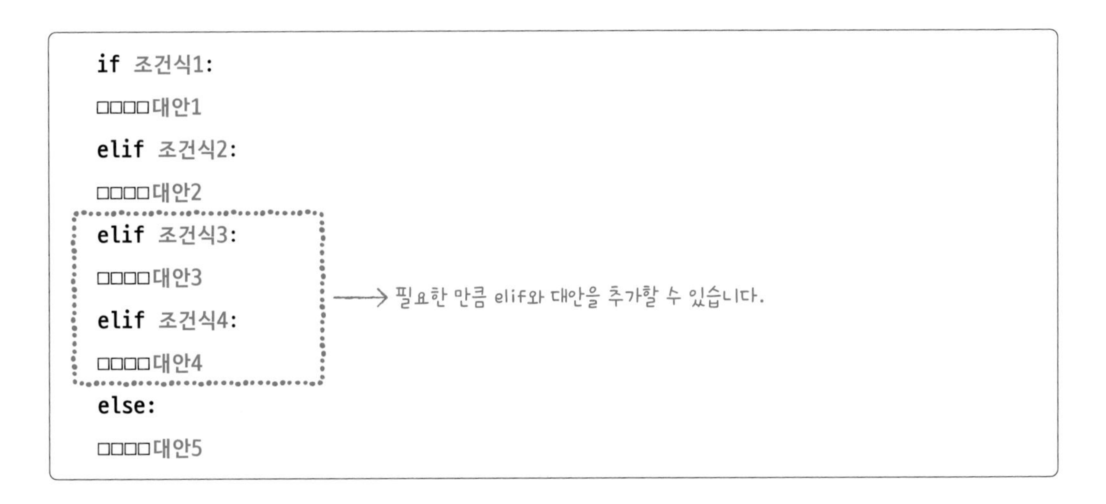

```
if 조건식1:
□□□□대안1
elif 조건식2:
□□□□대안2
elif 조건식3:
□□□□대안3
elif 조건식4:
□□□□대안4
else:
□□□□대안5
```


이것을 순서도로 표현하면 다음과 같습니다.

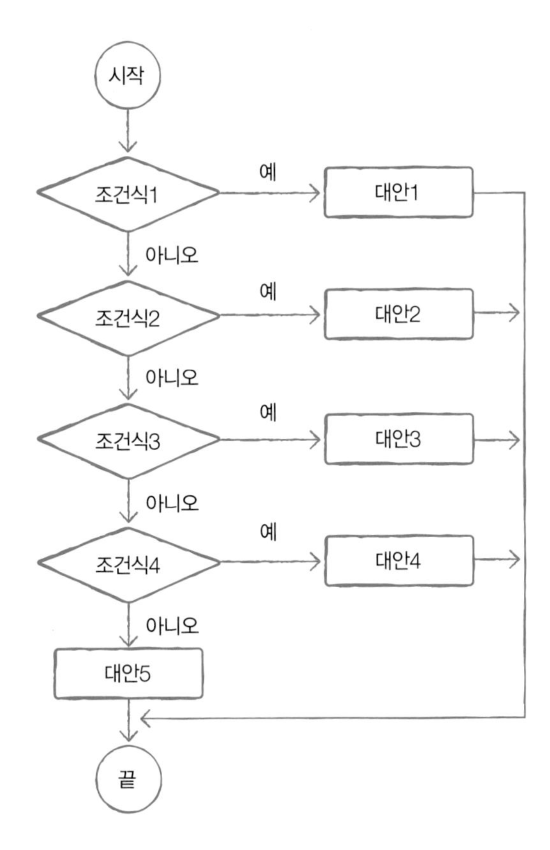

```
if 조건식1:
□□□□대안1
elif 조건식2:
□□□□대안2
elif 조건식3:
□□□□대안3
  :
else:
□□□□대안n
```

elif와 관련된 대안은 무한대로 작성할 수 있습니다.

if~elif~else 실전 예제: 주식 가격 변동 출력 프로그램

if~elif~else 문법을 활용해서 프로그램을 만들어 보겠습니다. 이번에는 주식 투자와 관련된 예제를 살펴보려고 합니다. 주식 투자를 하면 다양한 정보를 참고해야 합니다. 특정 거래일의 삼성전자 주가 정보를 예로 들겠습니다.

- 현재가: 54,700원
- 가격 변동(등락): ↑1,000원
- 가격 변동률(등락률): ↑1.82%
- 거래량: 17,588,728주

가격 변동은 특정 거래일의 최종 가격과 시작 가격의 차이를 말합니다. 가격 변동은 부호 없이 화살표로 표시합니다. 현재 가격이 시작 가격 대비 올랐으면 ↑와 함께 떨어졌으면 ↓와 함께 변동된 가격을 표시합니다. 예를 들어 가격 변동이 −300원이라면 ↓300이라고 표시합니다. 가격 변동의 부호를 화살표가 대체하는 것이죠.

이번 예제는 가격 변동에 따라서 올바른 화살표를 표시하는 프로그램을 만들어 보겠습니다. 선택 가능한 대안은 다음과 같이 세 가지입니다.

- 대안1) ↑와 가격 변동을 표시합니다.
- 대안2) ↓와 가격 변동을 표시합니다.
- 대안3) 문자 데이터 "−"를 표시합니다.

대안에 조건식을 연결해 보겠습니다. 필요한 조건식은 다음과 같습니다.

- 조건식1) 가격 변동이 0보다 큰가요? 그렇다면 대안1을 선택합니다.
- 조건식2) 가격 변동이 0보다 작은가요? 그렇다면 대안2를 선택합니다.
- 조건식3) 나머지의 경우(가격 변동이 0이라면) 대안3을 선택합니다.

지금까지 정리한 프로그램의 요구 사항을 바탕으로 〈보면서 익히는 눈코딩〉으로 대략적인 프로그램의 흐름을 표현해 보겠습니다.

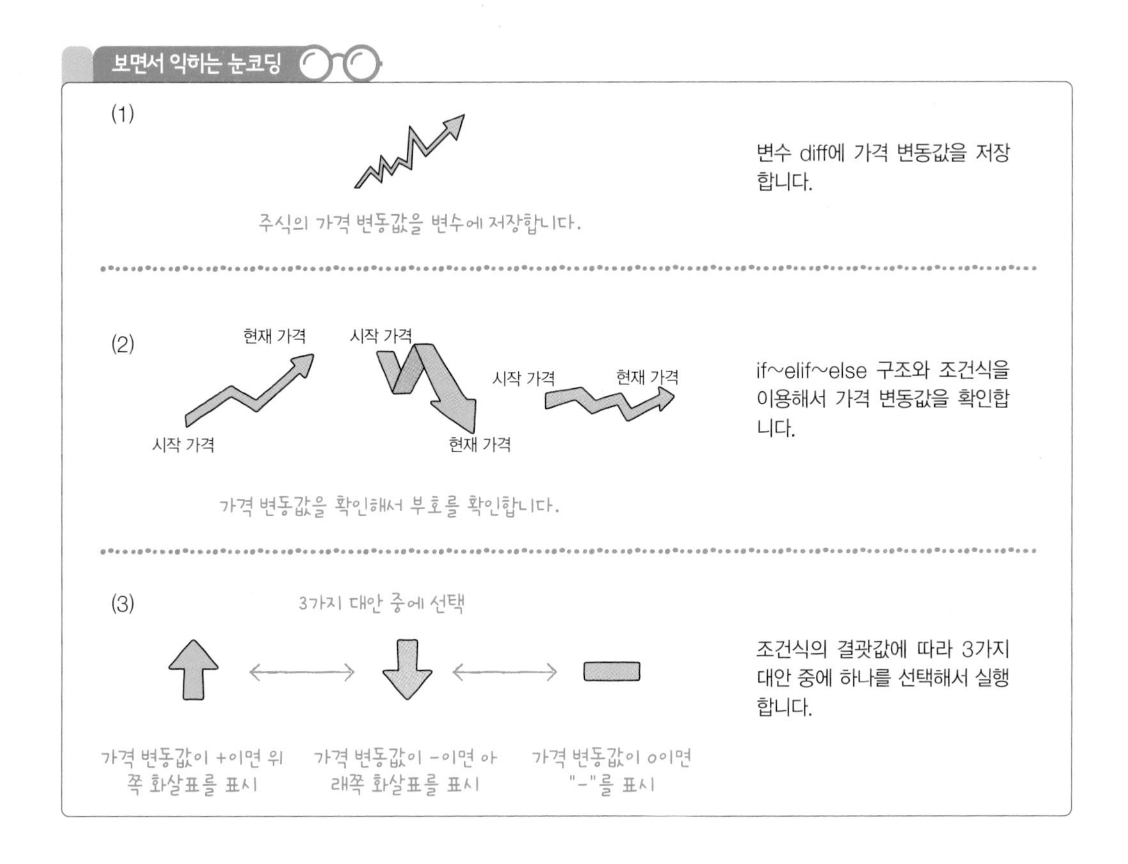

〈보면서 익히는 눈코딩〉으로 정리한 프로그램 흐름을 순서도를 사용해서 조금 더 구체적으로 표현하겠습니다.

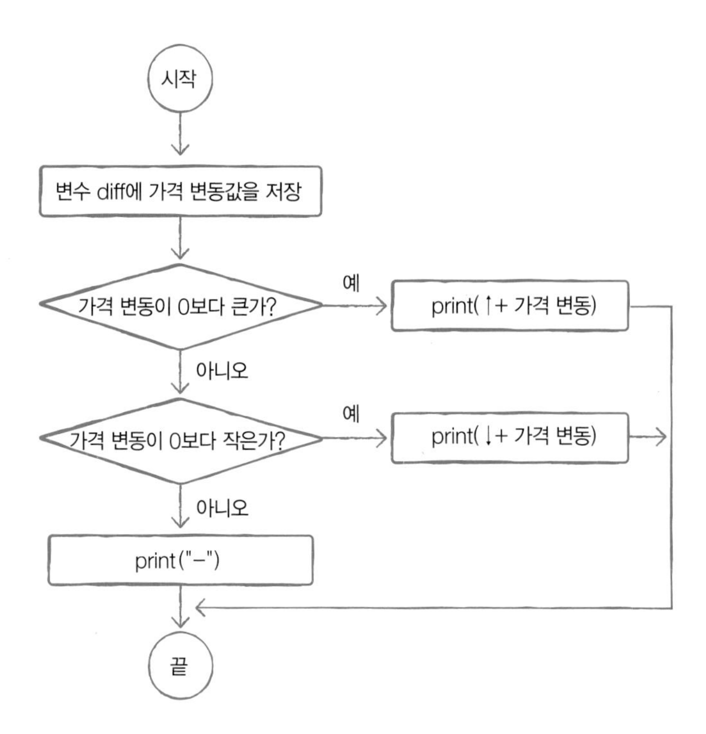

지금까지 프로그램의 요구 사항을 〈보면서 익히는 눈코딩〉과 순서도로 표현하면서 전체 흐름을 파악했다면, 이제는 다음과 같이 〈직접 해보는 손코딩〉으로 마무리해 보겠습니다.

직접 해보는 손코딩 소스 코드 ife03.py

```
01 opening = 54700
02 closing = 55700
03 diff = closing - opening
04 if diff > 0:
05     print("↑" + str(diff))
06 elif diff < 0:
07     print("↓" + str(abs(diff)))
08 else:
09     print("-")
```

[실행 결과]

```
↑1000
```

✚ 여기서 잠깐 **화살표(↑, ↓) 입력 방법**

윈도우 환경에서는 문자 'ㅁ'를 입력하고, 키보드의 [한자] 키를 누르면 입력할 수 있는 특수 문자를 보여 줍니다. 이때 키보드 왼쪽 위에 있는 [Tab] 키를 누르면 아래 그림과 같이 전체 특수 문자를 볼 수 있는데, 여기서 ↑를 선택하면 됩니다. 맥OS에서는 [Control], [Command], [Space] 키를 동시에 누르면 입력할 수 있는 특수 문자를 보여 줍니다. 아래는 윈도우 환경에서 'ㅁ' 문자에 등록된 특수 문자입니다.

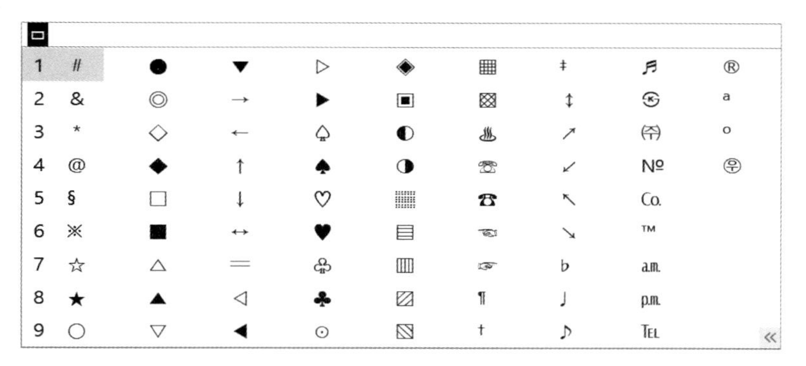

1줄은 거래 시작 가격 54700원을 변수 opening에 저장합니다.

2줄은 현재 가격 55700원을 변수 closing에 저장합니다.

3줄은 가격 변동을 계산하는 명령어로, closing(현재 가격)에서 opening(거래 시작 가격)을 뺀 후 변수 diff에 저장합니다.

4줄의 조건식1은 가격 변동(diff)값이 0보다 큰지 여부를 확인합니다. 만약 diff 값이 0보다 5줄의 대안1을 실행한 뒤, 6~9줄은 실행하지 않고 빠져나옵니다.

5줄은 "↑"와 가격 변동값을 화면에 출력합니다. 가격 변동값은 숫자 데이터이기 때문에 화면에 출력하기 위해서는 문자 데이터로 변환이 필요합니다.

파이썬은 숫자 데이터를 문자 데이터로 변환할 때 **str** 명령어를 사용합니다. str 명령어는 숫자 데이터를 문자 데이터로 바꿉니다. 따라서 str(diff) 명령어를 실행하면 diff 값이 문자 데이터로 변환되고, 이후에 문자 데이터 연결 연산자(+)로 "↑"와 diff 값을 연결해서 출력합니다.

예를 들어 변수 diff 값이 1000인 경우 다음과 같이 처리됩니다.

```
"↑" + str(diff)
→ "↑" + str(1000)
→ "↑" + "1000"
→ "↑1000"
```

6줄의 조건식2는 가격 변동값이 0보다 작은지 여부를 확인합니다. 따라서 diff 값이 0보다 작다면 7줄의 대안2를 실행합니다. 그런 다음 8~9줄은 실행하지 않고 빠져나옵니다.

7줄은 가격 변동이 0보다 작으면 가격이 하락한 것이기 때문에 ↓와 가격 변동값을 출력합니다. 만약 가격 변동이 −700이라면 str(diff) 값은 "−700"입니다. 그런데 화살표가 부호를 대신한다고 했으니 부호는 출력에서 제외되어야 합니다.

따라서 절댓값을 구하는 명령어로 가격 변동값을 절댓값 처리하고, 그 후에 숫자 데이터를 문자 데이터로 변경합니다. 파이썬은 숫자 데이터의 절댓값을 구할 때 **abs** 명령어를 사용합니다. abs(diff) 명령어는 diff 값에 대해서 절댓값을 구하라는 의미입니다.

> 파이썬 명령어 abs는 absolute를 의미합니다. 6장에서 다시 언급합니다.

예를 들어 변수 diff 값이 −700인 경우에는 다음과 같이 처리됩니다.

```
"↓" + str(abs(diff))
→ "↓" + str(abs(-700))
→ "↓" + str(700)
→ "↓" + "700"
→ "↓700"
```

8줄의 조건식1과 조건식2가 모두 거짓(False)인 경우에는 9줄이 실행됩니다.

한편, 이 소스 코드에서 현재 가격(변수 closing 값)을 다음과 같이 바꿔서 실행하면 결과는 어떻게 될까요?

- 현재 가격을 54000원으로 바꾸면 어떻게 될까요?
- 현재 가격을 54700원으로 바꾸면 어떻게 될까요?

현재 가격(closing)을 54000원으로 바꾸면 가격 변동(diff) 값은 −700이 됩니다. 따라서 조건식1의 판단 결과는 False, 조건식2의 판단 결과는 True이므로 대안2를 실행합니다. 결국 "↓700" 값이 화면에 출력됩니다.

만약 현재 가격을 54700원으로 바꾸면 가격 변동값이 0이 되기 때문에 조건식1 및 조건식2 결과가 모두 False입니다. 따라서 조건식3에 따라서 대안3이 실행되고, 그 결과 문자 데이터 "−"이 화면에 출력됩니다.

선택 구조와 관련된 파이썬의 if문을 살펴보았습니다. 설명이 길었지만, 이해하는 데 도움이 되었으면 좋겠습니다. 만약 이해가 되지 않는다면 순서도부터 〈보면서 익히는 눈코딩〉, 〈직접 해보는 손코딩〉 순으로 다시 한번 살펴보세요.

- 선택 구조와 관련해서 파이썬은 **if, else** 키워드를 제공합니다.
- 조건식의 결과(참 또는 거짓)에 대응하는 코드는 **들여쓰기**(일반적으로 4칸) 합니다.
- 2개의 대안 중 하나를 선택하는 것은 **if~else** 구조를 사용합니다.
- 3개 이상의 대안 중 하나를 선택하는 경우 **if~elif~else** 구조를 사용합니다.
- 숫자 데이터를 문자 데이터로 바꿀 때는 **str** 명령어를 사용합니다.
- 숫자 데이터의 절댓값은 **abs** 명령어를 사용해서 얻을 수 있습니다.

코드 작성을 미루는 방법: pass 키워드

만약에 여러분이 어떤 시험을 보고 있는데, 대충 훑어봐도 어려운 문제가 나온다면 어떻게 하나요? 어려워 보이는 문제를 붙잡고 있자니 시간은 흘러가고, 어렵게 풀긴 했는데 오답을 골랐다면 점수에서 큰 손해가 발생하겠죠. 따라서 일반적으로 어려운 문제가 등장할 경우 필기도구로 '일단 통과!' 표시를 해두고 쉬운 문제부터 풀어야 합니다.

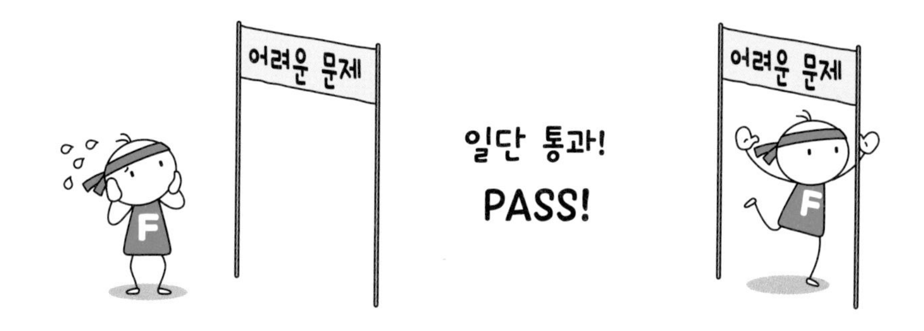

프로그래밍을 할 때도 마찬가지입니다. 모든 문제를 한번에 해결할 수 없는 경우가 상당히 많습니다. 이럴 때는 '일단 통과!' 표시를 해두고 다음에 다시 작성할 수 있습니다.

파이썬에서는 '일단 통과!'에 해당하는 키워드를 제공하는데, 바로 **pass** 키워드입니다. 파이썬은 여러분이 작성한 소스 코드에서 pass 키워드를 보면 어떠한 처리도 하지 않고 다음으로 넘어갑니다. 그렇다면 pass 키워드는 if~else 구조에서 어떻게 사용될까요?

앞에서 선택의 순간이 왔을 때 선택 가능한 대안과 조건식을 연결하는 방법을 배웠습니다. 지금까지 공부한 것을 돌이켜 보면 아래와 같이 항상 선택 가능한 대안을 먼저 떠올리고 그에 걸맞은 조건식을 찾아보는 식이었죠.

- 선택 가능한 대안을 모두 나열한다 → 이에 맞는 조건식을 찾아서 연결한다.

만약에 선택 가능한 대안이 프로그래밍하기에 너무 복잡해서 지금 당장 코드로 표현할 수 없다면, 이때 **pass** 키워드를 사용합니다.

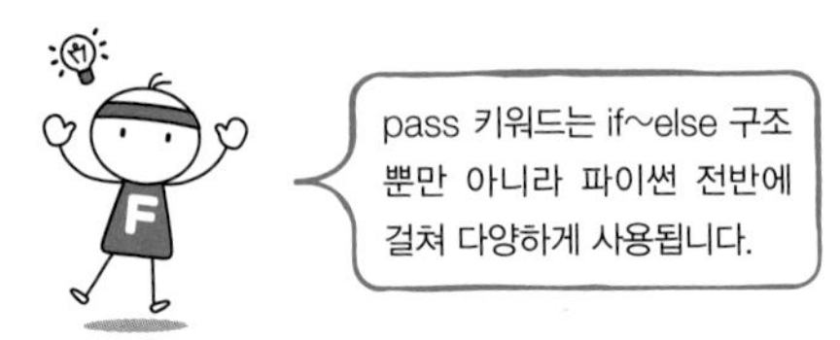

앞에서 실행한 주가의 가격 변동을 표시하는 프로그램을 살펴볼게요. 가격 변동이 0보다 크거나 작을 때 화면에 표시할 내용이 정해지지 않았다면 일단 pass 키워드로 표시하고 나중에 구체적인 표시 방법을 생각할 수 있습니다. 예를 들어 화살표를 사용할지, 부호(+ 또는 –)를 사용할지를 나중에 선택할 수 있겠죠. 이 결정이 나기 전까지는 pass 키워드를 사용해서 프로그램의 처리를 '일단 통과!' 할 수 있습니다. 〈직접 해보는 손코딩〉으로 바로 실습해 보겠습니다. pass 명령어를 여러 번 반복해서 조건식이 아무런 작업도 하지 않게 만들어 볼게요.

직접 해보는 손코딩   소스 코드 ife04.py

```
01  opening = 54700
02  closing = 55700
03  diff = closing - opening
04  if diff > 0:
05      pass
06      pass
07  elif diff < 0:
08      pass
09      pass
10  else:
11      pass
12      print(diff)
13  print("종료!")
```

[실행 결과]

```
종료!
```

앞에서 실행한 주가의 가격 변동을 표시하는 프로그램에 pass 명령어를 넣어 어떤 처리도 하지 않도록 구성했습니다. 이 프로그램을 실행하면 프로그램의 종료를 알리는 "종료!" 메시지만 화면에 출력합니다. 즉, 조건에 맞는 처리 방법은 나중에 다시 고민하거나 다른 사람의 몫으로 남겨놓고 프로그램의 틀만 짠 것이지요.

이처럼 코딩하기 어려운 문제가 발생하거나 조건에 따른 대안이 구체적이지 않을 때 pass 키워드를 사용해서 구체적인 코드 작성을 나중으로 미룰 수 있습니다. 그럼 이제 정리해 볼게요.

- 어려운 문제를 만나면 그 문제를 표시해 두고 '일단 통과!'해서 다른 문제를 풀 수 있습니다.
- 프로그래밍 언어에서는 다양한 방법으로 '일단 통과!'의 표시를 할 수 있는데, 파이썬에서는 pass 키워드를 제공합니다.

✚ 여기서 잠깐 **부동 소수점 수의 크기를 비교할 때 주의할 사항**

2장에서 숫자 데이터를 설명하면서 컴퓨터가 사용하는 2진법의 한계 때문에 부동 소수점 수 계산 시 약간의 오차가 발생할 수 있다고 했습니다. 그로 인해 부동 소수점 수의 크기를 비교할 때는 조심해야 한다고 했는데, 3장에서 조건식에 관해 공부했으니 부동 소수점 수의 크기 비교 위험성에 대해 살펴보겠습니다.

다음과 같이 0.1과 0.2를 더해 그 결괏값을 0.3과 비교해 보겠습니다.

```
print(0.1 + 0.2 > 0.3)
print(0.1 + 0.2 == 0.3)
print(0.1 + 0.2 <= 0.3)
```

위 코드의 실행 결과는 다음과 같습니다.

```
True
False
False
```

0.1과 0.2를 더하면 0.3이 되기 때문에위 코드에서 두 번째 코드 값만 True가 되고 나머지는 False가 되어야 하죠. 그런데 실행 결과는 그렇지 않습니다. 그 이유는 컴퓨터는 0.1과 0.2의 덧셈을 0.30000000000000004로 계산하기 때문입니다. 이처럼 부동 소수점 수의 연산 결괏값을 다른 숫자 데이터와 비교하는 것은 항상 조심해야 합니다.

마무리

▶ 6가지 키워드로 정리하는 핵심 포인트

- 불 데이터란 예/아니오를 뜻하는 데이터로서 파이썬에서는 각각 True/False로 표현할 수 있습니다.
- 비교 연산자란 어떤 두 데이터를 비교한 뒤, 그 결과를 불 데이터로 알려주는 연산자입니다.
- 불 연산자란 어떤 두 개의 조건식을 하나로 연결하거나, 조건식의 결과를 반대로 만들어 주는 연산자입니다.
- if~else 구조는 2가지 선택 가능한 대안 중 하나를 선택하는 구조입니다.
- if~elif~else 구조는 3가지 이상의 선택 가능한 대안 중 하나를 선택하는 구조입니다.
- pass는 프로그램 실행에 필요한 코드의 작성을 나중으로 미룰 때 사용하는 키워드입니다.

▶ 확인 문제 (정답 385쪽)

1. 다음 소스 코드를 보고 실행 결과를 맞혀 보세요.

```
01  print(True == True)
02  print("True" == True)
03  print(323 // 60 == 5)
04  print("abc" > "Abc")
```

[실행 결과]

2. 다음 소스 코드를 보고 실행 결과를 맞혀 보세요.

```
01 print("시작!")
02 if True:
03     print("예!")
04 else:
05     print("아니오!")
06 print("끝!")
```

[실행 결과]

3. 다음 소스 코드를 보고 실행 결과를 맞혀 보세요.

```
01 hobby = "운동"
02 
03 print("시작!")
04 if hobby == "독서":
05     print("취미가 독서군요!")
06 elif hobby == "운동":
07     print("취미로 운동을 하는군요!")
08 elif hobby == "요리":
09     print("요리 전문가를 꿈꾸시나요?!")
10 else:
11     print(hobby + "? 흥미로운 취미로군요!")
12 print("끝!")
```

[실행 결과]

도전 문제

easy | medium | hard

1. 윤년 판별하기

2월의 마지막 날은 28일이죠. 하지만 4년에 한 번, 2월이 29일까지 있는 해가 돌아옵니다. 이를 윤년이라고 하고, 윤년이 아닌 해를 평년이라고 합니다. 윤년과 평년은 다음 규칙으로 구분할 수 있습니다.

연도를 4로 나눈 나머지가 0이면 윤년입니다.
연도를 4로 나눈 나머지가 0인 동시에 100으로 나눈 나머지도 0이면 평년입니다.
연도를 4로 나눈 나머지, 100으로 나눈 나머지, 400으로 나눈 나머지가 모두 0이면 윤년입니다.

규칙을 참고해서 어떤 해가 윤년인지 평년인지 판별하는 프로그램을 만들어 봅시다. 변수 year은 연도를 저장합니다. 다음 프로그램은 if~elif~else 조건문을 활용해서 year에 저장된 연도가 윤년이면 "ㅇㅇㅇㅇ년은 윤년입니다.", 평년이면 "ㅇㅇㅇㅇ년은 평년입니다."라는 문자열을 출력합니다. 빈칸을 채워 보세요.

```
year = 2024
[                                                    ]
    print(str(year) + "년은 윤년입니다.")
[                                                    ]
    print(str(year) + "년은 평년입니다.")
[                                                    ]
    print(str(year) + "년은 윤년입니다.")
[                                                    ]
    print(str(year) + "년은 평년입니다.")
```

[실행 결과]

```
2024년은 윤년입니다.
```

hint1 조건식에 불 연산자를 사용하면 여러 조건을 동시에 충족하게 할 수 있습니다.

hint2 대안이 3개 이상인 경우에는 조건식의 순서가 중요해요. 어떤 조건을 먼저 검사할지 고민해 보세요.

대안이 3개 이상인 선택 구조에서는 조건식의 순서에 따라 결과가 달라질 수 있습니다.

Chapter 04

효율적으로 데이터를 관리하기 위해서는 앞서 배운 변수를 잘 활용하는 것이 중요합니다. 그런데 데이터 수가 많아지면 변수만으로 데이터를 관리하기가 어렵습니다. 이때 변수가 아닌 새로운 방법, 즉 '데이터 세트'로 데이터를 관리해야 합니다. 이번 장에서는 데이터 세트의 개념과 활용 방법을 알아봅니다.

데이터 세트

학습 목표

- 데이터 세트가 무엇인지 알 수 있습니다.
- 리스트 데이터 세트와 딕셔너리 데이터 세트의 특징을 알 수 있습니다.
- 상황에 따른 데이터 세트 활용 방법을 알 수 있습니다.

04-1 효율적인 데이터 관리 1: 리스트

핵심 키워드

데이터 세트 리스트

이번 절에서는 대량의 데이터를 효율적으로 처리하는 방법 중 리스트에 대해 알아봅니다. 리스트의 역할과 쓰임새에 대해 곰곰이 생각하며 읽어 보세요.

시작하기 전에

지금까지는 하나의 변수에 하나의 데이터를 저장하는 방식으로 데이터를 관리했습니다. 간단한 프로그램이라면 변수만으로 충분하지만, 데이터 개수가 많아지면 여러 가지 문제점이 발생합니다. 이번 절에서는 데이터 개수가 많아지면 발생할 수 있는 문제점을 알아보고, 그 문제를 해결하기 위한 새로운 데이터 관리 방법을 공부하겠습니다.

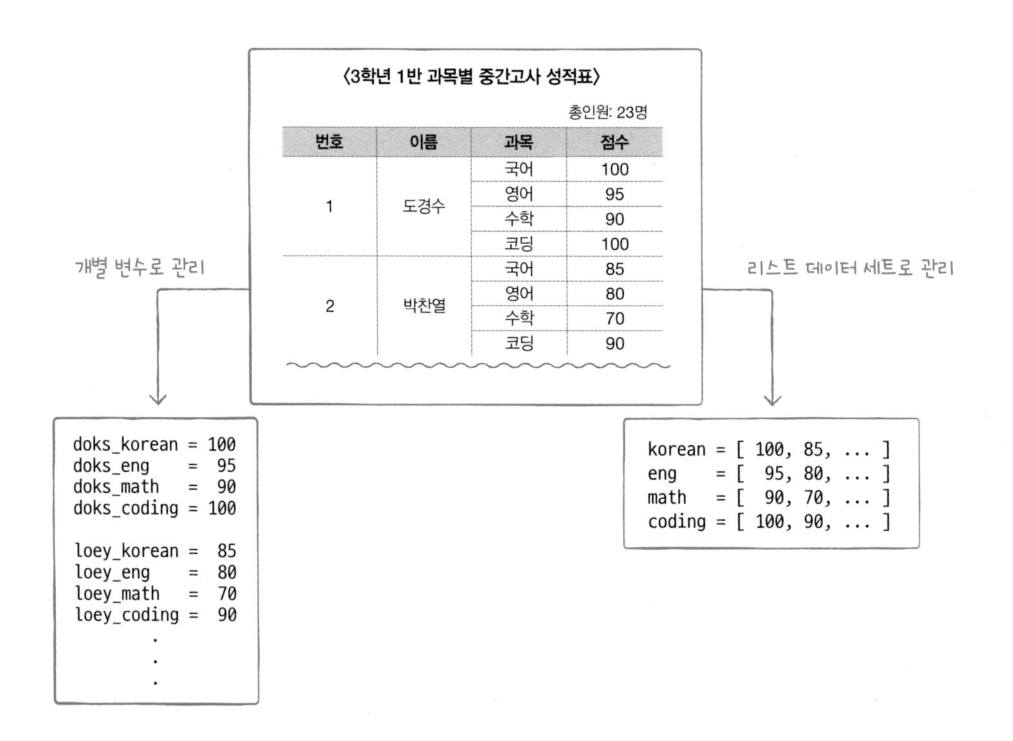

데이터 개수가 증가할수록 어려운 데이터 관리

여러분이 편의점을 운영한다고 가정해 보겠습니다. 편의점을 잘 운영하려면 다양한 각도에서 많은 데이터를 분석해야 합니다.

상품별로 매출액을 분석해서 현재 인기 상품의 재고를 관리해야 하고, 계절에 따른 상품별 매출액을 분석해서 할인 판매 등 마케팅 방향을 결정해야 합니다. 이 모든 분석은 편의점을 운영하면서 얻은 데이터를 바탕으로 이루어지므로 여러 데이터를 효율적으로 관리하고 잘 사용하는 것이 무엇보다 중요합니다.

이제, 가장 단순하게 상품별 가격, 판매량, 매출액을 계산하는 것부터 시작해서, 새로운 데이터를 추가하면서 데이터를 효율적으로 관리하는 방법을 알아보겠습니다.

하루 동안 발생한 매출 내역을 정리하기

다음은 하루 동안 판매한 상품 정보를 기록한 장부입니다.

혼자 운영하는 편의점

202x년 3월 23일

상품명	가격	판매량	매출액
드링킹 요구르트	1,800	4	7,200
딸기 우유	1,500	2	3,000
합계	–	6	10,200

장부 내용을 바탕으로 상품별 매출액, 총매출액 및 총판매량을 출력하는 프로그램을 만들어 보겠습니다. 출력 양식은 다음과 같습니다.

```
드링킹 요구르트 매출액: 7200
딸기 우유 매출액: 3000
--------------------
총매출액: 10200
총판매량: 6
```

〈직접 해보는 손코딩〉을 하면서 앞서 배웠던 변수를 떠올려 보세요.

직접 해보는 손코딩 소스 코드 data01.py

```
01 yo_price = 1800
02 yo_qty = 4
03 milk_price = 1500
04 milk_qty = 2
05
06 yo_sales = yo_price * yo_qty
07 milk_sales = milk_price * milk_qty
08
09 total_sales = yo_sales + milk_sales
10 total_qty = yo_qty + milk_qty
11
12 print("드링킹 요구르트 매출액: " + str(yo_sales))
13 print("딸기 우유 매출액: " + str(milk_sales))
14 print("-" * 20)
15 print("총매출액: " + str(total_sales))
16 print("총판매량: " + str(total_qty))
```

[실행 결과]

```
드링킹 요구르트 매출액: 7200
딸기 우유 매출액: 3000
--------------------
총매출액: 10200
총판매량: 6
```

1~4줄은 드링킹 요구르트 상품의 가격과 판매량, 딸기 우유 상품의 가격과 판매량 데이터를 각각 yo_price, yo_qty, milk_price, milk_qty 변수에 저장합니다.

6~7줄은 드링킹 요구르트 매출액과 딸기 우유 매출액은 다음과 같이 계산하고, 그 결괏값을 각각 yo_sales, milk_sales 변수에 저장합니다.

```
드링킹 요구르트 매출액 = 드링킹 요구르트 가격 * 드링킹 요구르트 판매량
딸기 우유 매출액 = 딸기 우유 가격 * 딸기 우유 판매량
```

9~10줄은 총매출액과 총판매량을 다음과 같이 계산하고, 그 결괏값을 각각 total_sales, total_qty 변수에 저장합니다.

```
총매출액 = 드링킹 요구르트 매출액 + 딸기 우유 매출액
총판매량 = 드링킹 요구르트 판매량 + 딸기 우유 판매량
```

12~16줄은 각 상품의 매출액과 총매출액, 총판매량을 화면에 출력합니다. 파이썬은 숫자 데이터와 문자 데이터를 함께 출력할 때 **str** 명령어를 사용해서 숫자 데이터를 문자 데이터로 변환해야 합니다.

+ 여기서 잠깐 **숫자 데이터를 문자 데이터로 변환하는 str 명령어**

파이썬에서 문자 데이터 연결 연산자(+)는 문자 데이터에 대해서만 사용할 수 있습니다. 따라서 문자 데이터와 숫자 데이터를 연결하기 위해서는 숫자 데이터를 문자 데이터로 변환해야 합니다. 파이썬은 str 명령어를 사용해서 숫자를 문자로 쉽게 변환할 수 있습니다.
만약, 다음과 같이 숫자 데이터 323을 변환하지 않고 문자 데이터 연결 연산자(+)를 사용해서 문자 데이터와 연결을 시도할 경우 TypeError 에러가 발생하고 프로그램 실행이 종료됩니다.

```
print("My favourite number is " + 323)
```

[실행 결과]

```
TypeError: can only concatenate str (not "int") to str
```

이처럼 판매 상품의 개수가 적을 경우에는 변수만으로도 충분히 데이터를 관리할 수 있습니다.

판매 상품 1개 추가하기

앞서 작성한 프로그램에 새로운 상품을 추가하겠습니다.

- 상품명: 혼런공
- 가격: 1,000원
- 판매량: 3개

〈직접 해보는 손코딩〉으로 들어가기 전에 앞서 작성한 소스 코드를 보고 어느 부분을 어떻게 수정해야 할지 고민해 봅시다. 총 6개의 수정 사항이 발생합니다.

- 홈런공 가격 1000을 홈런공 변수에 저장합니다.
- 홈런공 판매량 3을 홈런공 판매량 변수에 저장합니다.
- 홈런공 가격과 홈런공 판매량의 곱셈 결괏값을 홈런공 매출액 변수에 저장합니다.
- 홈런공 매출액을 화면에 출력하는 코드를 작성합니다.
- 총매출액을 저장한 변수에 홈런공 매출액을 추가로 더합니다.
- 총판매량을 저장한 변수에 홈런공 판매량을 추가로 더합니다.

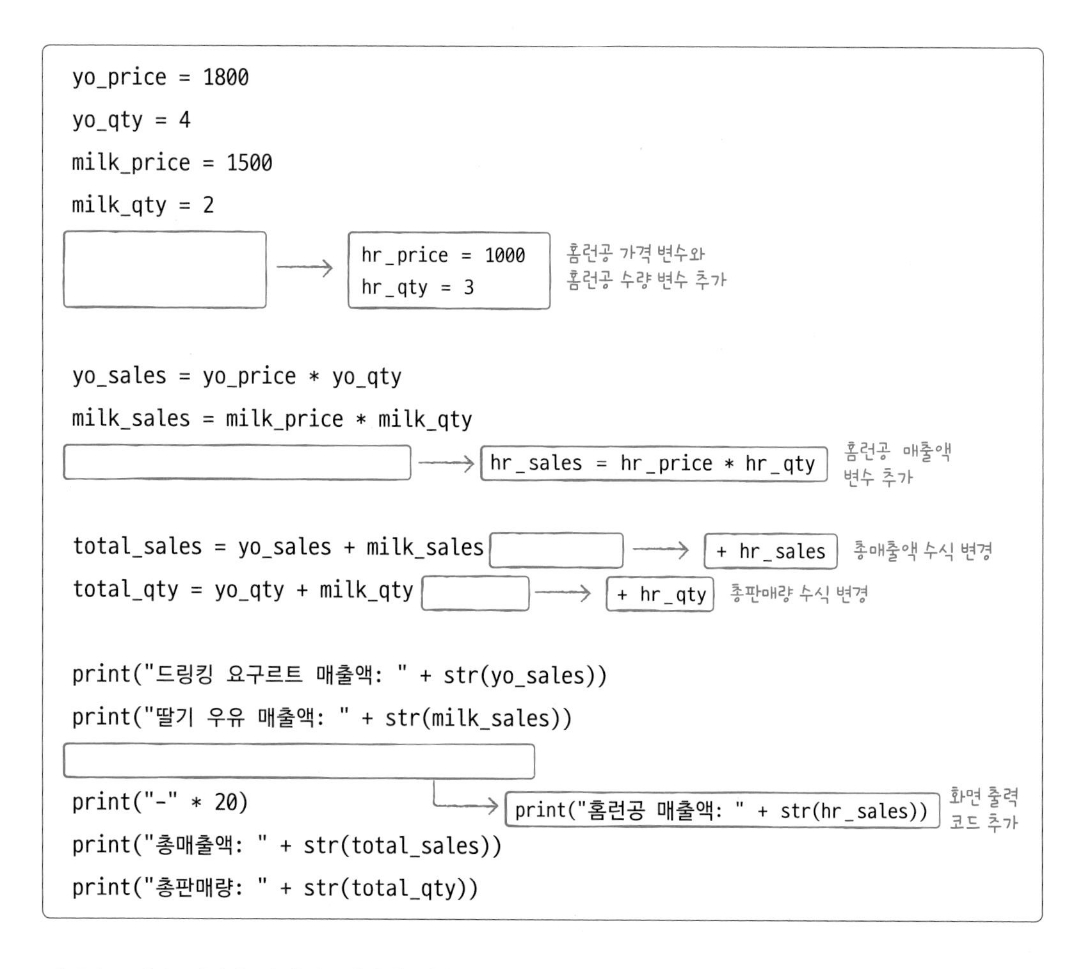

상품은 1개 늘어났을 뿐인데, 변경할 내용이 많네요. 수정 사항을 요약해 보겠습니다.

- 새로운 변수 3개 추가: 상품을 1개 늘릴 때마다 새로운 변수가 3개씩 늘어납니다.
- 화면 출력 코드 1개 추가: 상품을 1개 늘릴 때마다 화면 출력 코드가 1개씩 늘어납니다.
- 기존 변수 2개의 수식 변경: 총매출액 및 총판매량을 계산하는 수식에 새로운 상품을 반영해야 합니다.

이제 이 수정 사항을 반영해서 〈직접 해보는 손코딩〉을 작성해 보겠습니다.

직접 해보는 손코딩 · 소스 코드 data02.py

```
01 yo_price = 1800
02 yo_qty = 4
03 milk_price = 1500
04 milk_qty = 2
05 hr_price = 1000
06 hr_qty = 3
07
08 yo_sales = yo_price * yo_qty
09 milk_sales = milk_price * milk_qty
10 hr_sales = hr_price * hr_qty
11
12 total_sales = yo_sales + milk_sales + hr_sales
13 total_qty = yo_qty + milk_qty + hr_qty
14
15 print("드링킹 요구르트 매출액: " + str(yo_sales))
16 print("딸기 우유 매출액: " + str(milk_sales))
17 print("홈런공 매출액: " + str(hr_sales))
18 print("-" * 20)
19 print("총매출액: " + str(total_sales))
20 print("총판매량: " + str(total_qty))
```

[실행 결과]

```
드링킹 요구르트 매출액: 7200
딸기 우유 매출액: 3000
홈런공 매출액: 3000
--------------------
총매출액: 13200
총판매량: 9
```

5~6줄은 홈런공 가격과 판매량 데이터를 각각 hr_price, hr_qty 변수에 저장한 것입니다.

10줄은 홈런공 매출액을 (홈런공 가격 * 홈런공 판매량)으로 계산하고, 그 결괏값을 hr_sales 변수에 저장한 것입니다.

12~13줄은 총매출액과 총판매량에 각각 hr_sales, hr_qty를 더하도록 수식을 수정한 것입니다.

17줄은 홈런공 매출액을 화면에 출력합니다.

상품 1개를 추가함에 따라 수정 사항이 조금 발생했지만(변수 추가, 수식 변경, 출력 코드 추가), 이 정도 수정은 큰 어려움 없이 할 수 있어요.

판매 상품 50개 추가하기

판매 상품을 더욱 늘려 50개의 새로운 상품이 판매됐다고 가정해 보겠습니다.

- 상품명: 음료수1, 음료수2, ... , 음료수50
- 가격: 1000원, 1100원, ... , 5000원
- 판매량: 1, 2, ⋯, 50개

이처럼 새로운 상품이 추가되면 무엇을 수정해야 할까요? 상품 1개를 추가했을 때 6개의 수정 사항이 발생했으니, 50개가 추가되면 수정할 내용이 너무 많겠죠?

- 상품 1개당 새로운 변수 3개 추가: 50개 상품이 추가됐으니까 총 150개의 변수를 새롭게 만들어야 합니다. 150개나 되는 변수의 이름을 짓기도, 일일이 입력하는 것도 힘들 것 같아요.
- 상품 1개당 화면 출력 코드 1개 추가: 상품을 1개 늘릴 때마다 화면 출력 코드가 1개씩 늘어납니다.
- 기존 변수 2개의 수식을 변경: 총매출액 및 총판매량을 계산하는 수식에 새로운 상품을 반영해야 합니다. 그런데 추가된 상품의 개수가 50개입니다. 이들 상품에 대한 매출액 변수 50개와 판매량 변수 50개 등 총 100개의 변수를 하나도 실수하지 않고 제대로 적어야 합니다.

만약 새로운 상품 100개를 추가한다면? 1,000개가 추가된다면? 관리해야 할 상품이 증가할수록, 즉 데이터가 늘어날수록 데이터 개수의 증가량보다 그 데이터를 저장할 변수 개수의 증가량이 훨씬 많기 때문에 점점 복잡하고 어려운 프로그램을 만들어야 합니다.

결국 변수로 데이터를 관리하는 것은 더는 효율적인 방법이 아니라는 것이죠. 변수가 아닌 다른 방법이 필요합니다.

문제 해결하기

앞서 제시한 문제를 어떻게 해결할 수 있을까요? 먼저 원인을 파악하고 해결 방안을 찾아보죠.

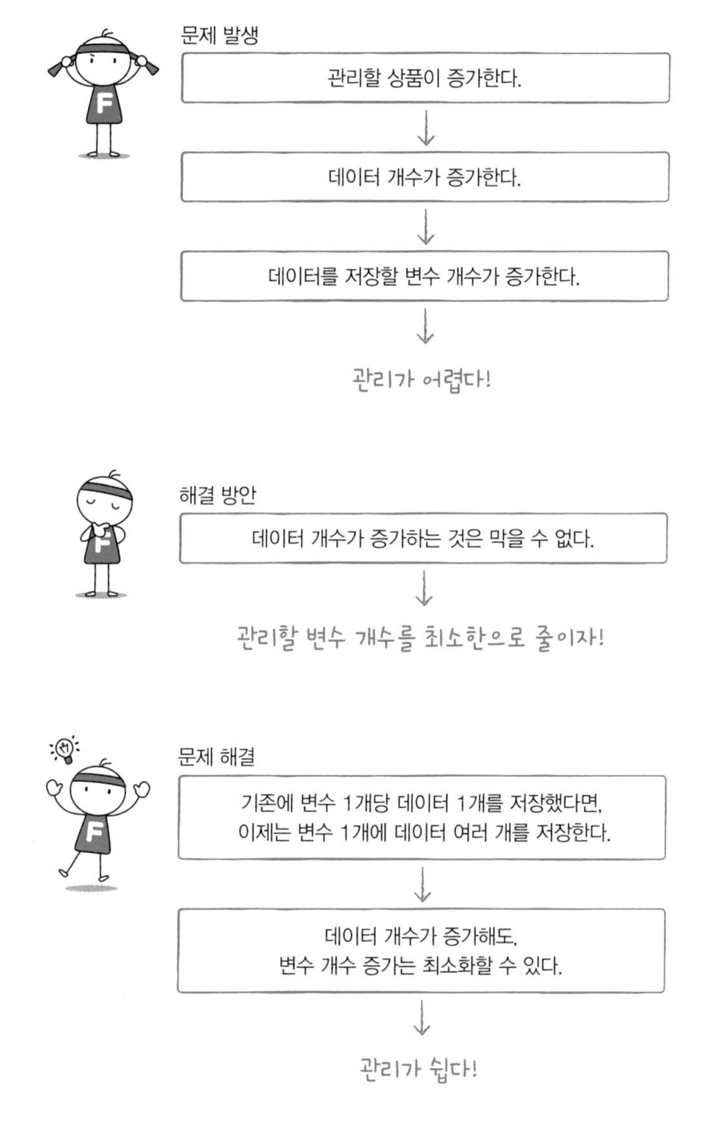

즉, 데이터 개수가 증가하더라도 하나의 변수에 여러 개의 데이터를 저장하면 데이터를 효율적으로 관리할 수 있습니다.

데이터와 변수의 관계를 다르게 표현해 볼게요. 여러분이 이사를 할 때 이삿짐을 포장하는 과정을 떠올려 보세요. 만약 1개의 포장 상자에 1개의 물건만 담을 수 있다면 어떨까요? 예를 들어, 포장 상자 1개에 책 1권만 넣겠다는 말이지요. 이런 식으로 이삿짐을 포장하면 시간이 오래 걸릴 뿐만 아니라 이사 후 이삿짐을 풀어내는 과정도 매우 어렵겠죠?

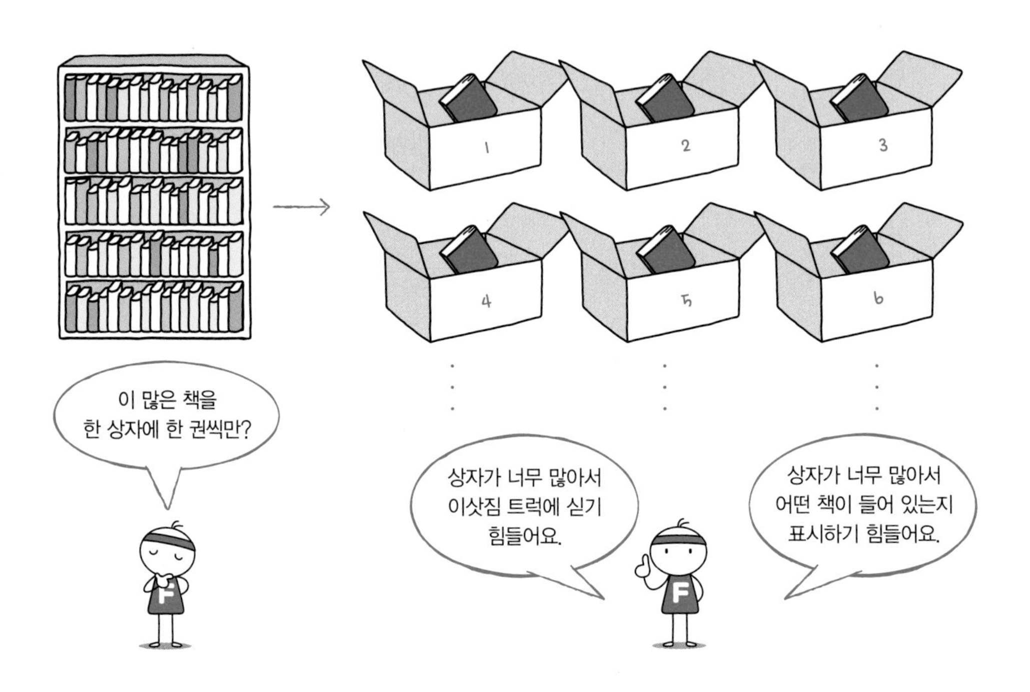

그렇다면 올바른 포장 방법은 무엇일까요? 바로 모든 포장 상자를 가득 채워 최대한 많은 이삿짐을 담는 것이죠. 이렇게 하면 포장 상자의 개수를 최소한으로 줄일 수 있어요. 상자의 개수가 적으면 이삿짐을 포장, 보관, 운반할 때 편리하죠.

이삿짐을 데이터로, 포장 상자를 변수에 비유하면 이삿짐을 포장하는 것과 데이터를 관리하는 것은 같다고 볼 수 있습니다. 결국, 효율적으로 데이터를 관리하기 위해서는 하나의 포장 상자에 최대한 많은 이삿짐을 넣듯이 하나의 변수에 최대한 많은 데이터를 저장해야 합니다.

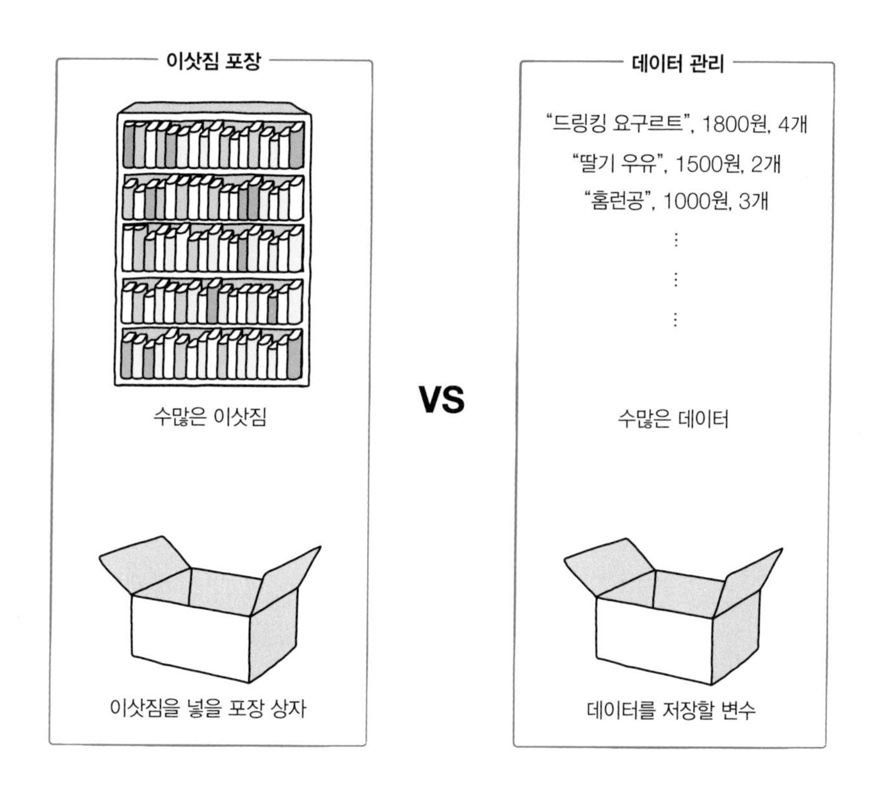

자, 이제까지 배운 내용을 정리해 보겠습니다.

- 데이터 개수가 적은 경우, 필요한 변수의 개수 역시 적기 때문에 데이터 관리가 쉽습니다.
- 데이터 개수가 증가함에 따라 변수 개수도 증가해서 어느 시점에는 데이터 관리가 불가능한 수준에 이릅니다.
- 데이터를 이삿짐에, 변수를 포장 상자에 비유하면 데이터 관리를 이삿짐 포장과 비슷하다고 볼 수 있습니다.
- 효율적인 이삿짐 포장을 위해서 하나의 포장 상자에 최대한 많은 이삿짐을 넣어야 합니다.
- 1개의 변수에 여러 개의 데이터를 저장하면 데이터 개수에 큰 영향을 받지 않고 효율적으로 데이터를 관리할 수 있습니다.

여러 개의 데이터를 하나의 변수로 관리하는 방법: 리스트

하나의 변수에 하나의 데이터를 저장하는 방식은 데이터가 증가할수록 관리가 어렵다는 사실을 확인했습니다. 따라서 하나의 변수에 여러 개의 데이터를 저장할 수 있어야 효율적인 데이터 관리가 가능하다는 사실도 알 수 있었죠.

하나의 변수에 여러 개의 데이터를 저장하는 방법은 프로그래밍 언어별로 매우 다양합니다. 여기서는 파이썬의 리스트 데이터 세트를 활용해 데이터를 관리하는 방법을 설명하겠습니다.

대괄호를 사용해서 데이터 세트 표현하기

먼저 성격이 같은 여러 개의 데이터를 하나의 **데이터 세트**data set로 표현하는 방법을 알아보죠. 다음과 같이 편의점에서 판매되는 상품명을 차례대로 적습니다.

여기서 상품명은 문자 데이터니까 따옴표로 감싸서 표현했습니다.

```
"드링킹 요구르트" "딸기 우유" "홈런공"
```

데이터만 쭉 적으니까 구분이 어렵네요. 이럴 땐 콤마(,)를 사용해서 데이터를 구분합니다.

```
"드링킹 요구르트", "딸기 우유", "홈런공"
```

+ 여기서 잠깐 **콤마 앞뒤 공백**

데이터와 콤마 사이의 공백(space)은 있어도 좋고, 없어도 괜찮습니다. 일반적으로 데이터 뒤에 붙는 콤마는 공백이 없고, 데이터 앞의 콤마는 1칸의 공백을 추가합니다.

데이터 세트의 시작과 끝을 기호로 표현해 봅시다. 파이썬은 대괄호[...]를 사용합니다. 다음과 같이 대괄호를 사용해서 상품명 데이터 세트를 만들어 주세요.

```
["드링킹 요구르트", "딸기 우유", "홈런공"]
```

이처럼 대괄호와 콤마를 사용해서 여러 개의 데이터를 하나의 세트로 만든 것을 **리스트**list라고 합니다. 한편, 리스트 외에 다른 방법으로 데이터 세트를 만들 수도 있는데, 다음 절에서 자세히 다루겠습니다.

+ 여기서 잠깐 **리스트 데이터 세트에 사용하는 괄호 종류**

리스트 데이터 세트에 사용할 수 있는 괄호에는 대괄호[...], 중괄호{...}, 소괄호(...)가 있는데, 프로그래밍 언어에 따라 리스트 데이터 세트를 만들 때 사용하는 괄호가 서로 다릅니다. 예를 들면 C와 자바는 중괄호{...}를 사용하고, 파이썬과 자바스크립트는 대괄호[...]를 사용합니다. 여기서는 어떤 괄호를 사용하느냐가 아니라, 리스트 데이터 세트의 시작과 끝을 괄호로 표현한다는 것이 중요합니다.

변수에 리스트 데이터 세트 저장하기

리스트 데이터 세트는 문자 데이터 또는 숫자 데이터처럼 변수로 관리할 수 있어요. 다음은 파이썬에서 변수 name_set에 상품명 리스트 데이터 세트를 저장한 예입니다.

```
name_set = ["드링킹 요구르트", "딸기 우유", "홈런공"]
```

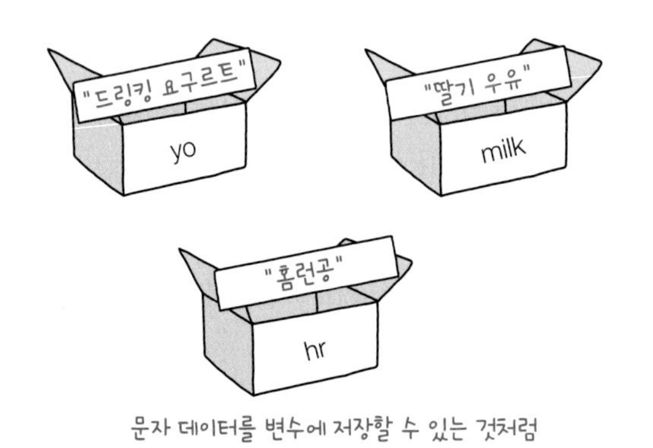

문자 데이터를 변수에 저장할 수 있는 것처럼

리스트 데이터 세트를 변수에 저장할 수 있습니다.

이번에는 상품별 가격과 판매량을 리스트 데이터 세트로 표현해 보겠습니다.

```
price_set = [1800, 1500, 1000]
qty_set = [4, 2, 3]
```

이렇듯 리스트 데이터 세트는 어떤 종류의 데이터라도 저장할 수 있습니다. 일반적으로 같은 종류의 데이터끼리, 즉 문자 데이터끼리 또는 숫자 데이터끼리 하나의 리스트 데이터 세트로 관리합니다.

리스트를 가공하는 여러 가지 방법

앞서 리스트를 만드는 방법에 대해 알아보았습니다. 이번에는 파이썬이 제공하는 여러 가지 명령어를 사용해서 리스트를 다뤄 보겠습니다. 예를 들어, 리스트에 데이터를 추가 또는 삭제하거나, 문자 데이터를 리스트로, 또는 그 반대로 만들 수 있어요.

리스트에 데이터를 추가하는 명령어: append

지금까지는 리스트를 만들 때 대괄호[...]에 모든 데이터를 한번에 입력했어요. 이미 있는 리스트에 새로운 데이터를 추가하고 싶다면 어떻게 해야 할까요?

append 명령어는 리스트 끝에 데이터를 추가합니다. 다음과 같이 사용할 수 있어요.

```
리스트.append(리스트에 추가할 데이터)
```

비어 있는 리스트 odd와 even을 만들고 각 리스트에 홀수와 짝수 데이터를 추가해 봅시다.

직접 해보는 손코딩 소스 코드 levelup/levup_04_01_01.py

```
01 odd = []
02 even = []
03 print("odd:" , odd, ", even:", even)
04
05 odd.append(1)
06 even.append(2)
07 print("odd:" , odd, ", even:", even)
08
09 odd.append(3)
10 odd.append(5)
11 even.append(4)
12 print("odd:" , odd, ", even:", even)
```

[실행 결과]

```
odd: [] , even: []
odd: [1] , even: [2]
odd: [1, 3, 5] , even: [2, 4]
```

1줄은 비어 있는 리스트를 변수 odd에 저장합니다. 앞으로 홀수 데이터를 추가할 거예요.

2줄은 비어 있는 리스트를 변수 even에 저장합니다. 앞으로 짝수 데이터를 추가할 거예요.

3줄은 두 리스트 odd와 even을 화면에 출력합니다. 비어 있는 리스트가 출력될 거예요.

5줄은 append 명령어를 사용해 odd 리스트에 숫자 1을 추가합니다.

6줄은 append 명령어를 사용해 even 리스트에 숫자 2를 추가합니다.

7줄은 두 리스트 odd와 even을 화면에 출력합니다. 추가한 숫자 1과 2가 각 리스트에 저장되어 있는 것을 확인할 수 있습니다.

9줄은 append 명령어를 사용해 odd 리스트에 숫자 3을 추가합니다.

10줄은 append 명령어를 사용해 odd 리스트에 숫자 5를 추가합니다.

11줄은 append 명령어를 사용해 even 리스트에 숫자 4를 추가합니다.

12줄은 두 리스트 odd와 even을 화면에 출력합니다. 리스트의 데이터에는 순서가 있기 때문에 odd 리스트에는 추가한 순서대로 1, 3, 5가, even 리스트에는 2, 4가 저장되어 있습니다.

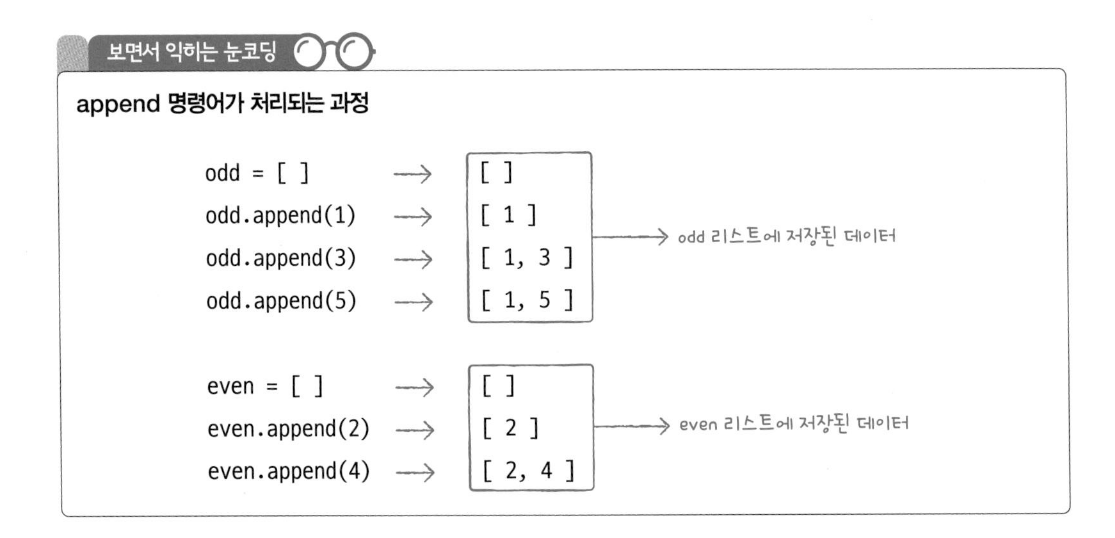

리스트의 데이터를 삭제하는 명령어: pop

append 명령어로 데이터를 추가하는 방법을 알아봤으니, 이제 데이터를 삭제하는 방법을 알아볼 차례입니다. pop 명령어는 리스트에 저장된 데이터 중 마지막에 있는 데이터를 삭제합니다. 다음과 같이 사용할 수 있어요.

```
리스트.pop()
```

pop 명령어로 리스트의 마지막 데이터를 추출한 뒤에는 = 연산자를 사용해서 다른 변수에 저장할 수 있어요. 직접 해보며 익혀 봅시다. 숫자 3, 2, 5를 저장한 리스트를 만들고, pop 명령어로 리스트의 마지막 데이터부터 하나씩 추출한 뒤에 변수에 할당해서 출력해 봅시다.

직접 해보는 손코딩 소스 코드 levelup/levup_04_01_02.py

```
01  numbers = [3, 2, 5]
02  print(numbers)
03
04  popped = numbers.pop()
05  print(numbers, ", 이번에 삭제된 데이터: ", popped)
06
07  popped = numbers.pop()
08  popped = numbers.pop()
09  print(numbers, ", 이번에 삭제된 데이터: ", popped)
```

[실행 결과]

```
[3, 2, 5]
[3, 2] , 이번에 삭제된 데이터:  5
[] , 이번에 삭제된 데이터:  3
```

1줄은 리스트 [3, 2, 5]를 만들고 변수 numbers에 저장합니다.

2줄은 numbers 리스트를 화면에 출력합니다.

4줄은 pop 명령어를 사용해서 numbers 리스트에 저장된 마지막 데이터를 추출한 뒤 = 연산자를 사용해서 변수 popped에 저장합니다.

5줄은 numbers 리스트와 변수 popped를 화면에 출력합니다. 4줄에서 pop 명령어를 사용해 마지막 데이터인 5를 추출했으므로 numbers 리스트에는 [3, 2]가, 변수 popped에는 5가 저장되어 있습니다.

7줄은 pop 명령어를 사용해서 numbers 리스트에 저장된 마지막 데이터를 추출한 뒤 = 연산자를 사용해서 변수 popped에 저장합니다. numbers 리스트에 저장되어 있던 2가 삭제되고 popped에 새로운 데이터 2가 저장될 것입니다.

8줄은 pop 명령어를 사용해서 numbers 리스트에 저장된 마지막 데이터를 추출한 뒤 = 연산자를 사용해서 변수 popped에 저장합니다. numbers 리스트에 저장되어 있던 3이 삭제되고 popped에 새로운 데이터 3이 저장될 것입니다.

9줄은 numbers 리스트와 변수 popped를 화면에 출력합니다. 7~8줄에서 리스트의 남은 데이터 2개를 모두 추출했으므로 numbers 리스트는 비어 있고, 변수 popped는 마지막에 추출한 데이터 3이 저장되어 있습니다.

〈직접 해보는 손코딩〉의 7줄과 8줄 사이에 코드를 추가해서 리스트 numbers와 변수 popped에 어떤 데이터가 저장되어 있는지 확인해 보세요. print 명령어를 사용하면 됩니다.

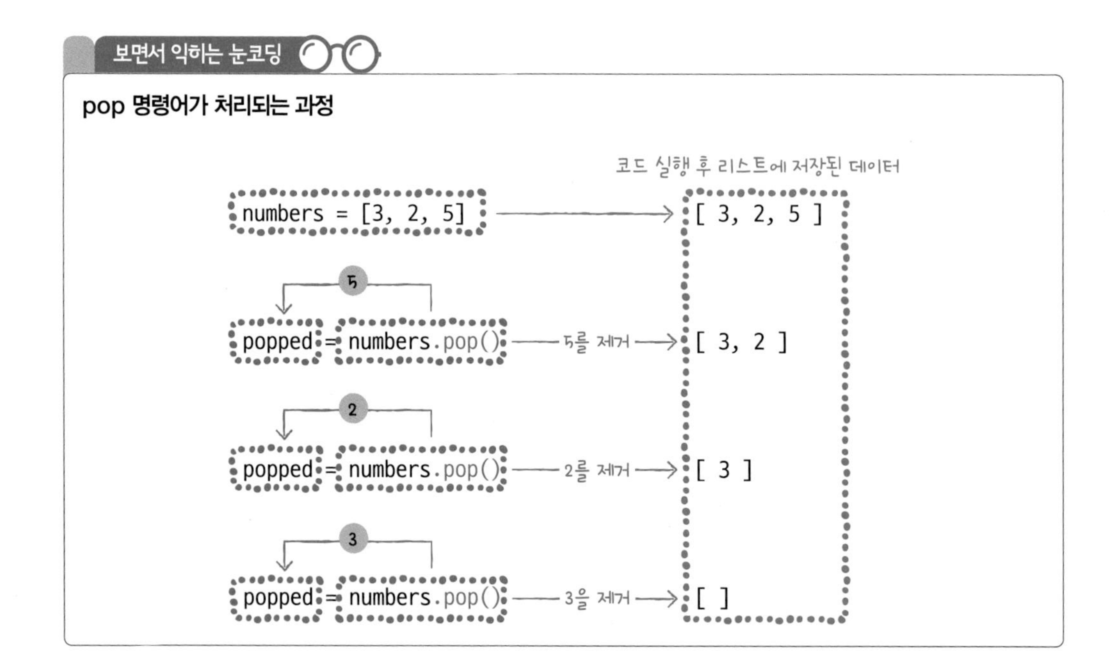

리스트의 데이터를 특정 조건으로 배열하는 명령어: sorted, reversed

정렬sorting이란 데이터를 일정한 순서가 되도록 다시 배열하는 일을 말합니다. 이때 데이터를 작은 것부터 큰 것 차례로 배열하면 **오름차순**ascending이라고 하고, 반대로 큰 것부터 작은 것 차례로 배열하면 **내림차순**descending이라고 합니다. 예를 들어 알파벳을 A, B, C, …, Z 순서로 배열하면 오름차순, 숫자를 10, 9, 8, …, 1 순서로 배열하면 내림차순입니다.

sorted 명령어

파이썬의 sorted 명령어는 리스트에 담긴 데이터를 오름차순으로 정렬합니다. 리스트에 있는 데이터는 순서가 있으므로 sorted 명령어는 매우 유용하게 사용됩니다. 다음과 같이 사용할 수 있어요.

```
sorted(정렬할 리스트)
```

sorted 명령어로 정렬한 리스트는 = 연산자를 사용해서 다른 변수에 저장할 수 있습니다.

```
asc = sorted([3, 2, 1])
print(asc) ⟶ 화면에 [1, 2, 3]을 출력합니다.
```

reverse = True 명령어

sorted 명령어에 reverse = True 명령어를 전달하면 리스트의 데이터가 내림차순으로 정렬됩니다. 다음과 같이 sorted 명령어 괄호 안, 정렬할 리스트 뒤에 콤마를 입력한 뒤 reverse = True를 추가하면 됩니다.

영단어 reverse는 '뒤집다'라는 뜻이에요.

```
sorted(정렬할 리스트, reverse = True)
```

앞서 만든 리스트 numbers를 이번에는 내림차순으로 정렬하겠습니다. 이번에도 〈직접 해보는 손코딩〉으로 바로 실습해 볼게요.

직접 해보는 손코딩 소스 코드 /levelup/levup_04_01_03.py

```
01 numbers = [3, 2, 5]
02 asc = sorted(numbers)
03 desc = sorted(numbers, reverse=True)
04 print("numbers:", numbers)
05 print("asc:", asc)
06 print("desc:", desc)
```

[실행 결과]

```
numbers: [3, 2, 5]
asc: [2, 3, 5]
desc: [5, 3, 2]
```

1줄은 리스트 [3, 2, 5]를 만들고 변수 numbers에 저장합니다.

2줄은 sorted 명령어를 사용해서 리스트 numbers를 오름차순으로 정렬하고, = 연산자를 사용해서 변수 asc에 저장합니다.

3줄은 sorted 명령어에 reverse = True를 전달해서 리스트 numbers를 내림차순으로 정렬하고, = 연산자를 사용해서 변수 desc에 저장합니다.

4줄은 numbers 리스트를 화면에 출력합니다. 정렬되지 않은 리스트 [3, 2, 5]가 출력됩니다.

5줄은 오름차순으로 정렬한 리스트 asc를 화면에 출력합니다. 작은 수부터 큰 수 차례로 배열된 리스트 [2, 3, 5]가 출력됩니다.

6줄은 내림차순으로 정렬한 리스트 desc를 화면에 출력합니다. 큰 수부터 작은 수 차례로 배열된 리스트 [5, 3, 2]가 출력됩니다.

reversed 명령어

리스트의 데이터는 순서가 있습니다. 즉 데이터가 추가된 순서대로 배열되어 있습니다. 경우에 따라 리스트의 데이터 순서를 거꾸로 뒤집을 필요가 있는데, 이때 파이썬의 **reversed** 명령어가 유용합니다. reversed 명령어는 다음과 같이 사용하며, 리스트의 데이터 순서를 거꾸로 재배열합니다.

```
reversed(리스트)
```

reversed 명령어 역시 = 연산자와 함께 쓰여 변수에 결괏값을 저장할 수 있습니다.

한편, reversed 명령어를 사용해 뒤집은 데이터는 리스트가 아닌 데이터 세트로 저장됩니다. 따라서 reversed 명령어를 사용한 결괏값을 리스트로 다루기 위해서는 list 명령어를 추가로 사용해서 직접 리스트로 변환해야 합니다. 〈직접 해보는 손코딩〉을 통해 실습해 보겠습니다.

직접 해보는 손코딩 소스 코드 /levelup/levup_04_01_04.py

```
01  numbers = [3, 2, 5]
02  print("numbers:", numbers)
03
04  rev_1 = reversed(numbers)
05  print("rev_1:", rev_1)
06
07  rev_2 = list(rev_1)
08  print("rev_2:", rev_2)
```

[실행 결과]

```
numbers: [3, 2, 5]
rev_1: <list_reverseiterator object at 0x111adaf80>
rev_2: [5, 2, 3]
```

1줄은 리스트 [3, 2, 5]를 만들고 변수 numbers에 저장합니다.

2줄은 numbers 리스트를 화면에 출력합니다.

4줄은 reversed 명령어를 사용해서 리스트 numbers에 저장된 데이터의 순서를 뒤집고 = 연산자를 사용해서 변수 rev_1에 저장합니다.

5줄은 변수 rev_1을 출력합니다. reversed 명령어의 결괏값은 리스트가 아닌 데이터 세트이므로 화면에는 일반적인 리스트와 다른 문구가 출력됩니다. 따라서 rev_1의 데이터를 리스트의 형식으로 보기 위해서는 list 명령어를 사용해서 직접 리스트로 변환해야 해요.

7줄은 list 명령어를 사용해서 데이터 세트 rev_1을 리스트로 변환한 뒤 = 연산자를 사용해서 rev_2에 저장합니다.

8줄은 리스트 rev_2를 화면에 출력합니다. numbers 리스트의 데이터가 거꾸로 재배열되어 [5, 2, 3] 순서로 저장되어 있는 것을 확인할 수 있습니다.

+ 여기서 잠깐 **reversed 명령어의 결괏값**

reversed 명령어의 실행 결괏값은 리스트가 아닌 다른 데이터 세트라고 했죠? 앞서 살펴본 예제에서 리스트를 reversed 명령어를 사용해 뒤집고 = 연산자를 사용해 변수에 저장한 뒤 print 명령어에 전달했더니 <list_reverseiterator object at 0x111adaf80>가 출력되었어요. 이는 '이제 리스트의 데이터를 뒤집을 계획을 세웠다'는 뜻입니다. '계획'이라는 건 아직 실제로 데이터의 순서가 바뀌지는 않았다는 의미죠. 실제로 데이터의 순서가 바뀌는 것은 그 다음 명령어인 list가 실행될 때입니다.

이 책에서는 화면에 출력된 reversed 명령어의 결괏값이 어떤 의미인지까지 살펴본 것만으로 충분합니다. 지금 단계에서 더 자세한 내용을 다루는 것은 이 책의 범위에서 벗어나므로 여기까지만 소개하겠습니다.

리스트와 문자 데이터

파이썬은 문자 데이터를 한 글자짜리 문자가 여러 개 모여 있는 것으로 간주하고 데이터 세트로 취급합니다. 따라서 문자 데이터는 리스트로 쉽게 변환할 수 있고, 그 반대로 리스트 역시 문자 데이터로 변환할 수 있습니다.

str 명령어

파이썬의 **str** 명령어는 리스트를 문자 데이터로 변환합니다. 다음과 같이 사용하면 됩니다.

```
str(리스트)
```

str 명령어 역시 = 연산자를 사용해서 변수에 결괏값을 저장할 수 있습니다. 실제 코드에서 str 명령어가 어떤 식으로 작동하는지 직접 확인해 보겠습니다.

직접 해보는 손코딩 소스 코드 /levelup/levup_04_01_05.py

```
01  numbers = [3, 2, 5]
02  new_str = str(numbers)
03
04  print("numbers:", numbers)
05  print("new_str:", new_str)
```

[실행 결과]

```
numbers: [3, 2, 5]
new_str: [3, 2, 5]
```

1줄은 리스트 [3, 2, 5]를 만들고 변수 numbers에 저장합니다.

2줄은 str 명령어를 사용해서 리스트 numbers를 문자 데이터로 변환하고 = 연산자를 사용해서 new_str에 저장합니다.

4줄은 리스트 numbers를 화면에 출력합니다.

5줄은 문자 데이터 new_str을 화면에 출력합니다.

이때 데이터 출력된 결괏값은 numbers와 new_str 모두 [3, 2, 5]로 동일해서 데이터가 리스트인지 문자 데이터인지 확인하기 어렵습니다. 따라서 numbers와 new_str의 데이터 타입을 확실히 명시할 방법이 필요하겠네요. 이어서 살펴보겠습니다.

직접 해보는 손코딩 소스 코드 /levelup/levup_04_01_05.py

```
01  numbers = [3, 2, 5]
02  new_str = str(numbers)
03
04  print("numbers:", numbers)
05  print("new_str:", new_str)
06  print("repr:", repr(new_str))
```

[실행 결과]

```
numbers: [3, 2, 5]
new_str: [3, 2, 5]
repr: '[3, 2, 5]'
```

6줄은 repr 명령어를 사용해서 변환한 문자 데이터 new_str의 양 끝에 작은따옴표를 붙인 뒤 화면에 출력합니다. new_str 데이터에 작은따옴표가 잘 출력되었네요. 문자 데이터로 잘 변환되었음을 알 수 있습니다.

repr 명령어를 사용하면 데이터가 어떤 데이터 타입으로 처리되는지 눈으로 확인할 수 있어요. 기억이 잘 나지 않으면 2장으로 돌아가 다시 읽어 보세요

join 명령어

join 명령어는 리스트에 담긴 문자 데이터를 합쳐서 하나의 문자열로 만듭니다. 다음과 같이 사용할 수 있는데, join 명령어는 str 명령어와는 사용 방법이 다르니 주의해서 살펴보세요.

```
문자 데이터.join(리스트)
```

join 명령어는 문자 데이터 뒤에 마침표(.)를 찍고 사용합니다. 마침표(.)를 기준으로 앞에 있는 문자 데이터를 일명 **구분자**separator라고 하는데, 리스트에 있는 각 문자 사이를 연결하는 문자입니다. 예를 들면 다음과 같습니다.

```
"/".join(["1", "2", "3"]) → "1/2/3"
```

join 명령어는 전달된 리스트 ["1", "2", "3"]에 있는 세 개의 문자 데이터 사이에 구분자를 넣어서 하나의 문자 데이터로 만듭니다. 따라서 결괏값은 "1/2/3"입니다.

다음처럼 구분자에 비어 있는 데이터를 전달하면 리스트에 담긴 문자 데이터만으로 하나의 문자 데이터를 만들 수도 있습니다.

```
"".join(["1", "2", "3"]) → "123"
```

구분자는 문자 데이터를 다룰 때 유용합니다. 직접 해보면 더 쉽게 느껴질 거예요. 실습을 통해 연습해 봅시다.

직접 해보는 손코딩 소스 코드 /levelup/levup_04_01_06.py

```
01  list_1 = ["3", "25"]
02  text_1 = ".".join(list_1)
03  print(list_1, "->", repr(text_1))
04
05  list_2 = ["2024", "03", "25"]
06  text_2 = "-".join(list_2)
07  print(list_2, "->", repr(text_2))
```

[실행 결과]

```
['3', '25'] -> '3.25'
['2024', '03', '25'] -> '2024-03-25'
```

join 명령어는 리스트에 저장된 문자 데이터를 하나의 문자 데이터로 변환합니다.

보면서 익히는 눈코딩

str 명령어와 join 명령어의 차이점

str(["A", "B", "C"])

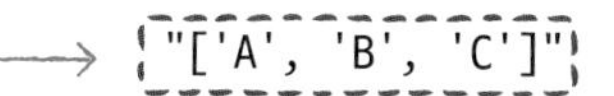

str 명령어는 리스트를 있는 그대로 통째로 문자 데이터로 변환합니다.

"-".join(["A", "B", "C"]) → "A-B-C"

join 명령어는 리스트에 저장된 문자 데이터를 하나의 데이터로 결합합니다.
각 데이터 사이에 분리 기호가 추가됩니다.

split 명령어

지금까지 리스트를 문자 데이터로 변환하는 방법에 대해 알아보았으니 이번에는 그 반대로 문자 데이터를 리스트로 변환하는 방법에 대해 공부해 보겠습니다. 예를 들어 다음과 같이 날짜를 의미하는 문자 데이터가 있고, 이 문자 데이터를 연, 월, 일로 구분해서 각각을 리스트에 저장하려면 어떻게 해야 할까요?

```
"2024-03-25" → ["2024", "03", "25"]
```

split 명령어는 문자 데이터를 구분자를 기준으로 나누어 각각 리스트에 저장합니다. 다음과 같이 사용할 수 있어요.

```
문자.split(구분자)
```

직접 실습해 보면 어렵지 않습니다. split을 사용해서 날짜를 의미하는 문자 데이터를 "-"를 기준으로 나누어 각각 리스트에 저장해 보겠습니다. 그리고 몇 가지 다른 예제도 함께 해볼게요.

직접 해보는 손코딩 소스 코드 /levelup/levup_04_01_07.py

```
01 text_1 = "2024-03-25"
02 list_1 = text_1.split("-")
03 print(repr(text_1), "->", list_1)
04
05 text_2 = "1,2,3"
06 list_2 = text_2.split(",")
07 print(repr(text_2), "->", list_2)
08
09 text_3 = "Sun is shining."
10 list_3 = text_3.split(",")
11 print(repr(text_3), "->", list_3)
```

[실행 결과]

```
'2024-03-25' -> ['2024', '03', '25']
'1,2,3' -> ['1', '2', '3']
'Sun is shining.' -> ['Sun is shining.']
```

1줄은 문자 데이터 "2024-03-25"를 만들고 변수 text_1에 저장합니다.

2줄은 split 명령어를 사용해 구분자 "-"를 기준으로 문자 데이터를 나누고 리스트에 저장한 뒤 변수 list_1에 저장합니다.

3줄은 리스트 list_1을 화면에 출력합니다. 문자 데이터 text_1의 각 문자가 구분자 "-"를 기준으로 나뉘어 리스트에 저장되어 있습니다.

5줄은 문자 데이터 "1, 2, 3"을 만들고 변수 text_2에 저장합니다.

6줄을 split 명령어를 사용해 구분자 ","를 기준으로 문자 데이터를 나누고 리스트에 저장한 뒤 변수 list_2에 저장합니다.

7줄은 리스트 list_2를 화면에 출력합니다. 문자 데이터 text_2의 각 문자가 구분자 ","를 기준으로 나뉘어 리스트에 저장되어 있습니다.

9줄은 문자 데이터 "Sun is shining."을 만들고 변수 text_3에 저장합니다.

10줄은 split 명령어를 사용해 구분자 "," 를 기준으로 문자 데이터를 나누고 리스트에 저장한 뒤 변수 list_3에 저장합니다.

11줄은 화면에 list_3을 출력합니다. 이때 문자 데이터 text_3에는 구분자 ","가 포함되어 있지 않기 때문에 문자 데이터가 나뉘지 않고 통째로 리스트에 저장되어 있음을 확인할 수 있습니다.

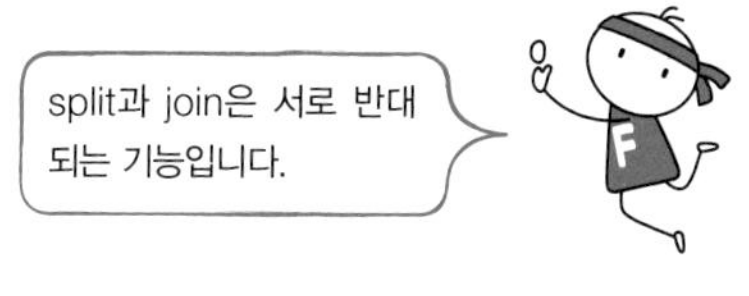

마무리

▶ 2가지 키워드로 정리하는 핵심 포인트

- 여러 개의 데이터를 하나의 세트로 관리하는 것을 **데이터 세트**data set라고 합니다.
- **리스트**list는 데이터 세트의 한 종류입니다. 대괄호[...]와 콤마(,)를 사용해서 만들 수 있고, 일반적으로 동일한 종류의 데이터를 하나의 리스트로 관리합니다. 예를 들어 문자 리스트는 문자 데이터만 저장하고, 숫자 리스트는 숫자 데이터만 저장합니다.

▶ 확인 문제 (정답 388쪽)

1. 다음 중 올바른 문장은 무엇인가요?

① 하나의 변수에 여러 개의 데이터를 저장하기 위해서는 반드시 하나의 데이터 세트로 만든 뒤 저장해야 합니다.
② 여러 개의 데이터를 하나의 데이터 세트로 만드는 방법은 리스트가 유일합니다.
③ 모든 프로그래밍 언어는 리스트를 만들 때 대괄호[...]를 사용합니다.
④ 리스트를 만들 때 각 데이터 간의 구분은 콜론(:)을 사용합니다.
⑤ 리스트에 저장된 각 데이터와 쉼표 사이에 공백(space)이 있어서는 안 됩니다.

2. 다음 데이터를 리스트 데이터 세트로 만들어 보세요.

프로그래밍 언어	영문명
파이썬	Python
C 언어	C
자바	Java
자바스크립트	JavaScript

'프로그래밍 언어' 리스트를 lang_set 변수에, '영문명' 리스트를 lang_eng_set 변수에 저장해 보세요.

```
lang_set     = [                                          ]

lang_eng_set = [                                          ]
```

3. 다음 데이터를 리스트 데이터 세트로 만들어 보세요.

메뉴명	가격
안심구이	39000
등심구이	35000
육개장	9000
물냉면	8000

'메뉴명' 리스트를 menu_set 변수에, '가격' 리스트를 price_set 변수에 저장해 보세요.

```
menu_set  = [                                          ]

price_set = [                                          ]
```

도전 문제

easy | medium | hard

앞서 본문에서 리스트 데이터 세트를 만드는 방법에 대해서 공부했고, 〈레벨 업〉을 통해 리스트를 가공하는 여러 가지 방법에 대해서 알아봤어요. 이제 도전 문제를 통해 다양한 리스트 예제를 만나 볼게요.

웹 브라우저에는 일명 '뒤로 가기' 버튼이 있습니다. 크롬 브라우저의 주소창 왼쪽에 있는 이전 페이지(←) 아이콘을 클릭하면 이전에 방문한 웹 페이지로 이동하고, 연속으로 클릭해서 그 전, 또 그보다 전에 방문한 웹 페이지로까지 이동할 수 있죠. 이것이 가능한 이유는 브라우저가 여러분이 방문한 모든 웹 페이지를 목록으로 관리하기 때문입니다.

이번 도전 문제는 웹 브라우저처럼 방문한 페이지를 순서대로 기록해서 출력하는 프로그램을 작성하는 것입니다. 리스트를 사용해 방문한 웹 페이지를 기록하고 이전 페이지와 다음 페이지를 오갈 수 있도록 웹 페이지 방문 목록 관리 프로그램을 만들어 봅시다.

1. 웹 페이지 방문 목록 추가 프로그램

첫 번째 문제는 방문한 웹 페이지를 리스트에 순서대로 추가하는 것입니다. 리스트를 만들고 다음과 같은 순서로 웹 페이지를 저장한 후 출력하세요.

웹 사이트 방문 순서
네이버 → 구글 → 유튜브

```
방문 목록: ['네이버']
방문 목록: ['네이버', '구글']
방문 목록: ['네이버', '구글', '유튜브']
```

hint append 명령어를 사용하면 리스트에 데이터를 추가할 수 있어요.

2. 웹 페이지 방문 목록 관리 프로그램

웹 페이지 방문 목록 관리 프로그램을 사용해서 '뒤로 가기' 기능을 구현해 보겠습니다.

'네이버', '구글', '유튜브' 순서로 웹 페이지를 방문했다면 현재 위치는 '유튜브'입니다. 여기서 이전 페이지(←) 아이콘을 클릭하면 직전에 방문한 웹 페이지인 '구글'로 이동합니다.

웹 페이지 방문 목록 관리 프로그램에서는 '뒤로 가기'를 만나면 리스트에 저장된 마지막 데이터를 삭제합니다. 다음과 같은 순서로 웹 사이트를 방문할 때, 실행 결과와 같은 문자열을 화면에 출력하는 프로그램을 만들어 보세요.

웹 사이트 방문 순서
네이버 → 구글 → 유튜브 → 뒤로 가기 → 인스타그램 → 뒤로 가기

```
방문 목록: ['네이버']
방문 목록: ['네이버', '구글']
방문 목록: ['네이버', '구글', '유튜브']
방문 목록: ['네이버', '구글']
방문 목록: ['네이버', '구글', '인스타그램']
방문 목록: ['네이버', '구글']
```

hint pop 명령어를 사용하면 리스트에 마지막으로 저장된 데이터를 삭제할 수 있어요.

04-2 효율적인 데이터 관리 2: 딕셔너리

핵심 키워드

중첩된 리스트 딕셔너리

데이터 세트를 다루는 두 번째 방법인 딕셔너리에 대해서 알아봅니다. 딕셔너리는 리스트로 처리하기 힘든 문제를 해결할 수 있습니다.

시작하기 전에

세상에 존재하는 다양한 형태의 데이터를 리스트로 처리하다 보면, 리스트를 사용하는 것이 까다로운 경우가 종종 있습니다. 특히 리스트의 특성상 데이터에 대한 정보를 따로 보관하지 않기 때문에 어느 시점에서 리스트로 관리하는 것이 한계에 이르게 되지요. 이런 상황이 발생하면 리스트가 아닌 다른 대안을 찾아야 합니다. 그 대안이 바로 **딕셔너리**dictionary입니다.

여기서는 리스트로 처리하기 어려운 사례를 찾아보고, 딕셔너리를 사용해서 그것을 해결하는 방법을 알아봅니다.

2029년 9월에 드링킹 요구르트가 얼마나 팔렸지?

리스트로 관리한 10년치 판매량 데이터

```
yo_qty = [
    [15, 16, 20, 29],
    [8, 11, 25, 21],
    [17, 9, 17, 24],
    [19, 29, 29, 4],
        ⋮
    [5, 20, 18, 12],
    [21, 7, 27, 14],
    [19, 15, 4, 23],
    [3, 7, 15, 1],
]
```

원하는 데이터를 찾으려면 어떻게 데이터를 관리해야 할까요?

딕셔너리로 관리한 10년치 판매량 데이터

```
yo_qty = {
    "2020년1월": [15, 16, 20, 29],
    "2020년2월": [8, 11, 25, 21],
    "2020년3월": [17, 9, 17, 24],
    "2020년4월": [19, 29, 29, 4],
        ⋮
    "2029년9월": [5, 20, 18, 12],
    "2029년10월": [21, 7, 27, 14],
    "2029년11월": [19, 15, 4, 23],
    "2029년12월": [3, 7, 15, 1],
}
```

리스트의 단점

리스트를 사용해서 여러 개의 데이터를 하나의 데이터 세트로 만들고, 변수에 저장하는 방법을 배웠습니다. 이로써 데이터 개수에 상관없이 변수의 개수를 일정하게 유지할 수 있었고, 좀 더 효율적으로 데이터를 관리할 수 있었습니다. 그런데 리스트로도 해결이 어려운 문제가 있습니다. 사례를 통해 자세히 살펴보겠습니다.

리스트로 월간 판매량 보고서 만들기

1월부터 3월까지 판매된 드링킹 요구르트의 월간 판매량 보고서를 만들어 봅시다.

1월부터 3월까지 드링킹 요구르트 판매량

상품명	판매월	주간 판매량			
		1주	2주	3주	4주
드링킹 요구르트	1	15	16	20	29
	2	8	11	25	21
	3	17	9	17	24

리스트를 사용해서 데이터를 월별로 표현하면 다음과 같습니다. 총 3개월치 데이터가 주어졌으므로, 3개의 변수에 나눠 저장합니다.

```
yo_qty_1 = [15, 16, 20, 29]
yo_qty_2 = [8, 11, 25, 21]
yo_qty_3 = [17, 9, 17, 24]
```

월별 보고서를 사용해서 코드를 작성하면 다음과 같습니다.

직접 해보는 손코딩 소스 코드 data03.py

```
01  yo_qty_1 = [15, 16, 20, 29]
02  yo_qty_2 = [8, 11, 25, 21]
03  yo_qty_3 = [17, 9, 17, 24]
04
05  print("드링킹 요구르트 1월 판매량 합계: " + str(sum(yo_qty_1)))
06  print("드링킹 요구르트 2월 판매량 합계: " + str(sum(yo_qty_2)))
07  print("드링킹 요구르트 3월 판매량 합계: " + str(sum(yo_qty_3)))
```

[실행 결과]

```
드링킹 요구르트 1월 판매량 합계: 80
드링킹 요구르트 2월 판매량 합계: 65
드링킹 요구르트 3월 판매량 합계: 67
```

1~3줄은 드링킹 요구르트의 1월부터 3월까지 월간 판매량을 리스트를 사용해서 만들고, 각각 변수 yo_qty_1, yo_qty_2, yo_qty_3에 저장합니다.

5~7줄은 1~3월까지 판매량을 화면에 출력합니다. 여기서 사용한 파이썬의 **sum** 명령어는 리스트에 포함된 숫자 데이터의 합계를 구하는 기능을 합니다.

sum 명령어는 6장에서 다룰 예정이므로 지금은 '리스트에 저장된 숫자 데이터의 합계를 한 번에 구할 수 있구나'라고 생각해 주세요.

이번에는 4월부터 6월까지 판매량 데이터를 추가한 보고서를 작성해 봅시다.

4월부터 6월까지 드링킹 요구르트 판매량

상품명	판매월	주간 판매량			
		1주	2주	3주	4주
드링킹 요구르트	4	19	29	29	4
	5	5	20	18	12
	6	21	7	27	14

데이터를 리스트로 표현하면 다음과 같습니다.

```
yo_qty_4 = [19, 29, 29, 4]
yo_qty_5 = [5, 20, 18, 12]
yo_qty_6 = [21, 7, 27, 14]
```

리스트를 소스 코드에 반영하기 전, 어떻게 수정해야 하는지 계획을 세워 봅시다.

- 새로운 리스트 3개 및 변수 3개 추가: 4월부터 6월까지 주간 판매량 데이터를 리스트를 이용해서 데이터 세트로 만들고, 각각 yo_qty_4, yo_qty_5, yo_qty_6에 저장합니다.
- 화면 출력 코드 3줄 추가: 4월부터 6월까지 월간 판매량 리스트를 화면에 출력할 코드가 각각 필요합니다.

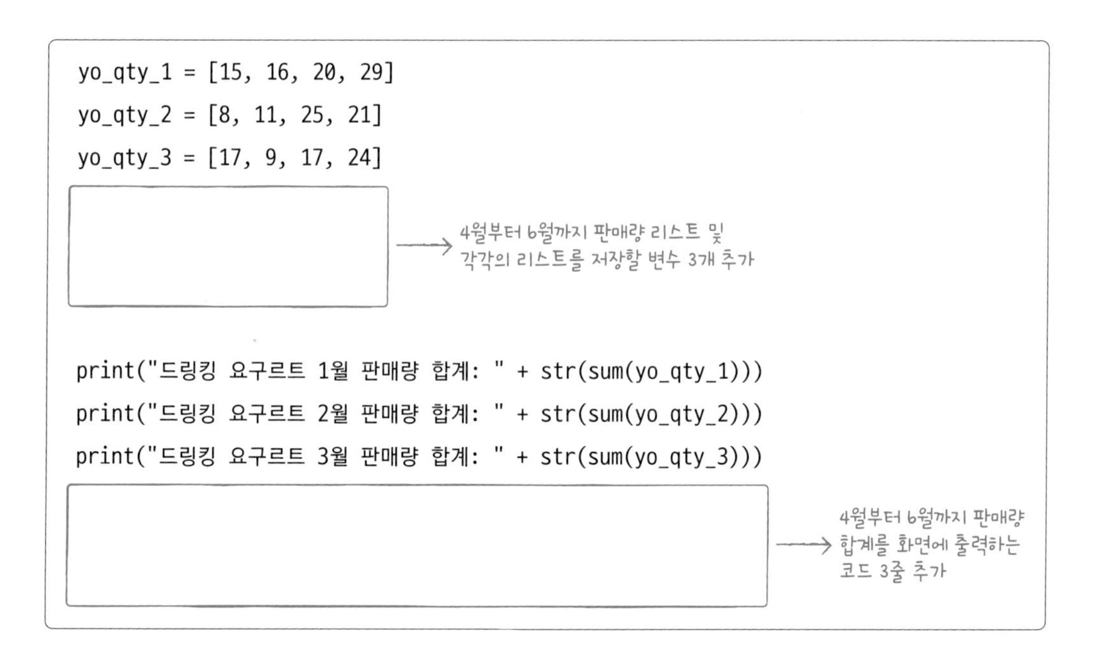

```
yo_qty_1 = [15, 16, 20, 29]
yo_qty_2 = [8, 11, 25, 21]
yo_qty_3 = [17, 9, 17, 24]

print("드링킹 요구르트 1월 판매량 합계: " + str(sum(yo_qty_1)))
print("드링킹 요구르트 2월 판매량 합계: " + str(sum(yo_qty_2)))
print("드링킹 요구르트 3월 판매량 합계: " + str(sum(yo_qty_3)))
```


수정 사항을 반영하여 〈직접 해보는 손코딩〉으로 확인해 볼게요.

직접 해보는 손코딩 소스 코드 data04.py

```
01 yo_qty_1 = [15, 16, 20, 29]
02 yo_qty_2 = [8, 11, 25, 21]
03 yo_qty_3 = [17, 9, 17, 24]
04 yo_qty_4 = [19, 29, 29, 4]
05 yo_qty_5 = [5, 20, 18, 12]
06 yo_qty_6 = [21, 7, 27, 14]
07
08 print("드링킹 요구르트 1월 판매량 합계: " + str(sum(yo_qty_1)))
09 print("드링킹 요구르트 2월 판매량 합계: " + str(sum(yo_qty_2)))
10 print("드링킹 요구르트 3월 판매량 합계: " + str(sum(yo_qty_3)))
11 print("드링킹 요구르트 4월 판매량 합계: " + str(sum(yo_qty_4)))
12 print("드링킹 요구르트 5월 판매량 합계: " + str(sum(yo_qty_5)))
13 print("드링킹 요구르트 6월 판매량 합계: " + str(sum(yo_qty_6)))
```

[실행 결과]

```
드링킹 요구르트 1월 판매량 합계: 80
드링킹 요구르트 2월 판매량 합계: 65
드링킹 요구르트 3월 판매량 합계: 67
드링킹 요구르트 4월 판매량 합계: 81
드링킹 요구르트 5월 판매량 합계: 55
드링킹 요구르트 6월 판매량 합계: 69
```

4~6줄은 4월부터 6월까지 주간 판매량을 리스트로 만들고, 각각 변수 yo_qty_4, yo_qty_5, yo_qty_6에 저장합니다.

11~13줄은 4~6월까지 판매량을 화면에 출력합니다.

이 보고서는 1월부터 3월까지 월간 판매량 보고서와 큰 차이가 없기 때문에 기존의 소스 코드를 판매량 데이터만 바꿔서 복사/붙여넣기 하면 쉽게 만들 수 있어요. 그런데 만약 10년치 판매량 데이터가 주어지면 어떻게 해야 할까요? 또한 상품의 개수가 늘어나면요? 얼핏 생각해도 리스트가 어마어마하게 늘어날 것 같습니다.

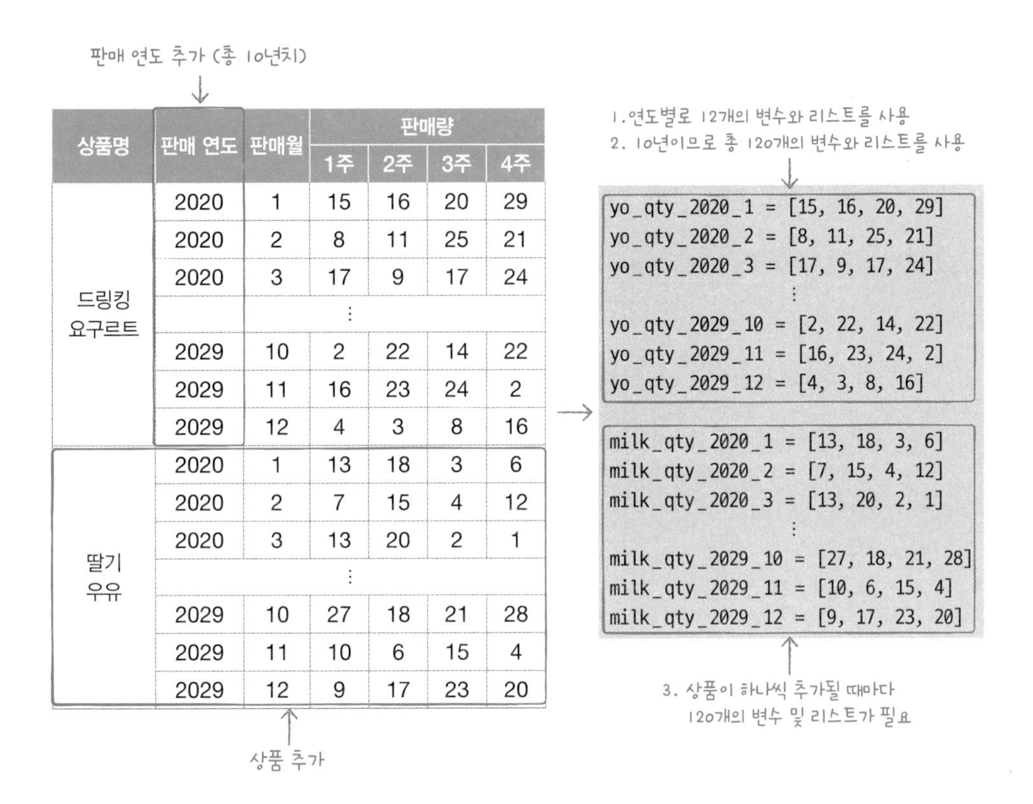

상품명	판매 연도	판매월	판매량			
			1주	2주	3주	4주
드링킹 요구르트	2020	1	15	16	20	29
	2020	2	8	11	25	21
	2020	3	17	9	17	24
	⋮					
	2029	10	2	22	14	22
	2029	11	16	23	24	2
	2029	12	4	3	8	16
딸기 우유	2020	1	13	18	3	6
	2020	2	7	15	4	12
	2020	3	13	20	2	1
	⋮					
	2029	10	27	18	21	28
	2029	11	10	6	15	4
	2029	12	9	17	23	20

리스트로 연간 판매량 표현하기

앞서 주간 판매량 데이터를 모아서 월간 판매량 리스트를 만들었어요. 이와 동일하게, 월간 판매량 리스트를 모아서 연간 판매량 리스트로 만들 수 있습니다. 이렇게 만든 리스트를 **중첩된 리스트**nested list라고 하는데, 실제로 많이 사용하는 방법입니다. 다음과 같이 연간 판매량 리스트를 만들 수 있습니다.

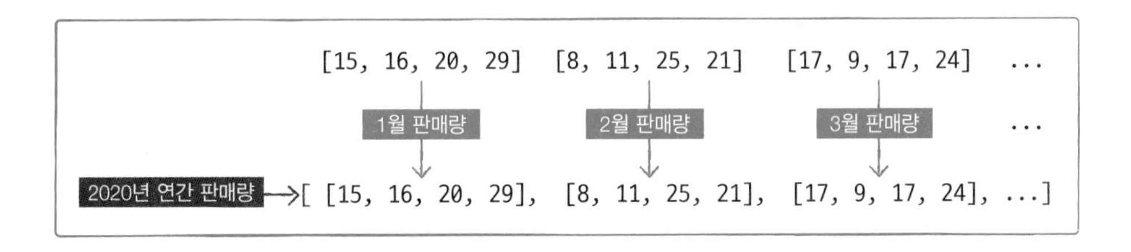

구체적인 코드로 표현해 봅시다. 다음 코드는 파이썬 문법을 사용해서 2020년 1월부터 12월까지 월간 판매량 데이터를 모아서 하나의 리스트로 만들고, 변수 yo_qty_2020에 저장한 것입니다. 이렇게 하면 10년치 데이터를 관리할 때 필요한 변수를 120개에서 10개로 줄일 수 있습니다.

```
yo_qty_2020 = [
    [15, 16, 20, 29],
    [8, 11, 25, 21],
    [17, 9, 17, 24],
    [19, 29, 29, 4],
    [5, 20, 18, 12],
    [21, 7, 27, 14],
    [19, 15, 4, 23],
    [3, 7, 15, 1],
    [14, 5, 25, 7],
    [17, 24, 2, 23],
    [0, 6, 2, 28],
    [20, 29, 22, 22],
]
```

이제 나머지 2021년부터 2029년까지 데이터를 연도별 리스트로 만들고 각각 yo_qty_2021, yo_qty_2022, … , yo_qty_2029 변수에 저장하면 10년치 데이터를 관리할 수 있습니다. 이로써 대량의 데이터를 관리하기 위해서는 확실히 변수보다 데이터 세트를 사용하는 것이 편하다는 사실을 알 수 있습니다.

한편, 이러한 방식으로 대량의 데이터를 리스트로 관리하는 것은 단점이 있습니다. 리스트는 데이터 정보(예를 들어 몇 년, 몇 월에 대한 데이터인지)를 따로 관리하지 않기 때문에 어떤 데이터가 어떤 기간의 데이터인지 알 수 없습니다. 예를 들어, yo_qty_2020 리스트에서 특정 월 데이터를 확인하기 위해서는 리스트에 저장된 데이터의 순서(또는 위치)를 하나씩 확인해야 하죠. 데이터 개수를 손가락으로 셀 수 있는 정도가 아니라면 데이터 순서를 찾는 건 보통 어려운 일이 아닙니다.

따라서 리스트도 늘어나는 데이터를 관리하는 데 있어서 항상 좋은 선택은 아니라는 결론에 이릅니다.

데이터에 이름표를 붙여 관리하는 방법: 딕셔너리

리스트는 데이터 정보를 따로 관리하지 않기 때문에 대량의 데이터를 리스트로 저장하면 특정 데이터를 선택하는 것이 어렵다고 했습니다. 이러한 문제점은 데이터에 이름표를 붙여서 관리하면 해결할 수 있습니다.

데이터에 이름표를 추가하는 방법

연간 요구르트 판매량 데이터에 이름표를 추가해서 바꿔 봅시다. 여기서 이름표는 판매 날짜입니다. 이렇게 이름표를 붙여서 데이터 세트를 관리할 수 있다면 아무리 데이터가 많아도 특정 기간의 데이터를 쉽게 뽑아낼 수 있습니다.

리스트로 관리하는 연간 판매량 데이터

```
yo_qty_2020 = [
    [15, 16, 20, 29],
    [8, 11, 25, 21],
    [17, 9, 17, 24],
    [19, 29, 29, 4],
    [5, 20, 18, 12],
    [21, 7, 27, 14],
    [19, 15, 4, 23],
    [3, 7, 15, 1],
    [14, 5, 25, 7],
    [17, 24, 2, 23],
    [0, 6, 2, 28],
    [20, 29, 22, 22],
]
```

데이터에 이름표를
추가해 봅시다

리스트에 이름표를 추가한 데이터

```
yo_qty_2020 = {
    "1월": [15, 16, 20, 29],
    "2월": [8, 11, 25, 21],
    "3월": [17, 9, 17, 24],
    "4월": [19, 29, 29, 4],
    "5월": [5, 20, 18, 12],
    "6월": [21, 7, 27, 14],
    "7월": [19, 15, 4, 23],
    "8월": [3, 7, 15, 1],
    "9월": [14, 5, 25, 7],
    "10월": [17, 24, 2, 23],
    "11월": [0, 6, 2, 28],
    "12월": [20, 29, 22, 22],
}
```

이렇게 이름표가 붙은 데이터 세트를 **딕셔너리**dictionary라고 합니다. 딕셔너리는 여러 개의 데이터를 하나의 세트로 관리한다는 점에서 리스트와 같지만 데이터에 이름표를 붙인다는 점에서 리스트와 다릅니다. 한편, 딕셔너리와 리스트 중 어느 것이 더 좋다고 말할 수 없습니다. 각각 장단점이 있기 때문에 필요에 따라 적절하게 사용하면 됩니다.

+ 여기서 잠깐 **딕셔너리의 다양한 이름**

딕셔너리는 프로그래밍 언어에 따라서 오브젝트(object), 해시 맵(hash map) 등 다양한 이름으로 불리고, 기능 또한 조금씩 다릅니다. 딕셔너리를 만드는 문법은 서로 다를 수 있지만, 데이터에 이름표를 붙여서 관리한다는 측면에서 모두 같은 개념입니다.

리스트와 딕셔너리는 비슷한 점이 많기 때문에 서로 쉽게 변환할 수 있습니다. 리스트와 딕셔너리 중 하나를 선택하기 어려운 경우에는 먼저 리스트를 사용해 보고, 필요에 따라 리스트를 딕셔너리로 변환하면 편리합니다.

리스트를 딕셔너리로 변환하는 방법은 다음과 같습니다.

1. 대괄호[...]를 중괄호{...}로 변경합니다.
2. 데이터 앞에 이름표를 추가합니다. 이름표는 일반적으로 문자 데이터를 사용합니다.
3. 이름표와 데이터 사이에 콜론(:)을 추가합니다.

참고로 프로그래밍 언어에 따라서 딕셔너리 데이터를 만드는 문법이 다를 수 있습니다. 파이썬과 자바스크립트는 중괄호{...}를 사용하지만, 자바는 다른 문법을 사용합니다(복잡해요). 언어별로 문법은 다르지만, 데이터에 이름표를 붙여서 관리한다는 측면에서 동일한 개념입니다.

+ 여기서 잠깐 　자바와 자바스크립트 차이

자바와 자바스크립트는 전혀 다른 언어입니다. 마치 '인도'와 '인도네시아'의 차이라고 볼 수 있죠. 자바는 주로 서버에서 사용하는 언어이고, 자바스크립트는 원래 웹 브라우저에서 사용하는 언어였으나, 최근에는 서버까지 그 쓰임이 넓어졌습니다.

딕셔너리를 리스트로 변환하려면, 리스트를 딕셔너리로 변환하는 절차를 거꾸로 하면 됩니다.

1. 중괄호{...}를 대괄호[...]로 변경합니다.
2. 이름표를 삭제합니다.
3. 콜론(:)을 삭제합니다.

실제로 프로그래밍을 하다 보면 리스트와 딕셔너리 사이에 잦은 변환이 발생합니다. 예제 하나만 살펴보고 다음으로 넘어가겠습니다. 다음은 드링킹 요구르트 월간 판매량을 리스트와 딕셔너리로 각각 나타낸 것입니다. 리스트와 딕셔너리는 서로 변환 가능하다는 점을 다시 한번 기억해 주세요.

리스트로 만든 드링킹 요구르트 판매량

```
yo_qty_2020 = [
    [15, 16, 20, 29],
    [8, 11, 25, 21],
    [17, 9, 17, 24]
]
```

서로 변환 가능 ⟷

딕셔너리로 만든 드링킹 요구르트 판매량

```
yo_qty_2020 = {
    "2020년1월": [15, 16, 20, 29],
    "2020년2월": [8, 11, 25, 21],
    "2020년3월": [17, 9, 17, 24]
}
```

변수, 리스트, 딕셔너리의 차이

지금까지 많은 지면을 할애해서 변수, 리스트 및 딕셔너리를 이용한 데이터 관리에 대해서 알아봤습니다. 실제로 전문 개발자들은 최적화된 데이터 관리를 위해 더욱 다양한 방법을 사용하지만, 대부분의 경우 이 책에서 언급한 내용만으로도 충분합니다. 따라서 데이터 관리를 위한 새로운 방법을 제시하는 것은 그만하고, 지금까지 공부한 것을 복습하는 시간을 갖도록 하겠습니다.

먼저, **리스트와 딕셔너리를 사용해서 데이터를 관리해야 하는 이유**를 살펴봅시다.

데이터 개수가 적은 경우, 굳이 리스트나 딕셔너리를 사용할 필요가 없습니다. 이전 장에서 다루었던 헬로 월드 프로그램과 단순한 숫자 계산 프로그램 등은 변수만 사용해도 충분히 데이터를 잘 관리할 수 있고 심지어 변수조차 사용하지 않을 수도 있습니다.

하지만 이번 장에서 다룬 상품별 연간 판매량 보고서 작성을 위한 프로그램의 경우, 데이터 개수가 이전보다 많이 늘어났습니다. 이 모든 데이터를 각각의 변수에 저장하고 이름을 부여하는 과정은 번거로울 뿐만 아니라, 오타를 입력하는 등 실수할 가능성도 큽니다. 변수로 데이터를 처리하는 방식으로는 관리가 힘들어진 것이죠.

데이터를 효율적으로 관리하는 방안으로 다음의 두 가지를 생각할 수 있습니다.

- 불필요한 데이터의 개수를 줄입니다.
- 늘어나는 데이터를 관리할 변수의 개수를 줄입니다.

첫 번째 방법이 가능하다면 가장 좋지만, 실제로 불필요한 데이터를 골라내는 것은 상당히 어려운 작업이에요. 현재 시점에서는 불필요한 데이터라고 판단하여 삭제한 데이터가 한 달 뒤 필요한 데이터가 될 수 있기 때문에 데이터를 삭제하는 것은 신중히 결정해야 합니다.

따라서 변수의 개수를 줄이는 쪽으로 데이터를 관리해야 합니다. 변수의 개수를 줄이기 위해서는 리스트 또는 딕셔너리를 사용할 수 있습니다. 리스트나 딕셔너리를 활용하여 하나의 변수에 여러 개의 데이터를 저장하면 기존 방식(하나의 변수에 하나의 데이터를 저장) 대비 데이터 관리의 효율성을 크게 높일 수 있다는 것을 예제를 통해서 확인했습니다.

리스트와 딕셔너리는 어느 것이 더 낫다고 단정할 수 없어요. 각자 장단점이 있기 때문에 상황에 따라 적절히 선택하면 됩니다. 예를 들면, 동일한 성격의 데이터가 매우 많다면 리스트가 효율적일 것이고, 데이터의 종류가 여러 개라면 딕셔너리가 더 효율적이겠죠. 이처럼 주어진 데이터와 프로그램의 요구 사항을 확인한 후 둘 중 하나를 선택해야 합니다.

이번에는 **변수, 리스트 및 딕셔너리가 데이터를 저장하는 방법의 차이점**에 대해서 정리해 보죠.

먼저 **변수**는 하나의 데이터를 저장할 수 있습니다. 다음과 같이 문자 데이터 "Hello, World!", 숫자 데이터 323, 불 데이터 True를 각각 변수에 저장할 수 있습니다.

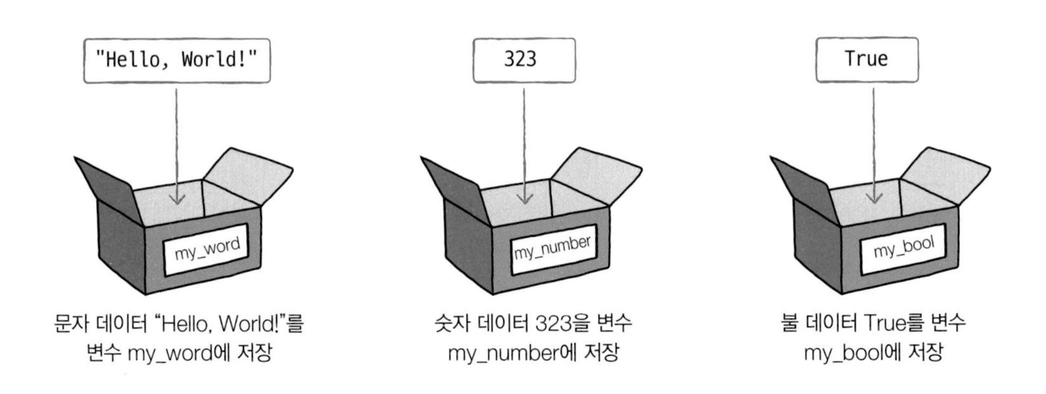

문자 데이터 "Hello, World!"를 변수 my_word에 저장

숫자 데이터 323을 변수 my_number에 저장

불 데이터 True를 변수 my_bool에 저장

리스트는 여러 개의 데이터를 모아서 하나의 데이터 세트로 만든 것입니다. 앞서 여러 가지 리스트 예제를 살펴봤습니다. 일반적으로 리스트는 성질이 비슷한 데이터를 하나의 세트로 관리하기 위해 사용합니다.

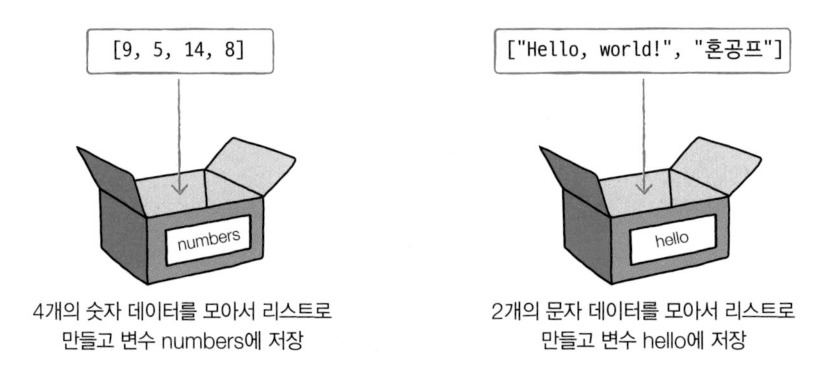

4개의 숫자 데이터를 모아서 리스트로 만들고 변수 numbers에 저장

2개의 문자 데이터를 모아서 리스트로 만들고 변수 hello에 저장

딕셔너리는 여러 개의 데이터를 모아서 하나의 데이터 세트로 만든다는 점에서 리스트와 같습니다. 그러나 데이터에 이름표를 달아서 저장한다는 점에서 차이가 있습니다. 일반적으로 성질이 다른 데이터를 하나의 세트로 관리하고자 할 때는 리스트보다 딕셔너리가 효율적입니다.

```
{
    "6월판매량": [9, 5, 14, 8],
    "7월판매량": [15, 6, 17, 15],
    "8월판매량": [26, 18, 26, 10]
}
```

3개의 리스트에 각각 이름표를 붙여서
딕셔너리를 만들고 변수 mos_qty에 저장

```
{
    "영문명": "python",
    "한글명": "파이썬"
}
```

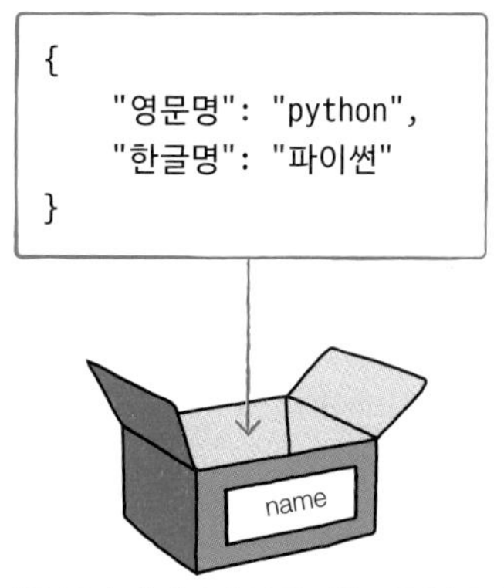

2개의 문자 데이터에 각각 이름표를 붙여서
딕셔너리를 만들고 변수 name에 저장

이상으로 리스트, 딕셔너리 등 데이터 세트를 활용한 효율적인 데이터 관리에 대한 내용을 모두 마칩니다. 이 장에서 다룬 내용이 잘 이해가 되지 않는다면, 5장을 공부한 후 다시 이 내용을 복습하면 많은 도움이 될 것입니다.

✚ 여기서 잠깐 **딕셔너리 데이터의 이름표**

일반적으로 딕셔너리를 만들 때 데이터의 이름표로 문자 데이터를 사용합니다. 문자 데이터는 공백을 사용할 수 있으므로 딕셔너리 데이터의 이름표 역시 공백을 사용할 수 있습니다. 하지만 이름표에 공백을 사용하는 것은 추천하지 않습니다. 왜냐하면 코드에서 딕셔너리 이름표를 사용할 때 공백을 추가로 입력하거나, 빠뜨리는 등의 실수를 하기 쉽기 때문이죠. 따라서 공백이 필요한 경우에는 앞서 변수 네이밍 컨벤션에서 언급한 바와 같이 밑줄(_)을 사용하거나 각 단어의 첫 글자를 대문자로 사용하는 것이 좋습니다. 예를 들어 앞에서 본 예제에 사용된 이름표는 다음과 같이 만들 수 있습니다.

- "6월판매량" → "6월_판매량"
- "7월판매량" → "7월_판매량"
- "8월판매량" → "8월_판매량"

✚ 여기서 잠깐 **리스트 vs 배열**

리스트는 대괄호[...]를 사용해서 여러 개의 데이터를 하나의 데이터 세트로 만들어 관리할 수 있습니다. 앞서 다양한 예제를 통해 리스트를 만들고 관리는 방법을 다뤘죠. 일반적으로 프로그래밍에서는 이러한 리스트를 **배열**(array)이라고 합니다. 배열의 파이썬 버전이 리스트라고 할 수 있는 것이죠. 프로그래밍 언어별로 배열을 사용하는 방법에 조금씩 차이가 있습니다. 예를 들어, 일반적으로 배열은 같은 종류의 데이터만 하나의 세트로 관리할 수 있지만(문자 데이터끼리, 숫자 데이터끼리 등), 파이썬 리스트는 어떤 종류의 데이터이든 상관없이 하나의 리스트로 관리할 수 있습니다.

레벨업 딕셔너리를 가공하는 여러 가지 방법

앞서 딕셔너리를 만드는 방법을 알아 봤어요. 데이터에 이름표를 붙이고 딕셔너리 데이터 세트로 만드는 데 익숙해 졌다면 다른 방법을 사용해서 딕셔너리를 다뤄 보겠습니다. 이번에는 딕셔너리에 데이터를 추가 또는 삭제하거나, 리스트를 딕셔너리로, 또 그 반대로 변환해 볼 거예요.

딕셔너리에 데이터를 추가하는 방법

딕셔너리는 중괄호 {...}를 사용해서 만들었습니다. 이미 있는 딕셔너리에 새로운 데이터를 추가하고 싶다면 다음과 같이 대괄호[...]를 사용하면 됩니다.

```
딕셔너리[이름표] = 데이터
```

딕셔너리에는 같은 데이터를 두 번 추가할 수 없습니다. 이름표가 같은 데이터를 딕셔너리에 추가하면 원래 있던 데이터가 삭제되고, 새로운 데이터가 추가됩니다. 직접 딕셔너리에 데이터를 추가해 봅시다.

직접 해보는 손코딩 소스 코드 /levelup/levup_04_02_01.py

```
01  dict_1 = {"odd": [1, 3, 5]}
02  dict_1["even"] = [2, 4]
03  print(dict_1)
04
05  dict_1["even"] = [2, 4, 6]
06  print(dict_1)
```

[실행 결과]

```
{'odd':[1, 3, 5], 'even': [2, 4]}
{'odd': [1, 3, 5], 'even': [2, 4, 6]}
```

1줄은 딕셔너리 dict_1을 만듭니다. 리스트 데이터 [1, 3, 5]에 이름표 odd를 붙여 저장했습니다.

2줄은 딕셔너리 dict_1에 데이터를 추가합니다. 추가한 데이터는 리스트 [2, 4]이고, 이름표는 even입니다.

3줄은 dict_1을 화면에 출력합니다.

5줄은 딕셔너리 dict_1에 리스트 데이터 [2, 4, 6]을 추가합니다. 이때 even 이름표가 붙은 데이터가 dict_1에 이미 존재하기 때문에 원래 있던 "even": [2, 4]는 삭제되고 새로운 데이터 "even":[2, 4, 6]가 추가됩니다.

6줄은 dict_1을 화면에 출력합니다.

딕셔너리의 데이터를 삭제하는 명령어: pop

pop은 딕셔너리에 저장된 데이터를 삭제하는 명령어입니다. 이때 pop에 삭제할 데이터의 이름표를 전달해야 해요.

```
딕셔너리.pop(이름표)
```

리스트에서와 마찬가지로 pop 명령어를 = 연산자와 함께 사용하면 딕셔너리에서 데이터를 추출한 후 다른 변수에 저장할 수 있어요. 직접 사용해 봅시다.

직접 해보는 손코딩 소스 코드 /levelup/levup_04_02_02.py

```
01  months = {"1": "Jan", "2": "Feb", "3": "Mar"}
02  print(months)
03
04  popped = months.pop("3")
05  print(months)
05  print(popped)
```

[실행 결과]

```
{'1': 'Jan', '2': 'Feb', '3': 'Mar'}
{'1': 'Jan', '2': 'Feb'}
Mar
```

1줄은 딕셔너리를 만들고 months 변수에 저장합니다.

2줄은 print 명령어로 months 변수에 저장된 딕셔너리를 출력합니다.

4줄은 pop 명령어를 사용해서 "3" 이름표에 저장된 데이터를 삭제하고, 이 데이터를 popped 변수에 저장합니다.

5줄은 print 명령어로 months 딕셔너리에 저장된 데이터를 출력합니다. "3" 이름표가 삭제된 것을 알 수 있어요.

6줄은 print 명령어로 popped 변수에 저장된 데이터를 출력하면 5줄에서 삭제된 "Mar"을 볼 수 있어요.

딕셔너리의 이름표를 추출하는 명령어: keys

keys는 딕셔너리에 저장된 이름표를 추출하는 명령어입니다. 추출한 이름표는 데이터 세트로 저장되지만, 이 데이터 세트는 리스트가 아니기 때문에 이름표를 리스트로 관리하려면 list 명령어를 사용해서 손수 리스트로 변환해야 합니다.

딕셔너리의 데이터에 붙은 이름표를 키(key)라고 합니다. 5장에서 배우게 될 거예요.

```
딕셔너리.keys()
```

keys 명령어는 딕셔너리에 어떤 이름표가 저장되어 있는지 확인할 때 자주 사용합니다. 〈직접 해보는 손코딩〉으로 확인해 보세요.

직접 해보는 손코딩 소스 코드 /levelup/levup_04_02_03.py

```
01  numbers = {"one": 1, "two": 2, "three": 3}
02  keys = numbers.keys()
03  print(keys)
04
05  keys_list = list(keys)
06  print(keys_list)
```

[실행 결과]

```
dict_keys(['one', 'two', 'three'])
['one', 'two', 'three']
```

1줄은 딕셔너리 {"one": 1, "two": 2, "three": 3}를 만들고 변수 numbers에 저장합니다.

2줄은 keys 명령어를 사용해서 딕셔너리 이름표를 추출하고, 그 결괏값을 변수 keys에 저장합니다.

3줄은 print 명령어로 keys 변수에 저장된 딕셔너리 이름표를 출력합니다. 출력 결과를 보면 리스트 형식의 데이터가 아니군요. 리스트로 변환해 봅시다.

5줄은 list 명령어로 keys에 저장된 이름표를 리스트로 바꾸고, 그 결괏값을 keys_list 변수에 저장합니다.

6줄은 print 명령어로 keys_list 리스트를 화면에 출력합니다.

딕셔너리의 데이터를 추출하는 명령어: values

values는 딕셔너리에 저장된 데이터를 추출하는 명령어입니다. 딕셔너리에서 데이터만을 모두 모아 리스트로 관리하고 싶다면 values 명령어를 사용해 데이터를 추출한 뒤, list 명령어를 사용해 리스트로 변환하면 됩니다.

```
딕셔너리.values()
```

역시 직접 해보며 익혀보세요.

직접 해보는 손코딩 소스 코드 /levelup/levup_04_02_04.py

```
01 numbers = {"one": 1, "two": 2, "three": 3}
02 values = numbers.values()
03 print(values)
04
05 values_list = list(values)
06 print(values_list)
```

[실행 결과]

```
dict_keys([1, 2, 3])
[1, 2, 3]
```

1줄에서 딕셔너리 {"one": 1, "two": 2, "three": 3}를 만들고 변수 numbers에 저장합니다.

2줄에서 values 명령어를 사용해서 딕셔너리의 데이터를 추출하고, 그 결괏값을 변수 values에 저장합니다.

3줄에서 print 명령어로 values 변수에 저장된 딕셔너리 데이터를 출력합니다. 이 값 역시 리스트 형식의 데이터가 아니군요.

5줄에서 list 명령어로 values에 저장된 데이터를 리스트로 바꾸고, 그 결괏값을 values_list 변수에 저장합니다.

6줄에서 print 명령어로 values_list 리스트를 화면에 출력합니다.

마무리

▶ 2가지 키워드로 정리하는 핵심 포인트

- **중첩된 리스트**란 여러 개의 리스트를 모아서 새로운 리스트 데이터 세트로 만드는 방법을 말합니다.
- **딕셔너리**란 여러 개의 데이터에 각각 이름표를 붙여서 하나의 데이터 세트로 만드는 방법을 말합니다.

▶ 확인 문제 (정답 390쪽)

1. 다음은 성적표 데이터입니다. 과목명에 별표(*)가 붙은 것은 그해 새롭게 배우는 과목을 의미합니다. 이 데이터를 사용해서 학년별 전체 평균, 과목별 점수 변화(예: 국어 85 → 90 → 95)에 대한 보고서를 출력하는 프로그램을 작성하려고 합니다. 아래 성적표 데이터를 리스트 및 딕셔너리로 표현해 보세요.

성적표

학년	과목	점수
1	국어	85
1	수학	60
1	코딩	95
2	국어	90
2	*영어	80
2	수학	70
2	코딩	95
3	국어	95
3	영어	85
3	수학	75
3	코딩	100
3	*체육	100

리스트를 사용하는 경우, '학년' 데이터는 grade 리스트에, '과목' 데이터는 subjects 리스트에, '점수' 데이터는 scores 리스트에 저장하세요. '과목'과 '점수' 데이터는 학년별로 여러 개의 데이터를 가지고 있으므로 중첩된 리스트를 사용해야 합니다. 딕셔너리를 사용하는 경우, '학년' 데이터를 이름표로 사용하세요.

리스트를 사용한 성적표 데이터 관리

```
grade    = [                                                    ]

subjects = [                                                    ]

scores   = [




                                                                ]
```

딕셔너리를 사용한 성적표 데이터 관리

```
scores = {




                                                                }
```

2. 다음은 일자별 주식 가격 데이터입니다. 종목별로 거래일 전체 평균 가격을 구하는 프로그램을 작성하려고 합니다. 주어진 데이터를 아래 형식에 맞게 리스트와 딕셔너리로 표현해 보세요.

일자별 주식 가격

일자	종목명	
	삼송전자	헤이닉스
2	50800	82800
3	49950	82500
4	48900	80600
5	47300	80400
6	45600	73100
9	48100	83100

리스트를 사용하는 경우, '종목명' 데이터는 names 리스트에, '가격' 데이터는 prices 리스트에 저장하세요. '가격' 데이터는 종목별로 여러 개의 데이터를 가지고 있으므로 중첩된 리스트를 사용해야 합니다. 딕셔너리를 사용하는 경우, '종목명' 데이터를 이름표로 사용하세요.

리스트를 사용한 주식 가격 데이터 관리

```
names =  [                                                    ]
prices = [
                                                              ]
```

딕셔너리를 사용한 주식 가격 데이터 관리

```
prices = {

                                                            }
```

3. 다음은 요리별로 필요한 재료를 담은 데이터입니다. 다음 형식에 맞게 리스트와 딕셔너리로 표현해 보세요.

> 리스트를 사용하는 경우, '요리명' 데이터는 names 리스트에, '재료' 데이터는 recipe 리스트에 저장하세요. '재료' 데이터는 요리별로 여러 개의 데이터를 가지고 있으므로 중첩된 리스트를 사용해야 합니다. 딕셔너리를 사용하는 경우, '요리명' 데이터를 이름표로 사용하세요.

요리명	재료
김치찌개	돼지고기, 김치, 마늘, 대파, 청양고추
떡볶이	떡, 설탕, 고추장, 간장, 고춧가루, 대파, 어묵

리스트를 사용한 요리별 재료 데이터 관리

```
names  = [                                                    ]
recipe = [
                                                              ]
```

딕셔너리를 사용한 요리별 재료 데이터 관리

```
recipe = {

                                                            }
```

4. 다음은 나한빛의 이력서 데이터입니다. 이 데이터를 딕셔너리로 만들고 변수 items에 저장하는 코드를 작성해 주세요.

항목	내용	
성명(한글)	나한빛	
성명(영문)	Na Hanbit	
주소	서울시 서대문구	
취미 및 특기	취미	독서
	특기	글쓰기
저서	혼공 시리즈	혼공프로, 혼공파, 혼공씨, 혼공자바
	이것이 시리즈	이것이 데이터 분석이다 with 파이썬, 이것이 C 언어다, 이것이 자바다

딕셔너리를 만들 때 이력서의 각 항목을 이름표로 사용하고, 변수 items에 딕셔너리로 저장해 주세요. 한편, 이 문제를 리스트로 관리할 수 있을까요? 한번 고민해 보세요. 그러면 리스트로 데이터를 관리할 때와 딕셔너리로 데이터를 관리할 때의 차이점에 대해서 명확히 알 수 있습니다.

딕셔너리를 사용한 이력서 데이터 관리

```
items = {



                                                                }
```

도전 문제

easy | medium | hard

딕셔너리는 데이터에 이름표를 붙여 키-값 쌍으로 관리하므로 속성이 다른 데이터를 한꺼번에 다룰 때 용이합니다. 도전 문제를 통해 딕셔너리의 다양한 활용법을 알아 봅시다.

1. 올림픽 개최지

2024년 파리 올림픽을 포함하여 최근 5회 동안 하계 올림픽이 개최된 도시의 목록은 다음과 같습니다. 최근 5회의 하계 올림픽 개최지를 관리하는 데이터 세트를 딕셔너리로 만들고 화면에 출력하세요.

개최 연도	개최지
2024년	파리
2021년	도쿄
2016년	리우데자네이루
2012년	런던
2008년	베이징

```
{'2024년': '파리', '2021년': '도쿄', '2016년': '리우데자네이루', '2012년': '런던',
'2008년': '베이징'}
```

hint 딕셔너리에 키와 값을 추가할 때는 대괄호[...]를 사용해요.

2. 올림픽 개최 연도와 개최지

도전 문제 1번에서 만든 딕셔너리의 데이터를 개최 연도와 개최지로 분리하여 따로 관리하고 싶다면 어떻게 해야 할까요? 딕셔너리의 키와 값을 각각 리스트로 만들어 출력해 보세요.

```
개최 연도: ['2024년', '2021년', '2016년', '2012년', '2008년']
개최 도시: ['파리', '도쿄', '리우데자네이루', '런던', '베이징']
```

hint1 딕셔너리의 키는 keys 명령어로 추출할 수 있어요.

hint2 딕셔너리의 값은 values 명령어로 추출할 수 있어요.

hint3 list 명령어를 사용하면 데이터를 리스트로 변환할 수 있어요.

딕셔너리의 이름표와 데이터를 추출하는 작업은 많이 연습해서 딕셔너리에 익숙해져 보세요.

Chapter

05

이전 장에서는 여러 개의 데이터를 모아 하나의 데이터 세트로 만들 수 있다는 것을 간략히 배웠습니다. 이번에는 데이터 세트를 관리하는 구체적인 방법과 데이트 세트에 저장된 데이터를 하나씩 꺼내서 반복 처리하는 코드를 직접 작성해 보겠습니다.

반복

학습 목표

- 반복 처리의 핵심 개념을 알 수 있습니다.
- while 반복문의 개념과 사용법을 알 수 있습니다.
- for 반복문의 개념과 사용법을 알 수 있습니다.
- 여러 가지 데이터를 for 반복문을 사용해서 반복 처리하는 방법을 알 수 있습니다.

05-1 반복 알아보기

핵심 키워드

while 반복문 for 반복문 range break continue

여기서는 여러분이 작성한 코드를 여러 가지 방법으로 반복 처리하는 방법에 대해서 알아보겠습니다.

시작하기 전에

코딩에서 가장 중요한 네 가지 개념은 데이터를 관리하는 방법(2장, 4장), 여러 가지 대안 중 하나를 선택하는 방법(3장), 코드를 반복 처리하는 방법(5장), 코드를 기능별로 작성하는 방법(6장)입니다.

이 중에서 코딩 입문자에게 가장 어려운 주제는 '코드를 반복 처리하는 방법'입니다. 여기서는 반복 원리부터 데이터 흐름, 코드를 만드는 방법까지 단계별로 설명하니, 쉽게 이해할 수 있습니다.

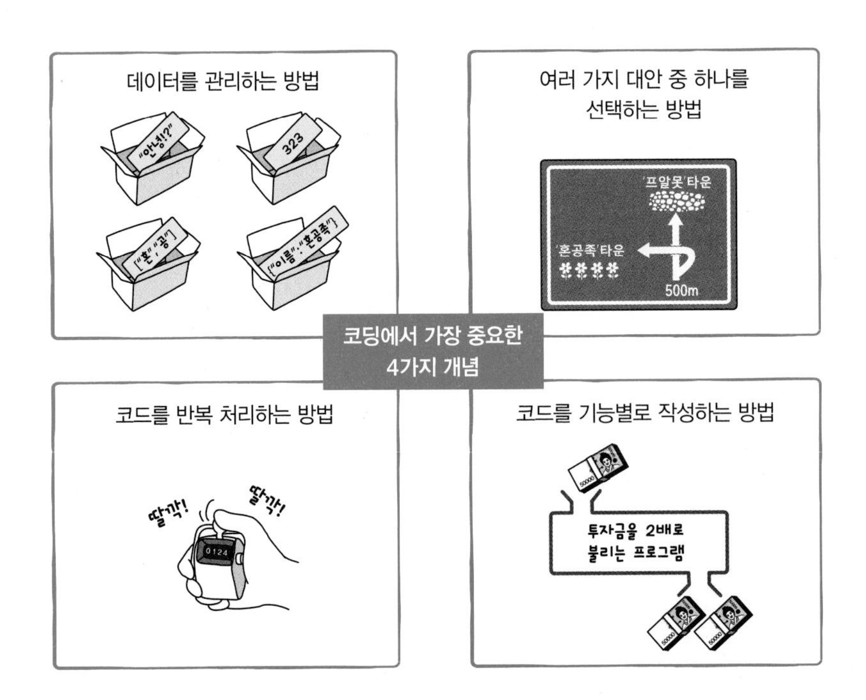

반복의 핵심 원리

학교 체육 시간, 극기 훈련, 신입 사원 연수 등 단체 활동에서 빠지지 않고 등장하는 것이 PT 체조입니다. PT 체조는 제자리에서 뛰면서 양팔을 벌려 손뼉을 치고, 동작 횟수를 말하면 1회로 인정하는 체조입니다. 매우 단순한 동작이지만 횟수가 증가함에 따라 '지옥 체조'가 될 수도 있죠.

일반적으로 PT 체조를 시키는 훈련 조교(또는 선생님)는 꼭 마지막 횟수를 외치지 않도록 요구합니다. 한 명이라도 마지막 횟수를 말하면 실행 횟수를 배로 늘려 처음부터 다시 하게 합니다. 실행 횟수가 늘어날수록 체력은 떨어지고, 횟수를 기억하는 집중력은 점점 떨어집니다. 간단했던 PT 체조가 지옥 체조가 되는 순간이죠.

이렇듯 횟수가 증가할수록 어떤 행동을 정확하게 반복하는 것은 쉽지 않습니다. 프로그래밍도 똑같습니다. 어떤 코드를 정확하게 특정 횟수만큼 반복 실행하려면 높은 집중력이 필요합니다.

예를 들어, "1!", "2!", "3!"과 같이 PT 체조 실행 횟수를 화면에 출력하는 프로그램을 만든다고 해보죠. 동작을 100회 실행한다면 print 명령어를 100번 써야 합니다. 큰따옴표 안에 1부터 99까지 숫자를 하나도 빠뜨리지 않고 순서대로 입력해야 하는 것은 덤이죠.

```
print("1!")
print("2!")
print("3!")
    ⋮
print("98!")
print("99!")
print("!")
```

100줄이나 되는 코드를 일일이 작성하다 보면 실수로 오류를 발생시킬 가능성이 높습니다. 하물며 숫자를 출력하는 단순한 코드도 이런데, 복잡한 구조의 프로그램이라면 더 말할 것도 없습니다. 뭔가 특별한 대책이 필요해 보입니다.

이번에는 피트니스 클럽 이야기를 해 봅시다. 여러분이 건강 관리를 위해 피트니스 클럽에 등록하고, 개인 트레이너와 수업을 하기로 했다고 가정해 보죠. 트레이너는 운동의 세트별 횟수를 정해 주는데, 운동에 집중하다 보면 반복 횟수를 정확히 세는 것이 쉽지 않습니다. 이때 카운팅 기계를 이용한다면 반복 횟수를 정확히 기록할 수 있고, 따라서 미리 예정된 횟수만큼 효과적으로 운동할 수 있습니다.

컴퓨터 프로그램도 마찬가지입니다. 어떤 코드를 특정 횟수만큼 정확히 반복 실행하기 위해서는 숫자 카운팅 기계의 역할을 하는 무언가가 필요하죠. 프로그래밍에서는 그 역할을 '변수'가 대신합니다. 현재 실행 횟수를 카운팅용 변수에 저장하고, 다음 반복을 실행하기 전에 카운팅용 변수에 저장된 횟수를 확인하여 반복 실행 여부를 결정합니다.

정리해 보겠습니다.

- 어떤 동작 혹은 코드를 '특정 횟수만큼', '정확히' 반복 실행하는 것은 생각보다 어려운 일입니다.
- 이러한 반복 실행을 도와주는 트레이너 혹은 도구가 있다면 편리하고 정확하게 반복 실행할 수 있습니다.
- 따라서 반복 처리 코드의 핵심은 '어떤 도구'를 사용해서 '몇 회'나 반복할 것인지를 파악하는 것입니다.

이제부터 이 내용에 대해 하나씩 살펴봅시다.

반복 처리 흐름 파악하기

어떤 코드를 특정 횟수만큼 정확히 반복 실행하기 위해서는 도구가 필요한데, 일반적으로 변수에 실행 횟수를 저장하는 방법을 사용한다고 했습니다. 지금부터는 변수를 활용해서 코드를 반복 실행하는 방법에 대해서 구체적으로 알아보겠습니다.

PT 체조를 3회 실행하는 프로그램을 만든다고 가정해 보죠. 이 프로그램을 그림으로 표현하면 다음과 같습니다.

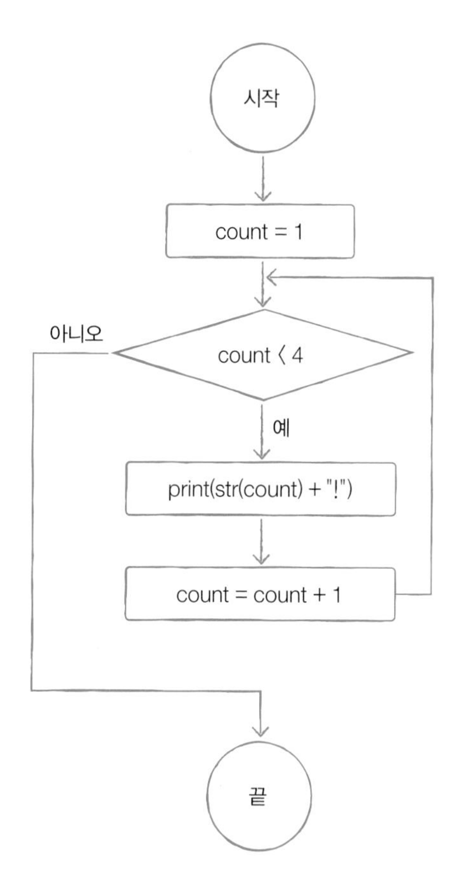

이 프로그램의 처리 순서를 하나씩 살펴보겠습니다.

첫 번째 코드는 변수 count에 1을 저장합니다. 이 변수는 앞으로 실행 횟수를 기록하는 도구로 사용됩니다. 이후에 화살표를 따라가서 두 번째 코드를 실행합니다.

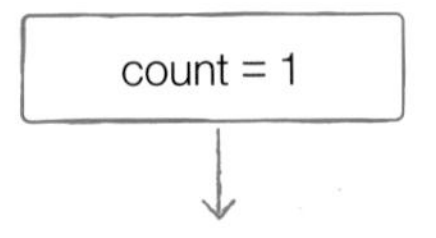

두 번째 코드는 if 조건문을 사용해서 조건식 'count 〈 4'의 결괏값에 따라 두 가지 대안 중 하나를 선택합니다. 현재 count에는 1이 저장되어 있으므로, 이 조건식의 결괏값은 True가 되고, 따라서 아래쪽으로 처리의 흐름을 이어갑니다.

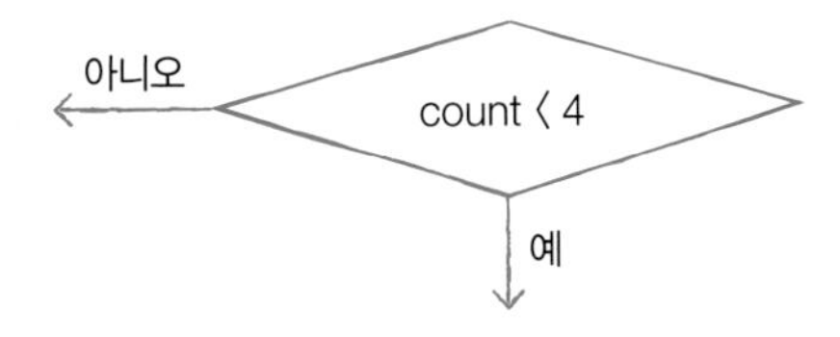

세 번째 코드에서 print 명령어를 사용해서 현재 실행 횟수를 화면에 출력하고, 화살표를 따라서 네 번째 코드를 실행합니다.

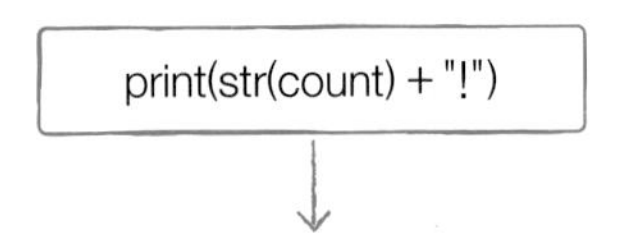

네 번째 코드에서 변수 count에 1을 더해서 다음 실행 횟수를 기록하고, 화살표를 따라갑니다.

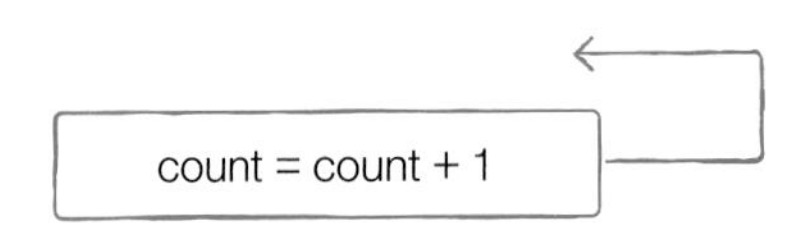

화살표를 따라가면 두 번째 코드를 다시 만납니다. 앞서 실행한 조건식을 반복합니다. 현재 count 변수에는 2가 저장되어 있으므로, 조건식 'count 〈 4'의 결괏값은 True가 되고, 따라서 아래쪽으로 처리의 흐름을 이어 갑니다. 이러한 방식으로 조건식 'count 〈 4'의 결괏값이 False가 될 때까지 반복 실행합니다.

실행 과정을 〈보면서 익히는 눈코딩〉으로 정리하면 다음과 같습니다.

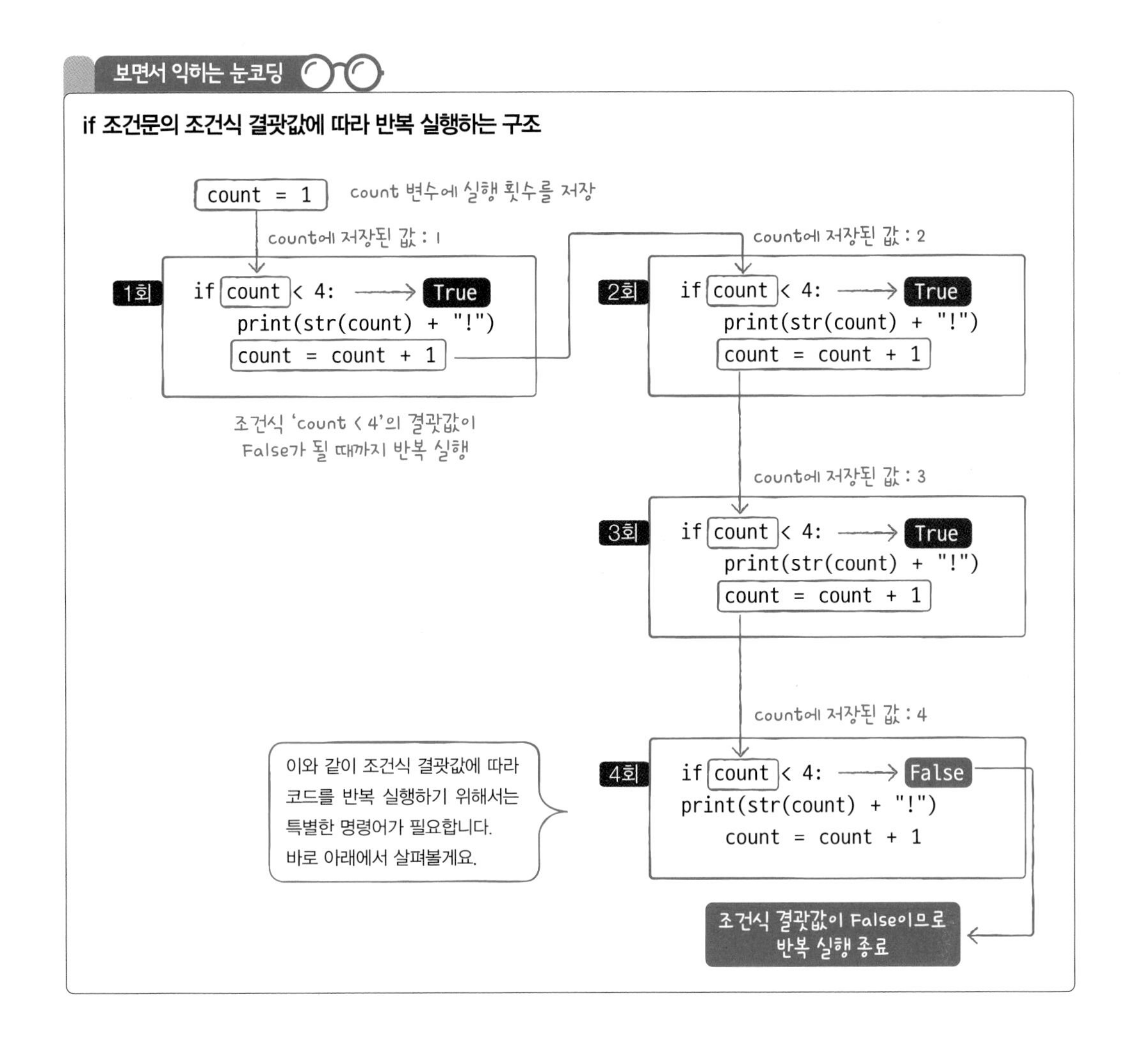

while 반복문

코드의 반복 처리를 위해 만들어진 **반복문**에 대해서 알아봅니다. 반복문은 기능에 따라서 여러 가지가 있는데, 먼저 while 반복문에 대해서 알아봅니다.

while의 의미가 '~하는 동안'이라는 것을 생각해 본다면 while 반복문의 기능을 유추할 수 있겠죠? **while 반복문**은 주어진 조건식을 만족하는 동안 특정 코드를 반복 처리합니다. 여기서 '조건식을 만족한다'라는 표현은 '조건식의 결괏값이 True'라는 것과 같아요.

while 반복문을 while문이라고 표현하기도 합니다.

while 반복문은 세 가지로 구성됩니다.

- while 키워드
- 조건식: 조건식이 True인 경우에만 반복 처리합니다.
- 반복 처리할 코드: 여러 개의 코드를 사용할 수 있습니다. 이렇게 반복 처리되는 코드를 **코드 블록**code block이라고 합니다.

```
while 조건식:
    반복 처리할 코드1 ┐
    반복 처리할 코드2 │ ──> 코드 블록
        :           ┘
```

while 반복문은 조건식의 결괏값이 True라면 코드 블록 안에 있는 '반복 처리할 코드1', '반복 처리할 코드2' 등을 반복 처리합니다. 그러다가 조건식의 결괏값이 False가 되는 순간 while 반복문을 종료하고 빠져나와 while 반복문 이후의 코드를 실행합니다.

앞서 다뤘던 PT 체조를 3회 반복하는 프로그램을 while문을 이용해서 작성하면 다음과 같습니다.

직접 해보는 손코딩 소스 코드 repeat-while01.py

```
01 count = 1
02 while count < 4:
03     print(str(count) + "!")
04     count = count + 1
```

[실행 결과]

```
1!
2!
3!
```

1줄은 count 변수에 1을 저장합니다. 이 변수는 반복 실행 횟수를 저장해서 특정 횟수만큼 반복 처리하기 위한 도구로 사용합니다.

2줄은 while 키워드를 사용해서 'while 키워드 아래의 코드 블록을 반복 처리할 것'이라고 지시한 것입니다. 조건식 'count 〈 4'의 결괏값이 True인 동안, 즉 변수 count에 저장된 값이 4보다 작은 경우 코드를 반복 처리합니다.

3~4줄은 2줄의 조건식이 True인 경우 반복 실행할 코드 블록입니다. 이 코드 블록을 모두 실행하면 자동으로 2줄의 while 반복문을 다시 실행합니다. 여기서 중요한 것은 4줄에서 count 변수에 1을 더했다는 것입니다. while 반복문은 count가 4보다 작을 때만 반복하기 때문에 count = count + 1은 코드 블록의 반복 실행 여부를 결정하는 중요한 코드입니다.

〈보면서 익히는 눈코딩〉으로 정리해 보겠습니다.

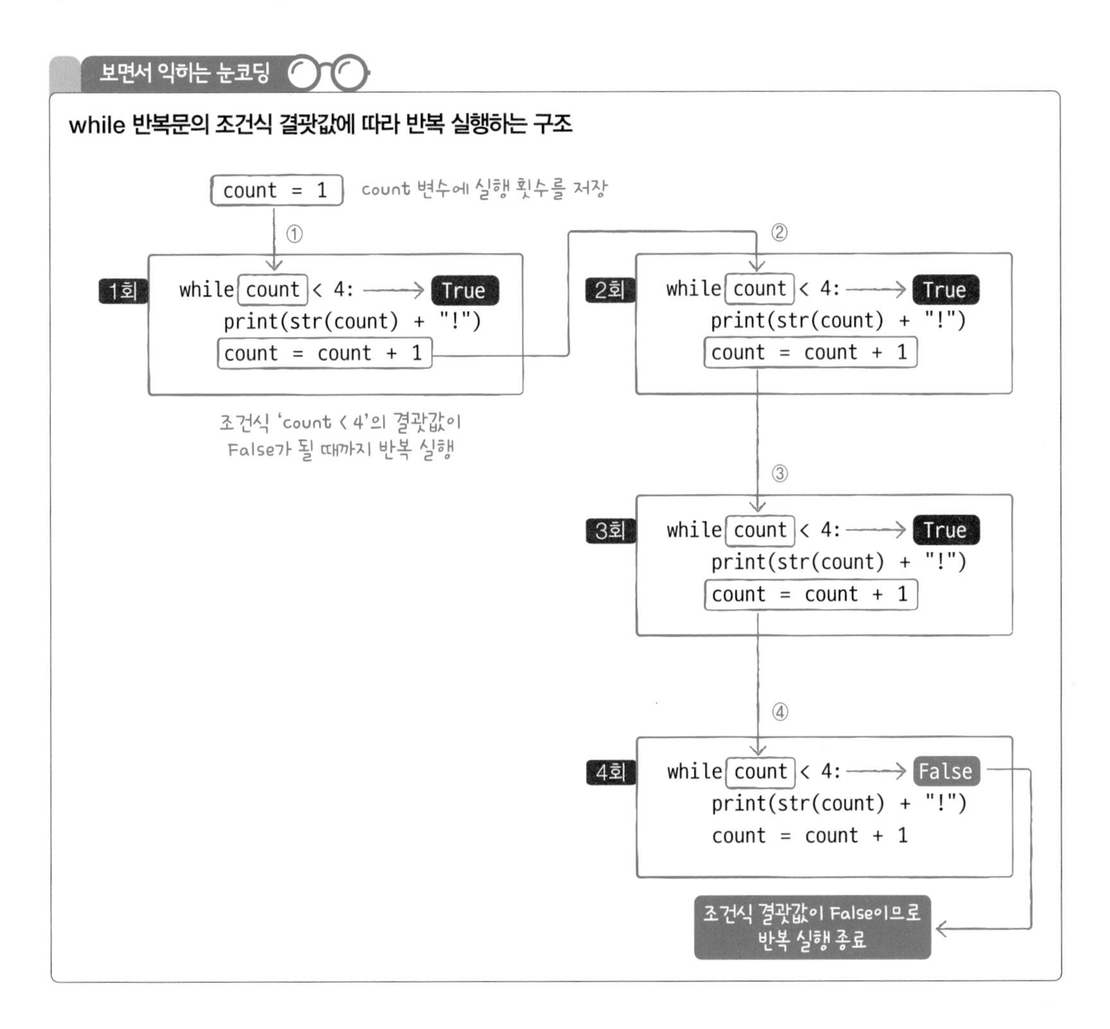

실제 코드로 if 조건문과 while 반복문을 비교해 보겠습니다. 키워드만 달라졌을 뿐인데(if → while), 실행 결과에는 확연한 차이가 있는 것을 확인할 수 있습니다.

구분	if 조건문	while 반복문

코드	count = 1
	if count < 4:
	    print(str(count) + "!")
	    count = count + 1
		count = 1
		while count < 4:
		    print(str(count) + "!")
		    count = count + 1

실행 결과	1!	1! 2! 3!

while 반복문의 장단점

while 반복문의 장점은 명확합니다. 매우 강력한 반복 전문 명령어라는 것이죠. 조건식만 잘 관리한다면 다른 반복문이 필요 없을 정도로 모든 종류의 반복을 처리할 수 있습니다. 반면 조건식에 허점이 있으면 **무한 반복**에 빠질 가능성이 높다는 것이 큰 단점입니다.

> 무한 반복(infinite loop)이란 특정 시점에 종료되어야 할 반복 처리 코드가 종료되지 않고 계속 실행되는 상황을 말합니다.

예를 들어, 다음과 같은 while 반복문을 살펴보겠습니다.

```
count = 3
  while count < 4 :
    print(count)
    count = count - 1
```

이 프로그램은 단순해 보이지만 조건식 관리에 오류가 발생해서 무한 반복에 빠져 버렸습니다. 조건식의 결괏값이 항상 True이기 때문에 3~4줄의 코드 블록이 무한 반복 실행된다는 것이죠. 코드의 각 줄을 읽어볼까요?

1줄은 count 변수에 3을 저장합니다.

2줄은 while 반복문입니다. 조건식 'count 〈 4'의 결괏값이 True이면 3~4줄의 코드 블록을 반복 실행하고, False이면 실행을 종료합니다. 현재 count에 저장된 값이 3이기 때문에 조건식의 결괏값은 True이고, 3~4줄을 반복 실행할 수 있습니다.

3줄은 count에 저장된 숫자를 출력합니다.

4줄은 count 에 저장된 값에서 1을 빼고 그 결괏값인 2를 count에 저장합니다. 문제는 여기서 발생합니다. count는 영원히 4보다 커질 수 없으므로 조건식 'count 〈 4'는 항상 True입니다. 조건문을 종료할 조건이 충족되지 않으므로 프로그램이 끝나지 않습니다.

코드를 실제로 실행하면 화면에 3, 2, 1, 0, -1, …처럼 3부터 1씩 작아지는 숫자가 끊임없이 출력됩니다.

무한 반복은 흔한 오류이면서 동시에 매우 위험한 오류입니다. 무한 반복에 빠지면 다른 명령을 전혀 실행할 수 없고, 컴퓨터 전체 성능에 심각한 영향을 끼치기도 합니다. 마우스 또는 키보드를 사용할 수 없는 경우도 발생하는데, 이럴 때는 컴퓨터 전원을 강제로 끊지 않는 이상 컴퓨터를 정상적으로 종료하기도 쉽지 않죠. 따라서 반복문을 작성할 때는 무한 반복에 빠질 가능성은 없는지 항상 주의해야 합니다.

이 코드의 조건식을 약간 수정해서 3부터 1까지 숫자를 출력하는 코드로 만들어 보겠습니다. 이번에는 오류가 발생하지 않도록 코드를 작성하기 전에 순서도를 그려 프로그램의 흐름을 확인해 보겠습니다.

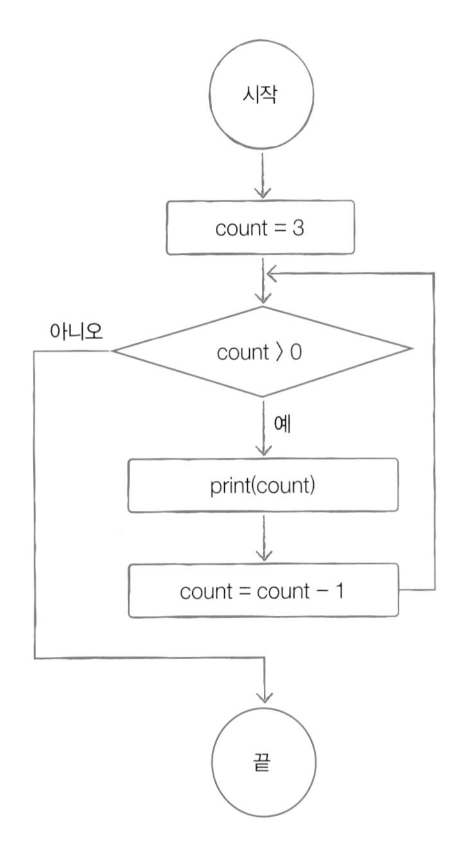

while 반복문을 사용해서 코딩하면 다음과 같습니다.

직접 해보는 손코딩 소스 코드 repeat-while02.py

```
01 count = 3
02 while count > 0:
03     print(count)
04     count = count -1
```

[실행 결과]

```
3
2
1
```

1줄은 count 변수에 3을 저장합니다. 이 변수는 반복 실행 횟수를 관리하는 용도로 사용합니다.

2줄은 while 반복문을 작성합니다. 조건식 count 〉 0의 결괏값이 True인 경우 3~4줄의 코드 블록을 반복 실행합니다. 현재 count 값이 3이기 때문에 조건식의 결괏값은 True가 되고, 3~4줄을 반복 실행할 수 있습니다.

3줄은 count에 저장된 숫자를 출력합니다.

4줄은 현재 count에 저장된 값인 3에서 1을 빼고, 그 결괏값인 2를 count에 저장합니다. 그리고 2줄의 while 반복문으로 돌아가서 다시 조건식을 판단하고, 그 결괏값에 따라 3~4줄의 코드 블록을 반복 실행할지 결정합니다.

while 반복문을 정리해 보겠습니다.

- **while 반복문**은 주어진 조건식을 만족하는 동안 코드를 무한 반복 처리하는 방법입니다.
- while 반복문의 조건식 관리를 잘하면 모든 종류의 반복 처리를 할 수 있지만, 조건식 관리를 잘못하면 **무한 반복**에 빠지기 쉽습니다.

+ 여기서 잠깐 **무한 반복을 종료하는 방법**

while 반복문을 실행한 결과 프로그램이 종료되지 않는 무한 반복에 빠지는 경우 일반적으로 프로그램을 강제 종료해야 합니다. 구글 코랩 환경에서는 [실행 중지(■)] 아이콘을 누르면 프로그램이 강제 종료됩니다.

+ 여기서 잠깐 **여러 가지 조건식의 구조**

while 반복문을 공부하며 반복문에서는 조건식 관리가 아주 중요하다는 것을 알려 드렸는데요, 여러분이 지금까지 공부한 내용 중에서 조건식이 필요한 경우를 간단히 정리해 보겠습니다.

- if 조건문: 1개의 대안을 선택하는 구조
- if~else 조건문: 2개의 대안 중에 하나를 선택하는 구조
- if~elif~else 조건문: 3개 이상의 대안 중에 하나를 선택하는 구조
- while 반복문: 주어진 조건식을 만족하는 동안 반복 실행하는 구조

for 반복문

while 반복문은 강력하지만 조건식 관리를 개발자가 직접 하는 과정에서 실수가 발생할 수 있고, 조건식 관리를 잘못하면 무한 반복에 빠지는 오류를 경험할 수 있다는 사실을 알았습니다.

이번에는 조건식 관리를 자동으로 하는 방법에 대해서 고민해 봅시다. 반복 처리 방법에 대한 사고의 전환이 필요합니다.

반복 횟수를 기록하며 세는 방법

여러분이 닭 농장을 운영한다고 가정해 봅시다. 여러분은 원하는 만큼 달걀을 먹을 수 있습니다. 달걀을 하나씩 먹을 때마다 개수를 종이에 기록하면서 10개를 먹는 과정을 살펴보겠습니다.

1. 달걀을 먹기 전에 종이에 기록된 달걀 개수를 확인하고, 10개 미만인 경우에만 달걀을 먹습니다.
2. 종이에 달걀을 먹은 개수를 기록합니다.
3. 위 1~2의 과정을 반복합니다.

달걀을 먹을 때마다 횟수를 종이에 기록하는 것은 생각보다 쉽지 않습니다. 아침에 달걀 하나를 꺼내 먹었는데, 너무 바빠서 기록을 못했거나 기록해 두었던 종이를 잃어버릴 수도 있죠.

while 조건문이 조건식을 관리할 때 바로 이런 방법을 씁니다. 두 가지 방법을 비교해 보면 더 쉽게 이해할 수 있습니다.

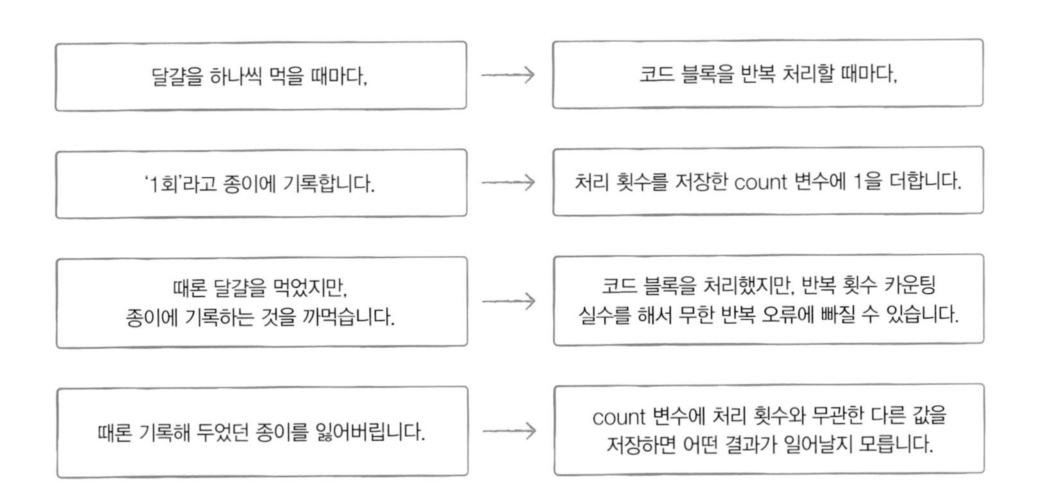

총 반복 횟수를 미리 결정하는 방법

이번에는 먹고 싶은 개수만큼 달걀을 미리 준비한 뒤 모두 먹는 방식으로 처리해 보겠습니다.

1. 10개의 달걀을 미리 준비하고,
2. 마음껏 드세요.
3. 모두 먹었다면 10개를 먹은 것입니다.

하나 먹을 때마다 먹은 개수를 확인하는 것이 아니라, 먹고 싶은 개수만큼 미리 준비한 뒤 모두 먹는 방식으로 코드를 반복 처리하는 것을 **for 반복문**이라고 합니다.

for 반복문을 통해서 코드 블록(반복 처리할 코드의 모음)을 반복 처리하기 위해서는 사전에 반복 횟수가 정해져야 합니다. 3개의 달걀을 먹고 싶을 때 3개의 달걀을 미리 준비하는 것과 같이 어떤 데이터를 3번 반복해서 처리하고 싶다면 3개의 데이터를 미리 준비해야 합니다.

이와 같은 방법으로 반복 처리를 하면,

- 사전에 반복 횟수가 결정되기 때문에 무한 반복 오류에 빠질 위험이 없고,
- 코드 블록을 반복 실행할 때마다 현재까지의 실행 횟수를 따로 기록할 필요도 없습니다.

일반적으로 반복 횟수가 미리 결정된 경우 while 반복문보다 for 반복문을 사용하는 것이 프로그램의 오류를 줄일 수 있고, 더욱 편리하게 반복 처리를 구현할 수 있습니다.

for 반복문을 만드는 방법

달걀 프라이를 만들어 먹는 과정을 for 반복문으로 만들어 보겠습니다. 먼저 다음과 같이 달걀 프라이 3개를 요리하는 과정을 그림으로 표현해 봅시다.

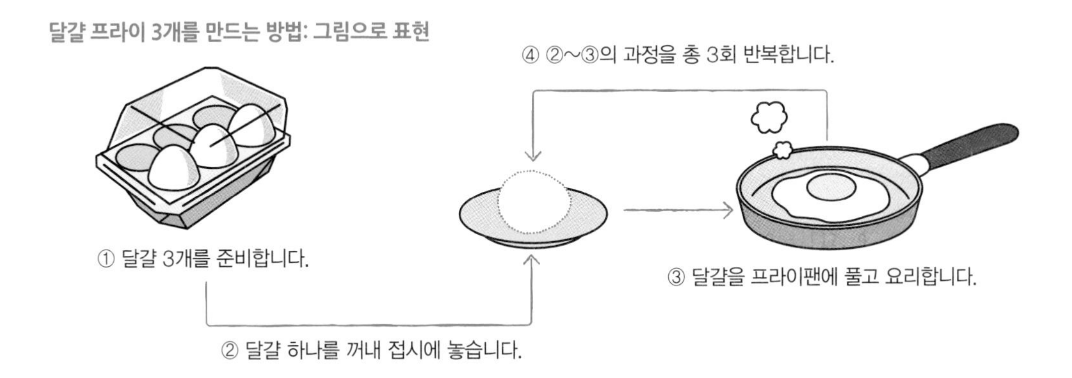

for 반복문을 사용해서 그림으로 표현하면 다음과 같습니다.

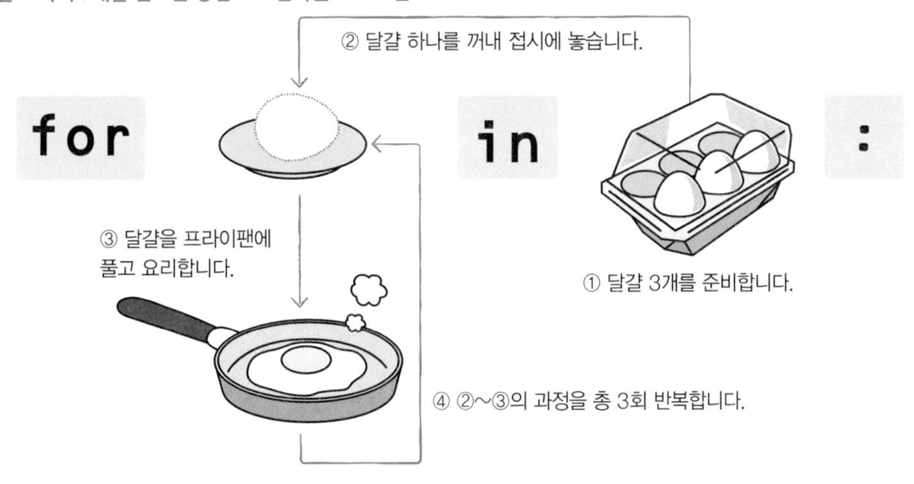

for 반복문은 다음과 같은 요소로 구성됩니다.

- **for** 키워드: for 반복문을 시작하겠다고 지시합니다.
- **in** 키워드: 주어진 달걀(데이터 세트)에서 달걀 하나(데이터 하나)를 접시(변수)에 놓습니다(저장합니다).
- **콜론**(:): for 반복문에 반드시 입력합니다.
- **들여쓰기**: for 반복문에 의해 처리될 코드라는 것을 명시하기 위해 for 키워드 시작 지점으로부터 들여쓰기(일반적으로 4칸)합니다. 이렇게 들여쓰기 한 코드를 **코드 블록**code block이라고 합니다.

실제 파이썬 문법을 사용한 for 반복문은 다음과 같습니다.

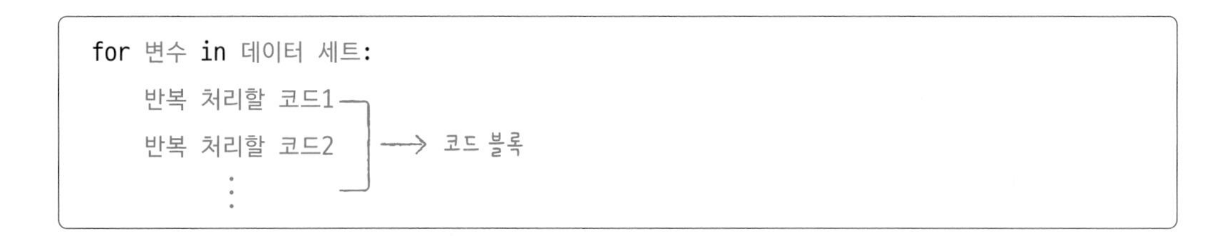

여기서 잠깐 **언어별 for 반복문**

프로그래밍 언어별로 for 반복문의 종류와 문법이 조금씩 다를 수 있지만, '데이터 세트에서 데이터를 하나씩 꺼내서 반복 처리한다'라는 기본 개념은 같습니다.

파이썬으로 for 반복문을 만드는 방법

실제로 달걀 프라이 3개를 만드는 프로그램을 작성해 보죠. 가장 먼저 필요한 것은 달걀 3개를 데이터 세트로 표현하는 것입니다.

> 데이터 세트란 여러 개의 데이터를 하나의 세트로 만든 것입니다.

가장 간단히 데이터 세트를 만드는 방법은 앞서 4장에서 배운 리스트를 이용하는 것입니다. 리스트는 대괄호[...]를 사용해서 만들 수 있습니다.

01 **반복 처리를 위한 데이터 세트 만들기** 다음은 리스트를 사용해서 달걀 3개를 데이터 세트로 표현한 예입니다. 여기서 중요한 것은 달걀 개수입니다. 달걀 개수만큼 반복 처리할 것이니까요. 따라서 데이터 세트에 문자 데이터가 들었는지, 숫자 데이터가 들었는지 지금 단계에서는 중요하지 않습니다. 다음 3가지 예제 중 어느 것을 사용해도 상관없습니다.

- ["달걀", "달걀", "달걀"]
- ["달걀1", "달걀2", "달걀3"]
- [1, 2, 3]

02 **데이터 세트 이름 정하기** 데이터 세트를 만들었다면 이제 달걀을 담을 접시를 준비합니다. 접시는 요리에 사용할 달걀을 보관하는 용도입니다. 프로그래밍으로 비유하자면 데이터를 담을 변수가 그 역할을 합니다. 변수 이름(변수명)은 아무것이나 상관없습니다. 이 변수는 앞으로 반복 처리할 코드(코드 블록)에서 사용됩니다.

03 for 반복문 코딩하기 〈직접 해보는 손코딩〉으로 달걀 프라이 3개를 만들어 봅시다.

직접 해보는 손코딩 소스 코드 repeat-for01.py

```
01 egg_list = ["달걀1", "달걀2", "달걀3"]
02 for egg in egg_list:
03     print("달걀 프라이를 만듭니다.")
```

[실행 결과]

```
달걀 프라이를 만듭니다.
달걀 프라이를 만듭니다.
달걀 프라이를 만듭니다.
```

1줄은 달걀 3개를 리스트로 표현한 데이터 세트로 만들고, 변수 egg_list에 저장합니다.

2줄은 for 반복문을 시작합니다. egg_list 데이터 세트에서 달걀을 하나씩 꺼내서 변수 egg에 저장합니다.

3줄은 "달걀 프라이를 만듭니다."를 출력합니다. 이 코드 블록은 데이터 세트의 개수만큼 반복 처리됩니다.

한 가지만 더 언급하고 이번 주제를 정리하겠습니다. 〈직접 해보는 손코딩〉 2줄의 egg 변수는 egg_list 데이터 세트에서 꺼낸 데이터를 차례대로 저장합니다. egg 변수를 3줄에서 다음과 같이 사용할 수 있습니다.

직접 해보는 손코딩 소스 코드 repeat-for02.py

```
01 egg_list = ["달걀1", "달걀2", "달걀3"]
02 for egg in egg_list:
03     print(egg + ": 달걀 프라이를 만듭니다.")
```

[실행 결과]

```
달걀1: 달걀 프라이를 만듭니다.
달걀2: 달걀 프라이를 만듭니다.
달걀3: 달걀 프라이를 만듭니다.
```

3줄은 데이터 세트에서 꺼내 egg 변수에 저장한 데이터와 ": 달걀 프라이를 만듭니다." 문자 데이터를 연결한 결괏값을 화면에 출력하는 코드입니다.

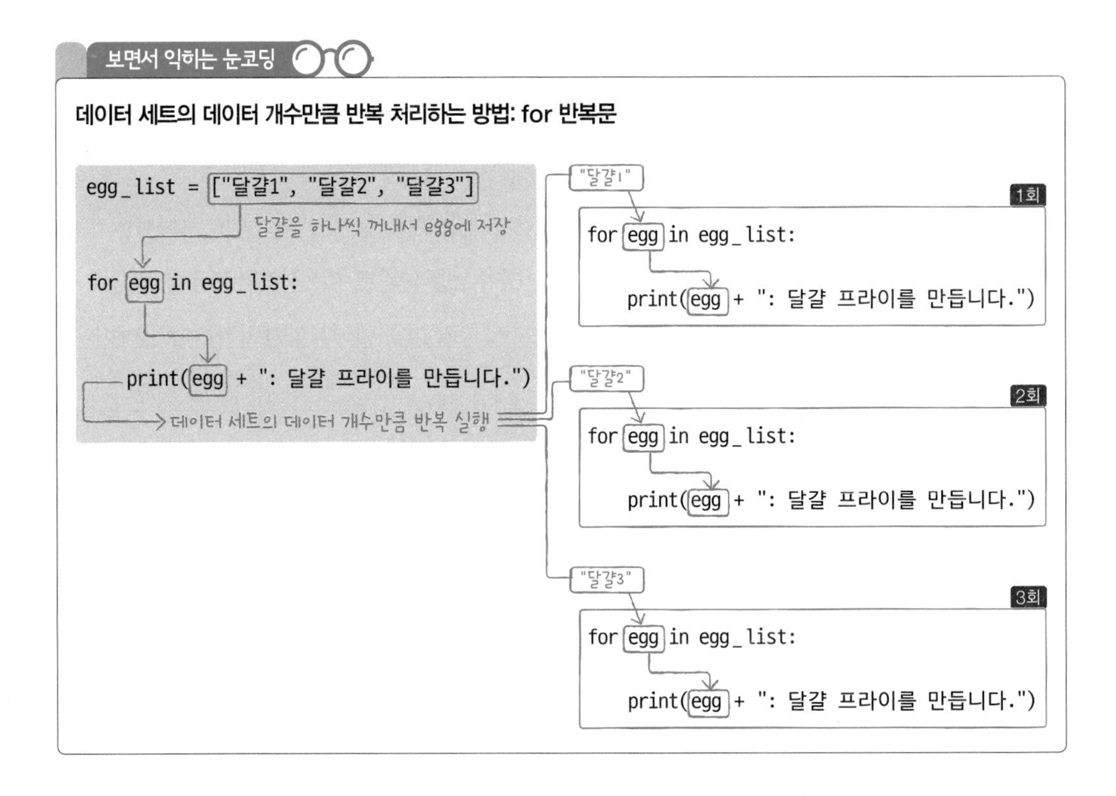

이처럼 for 반복문에서

- egg_list 데이터 세트에서 꺼낸 데이터를 저장할 변수 egg를 명시하는 과정은 '필수'이지만,

```
egg_list = ["달걀1", "달걀2", "달걀3"]
for egg in egg_list:
```

반드시 명시

- egg 변수에 저장된 데이터를 코드 블록에서 활용하는 것은 '선택'입니다.

```
print(egg + ": 달걀 프라이를 만듭니다.")
```

생략 가능

다음과 같이 **for 반복문**을 정리해 보겠습니다.

- for 반복문은 필요한 반복 횟수만큼의 데이터를 준비하고, 그것을 모두 소비하는 방식으로 반복 처리를 합니다.
- for 반복문은 복잡한 조건식을 사용할 필요가 없습니다.
- for 반복문을 정의할 때 사용하는 변수에는 데이터 세트에서 하나씩 꺼낸 데이터가 저장됩니다. 이 변수에 저장된 데이터를 **코드 블록**(반복 처리할 코드의 모음)에서 사용할 수 있습니다.

for 반복문의 친한 친구: range

이번에는 달걀 프라이 100개를 만들어 봅시다. 먼저 100개의 달걀을 담은 데이터 세트를 만들어야 합니다. for 반복문에서는 데이터 세트에 저장된 데이터의 종류가 중요한 것이 아니라, 데이터의 개수가 중요하다고 했습니다. 따라서 100개의 달걀을 숫자 데이터로 만들 수 있습니다.

```
egg_list = [1, 2, 3, ···, 99, 100]
```

달걀 프라이 1,000개를 만들고 싶다면 다음과 같이 데이터 세트를 만들 수 있습니다.

```
egg_list = [1, 2, 3, ···, 999, 1000]
```

이쯤 되면 뭔가 이상하다는 생각이 들죠? 1부터 100까지, 또는 1000까지 숫자를 일일이 적어서 데이터 세트를 만든다면 그 과정에서 실수할 가능성이 높을 것입니다.

이러한 문제점을 해결하기 위해서 for 반복문과 친한 친구인 **레인지**range 데이터 세트가 등장합니다. 레인지 데이터 세트는 for 반복문이 원하는 개수만큼 데이터를 저장한 데이터 세트입니다.

파이썬은 다음과 같이 range 명령어를 사용해서 레인지 데이터 세트를 만듭니다.

```
range(데이터 개수)
```

✚ 여기서 잠깐 | 언어별 range 명령어

프로그래밍 언어마다 레인지 데이터 세트를 만드는 방법과 기능이 조금씩 다릅니다. 여기서 중요한 것은 for 반복문이 원하는 개수의 데이터를 갖는 데이터 세트를 쉽게 만들 수 있다는 사실입니다.

이제 다음과 같이 for 반복문과 레인지 데이터 세트를 이용해서 달걀 프라이 3개를 만드는 코드를 작성해 보겠습니다.

직접 해보는 손코딩 소스 코드 for-range01.py

```
01  egg_list = range(3)
02  for egg in egg_list:
03      print("달걀 프라이를 만듭니다.")
```

[실행 결과]

```
달걀 프라이를 만듭니다.
달걀 프라이를 만듭니다.
달걀 프라이를 만듭니다.
```

1줄은 range 명령어를 사용해서 3개의 데이터를 갖는 레인지 데이터 세트를 만들고 변수 egg_list에 저장합니다.

2줄은 for 반복문을 사용해서 egg_list 데이터 세트에 저장된 데이터 개수만큼 3줄을 반복 처리합니다.

3줄은 for 반복문에서 반복 처리할 코드입니다. "달걀 프라이를 만듭니다." 문자 데이터를 출력합니다.

이 코드에서 2줄의 egg 변수에는 어떤 값이 저장될까요? for 반복문을 공부한 것을 바탕으로 예상하면 레인지 데이터 세트 egg_list에 저장된 데이터겠죠? range 명령어를 사용해서 만들어진 레인지 데이터 세트는 0부터 1씩 증가하면서 숫자 데이터가 저장됩니다. range(3)은 0, 1, 2 숫자 데이터를 만들고, 따라서 매회 반복 처리할 때마다 egg 변수에 0, 1, 2를 차례대로 저장합니다. 실제 코드로 확인해 보겠습니다.

직접 해보는 손코딩 | 소스 코드 for-range02.py

```
01  egg_list = range(3)
02  for egg in egg_list:
03      print(str(egg) + ": 달걀 프라이를 만듭니다.")
```

[실행 결과]

```
0: 달걀 프라이를 만듭니다.
1: 달걀 프라이를 만듭니다.
2: 달걀 프라이를 만듭니다.
```

1줄은 egg_list 변수에 3개의 데이터를 갖는 레인지 데이터 세트를 저장합니다. 이 데이터 세트에는 0부터 1씩 증가해서 3개의 숫자 데이터, 즉 0, 1, 2를 저장합니다.

2줄은 for 반복문을 사용해서 egg_list 데이터 세트의 데이터 개수만큼 3줄을 반복 처리합니다. 매회 반복 처리할 때마다 egg 변수에 0, 1, 2를 차례대로 저장합니다.

3줄은 egg 변수에 저장된 값과 문자 데이터를 연결한 결괏값을 화면에 출력합니다.

이번에는 달걀 프라이 100개를 만들어 봅시다.

직접 해보는 손코딩 | 소스 코드 for-range03.py

```
01  egg_list = range(100)
02  for egg in egg_list:
03      print(str(egg) + ": 달걀 프라이를 만듭니다.")
```

[실행 결과]

```
0: 달걀 프라이를 만듭니다.
1: 달걀 프라이를 만듭니다.
2: 달걀 프라이를 만듭니다.
    : (중간 생략)
97: 달걀 프라이를 만듭니다.
98: 달걀 프라이를 만듭니다.
99: 달걀 프라이를 만듭니다.
```

1줄은 100개의 데이터를 갖는 레인지 데이터 세트를 만들고, egg_list 변수에 저장합니다. 이 레인지 세트는 0부터 시작해서 1씩 증가하여 100개의 숫자 데이터가 저장됩니다.

2줄은 for 반복문을 사용해서 egg_list 데이터 세트의 데이터 개수만큼 3줄을 반복 처리합니다. 매회 반복 처리 시 egg 변수에 egg_list 데이터 세트의 데이터가 하나씩 저장됩니다.

3줄은 egg 변수에 저장된 값과 문자 데이터를 연결한 결괏값을 화면에 출력합니다. egg_list 레인지 데이터 세트는 0부터 시작해서 100개의 숫자를 저장하기 때문에 100번째 egg 값은 99가 된다는 사실을 기억해 주세요.

레인지 데이터 세트를 정리해 볼까요?

- **레인지 데이터 세트**는 여러 개의 숫자 데이터를 저장한 데이터 세트로, range 명령어를 통해서 만들 수 있습니다.
- **range** 명령어를 사용하면 0부터 시작해서 1씩 증가하는 방식으로, for 반복문이 원하는 개수만큼 데이터를 갖는 레인지 데이터 세트를 만들 수 있습니다.

반복 횟수의 통제: break

현재 진행 중인 반복 처리는 필요하다면 중단할 수 있어야 합니다. 반복 처리 중단이 필요한 예외 상황은 언제 어디서든 발생할 수 있으니까요. 반복 처리를 중단한다는 것은 다음과 같이 두 가지 의미가 있습니다.

- 현재 진행 중인 반복 처리를 중단하고, 전체 for 반복문을 종료합니다. ⟶ break
- 현재 진행 중인 반복 처리를 중단하고, 다음 횟수의 반복 처리를 진행합니다. ⟶ continue

여기서는 첫 번째 상황을 먼저 다뤄 보겠습니다. 현재 진행 중인 반복 처리를 중단하고, 전체 for 반복문을 종료하기 위해서 **break** 명령어를 사용합니다.

break 명령어는 프로그래밍 언어 대부분이 지원하고, 기능도 같습니다.

PT 체조 3회를 수행하는 프로그램을 for 반복문을 사용해서 만들어 봅시다.

직접 해보는 손코딩 소스 코드 for-break01.py

```
01  count = range(3)
02  for n in count:
03      print(str(n + 1) + "!")
```

[실행 결과]

```
1!
2!
3!
```

1줄은 0부터 2까지 숫자 데이터(총 3개)를 갖는 레인지 데이터 세트를 만들고, 변수 count에 저장합니다.

2줄은 for 반복문을 사용해서 count 데이터 세트에 저장된 데이터 개수만큼 3줄을 반복 처리합니다. 변수 n에는 매회 반복 처리 때마다 count에 저장된 데이터가 저장됩니다.

3줄은 변수 n에 저장된 숫자 데이터에 1을 더한 값을 문자 데이터로 변환하고(str 명령어 사용), "!" 문자 데이터와 연결한 결괏값을 화면에 출력합니다. count 데이터 세트 값이 0부터 시작하기 때문에 첫 번째 반복 처리 시 변수 n에 저장된 값은 0이 됩니다. 따라서 1부터 출력하기 위해서 n에 1을 더한 값을 사용하는 것이죠.

반복 횟수별로 변수 n에 저장된 값과 3줄에서 출력하는 값을 비교하면 다음과 같습니다. print 명령어를 사용해서 문자 데이터를 출력하면 따옴표는 생략됩니다.

반복 횟수	n	str(n + 1) + "!"	print(str(n + 1) + "!")
1	0	"1!"	1!
2	1	"2!"	2!
3	2	"3!"	3!

이제 break 명령어를 사용하면 실행 결과가 어떻게 달라지는지 확인해 봅시다. break 명령어는 현재 진행 중인 반복 처리를 중단하고, 전체 for 반복문을 종료한다는 사실을 기억하세요.

직접 해보는 손코딩 소스 코드 for-break02.py

```
01 count = range(3)
02 for n in count:
03     print(str(n + 1) + "!")
04     break
05     print("이후의 코드는 처리되지 않습니다.")
```

[실행 결과]

```
1!
```

4줄에서 break 명령어를 사용해서 현재 진행 중인 반복 처리를 중단하고, 전체 for 반복문을 종료합니다. 따라서 위 코드는 "1!"만 출력하고 프로그램을 종료합니다. 5줄은 실행되지 않습니다.

break 명령어의 유무에 따른 프로그램 처리 흐름의 차이를 정리하면 다음 그림과 같습니다.

보면서 익히는 눈코딩

break 명령어의 유무에 따른 반복 처리 차이점

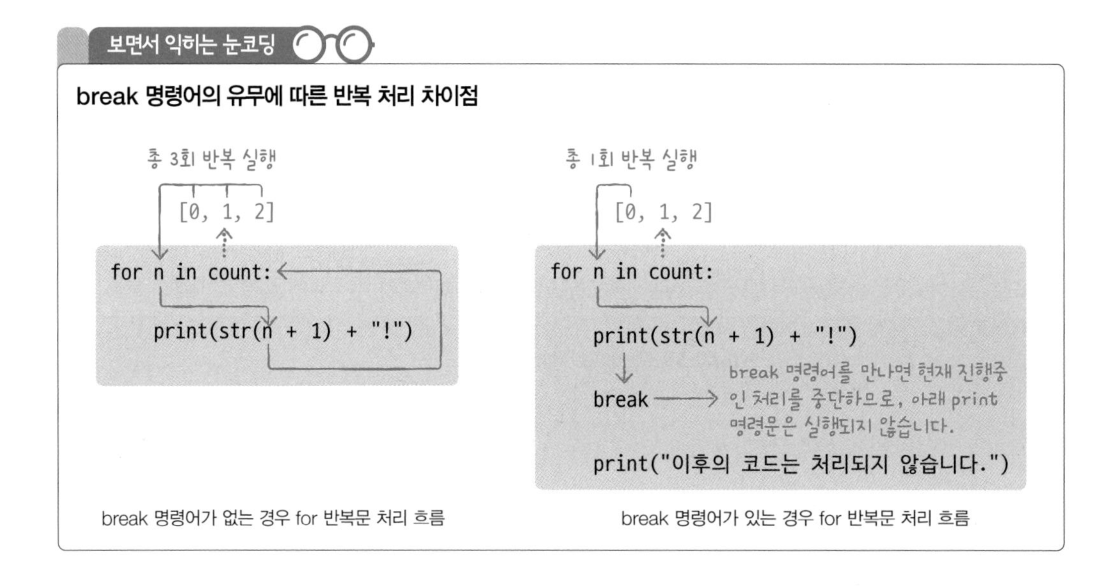

break 명령어가 없는 경우 for 반복문 처리 흐름

break 명령어가 있는 경우 for 반복문 처리 흐름

이번에는 break 명령어가 실행되는 조건을 추가해 봅시다. PT 체조 30회를 수행하는 프로그램에서 3회만 진행한 후 반복을 종료하고 싶다면 다음과 같이 코드를 작성합니다.

직접 해보는 손코딩 소스 코드 for-break03.py

```
01 count = range(30)
02 for n in count:
03     print(str(n + 1) + "!")
04     if (n + 1) == 3:
05         print("그만!")
06         break
```

[실행 결과]

```
1!
2!
3!
그만!
```

1줄은 range 명령어를 사용해서 30개의 숫자 데이터를 갖는 레인지 데이터 세트를 만들고 count 변수에 저장합니다.

2줄은 for 반복문을 사용해서 count 데이터 세트에 저장된 데이트 개수만큼(여기서는 30회) 3~6줄을 반복 처리합니다. 변수 n은 매회 반복 처리 시 count 데이터 세트에 저장된 숫자가 저장됩니다(0부터 29까지).

3줄은 변수 n에 저장된 데이터에 1을 더한 값을 문자 데이터로 변환하고, "!" 문자 데이터와 연결해서 출력합니다.

4줄은 if 조건문을 사용해서 조건식 (n + 1) == 3의 결괏값이 True라면 5~6줄을 실행하는 코드입니다. 이 조건식의 의미는 '현재 반복 처리 횟수가 3회인가요?'입니다. 변수 n은 매회 반복 처리 때마다 0부터 29까지 차례대로 저장되는데, 이것을 처리 횟수를 판단하는 도구로 사용합니다.

5줄은 4줄의 조건식 결괏값이 True일 때, 즉 반복 처리 횟수가 3회일 때 "그만!"을 화면에 출력합니다. 일반적으로 어떤 예외 상황이 발생한 경우, 어떤 식으로든 사용자에게 예외 상황이 발생했다는 사실을 알려야 합니다. 여기서는 "그만!"을 화면에 출력하는 것으로 알린 것이죠.

6줄은 break 명령어를 사용해서 현재 진행 중인 반복 처리를 중단하고, 전체 for 반복문을 종료합니다.

매회 반복 처리 때마다 변수 n에 저장되는 값, 화면에 출력되는 메시지, 조건식의 결괏값을 정리하면 다음 표와 같습니다.

반복 횟수	n	str(n + 1) + "!"	(n + 1) == 3
1	0	"1!"	False
2	1	"2!"	False
3	2	"3!"	True

break 명령어를 정리해 보겠습니다.

- 현재 진행 중인 반복 처리를 중단하고,
- 전체 for 반복문을 종료하기 위해서 break 명령어를 사용합니다.
- break 명령어는 if 조건문과 함께 사용해서 일정한 조건에 해당하면 for 반복문을 종료하는 방식으로 활용할 수 있습니다.

반복 횟수의 통제: continue

현재 진행 중인 반복 처리를 중단하고, 다음 횟수의 반복 처리를 진행하고 싶을 때는 continue 명령어를 사용합니다. continue 명령어는 현재 진행 중인 반복 처리를 중단한다는 점에서 break 명령어와 같지만, 전체 반복문을 종료하지 않고 다음 반복 처리를 이어간다는(continue) 점에서 다릅니다.

continue 명령어는 '현재 진행 중인 반복 처리 코드 중 continue 명령어 이후의 코드는 실행을 생략(skip)한다'라는 의미입니다.

보면서 익히는 눈코딩

continue 구조 VS break 구조

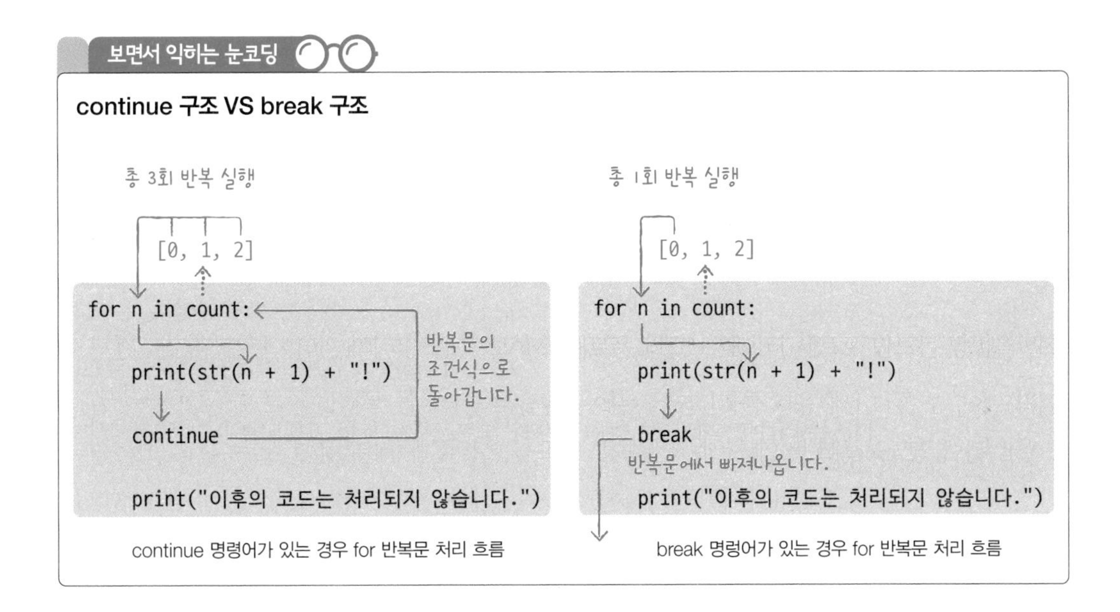

continue 명령어가 있는 경우 for 반복문 처리 흐름

break 명령어가 있는 경우 for 반복문 처리 흐름

PT 체조 10회를 실시하는데, 진행 횟수가 3의 배수일 때만 출력하는 프로그램을 만들어 보겠습니다.

직접 해보는 손코딩 | 소스 코드 for-continue01.py

```
01  count = range(10)
02  for n in count:
03      if (n + 1) % 3 != 0:
04          continue
05      print(str(n + 1) + "!")
```

[실행 결과]

```
3!
6!
9!
```

1줄은 range 명령어를 사용해서 0부터 9까지 10개의 숫자 데이터를 갖는 레인지 데이터 세트를 만들고 변수 count에 저장합니다.

2줄은 for 반복문을 사용해서 count에 저장된 데이터 개수만큼 3~5줄을 반복 처리합니다. 변수 n에는 매회 반복 처리 시마다 0부터 9까지 숫자가 저장됩니다.

3줄은 if 조건문을 사용해서 조건식 (n + 1) % 3 != 0의 결괏값이 True인 경우 4줄의 코드를 실행합니다. 조건식은 주어진 숫자를 3으로 나눈 나머지가 0이 아닌지 확인합니다. 즉 '현재 진행 횟수가 3의 배수가 아닌가요?'를 묻습니다. 여기서 n은 0부터 시작하기 때문에 '1회, 2회, …, 10회'와 같이 판단하기 위해서 n에 1을 더한 값을 사용합니다.

4줄은 3줄의 조건식의 결괏값이 True인 경우 실행됩니다. 따라서 현재 반복 처리 횟수가 3의 배수가 아닌 경우에만 continue 명령어가 실행되는 것이죠. continue 명령어는 현재 진행 중인 반복 처리를 중단하고, 다음 횟수의 반복 처리를 진행합니다.

5줄은 현재 반복 처리 진행 횟수를 출력합니다. 3~4줄의 if 조건문에 따라서 진행 횟수가 3의 배수인 경우에만 실행됩니다.

매회 반복 처리 때마다 변수 n에 저장되는 값, 조건식의 결괏값, 출력되는 메시지를 정리하면 다음 표와 같습니다.

반복 횟수	n	(n + 1) % 3 != 0	str(n +1) + "!"
1	0	True	–
2	1	True	–
3	2	False	"3!"
4	3	True	–
5	4	True	–
6	5	False	"6!"
7	6	True	–
8	7	True	–
9	8	False	"9!"
10	9	True	–

continue 명령어를 정리해 보겠습니다.

- 현재 진행 중인 반복 처리를 중단하고,
- 다음 반복 처리를 진행하기 위해서 continue 명령어를 사용합니다.
- continue 명령어는 if 조건문과 함께 사용해서 일정한 조건에 해당하면 특정 코드의 실행을 중단하는 방식으로 활용할 수 있습니다.

range를 활용하는 여러 가지 방법

앞서 for 반복문을 공부하면서 기본적인 range 명령어 사용법을 알아봤습니다. range 명령어를 잘 사용하면 여러 가지로 편리한 점이 많아요. 이번에는 이전에 배운 것을 바탕으로 range 명령어에 대해서 조금 더 공부해 보겠습니다.

range 명령어는 특정 구간의 숫자 데이터를 데이터 세트로 만듭니다. 여러 가지 방식으로 사용할 수 있는데, 다음 세 가지 방식 모두 잘 알아두어야 합니다. 하나씩 살펴보겠습니다.

```
range(5)          → 0, 1, 2, 3, 4
range(10, 15)     → 10, 11, 12, 13, 14
range(0, 10, 2)   → 0, 2, 4, 6, 8
```

특정 범위에서 연속적인 숫자 데이터 세트 만들기

range 명령어에 숫자 데이터 n을 전달하면 0부터 n−1까지 1씩 증가하는 n개의 숫자를 얻을 수 있습니다. 이때 주의할 점은 range의 결괏값은 0부터 시작하므로 마지막 숫자는 n이 아닌 n−1이라는 것입니다. 리스트를 슬라이싱할 때 마지막 인덱스에 해당하는 숫자는 포함하지 않는 것과 같은 방식이에요.

```
range(n) ⟶ 0부터 n-1까지 총 n개의 숫자
```

range 명령어에 2개의 숫자를 전달하면 숫자 데이터 세트의 시작과 끝 숫자를 지정할 수 있어요. 마찬가지로 n부터 시작해서 m−1까지 숫자를 데이터 세트로 만들어 줍니다.

```
range(n, m) ⟶ n부터 m-1까지 총 m-n개의 숫자
```

사실 range(n)과 같이 range 명령어에 숫자를 1개만 전달해도 파이썬은 이를 range(0, n)으로 변환한 뒤 처리합니다. 다만 시작 숫자가 0일 때는 이를 생략할 수 있을 뿐이에요. 〈직접 해보는 손코딩〉으로 실습해 보겠습니다.

직접 해보는 손코딩 소스 코드 /levelup/levup_05_01_01.py

```
01  for n in range(11, 20):
02      if n % 2 == 0:
03          print(n)
```

[실행 결과]

```
12
14
16
18
```

1줄은 range 명령어에 두 숫자 11과 20을 전달해서 11부터 19까지 숫자를 저장한 데이터 세트를 만든 뒤, 이 데이터 세트에서 숫자를 하나씩 꺼내 변수 n에 저장하고 for 반복문을 통해 2~3줄의 코드를 반복 처리합니다.

2줄은 if 조건문을 사용해 조건식을 만족하는 경우 3줄을 실행하도록 합니다. 조건식은 n을 2로 나눈 나머지가 0인지, 즉 n이 짝수인지 판별합니다. 조건식의 판단 결과가 True이면 3줄을 실행합니다.

3줄은 2줄의 조건식을 만족하는 숫자 n을 화면에 출력합니다. 즉, 이 프로그램은 11부터 19까지 숫자 중 짝수를 출력합니다.

특정 범위에서 간격이 있는 숫자 데이터 만들기

range(n, m) 명령어는 n부터 m−1까지 범위의 연속된 숫자, 즉 1씩 증가하는 숫자 데이터 세트를 만듭니다. 이때 range 명령어에 숫자를 하나 더 전달하면 숫자 사이에 일정한 간격을 지정할 수 있습니다. 마찬가지로 끝 숫자로 지정한 m은 데이터 세트에 포함하지 않습니다.

```
range(n, m, k)  ⟶ n부터 m-1까지 k씩 증가하는 숫자
```

예를 들어 range(0, 10, 2)는 0부터 9까지 2씩 증가하는 숫자를 데이터 세트로 만듭니다. 데이터 세트에는 0, 2, 4, 8이 포함됩니다.

간격을 이용하면 더 재미있는 작업도 할 수 있습니다. 예를 들어 세 번째 숫자로 음수를 전달하면 어떻게 될까요?

range 명령어에 전달된 세 숫자 중 끝 숫자가 시작 숫자보다 작고 간격이 음수인 경우, 시작 숫자에서 간격만큼 뺄셈을 하며 숫자를 내림차순으로 저장합니다. 이때 범위는 끝 숫자에 1을 더한 숫자까지 포함합니다.

예를 들어, range(10, 0, −2)는 10부터 1까지 2씩 감소하는 숫자를 데이터 세트로 만듭니다. 데이터 세트는 10, 8, 6, 4, 2가 포함됩니다.

```
range(10, 0, -2)  ⟶ 10부터 1까지 2씩 감소
```

〈직접 해보는 손코딩〉으로 정리해 봅시다.

직접 해보는 손코딩 소스 코드 /levelup/levup_05_01_02.py

```
01  for n in range(10, -10, -5):
02      print(n)
```

[실행 결과]

```
10
5
0
-5
```

1줄은 range 명령어를 사용해 10부터 −9까지 5씩 감소하는 숫자를 데이터 세트로 만들고, 이 데이터 세트에서 숫자를 하나씩 꺼내 n에 저장한 뒤 for 반복문으로 2줄을 반복 실행합니다.

2줄은 1줄에서 저장된 n을 화면에 출력합니다.

실행 결과를 한번 보세요. 10, 5, 0, −5로 10부터 시작해서 −9까지 5씩 감소하는 숫자가 출력되었습니다. −10이 출력되지 않았다는 것을 기억하세요. 문자 데이터 슬라이싱, 리스트 슬라이싱처럼 range 명령어도 마지막 데이터를 범위에 포함하지 않습니다.

+ 여기서 잠깐 **레인지 데이터 세트**

range 명령어를 사용해 만든 숫자 데이터 세트를 **레인지 데이터 세트**(range data set)라고 합니다. 이 데이터 세트는 리스트가 아니기 때문에 리스트로 다루고 싶다면 list 명령어를 사용해서 직접 변환해야 해요.
지금까지는 for 문과 함께 쓰여 list 명령어를 사용할 일이 많지 않았지만, 레인지 데이터 세트에 숫자 데이터가 의도한 대로 저장되었는지 확인하고 싶다면 다음처럼 리스트로 변환해서 출력해 보면 됩니다.

```
01  print(range(-10, 10, 3))
02  print(list(range(10, 10, 3)))
```

```
range(-10, 10, 3)
[-10, -7, -4, -1, 2, 5, 8]
```

반복문은 매우 유용한 개념입니다. 종류와 사용법을 잘 알아두세요!

마무리

▶ 5가지 키워드로 정리하는 핵심 포인트

- while 반복문은 주어진 조건식을 만족하는 동안 코드를 반복 처리하는 방법입니다.
- for 반복문은 필요한 반복 횟수만큼의 데이터를 준비하고, 그것을 모두 소비하는 방식으로 반복 처리하는 방법입니다.
- 레인지 데이터 세트는 여러 개의 숫자 데이터를 저장한 데이터 세트로, range 명령어를 통해서 만들 수 있습니다.
- 현재 진행 중인 반복 처리를 중단하고, 전체 for 반복문을 종료하기 위해서 break 명령어를 사용합니다.
- 현재 진행 중인 반복 처리를 중단하고, 다음 반복 처리를 진행하기 위해서 continue 명령어를 사용합니다.

▶ 확인 문제 (정답 397쪽)

1. 다음 소스 코드를 보고 실행 결과를 맞혀 보세요.

```
01  count = 5
02  while count >= 0:
03      print(str(count) + "!")
04      count = count - 1
```

[실행 결과]

2. 다음 소스 코드를 보고 실행 결과를 맞혀 보세요.

```
01  count = [5, 4, 3, 2, 1]
02  for x in count:
03      print(str(x) + "!")
```

[실행 결과]

3. 다음 소스 코드를 보고 실행 결과를 맞혀 보세요.

```
01  count = range(10)
02  for n in count:
03      if (n + 1) % 3 == 0:
04          print("짝!")
05      else:
06          print(n + 1)
```

[실행 결과]

4. 다음 소스 코드를 보고 실행 결과를 맞혀 보세요.

```
01  words = ["혼자", "공부하는", "첫", "프로그래밍", "!"]
02  for x in words:
03      if x == "첫":
04          print("첫 프로그래밍!")
05          break
06      print(x)
```

[실행 결과]

5. 다음 소스 코드를 보고 실행 결과를 맞혀 보세요.

```
01  count = range(20)
02  for x in count:
03      if ((x + 1) % 10) != 0:
04          continue
05      print(str(x + 1) + "!")
```

[실행 결과]

도전 문제

easy | medium | hard

처리해야 할 데이터의 양이 많아지면 많아질수록 반복문의 힘은 강해집니다. 이번 도전 문제는 반복문에 대한 것입니다. 반복 처리에 익숙해지면 귀찮은 일을 컴퓨터에게 모조리 맡겨 버릴 수 있어요!

1. 10의 배수

배수란 어떤 정수에 다른 정수를 곱한 수입니다. 예를 들어 2의 배수는 4, 6, 8, 10, … 등이 있죠.

$$2 \times 2 = 4$$
$$2 \times 3 = 6$$
$$2 \times 4 = 8$$
$$\vdots$$

1부터 50까지 숫자 중에서 10의 배수를 화면에 출력하는 프로그램을 작성하세요.

```
10
20
30
40
50
```

hint 배수를 판별할 때는 어떤 수를 나눗셈 연산한 나머지가 0인지 확인해야 합니다.

같은 동작을 다양한 방법으로 구현해 보세요.

2. 카운트 다운

for 반복문과 range 명령어를 사용해서 10부터 1까지 숫자를 거꾸로 출력하는 프로그램입니다. 빈칸을 올바르게 채워 보세요.

```
result = []
[                    ]
print(result)
```

```
[10, 9, 8, 7, 6, 5, 4, 3, 2, 1]
```

hint append 명령어가 필요합니다.

1부터 n까지, 또는 n부터 1까지 특정 구간의 숫자를 오름차순 또는 내림차순으로 출력하는 프로그램은 여러 가지 방법으로 만들 수 있어요. 가능한 다양한 방법으로 연습해서 익숙해져야 합니다.

05-2 데이터 세트와 for 반복문

핵심 키워드

데이터 타입 | 기본 데이터 타입 | 데이터 세트 | 데이터 개수

데이터 세트와 for 반복문은 밀접한 관계가 있는데, 데이터 세트를 어떻게 for 반복문에 활용하는지 그 방법을 알아봅니다. 이번 주제를 마치면 for 반복문을 사용해서 반복 처리하는 방법을 더욱 잘 이해할 수 있습니다.

시작하기 전에

for 반복문은 정확한 횟수만큼 반복 처리할 때 유용한 명령문입니다. for 반복문은 데이터 세트의 데이터 개수만큼 반복 처리하는데, 이번 절에서는 다양한 데이터 세트별로 for 반복문을 사용하는 방법을 자세히 알아봅니다. 공부하면서 for 반복문에 사용된 변수에 어떤 값이 저장되는지를 주의 깊게 살펴보세요. 데이터 종류에 따라 다른 값이 저장되고, 이러한 특징을 사용해서 다양하게 응용할 수 있습니다.

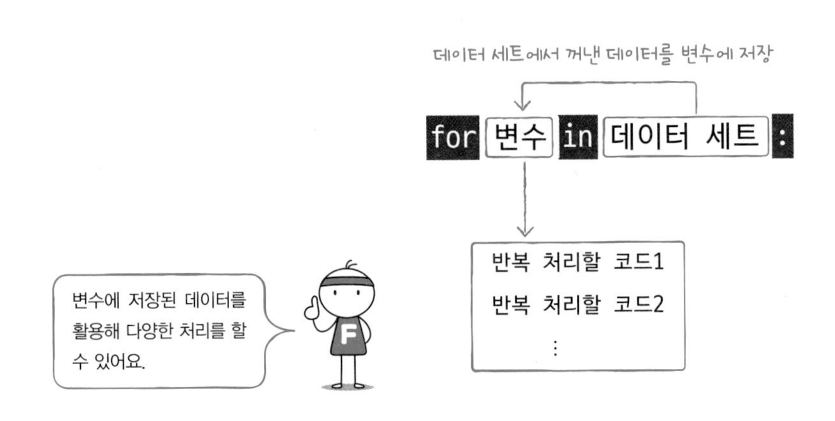

데이터 타입

데이터 타입data type은 프로그래밍 언어가 처리 가능한 데이터 종류를 나타내는 말인데요, **데이터 유형**이나 **자료형**이라고 부르기도 합니다. 이 3가지 용어 모두 코딩에서 자주 사용되기 때문에, 무엇이 더 선호된다고 말하기는 어렵지만, 이 책에서는 데이터 타입이라고 하겠습니다.

지금까지 이 책을 통해 여러분이 공부했던 데이터 타입은 다음 표와 같습니다.

구분	예제
문자 데이터	"Hello, World!"
숫자 데이터	323, 5.23
불 데이터	True, False
리스트 데이터 세트	["혼자", "공부하는", "첫", "프로그래밍"]
딕셔너리 데이터 세트	{"종족": "혼공족", "특징": "혼자 공부하는 사람"}
레인지 데이터 세트	range(30)

이외에도 프로그래밍 언어별로 정말 많은 종류의 데이터 타입이 있지만, 한번에 모두 배울 필요는 없고 표에서 언급한 내용만으로 충분합니다.

데이터 타입은 크게 기본 데이터 타입과 데이터 세트로 나눌 수 있습니다. **기본 데이터 타입**primary data type은 프로그래밍 언어가 처리할 수 있는 가장 기초적인 데이터 타입을 의미합니다. 표에서 문자 데이터, 숫자 데이터, 불 데이터가 바로 기본 데이터 타입입니다. **데이터 세트**data set는 여러 개의 데이터를 하나의 세트로 표현한 것으로 표에서 리스트 데이터 세트, 딕셔너리 데이터 세트, 레인지 데이터 세트가 이에 해당합니다.

> 데이터 세트는 프로그래밍 언어에 따라 객체, 오브젝트(object) 등 다양하게 부를 수 있습니다.

본격적으로 데이터 세트와 for 반복문을 배우기 전에 지금까지 배웠던 데이터 타입에 대해 복습하겠습니다. 그리고 어떤 데이터 타입을 for 반복문과 함께 사용할 수 있는지도 알아보겠습니다.

문자 데이터

따옴표("...", '...')로 감싼 모든 데이터는 문자 데이터입니다. 문자 데이터는 프로그래밍 언어에 따라 **문자**character(1개의 문자로 만든 문자 데이터)와 **문자열**string(여러 개의 문자를 하나의 데이터 세트로 만든 문자 데이터)로 구분하는 경우도 있지만, 따옴표를 사용한다는 점은 대부분의 프로그래밍 언어가 동일합니다. 참고로 파이썬은 문자와 문자열을 구분하지 않고 모든 문자 데이터를 문자열로 처리합니다.

문자열은 **인덱스**index로 관리할 수 있습니다. 인덱스는 문자열에 저장된 각 문자에 순서대로 부여된 숫자인데, 0부터 시작해서 1씩 증가합니다.

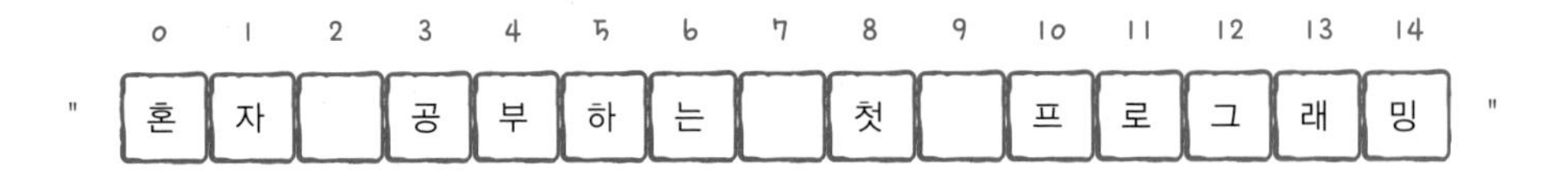

인덱스를 활용하면 문자열에서 문자를 꺼내 올 수 있습니다. 이때 특정 위치에 있는 문자 1개를 꺼내오면 **인덱싱**indexing, 특정 범위에 해당하는 문자 여러 개를 꺼내 오면 **슬라이싱**slicing이라고 합니다. 인덱싱과 슬라이싱이 기억나지 않으면 이 책의 2장으로 돌아가서 문자 데이터 부분을 다시 한번 보세요.

```
msg = "혼자 공부하는 첫 프로그래밍"
print(msg)        → "혼자 공부하는 첫 프로그래밍"을 화면에 출력합니다.
print(msg[0])     → "혼"을 화면에 출력합니다.
print(msg[0:2])   → "혼자"를 화면에 출력합니다.
```

+ 여기서 잠깐 **문자열의 인덱싱과 슬라이싱**

파이썬이나 자바스크립트는 문자 데이터를 문자와 문자열로 따로 구분하지 않고 모두 문자열로 처리하기 때문에 모든 문자 데이터를 인덱싱과 슬라이싱으로 처리할 수 있습니다.

숫자 데이터

따옴표 없이 1개 이상의 아라비아 숫자(0~9)로 표현된 모든 것은 숫자 데이터입니다. 숫자 데이터는 일반적으로 효율적인 데이터 처리를 위해 **정수**integer와 **부동 소수점 수**floating point number로 구분합니다. 숫자 데이터에 소수점(.)을 사용하면 부동 소수점 수로 처리합니다. 부동 소수점 수의 크기 비교는 여러분의 예상과 다른 결과가 나올 수 있으니 조심해야 합니다(183쪽 참조). 만약 어떤 아라비아 숫자가 따옴표로 감싸져 있다면 그것은 문자 데이터로 인식합니다.

```
print(323)               → 323을 화면에 출력합니다.
print(5.23)              → 5.23을 화면에 출력합니다.
print(0.1 + 0.2 == 0.3)  → False를 화면에 출력합니다.
print(0 == "0")          → False를 화면에 출력합니다.
```

불 데이터

프로그래밍 언어에서 예(참, True) 또는 아니오(거짓, False)를 표현하는 데이터입니다. 파이썬은 불 데이터를 **True** 또는 **False**로 표현하는데, 언어에 따라서는 모두 소문자로 표현하기도 합니다. 불 데이터는 직접 만들거나 조건식의 결괏값으로 만들 수 있습니다.

```
print(True)              → True를 화면에 출력합니다.
print(False)             → False를 화면에 출력합니다.
print(True == True)      → True를 화면에 출력합니다.
print(True == "True")    → False를 화면에 출력합니다.
```

리스트 데이터 세트

변수에 하나의 데이터만 저장하는 경우 관리할 데이터가 많아져서 데이터 관리가 어려워지고, 이러한 문제점을 해결하기 위해 여러 개의 데이터를 하나의 데이터 세트로 관리할 필요가 있다고 4장에서 배웠죠. **리스트**list는 가장 쉽게 만들 수 있는 데이터 세트입니다. 하나의 세트로 관리하고 싶은 데이터를 적고, 괄호로 묶어서 만들 수 있습니다. 이때 괄호는 프로그래밍 언어에 따라 대괄호[...] 또는 중괄호{...}를 사용할 수 있는데, 파이썬은 대괄호를 사용합니다.

```
book_list = ["혼자 공부하는 첫 프로그래밍", "혼자 공부하는 파이썬"]
count_down = [10, 9, 8, 7, 6, 5, 4, 3, 2, 1]
stock_price = ["삼송전자", "202x-03-23", 72800, 73900, 72800, 73800]
```

딕셔너리 데이터 세트

딕셔너리dictionary는 데이터 세트의 한 종류로, 리스트가 데이터를 순서대로 쌓아 둔 것이라면 딕셔너리는 데이터에 이름표를 붙여 정리해 둔 것입니다. 데이터에 이름을 붙이면 각 데이터의 의미를 명확하게 파악할 수 있어서 편리해요. 이렇게 '이름표:데이터'와 같이 표현한 것을 **키-값 쌍**key-value pair이라고 합니다.

파이썬은 딕셔너리를 만들 때 중괄호{...}를 사용합니다. 다음 딕셔너리 stock_price를 위 리스트의 stock_price와 비교해 보세요.

```
stock_price = {"종목": "삼송전자", "거래일": "202x-03-23",
                "시가": 72800, "고가": 73900, "저가": 72800, "종가": 73800}
```

레인지 데이터 세트

레인지range는 데이터 세트의 한 종류로, 0부터 주어진 개수만큼 숫자 데이터를 만들고 하나의 데이터 세트로 관리합니다. 프로그래밍 언어에 따라 레인지 데이터 세트를 만드는 방법이 다양한데, 파이썬에서는 **range** 명령어를 사용합니다. 레인지 데이터 세트는 주로 for 반복문과 함께 쓰여 정확한 횟수를 반복 처리하는 데 도움을 줍니다.

```
count = range(3)
for x in count:
    print(x)  ⟶ 0, 1, 2를 차례대로 화면에 출력합니다.
```

for 반복문에 사용할 수 있는 데이터 타입

앞에서 복습한 데이터 타입 중에서 for 반복문과 함께 사용할 수 있는 것은 무엇일까요? for 반복문의 목적이 주어진 데이터 개수만큼 어떤 코드를 반복 처리하는 것에 있기 때문에 len 명령어로 데이터의 개수를 구할 수 있는 데이터 타입이라면 모두 for 반복문으로 반복 처리 가능합니다.

파이썬에서 문자 데이터는 문자열로 처리하기 때문에 모든 문자 데이터를 for 반복문에 사용할 수 있습니다.

구체적으로 다음의 데이터 타입을 데이터 개수만큼 반복 처리할 수 있습니다.

- 문자열(여러 개의 문자를 하나의 데이터 세트로 만든 문자 데이터)
- 리스트 데이터 세트
- 딕셔너리 데이터 세트
- 레인지 데이터 세트

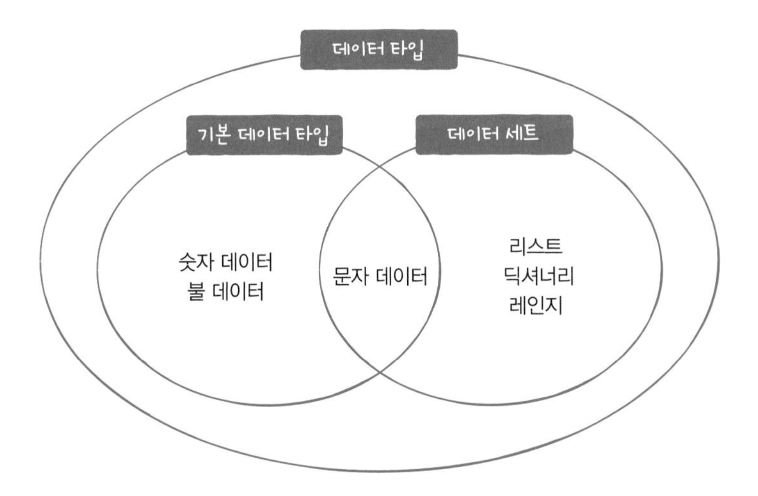

지금까지 배운 것을 다음과 같이 정리해 보겠습니다.

- **데이터 타입**이란 프로그래밍 언어가 처리 가능한 데이터의 종류를 말합니다.
- 데이터 타입은 일반적으로 **기본 데이터 타입**과 **데이터 세트**로 구분할 수 있습니다.
- 데이터 세트는 프로그래밍 언어에 따라서 객체, 오브젝트 등 다양하게 부를 수 있습니다.
- 기본 데이터 타입에는 문자 데이터, 숫자 데이터, 불 데이터가 있습니다.
- 데이터 세트는 1개 이상의 데이터를 하나의 세트로 관리합니다. 문자열, 리스트, 딕셔너리, 레인지가 여기에 해당합니다.
- 데이터의 개수를 구할 수 있는 데이터 타입은 모두 for 반복문으로 반복 처리 가능합니다.

문자열과 for 반복문

문자열은 여러 개의 문자를 하나의 데이터 세트로 만든 문자 데이터라고 했습니다. 따라서 문자열의 데이터 개수를 구해서 그 개수만큼 for 반복문으로 반복 처리할 수 있습니다. 일반적으로 문자열을 for 반복문으로 처리하는 경우는 드물지만, '데이터 개수를 구할 수 있으면 for 반복문으로 처리할 수 있다'는 사실을 확인하기 위해서 간단히 살펴보겠습니다.

문자열을 만들고, 한 글자씩 꺼내서 화면에 반복 출력하는 프로그램을 만들어 봅시다.

다음과 같이 for 반복문에서 데이터 세트가 들어갈 자리에 문자열을 넣으면 됩니다. 문자열에서 꺼낸 하나의 문자를 변수에 저장하고, 그 변수는 반복 처리할 코드(코드 블록)에서 사용할 수 있습니다.

```
for 변수 in 문자열:
    반복 처리할 코드1 ─┐
    반복 처리할 코드2  │ ──> 반복 처리할 코드 블록
        ⋮          ─┘
```

"혼공족"이라는 문자열을 for 반복문을 활용해 한 글자씩 화면에 출력하는 프로그램을 만들어 봅시다.

직접 해보는 손코딩 소스 코드 for-str01.py

```
01 string = "혼공족"
02 for char in string:
03     print(char)
```

[실행 결과]

```
혼
공
족
```

1줄은 문자열 "혼공족"을 만들고, 변수 string에 저장합니다. 문자열은 여러 개의 문자를 하나의 세트로 만든 문자 데이터라는 사실을 기억해 주세요.

2줄은 for 반복문을 사용해서 string 데이터 세트(문자열)에 저장된 데이터 개수만큼 3줄을 반복 처리합니다. 매회 반복 처리할 때마다 "혼", "공", "족"이 char 변수에 저장됩니다. 이 변수는 반복 처리할 코드(코드 블록)에서 사용할 수 있습니다.

3줄은 변수 char에 저장된 문자를 화면에 출력합니다.

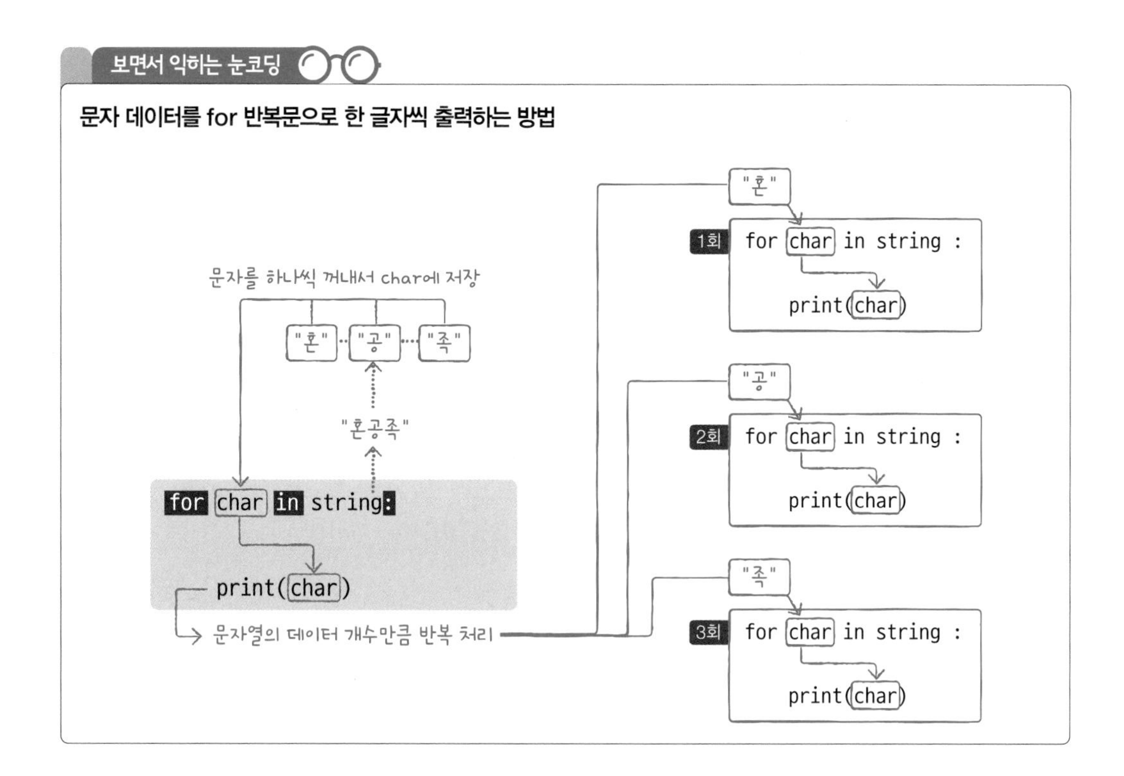

리스트와 for 반복문

4장에서 상품 판매량 보고서 작성을 위해 리스트를 사용한 데이터 관리 방법을 공부했습니다. 이제 리스트로 관리되는 데이터를 for 반복문으로 처리하는 방법을 구체적으로 알아보겠습니다.

하나의 리스트를 반복 처리하는 방법

먼저 리스트 만드는 방법을 복습해 봅시다. 리스트는 대괄호[...]를 사용해서 여러 개의 데이터를 하나의 세트로 만들 수 있습니다. 예를 들어, "혼자 공부하는 첫 프로그래밍", "혼자 공부하는 파이썬" 등 2개의 문자 데이터를 리스트로 만들면 다음과 같습니다.

프로그래밍 언어에 따라 중괄호{...}를 사용해서 리스트를 만드는 경우도 있습니다.

```
book_list = ["혼자 공부하는 첫 프로그래밍", "혼자 공부하는 파이썬"]
```

이와 같이 만든 리스트는 for 반복문으로 반복 처리할 수 있습니다. 앞서 배운 for 반복문에서 데이터 세트가 들어갈 자리에 리스트를 넣으면 됩니다. 리스트에서 꺼낸 데이터를 변수에 저장하고, 그 변수는 반복 처리할 코드(코드 블록)에서 사용할 수 있습니다.

```
for 변수 in 리스트:
    반복 처리할 코드1 ─┐
    반복 처리할 코드2  │──> 반복 처리할 코드 블록
          ⋮        ─┘
```

〈직접 해보는 손코딩〉을 통해서 book_list 리스트에 저장한 문자 데이터를 하나씩 화면에 출력하는 프로그램을 작성하면 다음과 같습니다.

직접 해보는 손코딩 소스 코드 for-list01.py

```
01 book_list = ["혼자 공부하는 첫 프로그래밍", "혼자 공부하는 파이썬"]
02 for book in book_list:
03     print(book)
```

[실행 결과]

```
혼자 공부하는 첫 프로그래밍
혼자 공부하는 파이썬
```

1줄은 문자 데이터 2개를 하나의 리스트로 만들고, 변수 book_list에 저장합니다.

2줄은 for 반복문을 사용해서 book_list 데이터 세트에 저장된 데이터 개수만큼 3줄을 반복 처리합니다. 매회 반복 처리할 때마다 "혼자 공부하는 첫 프로그래밍"과 "혼자 공부하는 파이썬"이 변수 book에 저장됩니다. 이 변수는 반복 처리할 코드(코드 블록)에서 사용할 수 있습니다.

3줄은 book 변수에 저장된 문자 데이터를 화면에 출력합니다.

리스트에서 꺼낸 각각의 데이터를 요소(element)라고 합니다.

보면서 익히는 눈코딩

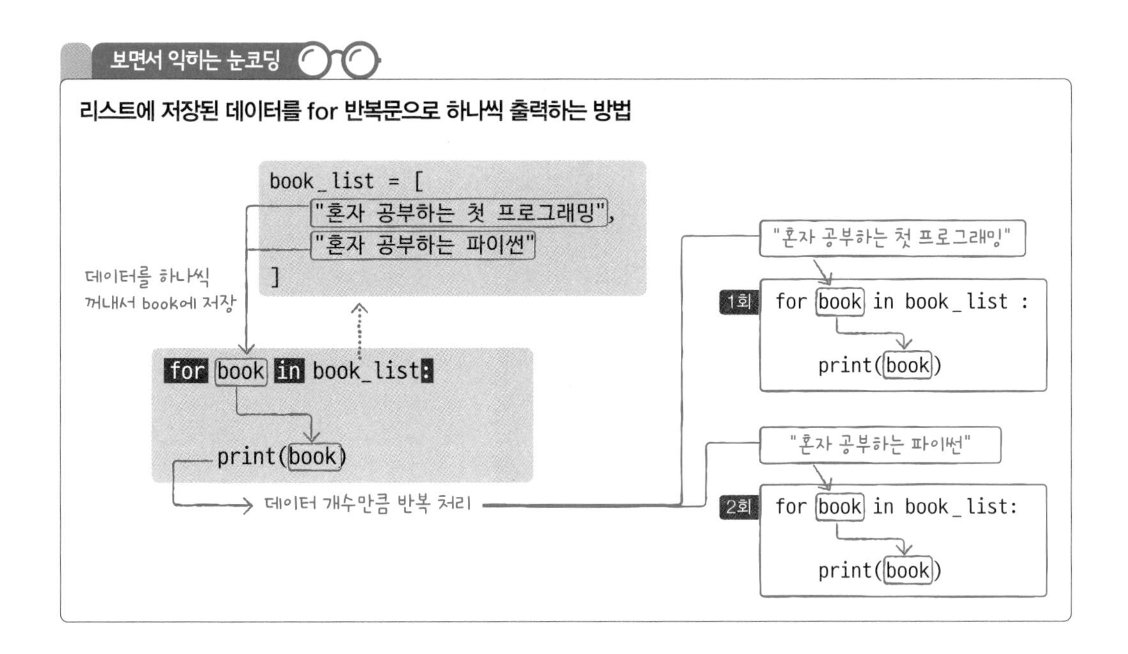

여러 개의 리스트를 하나의 for 반복문으로 처리하는 방법

다음과 같이 상품명, 가격, 판매량 정보가 주어졌을 때 상품별 매출액을 화면에 출력하는 프로그램을 만들어 봅시다.

상품명	가격	판매량
드링킹 요구르트	1800	4
딸기 우유	1500	2

다음 코드는 이 데이터를 바탕으로 간단히 작성한 코드입니다. 아직 완성된 프로그램은 아니지만, 앞으로 for 반복문을 사용해서 ❶ 부분을 완성하겠습니다. 진도를 나가기 전에 어떻게 for 반복문을 활용할지 고민해 보세요.

```
name_list = ["드링킹 요구르트", "딸기 우유"]   → 상품명
price_list = [1800, 1500]                     → 가격
qty_list = [4, 2]                             → 판매량

# 데이터 세트의 데이터 개수만큼 반복 처리하는 for 반복문 추가
name = 상품명
sales = 가격 * 판매량                          → ❶ for 반복문으로 작성할 부분
print(name + " 매출액: " + str(sales))
```

먼저 다음과 같이 분석해 봅시다.

- name_list, price_list, qty_list 변수에 저장된 리스트에는 각각 2개의 데이터가 저장되어 있습니다. 따라서 for 반복문으로 2회 반복 처리하면 편리하겠네요.
- 이때 리스트별로 따로 반복 처리하는 것(리스트 1개당 for 반복문 1개)보다는, 상품별로 여러 개의 리스트를 동시에 처리하는 것(1개의 for 반복문으로 모든 리스트를 처리)이 좋습니다.

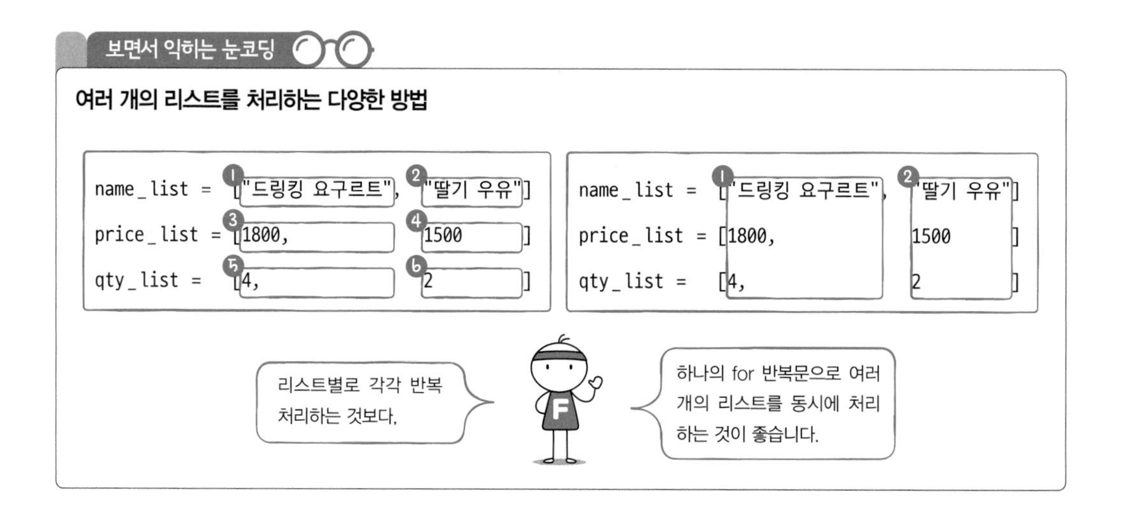

여러 개의 리스트를 동시에 처리한다는 의미는 1회 반복 시에는 3개의 리스트에서 "드링킹 요구르트", 1800, 4 데이터를 각각 꺼내서 매출액을 계산하고, 2회 반복 시에는 "딸기 우유", 1500, 2 데이터를 꺼내서 매출액을 계산한다는 것입니다.

이때 각각의 리스트에서 하나의 데이터를 꺼내는 방법은 문자 데이터(또는 문자열)에서 인덱싱을 사용해서 특정 위치의 데이터를 꺼내는 방법과 동일합니다. 즉, 리스트에 저장된 데이터는 0부터 차례대로 인덱스가 부여되고, 이 숫자를 활용해서 인덱싱을 하면 특정 위치의 데이터를 뽑아서 사용할 수 있습니다.

name_list에 저장된 상품명을 각각 뽑아서 출력하는 코드는 다음과 같습니다.

```
name_list = ["드링킹 요구르트", "딸기 우유"]
print(name_list[0]) ⟶ "드링킹 요구르트"를 화면에 출력합니다.
print(name_list[1]) ⟶ "딸기 우유"를 화면에 출력합니다.
```

보면서 익히는 눈코딩

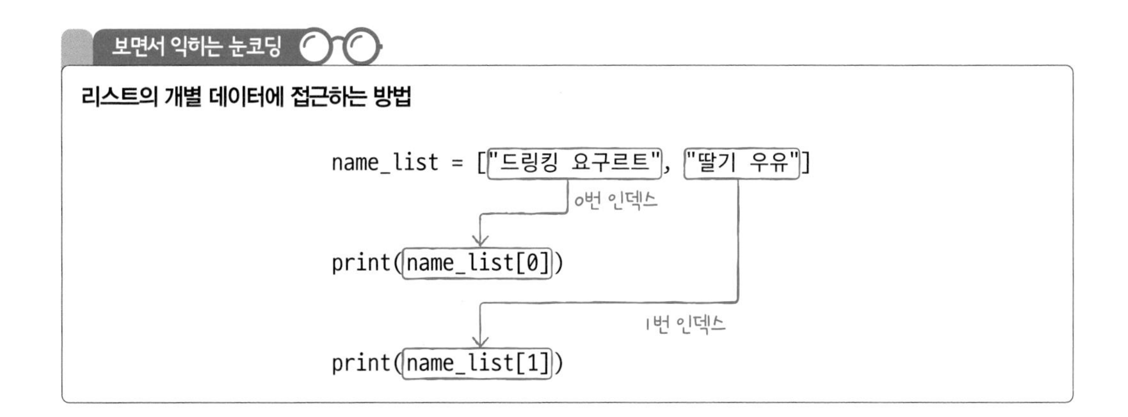

289쪽의 소스 코드 ❶ for 반복문으로 작성할 부분을 리스트의 인덱싱을 사용해서 상품별로 출력하는 코드로 바꾸면 다음과 같습니다.

직접 해보는 손코딩 소스 코드 for-list02.py

```
01 name_list = ["드링킹 요구르트", "딸기 우유"]
02 price_list = [1800, 1500]
03 qty_list = [4, 2]
04
05 # 곧 for 반복문으로 아래 코드를 반복 처리하겠습니다.
06 name = name_list[0]
07 sales = price_list[0] * qty_list[0]
08 print(name + " 매출액: " + str(sales))
09
10 name = name_list[1]
11 sales = price_list[1] * qty_list[1]
12 print(name + " 매출액: " + str(sales))
```

[실행 결과]

```
드링킹 요구르트 매출액: 7200
딸기 우유 매출액: 3000
```

1~3줄은 리스트를 사용해서 상품명, 가격, 판매량 정보를 저장합니다.

6~8줄은 드링킹 요구르트 상품의 매출액, 10~12줄은 딸기 우유 상품의 매출액을 출력하는 코드입니다. 289쪽의 ❶ for 반복문으로 작성할 부분에서 '상품명', '가격', '판매량'이라고 표현된 부분을 상품별 데이터로 대체하기 위해 리스트의 인덱싱을 사용해서 총 2회 반복 처리합니다.

보면서 익히는 눈코딩

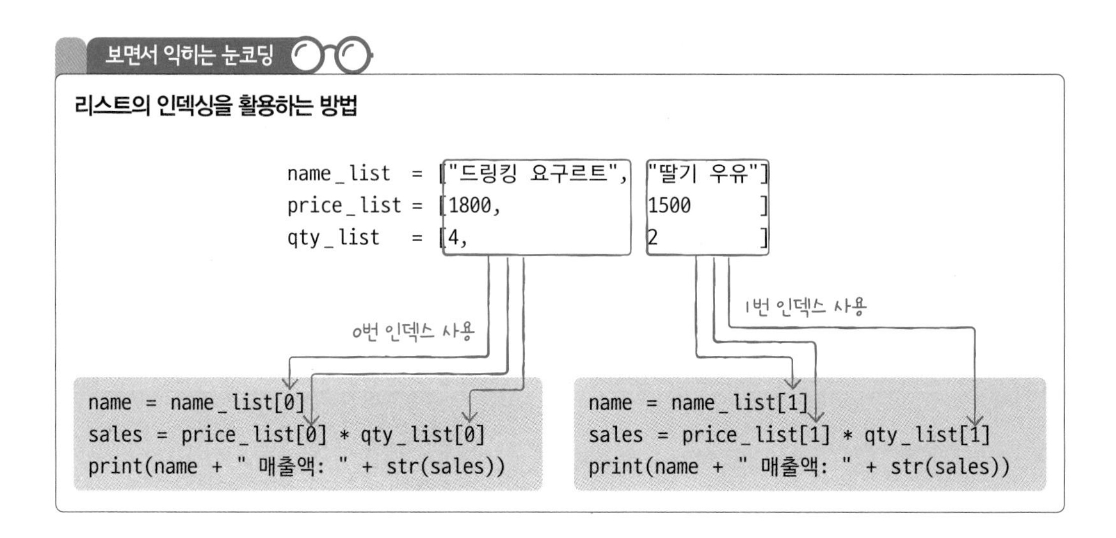

6~8줄과 10~12줄은 0번 인덱스와 1번 인덱스를 제외하면 모두 동일한 코드가 사용된 것을 알 수 있는데, 이러한 코드는 for 반복문을 사용하면 처리할 수 있습니다.

다음과 같이 인덱스가 저장된 리스트를 만들고,

```
[0, 1]
```

for 반복문을 통해 각각의 인덱스 개수만큼 반복 처리하면 됩니다.

```
for 인덱스를 저장할 변수 in [0, 1]:
    반복 처리할 코드
```

전체 코드를 작성하면 다음과 같습니다.

직접 해보는 손코딩 소스 코드 for-list03.py

```
01 name_list = ["드링킹 요구르트", "딸기 우유"]
02 price_list = [1800, 1500]
03 qty_list = [4, 2]
04
05 for i in [0, 1]:
06     name = name_list[i]
07     sales = price_list[i] * qty_list[i]
08     print(name + " 매출액: " + str(sales))
```

[실행 결과]

```
드링킹 요구르트 매출액: 7200
딸기 우유 매출액: 3000
```

5줄은 for 반복문을 사용해서 인덱스를 저장한 리스트 [0, 1]에서 데이터 개수만큼 6~8줄을 반복 처리합니다. 변수 i에는 매회 반복 처리할 때마다 0과 1이 차례대로 저장됩니다.

6줄은 name_list 데이터 세트에서 i에 저장된 인덱스 번호에 연결된 데이터를 꺼내서 name 변수에 저장합니다.

7줄은 i에 저장된 인덱스를 활용해서 price_list과 qty_list에 저장된 데이터를 꺼내서 매출액을 계산하고, sales 변수에 저장합니다. 매출액은 가격과 판매량을 곱해서 계산합니다.

8줄은 6줄에서 저장한 상품명(name)과 매출액(sales) 데이터를 화면에 출력합니다. 매출액 데이터는 숫자 데이터이기 때문에 str 명령어를 사용해서 문자 데이터로 변환해야 합니다.

만약 위 코드에 "홈런공" 상품을 추가하려면 어떻게 하면 될까요?

- 리스트 name_list, price_list, qty_list에 홈런공 상품 데이터를 추가하고,
- for 반복문에 홈런공 상품의 인덱스 번호를 추가하면 됩니다.

구체적으로 코드로 작성하면 다음과 같습니다.

직접 해보는 손코딩 소스 코드 for-list04.py

```
01 name_list = ["드링킹 요구르트", "딸기 우유", "홈런공"]
02 price_list = [1800, 1500, 1000]
03 qty_list = [4, 2, 3]
04
05 for i in [0, 1, 2]:
06     name = name_list[i]
07     sales = price_list[i] * qty_list[i]
08     print(name + " 매출액: " + str(sales))
```

새로 추가한 홈런공 데이터

[실행 결과]

```
드링킹 요구르트 매출액: 7200
딸기 우유 매출액: 3000
홈런공 매출액: 3000
```

1~3줄은 홈런공 상품의 이름, 가격, 판매량을 각각 name_list, price_list, qty_list에 추가합니다.

5줄은 인덱스를 저장한 리스트에 홈런공 인덱스 번호 2를 추가합니다. 이제 인덱스 개수가 3개가 되었기 때문에 6~8줄은 총 3회 반복 처리됩니다.

레인지 데이터 세트를 사용해서 인덱스 관리하는 방법

for 반복문을 사용해서 상품별 매출액 보고서를 쉽게 작성해 보았습니다. 상품 데이터가 늘어나는 경우에도 상품 데이터와 인덱스 번호만 추가하면 실제 매출액을 계산하고 이를 출력하는 코드는 전혀 수정할 필요가 없었습니다. 이렇듯 for 반복문을 사용하면 많은 코드를 쉽고 정확하게 작성할 수 있습니다.

그런데 만약 데이터가 100개, 1000개 늘어나면 어떻게 해야 할까요? 다음과 같이 코드를 수정해야 합니다.

- 새로운 상품 데이터를 추가해야 합니다.
- 늘어난 상품의 개수만큼 인덱스를 추가해야 합니다.

새로운 상품 데이터는 변수 name_list, price_list, qty_list에 쉽게 추가할 수 있지만, 상품의 개수가 늘어난 만큼 인덱스를 직접 추가해야 합니다. 이런 식으로 늘어난 상품 데이터뿐만 아니라 그와 연결된 정보(상품의 개수)를 일일이 수정하는 방법을 **하드 코딩**hard coding이라고 합니다. 일반적으로 하드 코딩이 많아질수록 데이터가 늘어났을 때 수정해야 할 코드의 양이 많아집니다. 유지 보수에 큰 비용이 들어가는 것이죠. 따라서 꼭 필요한 경우가 아니라면 하드 코딩을 배제하는 쪽으로 코드를 작성하는 것이 좋습니다.

상품의 개수에 맞게 인덱스를 자동으로 추가하는 방법으로 **레인지 데이터 세트**와 **len** 명령어를 활용하는 방법이 있습니다.

예를 들어, 3개의 상품 이름을 출력하는 코드는 다음과 같이 하드 코딩으로 작성할 수 있습니다.

직접 해보는 손코딩 소스 코드 index01.py

```
01 name_list = ["드링킹 요구르트", "딸기 우유", "홈런공"]
02 for i in [0, 1, 2]:
03     print(name_list[i])
```

→ 상품 이름이 100개라면 인덱스는 0부터 99까지 있어야 합니다(하드 코딩).

[실행 결과]

```
드링킹 요구르트
딸기 우유
홈런공
```

range 명령어를 사용해서 레인지 데이터 세트를 활용하면 다음과 같이 작성할 수 있습니다.

레인지 데이터 세트는 271쪽 〈for 반복문의 친한 친구: range〉에서 자세히 다루었습니다.

직접 해보는 손코딩 소스 코드 index02.py

```
01 name_list = ["드링킹 요구르트", "딸기 우유", "홈런공"]
02 for i in range(3):
03     print(name_list[i])
```

→ 상품 개수를 일일이 세어 숫자를 입력하므로 부분 하드 코딩입니다.

[실행 결과]

```
드링킹 요구르트
딸기 우유
홈런공
```

하드 코딩 방식과 비교하면 0부터 2까지 숫자를 일일이 적어줄 필요는 없지만, 상품의 개수 3을 직접 입력해야 하므로 완벽하게 하드 코딩을 배제했다고 볼 수는 없습니다.

따라서 데이터 개수를 자동으로 구하기 위해서 새로운 방법이 필요한데, 이때 **len** 명령어를 사용하면 됩니다. len 명령어는 다음과 같이 데이터 세트를 전달하면 데이터 세트에 저장된 데이터의 개수를 알려 줍니다.

파이썬 명령어 len은 length(길이)의 줄임말입니다.

```
len(데이터 세트)
```

리스트에 저장된 데이터의 개수를 확인하기 위해서는 다음과 같이 len을 사용할 수 있습니다.

직접 해보는 손코딩 소스 코드 index03.py

```
01 book_list = ["혼자 공부하는 첫 프로그래밍", "혼자 공부하는 파이썬"]
02 print(len(book_list))
03
04 count_down = [10, 9, 8, 7, 6, 5, 4, 3, 2, 1]
05 print(len(count_down))
```

[실행 결과]

```
2
10
```

1줄은 2개의 문자 데이터를 리스트로 만들고, book_list 변수에 저장합니다.

2줄은 len 명령어를 사용해서 book_list 데이터 세트에 저장된 데이터 개수를 구하고, 그 값을 화면에 출력합니다.

```
print(len(book_list)) → print(2) → 2    2를 화면에 출력합니다.
```

4줄은 10부터 1까지 숫자 데이터를 저장한 리스트를 만들고, count_down 변수에 저장합니다.

5줄은 len 명령어를 사용해서 count_down 데이터 세트에 저장된 데이터 개수를 구하고, 그 값을 화면에 출력합니다.

```
print(len(count_down)) → print(10) → 10    10을 화면에 출력합니다.
```

+ 여기서 잠깐 **len 명령어를 사용하는 이유**

파이썬은 데이터 세트에 저장된 데이터 개수를 구하기 위해서 len 명령어를 사용하지만, 다른 프로그래밍 언어에서는 다른 방법을 사용합니다. 여기서는 len 명령어를 사용하는 방법이 아니라, '데이터 세트의 데이터 개수를 자동으로 쉽게 구할 수 있다는 사실'을 아는 것이 중요합니다. 실제 데이터 개수를 구하는 방법은 프로그래밍 언어별로 어렵지 않게 찾을 수 있습니다.

이제 다시 레인지 데이터 세트 이야기로 돌아가 봅시다. 레인지를 사용하면 인덱스를 관리할 리스트를 직접 만들 필요는 없지만, 데이터 개수를 하드 코딩해야 했습니다. 하지만 len 명령어를 사용해서 자동으로 데이터 개수를 구하도록 코딩할 수 있습니다. 다음과 같이 말이죠.

직접 해보는 손코딩 소스 코드 index04.py

```
01 name_set = ["드링킹 요구르트", "딸기 우유", "홈런공"]
02 for i in range(len(name_set)):
03     print(name_set[i])
```

[실행 결과]

```
드링킹 요구르트
딸기 우유
홈런공
```

2줄은 for 반복문을 사용해서 name_list 데이터 세트에 저장된 데이터 개수만큼 3줄을 반복 처리합니다. len 명령어를 사용하면 name_list 데이터 세트의 데이터 개수를 쉽게 알 수 있고, 그 값을

range 명령어에 전달해서 0부터 2까지 3개의 인덱스를 가진 레인지 데이터 세트를 만들 수 있습니다.

```
range(len(name_set)) → range(3)  0부터 2까지 숫자 데이터 3개를 저장한 레인지 데이터 세트
```

지금까지 배운 레인지 데이터 세트와 len 명령어를 활용해서 상품별 매출액 보고서를 작성하는 프로그램을 다시 작성하면 다음과 같습니다.

직접 해보는 손코딩 소스 코드 index05.py

```
01 name_set = ["드링킹 요구르트", "딸기 우유"]
02 price_list = [1800, 1500]
03 qty_list = [4, 2]
04
05 for i in range(len(name_set)):
06     name = name_list[i]
07     sales = price_list[i] * qty_list[i]
08     print(name + " 매출액: " + str(sales))
```

[실행 결과]

```
드링킹 요구르트 매출액: 7200
딸기 우유 매출액: 3000
```

5줄은 for 반복문을 사용해서 name_set 데이터 세트에 저장된 데이터 개수만큼 6~8줄을 반복 처리합니다. name_list 데이터 세트의 데이터 개수 2는 len 명령어를 사용해서 쉽게 구할 수 있고, 그 값을 range 명령어에 전달해서 0부터 1까지 2개의 숫자 데이터를 저장한 레인지 데이터 세트를 만들 수 있습니다.

```
range(len(name_list)) → range(2)  0부터 1까지 숫자 데이터 2개를 저장한 레인지 데이터 세트
```

만약 이 코드에 홈런공 상품을 추가할 경우, 1~3줄에 데이터만 추가하면 나머지 코드는 수정하지 않을 수 있습니다. 레인지 데이터 세트와 len 명령어가 늘어난 상품의 개수만큼 인덱스를 자동으로 추가하기 때문이죠.

직접 해보는 손코딩 소스 코드 index06.py

```
01 name_list = ["드링킹 요구르트", "딸기 우유", "홈런공"]
02 price_list = [1800, 1500, 1000]
03 qty_list = [4, 2, 3]
04
05 for i in range(len(name_set)):
06     name = name_list[i]
07     sales = price_list[i] * qty_list[i]
08     print(name + " 매출액: " + str(sales))
```

새로 추가한 홈런공 데이터

[실행 결과]

```
드링킹 요구르트 매출액: 7200
딸기 우유 매출액: 3000
홈런공 매출액: 3000
```

딕셔너리와 for 반복문

딕셔너리dictionary **데이터 세트**는 여러 개의 데이터를 하나의 세트로 만들어서 관리하는 데이터 타입으로, 각각의 데이터에 이름표를 붙여서 관리하는 것이 특징입니다. 딕셔너리는 여러 개의 데이터를 저장할 수 있기 때문에 for 반복문으로 반복 처리하는 것이 가능합니다.

딕셔너리를 만드는 방법

이 책의 4장에서 딕셔너리에 대해 배웠죠. 딕셔너리는 중괄호{...}, 이름표, 콜론(:)을 사용해서 만들 수 있습니다.

```
{
    "이름표1": 데이터1,
    "이름표2": 데이터2,
    ...
}
```

딕셔너리는 여러 개의 데이터를 하나의 세트로 관리한다는 점에서 리스트와 같지만, 데이터에 이름표를 붙여서 관리한다는 점에서 리스트와 다릅니다.

예를 들어, 다음과 같이 두 개의 숫자 데이터가 담긴 리스트가 있다고 생각해 봅시다. 어떤 의미일까요?

```
[33.246225, 126.509279]
```

위 데이터는 제주도 서귀포시에 위치한 '제주월드컵경기장' 좌표의 위도와 경도 데이터입니다. 이와 같이 별도의 설명 없이 데이터만 넣어서 만든 리스트는 그 의미를 명확히 알기 어려운 경우가 있습니다. 이럴 때는 데이터에 이름표를 붙여서 누구나 쉽게 그 의미를 알 수 있게 해야 합니다.

이제 위 리스트의 각 데이터에 이름표를 붙여서 누구나 쉽게 데이터의 의미를 파악할 수 있도록 딕셔너리로 만들어 보겠습니다. 4장에서 언급한 것처럼, 리스트를 딕셔너리로 변환하는 과정은 다음과 같습니다. 순서대로 차근차근 해 보세요.

1. 대괄호[...]를 중괄호 {...}로 변경합니다.
2. 데이터 앞에 이름표를 추가합니다. 이름표는 일반적으로 문자 데이터를 사용합니다.
3. 이름표와 데이터 사이에 콜론(:)을 추가합니다.

이렇게 만든 딕셔너리는 다음과 같습니다. 숫자 데이터 앞에 이름표가 붙어 있으니 이 데이터 세트를 처음 본 사람도 각 데이터의 의미를 곧장 알 수 있겠죠.

```
{"위도": 33.246225, "경도": 126.509279}
```

딕셔너리에 담긴 데이터에 접근하는 방법

리스트에 저장된 데이터는 인덱스를 사용해 인덱싱 또는 슬라이싱할 수 있었습니다. 딕셔너리도 마찬가지예요. 다만 리스트는 인덱스를 사용하는 반면, 딕셔너리는 이름표를 사용해 데이터에 접근할 수 있습니다.

〈직접 해보는 손코딩〉으로 알아보겠습니다. 리스트와 딕셔너리가 각 데이터에 접근하는 방법은 다음과 같습니다.

직접 해보는 손코딩 소스 코드 for-dict01.py

```
01 coord_list = [33.246225, 126.509279]
02 print(coord_list[0])
03 print(coord_list[1])
04
05 coord_dict = {"위도" : 33.246225, "경도" : 126.509279}
06 print(coord_dict["위도"])
07 print(coord_dict["경도"])
```

[실행 결과]

```
33.246225
126.509279
33.246225
126.509279
```

1줄은 2개의 숫자 데이터를 하나의 세트로 모아 리스트로 만들고 변수 coord_list에 저장합니다.

2줄은 coord_list 데이터 세트에 저장된 첫 번째 데이터를 꺼내서 화면에 출력합니다. 리스트에 저장된 데이터에는 인덱스가 부여됩니다. 인덱스는 0부터 시작해서 1씩 증가하므로, 0번 인덱스는 첫 번째 데이터를 의미합니다.

3줄은 coord_list 데이터 세트에서 1번 인덱스에 해당하는 데이터를 꺼내서 화면에 출력합니다. 인덱스는 0부터 시작하므로 1번 인덱스는 두 번째 데이터를 가리킵니다.

5줄은 2개의 숫자 데이터에 각각 "위도", "경도" 이름표를 추가해서 딕셔너리로 만들고 변수 coord_dict에 저장합니다.

6줄은 coord_dict 데이터 세트에서 "위도" 이름표가 붙은 데이터를 꺼내 화면에 출력합니다. 딕셔너리의 데이터를 꺼내려면 반드시 이름표를 사용해야 합니다.

7줄은 coord_dict 데이터 세트에서 "경도" 이름표가 붙은 데이터를 꺼내서 화면에 출력합니다.

보면서 익히는 눈코딩

리스트는 인덱스로 데이터에 접근

```
coord_list = {33.246225, 126.509279}
print(coord_list["0"])
print(coord_list["1"])
```

0번 인덱스

1번 인덱스

딕셔너리는 이름표로 데이터에 접근

```
coord_dict = {
  "위도" : 33.246225,
  "경도" : 126.509279
}
print(coord_dict["위도"])
print(coord_dict["경도"])
```

"위도" 이름표

"경도" 이름표

+ 여기서 잠깐 **딕셔너리 데이터**

딕셔너리에서 꺼낸 각각의 데이터를 요소(element)라고 하고, 이때 이름표를 키(key), 데이터를 값(value)이라고 합니다. 딕셔너리의 데이터는 키와 값으로 구성되었다는 의미에서 키-값 쌍(key-value pair)이라고 부르기도 합니다.

딕셔너리를 for 반복문으로 처리하는 방법

for 반복문은 데이터 세트에 저장된 데이터 개수만큼 반복 처리합니다. 딕셔너리는 여러 개의 데이터를 하나의 세트로 저장한 것이기 때문에 for 반복문을 사용해서 반복 처리할 수 있습니다.

앞서 리스트와 for 반복문을 설명하면서 다음과 같이 리스트에 저장된 각 데이터를 화면에 출력하는 코드를 살펴본 적이 있습니다.

직접 해보는 손코딩 소스 코드 for-dict02.py

```
01  coord_list = [33.246225, 126.509279]
02  for coord in coord_list:
03      print(coord)
```

[실행 결과]

```
33.246225
126.509279
```

이 코드에서 주목할 것은 for 반복문에 리스트 데이터 세트가 사용되었다는 것입니다. for 반복문은

coord_list 데이터 세트에 저장된 데이터를 하나씩 꺼내서 변수 coord에 저장합니다. 즉 coord는 반복문이 실행될 때마다 각각 33.246225, 126.509279를 저장하는 것이죠.

이제 이 코드를 살짝 수정해서 다음과 같이 딕셔너리를 사용한 반복문으로 만들어 보겠습니다.

직접 해보는 손코딩 　소스 코드 for-dict03.py

```
01  coord_dict = {"위도": 33.246225, "경도": 126.509279}
02  for key in coord_dict:
03      print(key)
```

[실행 결과]

```
위도
경도
```

1줄은 2개의 숫자 데이터에 이름표를 붙여서 딕셔너리로 만들고 변수 coord_dict에 저장한 것입니다.

2~3줄은 for 반복문을 사용해서 coord_dict 데이터 세트에 저장된 데이터의 개수만큼 코드 블록을 반복하는 코드입니다. 여기서 중요한 것은 변수 coord_dict에 저장된 데이터입니다. 앞서 coord_list를 사용한 반복문에서는 변수 coord에 숫자 데이터 33.246225와 126.509279가 저장되지만, coord_dict의 경우 딕셔너리이므로 변수 key에 이름표 "위도"와 "경도"가 저장됩니다.

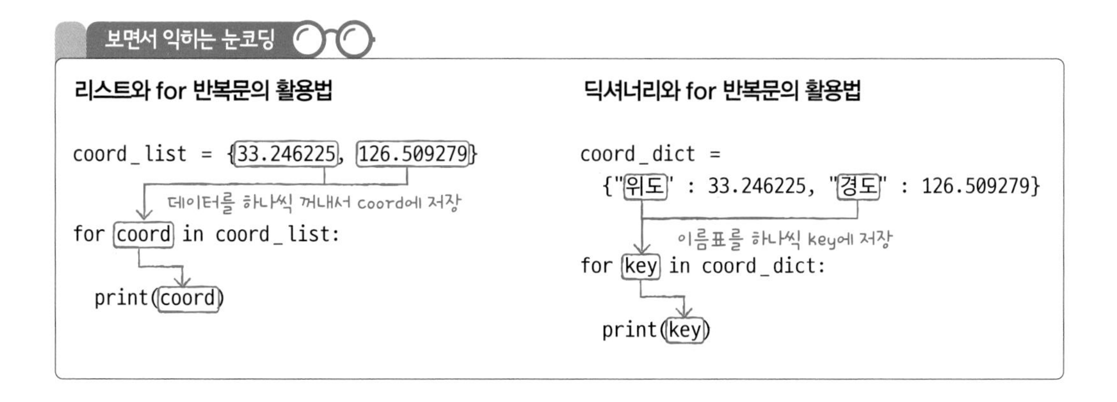

이번에는 딕셔너리 데이터 세트에 저장된 이름표가 아니라 실제 데이터를 다루는 방법을 알아보겠습니다. 바로 〈직접 해보는 손코딩〉으로 정리해 보겠습니다.

직접 해보는 손코딩 소스 코드 for-dict04.py

```
01  coord_dict = {"위도" : 33.246225, "경도" : 126.509279}
02  for key in coord_dict:
03      print(coord_dict[key])
```

[실행 결과]

```
33.246225
126.509279
```

1줄은 2개의 숫자 데이터를 저장한 딕셔너리 데이터 세트를 만들고, 변수 coord_dict에 저장합니다.

2줄은 for 반복문을 사용해서 coord_dict 데이터 세트에 저장된 데이터 개수만큼 3줄을 반복 처리합니다. 이때 변수 key는 매 반복마다 데이터의 이름표를 저장합니다.

3줄은 변수 key에 저장된 이름표를 사용해서 coord_dict 데이터 세트에 저장된 데이터를 꺼내 화면에 출력합니다.

〈보면서 익히는 눈코딩〉을 통해 딕셔너리와 for 반복문을 정리하겠습니다. 〈직접 해보는 손코딩〉에서 실습한 for 반복문의 리스트 처리와 비교해서 보면 많은 도움이 될 것입니다.

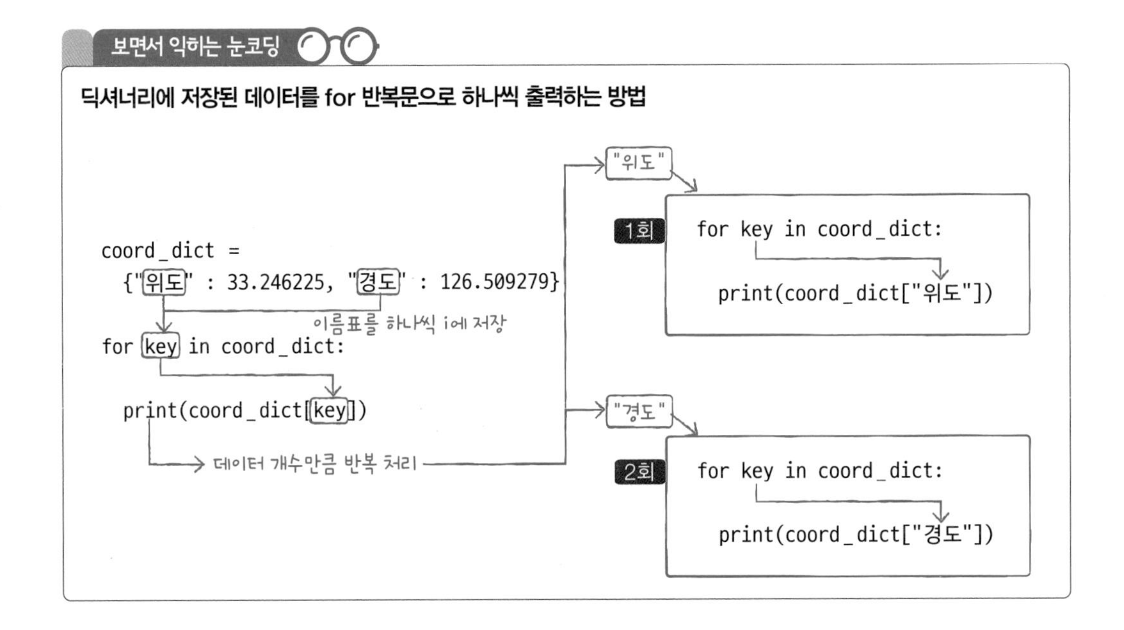

월간 판매량 보고서 작성: 복사 & 붙여넣기

딕셔너리로 저장된 모기킬라 제품의 2020년 6월부터 8월까지 월간 판매량의 합계를 구해서 출력하는 방법을 알아보겠습니다.

```
mos_qty = {
    "2020년6월": [9, 5, 14, 8],
    "2020년7월": [15, 6, 17, 15],        ──> ❶
    "2020년8월": [26, 18, 26, 10]
}

# 리스트의 데이터 개수만큼 반복 처리하는 for 반복문 추가
month = 이름표
total = sum(월별 판매량 리스트)                 ──> ❷ for 반복문으로 처리할 부분
print(month + " 판매량: " + str(total))
```

❶부분은 3개월치 판매량 데이터에 각각 "2020년6월", "2020년7월", "2020년8월" 이름표를 붙여서 딕셔너리로 만들고, 이것을 mos_qty 변수에 저장한 것입니다.

❷부분의 반복 처리 코드를 for 반복문을 사용하지 않고, 작성하면 다음과 같습니다.

직접 해보는 손코딩 소스 코드 for-dict05.py

```
01 mos_qty = {
02     "2020년6월": [9, 5, 14, 8],
03     "2020년7월": [15, 6, 17, 15],
04     "2020년8월": [26, 18, 26, 10],
05 }
06
07 # 아래 코드를 for 반복문으로 처리할 예정입니다.
08 month = "2020년6월"
09 total = sum(mos_qty[month])
10 print(month + " 판매량: " + str(total))
11
12 month = "2020년7월"
13 total = sum(mos_qty[month])
```

```
14 print(month + " 판매량: " + str(total))
15
16 month = "2020년8월"
17 total = sum(mos_qty[month])
18 print(month + " 판매량: " + str(total))
```

[실행 결과]

```
2020년6월 판매량: 36
2020년7월 판매량: 53
2020년8월 판매량: 80
```

8줄은 "2020년6월" 문자 데이터를 만들고 month 변수에 저장합니다.

9줄은 mos_qty 딕셔너리에서 "2020년6월" 이름표를 갖는 데이터의 합계를 구하는 코드입니다. mos_qty[month] 코드는 mos_qty에서 "2020년6월" 데이터, 즉 리스트 [9, 5, 14, 8]을 얻을 수 있습니다. 또한 리스트 [9, 5, 14, 8]에 저장된 숫자 데이터의 합계는 sum 명령어를 사용해서 계산할 수 있습니다. 여기까지 계산한 결괏값을 변수 total에 저장합니다.

```
sum(mos_qty[month])
→ sum(mos_qty["2020년6월"])
→ sum([9, 5, 14, 8])
→ 36 ———→ 이 값이 total 변수에 저장됩니다.
```

✚ 여기서 잠깐 모두 같은 기능을 하는 코드

앞에서 본 코드에서 9줄처럼 한 줄에 많은 명령어를 담는 것이 어렵게 느껴진다면, 다음과 같이 풀어서 쓸 수도 있습니다. 모두 같은 기능을 하는 코드입니다.

```
month = "2020년6월"
qty = mos_qty[month]
total = sum(qty)
```

10줄은 month와 total에 저장된 값을 화면에 출력합니다. total은 숫자 데이터이기 때문에 str 명령어를 사용해서 문자 데이터로 변환이 필요합니다.

12~14줄과 16~8줄은 8~10줄과 비교했을 때 month 값만 다르고 나머지 코드는 동일합니다. 즉 딕셔너리의 각 데이터에 붙인 이름표만 바꾸면 월별 판매량을 쉽게 만들 수 있는 것이죠.

월간 판매량 보고서 작성: for 반복문

이번에는 for 반복문을 사용해서 다음과 같이 수정하겠습니다.

직접 해보는 손코딩 소스 코드 for-dict06.py

```
01  mos_qty = {
02      "2020년6월": [9, 5, 14, 8],
03      "2020년7월": [15, 6, 17, 15],
04      "2020년8월": [26, 18, 26, 10],
05  }
06
07  for month in mos_qty:
08      total = sum(mos_qty[month])
09      print(month + " 판매량: " + str(total))
```

[실행 결과]

```
2020년6월 판매량: 36
2020년7월 판매량: 53
2020년8월 판매량: 80
```

7줄은 for 반복문을 사용해서 mos_qty 데이터 세트에 저장된 데이터 개수만큼 8~9줄을 반복 처리합니다. 이때 month 변수는 매회 반복 실행할 때마다 mos_qty 데이터 세트의 이름표가 차례대로 저장됩니다. 여기서는 "2020년6월", "2020년7월", "2020년8월"이 차례대로 저장되는 것이죠.

8줄은 month에 저장된 값을 이름표로 사용하는 데이터를 mos_qty에서 꺼내고, sum 명령어로 합계를 구한 결괏값을 total 변수에 저장합니다.

9줄은 month에 저장된 이름표와 total에 저장된 월간 판매량 합계를 화면에 출력합니다.

레벨 업 for 반복문을 활용하는 여러 가지 방법

지금까지 다양한 데이터 타입과 더불어 if 조건문, for 반복문까지 파이썬 프로그래밍에 필요한 여러 기초 지식을 배웠어요. 지금까지 배운 지식을 유용하게 조합해서 데이터를 효율적으로 처리하는 몇 가지 방법을 알아봅시다. 여러분의 코딩 실력을 레벨 업할 수 있는 좋은 기회예요.

리스트에 저장된 데이터의 순서 뒤집기

앞서 4장에서 reversed 명령어와 list 명령어를 함께 사용해서 리스트에 저장된 데이터의 순서를 뒤집는 방법에 대해서 배웠습니다.

```
list(reversed([3, 2, 1])) → [1, 2, 3]
```

이제 이 기능을 직접 만들어 봅시다. 생각보다 어렵지 않아요! 파이썬이 제공했던 명령어를 직접 만들어 보면 여러분의 코딩 실력이 향상되는 것을 느낄 수 있을 거예요. 〈직접 해보는 손코딩〉으로 실습해 봅시다.

직접 해보는 손코딩 소스 코드 /levelup/levup_05_02_01.py

```
01 before = ["A", "B", "C"]
02 print("변경 전:", before)
03
04 after = []
05 after.append(before[2])
06 after.append(before[1])
07 after.append(before[0])
08 print("변경 후:", after)
```

[실행 결과]

```
변경 전: ['A', 'B', 'C']
변경 후: ['C', 'B', 'A']
```

1줄은 리스트 ["A", "B", "C"]를 만들고 변수 before에 저장합니다.

2줄은 리스트 before를 화면에 출력합니다. '변경 전:'이라고 표시해서 비교하기 쉽게 했어요.

4줄은 비어 있는 리스트를 만들고 변수 after에 저장합니다.

5줄은 append 명령어를 사용해서 리스트 before에서 인덱스가 2인 데이터를 리스트 after에 추가합니다. 리스트 before에서 인덱스가 2인 데이터는 "C"이므로, 5줄이 실행되고 나면 after는 ["C"]가 될 거예요.

6줄은 append 명령어를 사용해서 리스트 before에서 인덱스가 1인 데이터를 리스트 after에 추가합니다. 리스트 before에서 인덱스가 1인 데이터는 "B"입니다. append 명령어는 리스트의 맨 뒤에 데이터를 추가하므로 6줄이 실행되고 나면 after는 ["C", "B"]가 될 거예요.

7줄은 append 명령어를 사용해서 리스트 before에서 인덱스가 0인 데이터를 리스트 after에 추가합니다. 리스트 before에서 인덱스가 0인 데이터는 "A"입니다. append 명령어는 리스트의 맨 뒤에 데이터를 추가하므로 7줄이 실행되고 나면 after는 ["C", "B", "A"]가 될 거예요.

8줄은 리스트 after를 화면에 출력합니다. '변경 후:'라고 표시해서 비교하기 쉽게 했어요.

간단하죠? 인덱스를 사용해서 리스트의 데이터를 끝에서부터 꺼낸 뒤, append 명령어를 사용해서 새로운 리스트에 차례대로 추가하면 끝입니다. 하지만 이 프로그램은 아직 개선할 여지가 있습니다. 5~7줄은 인덱스를 제외한 나머지가 동일하기 때문에 컴퓨터에게 반복 처리를 맡길 수 있거든요.

이제 for 반복문을 사용해서 더 나은 프로그램으로 발전시켜 보겠습니다. 주목해야 할 것은 리스트 before의 맨 끝에서부터 인덱스를 하나씩 줄여가며 데이터를 꺼내야 한다는 것입니다. 이 부분에 집중해 보세요.

직접 해보는 손코딩 소스 코드 /levelup/levup_05_02_02.py

```
01 before = ["A", "B", "C"]
02 print("변경 전:", before)
03
04 after = []
05 length = len(before)
06 for n in range(length):
07     idx = length - n - 1
```

```
08      after.append(before[idx])
09
10  print("변경 후:", after)
```

[실행 결과]

```
변경 전: ['A', 'B', 'C']
변경 후: ['C', 'B', 'A']
```

1~4줄까지는 이전과 동일합니다. 리스트 ["A", "B", "C"]를 변수 before에 저장하고 비어 있는 리스트 after를 준비합니다.

5줄은 len 명령어를 사용해서 리스트 before에 저장된 데이터의 개수를 세고, 그 결괏값을 변수 length에 저장합니다. before에 저장된 데이터는 3개이므로 length에는 숫자 데이터 3이 저장됩니다. 데이터의 개수는 리스트 before를 인덱싱하기 위해 필요해요.

6줄은 range 명령어를 사용해 length에 저장된 숫자 3만큼, 즉 리스트 before에 저장된 데이터의 개수만큼 7~8줄을 반복 처리합니다.

7줄은 리스트 before의 데이터를 끝에서부터 인덱싱하기 위해 필요한 인덱스를 계산한 연산식입니다. 다음 표를 보고 반복 처리가 수행될 때마다 range(length)에서 꺼내 온 숫자인 변수 n, 그리고 변수 idx의 값이 어떻게 변하는지 살펴보세요.

length	n	idx = length - n - 1
3	0	2
3	1	1
3	2	0

8줄은 리스트 before를 끝에서부터 인덱싱한 데이터를 리스트 after에 차례대로 추가합니다.

len 명령어는 주어진 데이터 세트에 저장된 데이터의 개수를 구합니다. len 명령어에 대해서는 2장에서 배웠어요!

딕셔너리의 키와 값 서로 바꾸기

이번에는 딕셔너리의 키와 값을 서로 바꾸는 코드를 만들어 봅시다.

```
{1: "하나", 2: "둘", 3: "셋"} → {"하나": 1, "둘": 2, "셋": 3}
```

먼저 딕셔너리의 키와 값을 각각 리스트로 분리해야 합니다. 4장에서 배운 keys와 values 명령어를 사용하면 간단해요. 이렇게 키와 값을 두 리스트로 만들고 나서 각각 하나씩 꺼낸 뒤 새로운 딕셔너리에 추가하면 됩니다.

> 기억이 잘 나지 않는다면 4장의 〈레벨 업〉으로 돌아가 keys와 values를 다시 살펴보세요.

〈직접 해보는 손코딩〉으로 확인해 봅시다. dict_before는 요일과 숫자를 키와 값의 쌍으로 저장한 딕셔너리입니다. 키와 값의 위치를 서로 바꾸고 화면에 출력해 볼 거예요.

직접 해보는 손코딩 소스 코드 /levelup/levup_05_02_03.py

```
01 dict_before = {
02     "일요일": "0",
03     "월요일": "1",
04     "화요일": "2",
05     "수요일": "3",
06     "목요일": "4",
07     "금요일": "5",
08     "토요일": "6",
09 }
10
11 keys_before = list(dict_before.keys())
12 values_before = list(dict_before.values())
13 length = len(dict_before)
14 print("keys_before:", keys_before)
15 print("values_before:", values_before)
16
17 dict_after = {}
18 for n in range(length):
19     dict_after[values_before[n]] = keys_before[n]
20 print(dict_after)
```

[실행 결과]

```
keys_before: ['일요일', '월요일', '화요일', '수요일', '목요일', '금요일', '토요일']
values_before: ['0', '1', '2', '3', '4', '5', '6']
{'0': '일요일', '1': '월요일', '2': '화요일', '3': '수요일', '4': '목요일', '5': '금요일', '6': '토요일'}
```

1~9줄은 요일과 "0"부터 "6"까지 데이터를 키와 값의 쌍으로 저장하고 변수 dict_before에 저장합니다. 이제 키와 값을 각각 추출해서 두 리스트로 분리해 저장할 거예요.

11줄은 keys 명령어를 사용해 dict_before에서 키를 모두 추출합니다. keys 명령어의 결괏값은 리스트가 아닌 데이터 세트이므로 list 명령어를 사용해서 직접 리스트로 만든 뒤 변수 keys_before에 저장했습니다.

12줄은 vlaues 명령어를 사용해서 dict_before에서 값을 모두 추출합니다. 역시 list 명령어를 사용해서 직접 리스트로 만든 뒤 변수 values_before에 저장했습니다.

13줄은 len 명령어를 사용해서 딕셔너리 dict_before에 저장된 데이터의 개수를 구하고 변수 length에 저장합니다. 딕셔너리 dict_before의 키는 요일이므로 length에는 정수 7이 저장됩니다. 데이터의 개수는 딕셔너리를 인덱싱할 때 사용할 거예요.

14줄은 리스트 keys_before를 화면에 출력해서 딕셔너리의 키가 잘 추출되었는지 확인합니다.

15줄은 리스트 value_before를 화면에 출력해서 딕셔너리의 값이 잘 추출되었는지 확인합니다.

17줄은 비어 있는 딕셔너리를 만들고 변수 dict_after에 저장합니다.

18줄은 for 반복문을 사용해 length에 저장된 숫자 7, 즉 딕셔너리 dict_before에 저장된 데이터의 개수만큼 19줄을 반복 처리합니다. 반복문의 변수 n에는 0부터 6까지 숫자가 저장될 거예요.

19줄은 변수 n으로 두 리스트 values_before와 keys_before를 인덱싱합니다. 그러고 나서 리스트 values_before에 저장된 데이터를 딕셔너리의 키로, 리스트 keys_before에 저장된 데이터를 딕셔너리의 값으로 지정한 뒤 딕셔너리 dict_after에 저장합니다. 반복문이 실행될 때마다 n이 0부터 6까지 증가하므로 두 리스트의 데이터는 앞에서부터 차례대로 딕셔너리에 추가됩니다.

20줄은 딕셔너리 dict_after를 화면에 출력합니다. 키와 값의 위치가 서로 잘 바뀌었는지 확인해 보세요.

keys와 values 명령어의 결괏값은 리스트가 아닌 데이터 세트이므로 list 명령어를 사용해서 직접 리스트로 변환해야 해요.

마무리

▶ 4가지 키워드로 정리하는 핵심 포인트

- **데이터 타입**이란 프로그래밍 언어가 처리 가능한 데이터의 종류를 말합니다.
- **기본 데이터 타입**이란 문자 데이터, 숫자 데이터, 불 데이터를 말합니다.
- **데이터 세트**란 여러 개의 데이터를 하나의 세트로 만든 것을 말합니다. 데이터 세트에는 리스트, 딕셔너리, 레인지 등이 있습니다. 문자열(여러 개의 문자를 하나의 세트로 만든 문자 데이터)도 데이터 세트입니다.
- len 명령어로 데이터 세트에 저장된 **데이터 개수**를 알 수 있다면 for 반복문으로 데이터 개수만큼 반복 처리할 수 있습니다.

▶ 확인 문제 (정답 403쪽)

1. 다음 소스 코드를 보고 실행 결과를 맞혀 보세요.

```
01 coffee = "플랫화이트"
02 for x in coffee:
03     print(x)
```

[실행 결과]

2. 다음 소스 코드를 보고 실행 결과를 맞혀 보세요.

```
01  count = [1, 2, 3, 4, 5, 6, 7, 8, 9, 10]
02  for x in count:
03      if x % 2 == 0:
04          print(str(x) + "!")
```

[실행 결과]

3. 다음 소스 코드를 보고 실행 결과를 맞혀 보세요.

```
01  five = range(5)
02  for x in five:
03      print((x + 1) * 3)
```

[실행 결과]

4. 다음 소스 코드를 보고 실행 결과를 맞혀 보세요.

```
01  order = ["아메리카노", "플랫 화이트", "화이트 초콜릿 모카"]
02  price = [3100, 4100, 4600]
03  for x in range(3):
04      print(order[x] + " : " + str(price[x]))
```

[실행 결과]

5. 다음 소스 코드를 보고 실행 결과를 맞혀 보세요.

```
01  scores = [990, 120]
02  print(scores[0])
03  print(scores[1])
04
05  scores = {"TOEIC": 990, "TOEFL iBT": 120}
06  print(scores["TOEIC"])
07  print(scores["TOEFL iBT"])
```

[실행 결과]

6. 다음 소스 코드를 보고 실행 결과를 맞혀 보세요.

```
01  order = ["아메리카노", "플랫 화이트", "화이트 초콜릿 모카"]
02  price = {
03      "아메리카노": 3100,
04      "플랫 화이트": 4100,
05      "화이트 초콜릿 모카": 4600
06  }
07
08  for x in order:
09      print(x + " : " + str(price[x]))
```

[실행 결과]

7. 다음 소스 코드를 보고 실행 결과를 맞혀 보세요.

```
01  numbers = [[1, 2, 3], [4, 5, 6]]
02
03  for row in numbers:
04      total = 0
05      for x in row:
06          total = total + x
07      print(total)
```

[실행 결과]

8. 다음 소스 코드를 보고 실행 결과를 맞혀 보세요.

```
01  menu = {
02      "오늘의 커피": 2800,
03      "아메리카노": 3100,
04      "카푸치노": 3600,
05      "화이트 초콜릿 모카": 4600,
06      "플랫 화이트": 4100,
07  }
08
09  my_order = {
10      "플랫 화이트": 2,
11      "화이트 초콜릿 모카": 1,
12  }
13
14  for x in my_order:
15      price = menu[x]
16      qty = my_order[x]
17      total = price * qty
18      print(x + " " + str(qty) + " 잔, 합계 : " + str(total))
```

[실행 결과]

도전 문제 easy | medium | hard

리스트와 딕셔너리를 다룰 때는 for 반복문과 range 명령어가 매우 유용합니다. 처음에는 낯설고 어려울 수 있지만 자주 써서 익숙해지면 대량의 데이터도 손쉽게 가공할 수 있을 거예요. 조금만 고민하면 답은 의외로 간단합니다. 힘을 내 보세요!

1. 중첩 리스트

딕셔너리는 데이터를 키와 값의 쌍으로 관리하지만, 리스트에는 키가 없어요. 하지만 인덱스를 잘 활용하면 마치 딕셔너리의 키처럼 데이터를 섬세하게 관리할 수 있습니다.

다음과 같이 주어진 리스트에 저장된 데이터에 인덱스를 추가해서 중첩 리스트로 만든 뒤 화면에 출력하세요. 이때 for 반복문을 사용해야 합니다.

```
["파이썬", "자바", "C언어"]
```

```
[ [0, "파이썬"], [1, "자바"], [2, 'C언어']]
```

hint1 len, append, range 명령어가 필요할 거예요.

hint2 for 반복문을 사용해 리스트에 저장된 데이터를 하나씩 꺼내서 새로운 리스트에 [인덱스, 데이터] 형식으로 저장하세요.

```
temp = [index, value]
list.append(temp)
```

2. 두 리스트를 딕셔너리로 병합하기

이번에는 두 리스트를 하나의 딕셔너리로 병합해 볼 거예요. 주어진 두 리스트 중 하나는 딕셔너리의 키로, 다른 하나는 딕셔너리의 값으로 지정해서 하나의 딕셔너리로 만들고 화면에 출력해 보세요.

```
list_key = ['종목', '날짜', '종가']
list_value = ['엔비디아', '2024-02-26', 790.92]
```

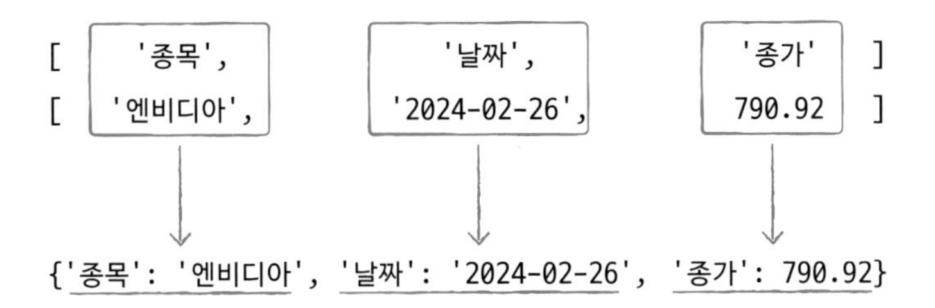


```
{'종목': '엔비디아', '날짜': '2024-02-26', '종가': 790.92}
```

hint 비어 있는 딕셔너리 dict_price를 만들고 for 반복문을 사용해서 두 리스트 데이터를 dict_price에 추가하세요.

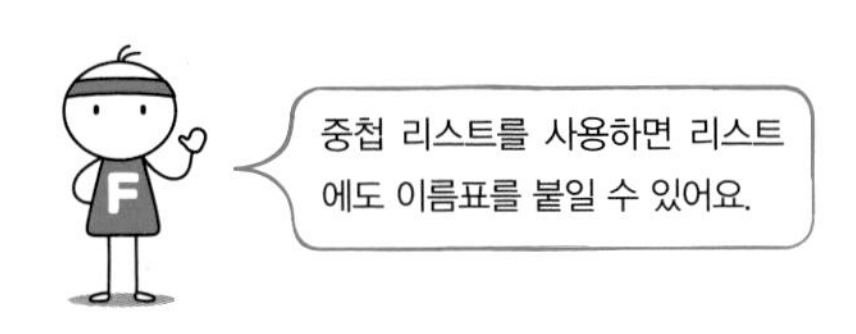

Chapter 06

함수는 어떤 기능을 하도록 작성된 작은 프로그램입니다. 함수를 사용하면 기능 단위로 프로그램을 잘게 나눌 수 있고, 반복적으로 사용하는 기능을 편리하게 사용할 수 있습니다.

함수

학습 목표

- 파이썬 내장 함수를 활용할 수 있습니다.
- 함수를 직접 만들고 활용할 수 있습니다.
- 함수를 활용해 다양한 문제를 해결할 수 있습니다.

06-1 함수 활용하기

핵심 키워드

함수 · 함수 입력값 · 매개변수 · 함수 출력값 · 파이썬 내장 함수 · 사용자 정의 함수

이번 절에서는 함수를 만들고 사용하는 방법을 알아봅니다. 파이썬이 제공하는 내장 함수에 관해서도 공부합니다.

시작하기 전에

프로그래밍에서 **함수**function란 어떤 기능을 하도록 작성된 작은 프로그램을 말합니다. 보통 함수는 입력값과 출력값으로 이루어져 있고 데이터를 입력하면 어떤 처리을 거쳐 가공된 데이터를 출력하는 방식으로 작동합니다.

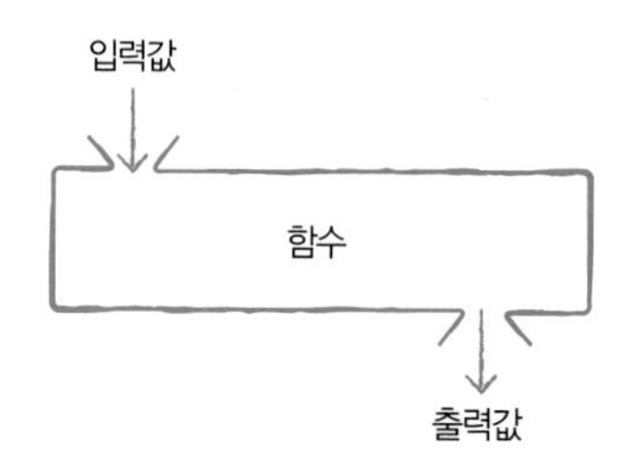

모든 함수에는 이름이 부여되는데, 이때 이름을 통해 함수의 기능을 유추할 수 있게 하는 것이 중요합니다. 예를 들어 데이터의 합계를 구하는 함수의 이름은 합계를 뜻하는 영단어 sum으로, 평균을 구하는 함수의 이름은 평균을 뜻하는 영단어 average로 짓는 식으로요.

함수의 이름을 지나치게 함축적으로 짓거나 너무 추상적이어서 이름만으로는 함수가 어떤 일을 하는지 예상할 수 없다면 문법적으로 오류가 없다고 해도 결코 좋은 함수가 아닙니다. 그만큼 함수를 만들 때는 함수의 기능을 잘 표현하는 이름을 붙이는 것이 중요합니다.

그럼 본격적으로 함수에 대해 배우고, 함수를 활용하는 방법을 공부하겠습니다. 함수에 대해 잘 알면 더 효율적으로 코딩할 수 있습니다. 이제 시작하겠습니다!

파이썬 내장 함수

파이썬 내장 함수built-in function란 파이썬이 기본적으로 제공하는 함수를 말합니다. 따라서 별도의 절차 없이 필요할 때 얼마든지 사용할 수 있습니다. 여러분이 직접 만들어야 할 함수를 파이썬이 만들어서 제공할 정도면 매우 중요하고 자주 쓰는 함수겠죠?

파이썬 내장 함수는 파이썬 버전에 따라 개수가 조금씩 다른데, 파이썬 3.12.x 버전에서는 다음과 같이 총 71개가 제공됩니다. 겁먹지 마세요. 이 내장 함수들을 모두 알아야 하는 것은 아닙니다.

```
abs, aiter, all, anext, any, ascii, bin, bool, breakpoint, bytearray, bytes,
callable, chr, classmethod, compile, complex, delattr, dict, dir, divmod,
enumerate, eval, exec, filter, float, format, frozenset, getattr, globals,
hasattr, hash, help, hex, id, input, int, isinstance, issubclass, iter, len,
list, locals, map, max, memoryview, min, next, object, oct, open, ord, pow,
print, property, range, repr, reversed, round, set, setattr, slice, sorted,
staticmethod, str, sum, super, tuple, type, vars, zip, __import__
```

위 목록에는 이 책에서 언급됐던 낯익은 **명령어**들도 보이네요.

```
len, print, range, str, sum, type
```

앞서 명령어라고 불렀던 것들이 사실은 함수입니다. 예를 들면, print 명령어가 아니라 print 함수인 것이죠. 명령어라고 표현해도 크게 잘못된 것은 아니지만, 이제 함수를 배울 것이니까 지금부터는 **함수**라고 부르겠습니다.

프로그래밍을 하다 보면 내장 함수를 많이 사용합니다. 이 책에서 모든 내장 함수를 설명하기는 어렵고, 그 대신에 내장 함수의 기능을 설명한 문서를 찾는 방법을 알아보겠습니다.

구글에 접속해서 'python built in function'으로 검색하면 첫 번째로 나오는 검색 결과가 있습니다. https://docs.python.org로 시작하는 문서입니다. 파이썬에서 제공하는 공식 내장 함수 매뉴얼입니다. Python 3.x.x를 포함한 링크를 클릭하면 내장 함수 목록과 그 기능에 대한 설명을 확인할 수 있습니다.

검색어 'python built in function' 검색 결과

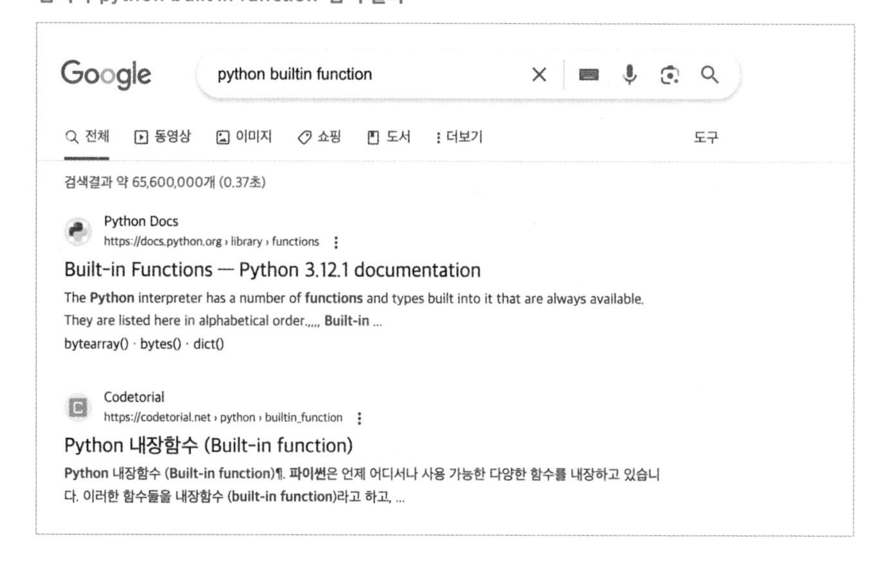

파이썬 내장 함수 목록과 공식 매뉴얼 화면

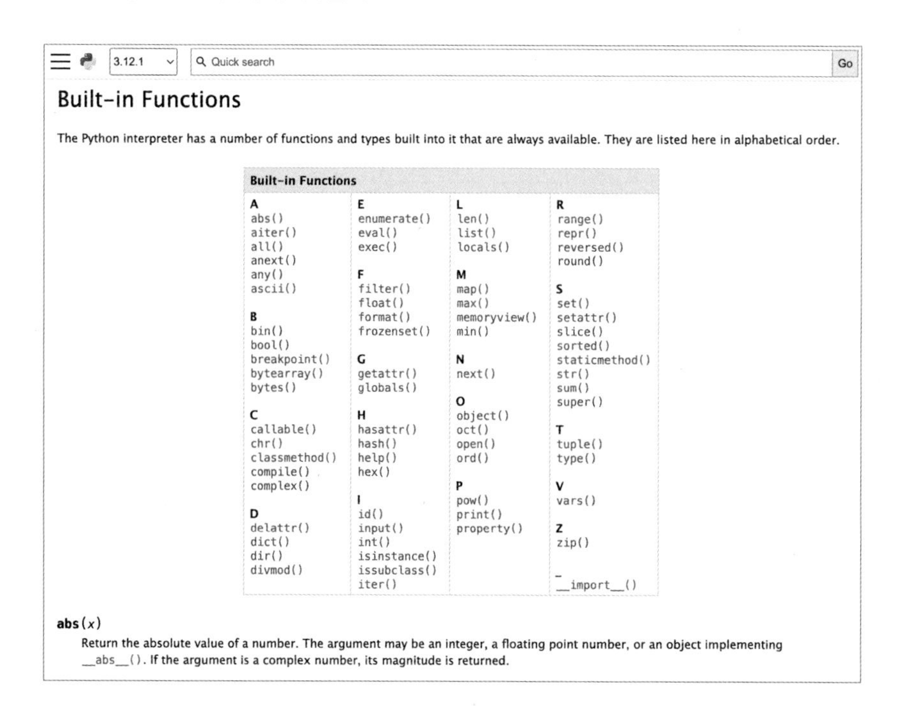

3.12.1 Quick search Go

Built-in Functions

The Python interpreter has a number of functions and types built into it that are always available. They are listed here in alphabetical order.

Built-in Functions			
A	E	L	R
abs()	enumerate()	len()	range()
aiter()	eval()	list()	repr()
all()	exec()	locals()	reversed()
anext()			round()
any()	F	M	
ascii()	filter()	map()	S
	float()	max()	set()
B	format()	memoryview()	setattr()
bin()	frozenset()	min()	slice()
bool()			sorted()
breakpoint()	G	N	staticmethod()
bytearray()	getattr()	next()	str()
bytes()	globals()		sum()
		O	super()
C	H	object()	
callable()	hasattr()	oct()	T
chr()	hash()	open()	tuple()
classmethod()	help()	ord()	type()
compile()	hex()		
complex()		P	V
	I	pow()	vars()
D	id()	print()	
delattr()	input()	property()	Z
dict()	int()		zip()
dir()	isinstance()		
divmod()	issubclass()		_
	iter()		__import__()

abs(*x*)
Return the absolute value of a number. The argument may be an integer, a floating point number, or an object implementing __abs__(). If the argument is a complex number, its magnitude is returned.

이 책에서는 파이썬 내장 함수를 설명하지만, 다른 프로그래밍 언어도 파이썬과 마찬가지로 내장 함수를 제공합니다. 더욱 자세한 내용은 해당 언어의 이름과 'built in function' 검색어를 함께 사용해서 검색하면 관련 자료를 쉽게 찾을 수 있습니다.

✚ 여기서 잠깐 str 함수와 str 클래스

파이썬 내장 함수 공식 매뉴얼 목록에서 str을 클릭하면, str 항목으로 이동하고 'class str'라는 표현을 볼 수 있어요.

```
class str(object='')
class str(object=b'', encoding='utf-8', errors='strict')
    Return a str version of object. See str() for details.

    str is the built-in string class. For general information about strings, see Text Sequence Type — str.
```

파이썬에서 str 명령어는 함수가 아니라 클래스(class)라는 뜻인데요, 지금은 '클래스'라는 것이 있다는 것만 알아 두고 너무 깊이 파고들지 않기로 해요. 아직은 함수와 클래스를 구분하는 것이 중요하지 않기 때문입니다. str 명령어는 '다른 데이터 타입을 문자 데이터로 변환하는 기능을 한다'는 것만 기억해 둡시다.

✚ 여기서 잠깐 한국어로 번역된 파이썬 매뉴얼

파이썬 공식 매뉴얼 페이지의 왼쪽 위에는 아래 그림과 같이 언어를 선택할 수 있는 드롭다운 메뉴가 있습니다. 드롭다운 메뉴를 누르고 [Korean]으로 바꾸면 한국어로 번역된 매뉴얼을 볼 수 있습니다. 만약 여러분의 화면에서 [English▼] 메뉴가 보이지 않으면 왼쪽 위 ≡ 버튼을 클릭해서 사이드 탭을 여세요. 드롭다운 메뉴를 누르고 [Korean]으로 바꾸면 한국어로 번역된 매뉴얼을 볼 수 있습니다.

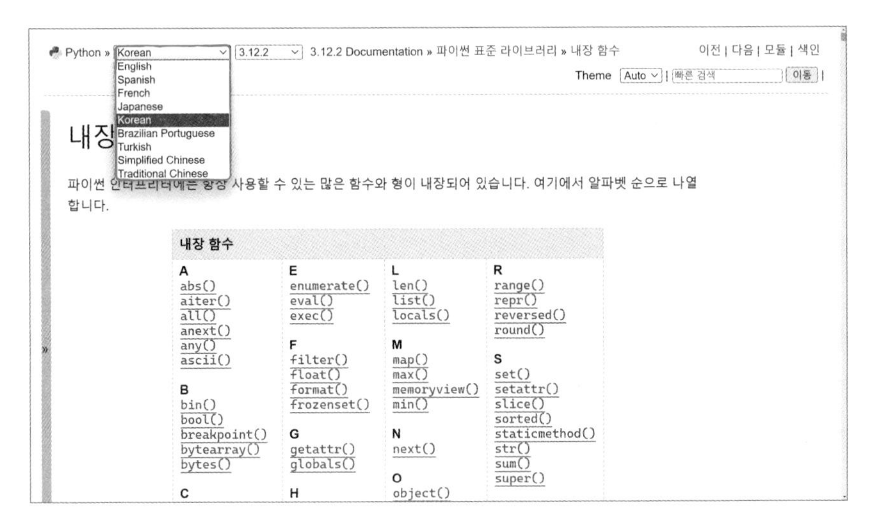

한편 한국어 번역본은 몇몇 부분에서 영어 원문의 취지와 다르게 해석한 부분도 있으니, 가능하다면 영어 원문을 보고 한국어 번역본은 참고만 하세요. 지금 단계에서 파이썬 매뉴얼 전체를 읽어 볼 필요는 없습니다. 내장 함수 이름으로 함수의 기능을 유추하고, 함수 입력값과 출력값을 확인하는 정도면 충분합니다.

abs 함수

파이썬 공식 매뉴얼에 첫 번째로 등장하는 **abs** 함수에 대해서 공부하겠습니다. 이 함수를 사용하면 숫자 데이터의 절댓값을 얻을 수 있습니다. 함수 이름 abs는 absolute의 약자이며, 함수 입력값으로 숫자 데이터(정수, 부동 소수점 수)를 전달합니다. 이 함수는 다음의 형태로 사용할 수 있습니다.

어떤 수의 절댓값이란 0에서부터 그 수까지의 거리를 의미합니다.

```
abs(숫자 데이터)
```

abs 함수를 다음 코드로 실습하겠습니다.

직접 해보는 손코딩 | 소스 코드 abs01.py

```
01 print(abs(3.23))
02 print(abs(-3.23))
```

[실행 결과]

```
3.23
3.23
```

1줄은 부동 소수점 수 3.23을 함수 abs의 입력값으로 전달하고, 그 결괏값을 print 함수에 전달해서 화면에 출력합니다.

2줄은 부동 소수점 수 −3.23을 함수 abs의 입력값으로 전달하고, 그 결괏값을 print 함수에 전달해서 화면에 출력합니다. abs 함수의 기능이 숫자 데이터의 절댓값을 만드는 것인데, 예상대로 음수가 양수로 출력되는 것을 확인할 수 있습니다.

이쯤에서 함수와 관련된 용어도 몇 가지 설명해 드릴게요. 자주 사용하는 표현이니까 익숙해지면 좋습니다.

- 함수를 실행하는 것을 **함수를 호출한다**call라고 표현합니다.
- 함수 입력값을 **인수**argument라고 합니다.

- 함수 결괏값을 **리턴값**return value이라고 합니다.
- 함수 결괏값을 함수를 호출한 위치로 전달하는 것을 **리턴한다**return라고 표현합니다.

> 리턴(return)은 '반환'이라고 표현하기도 합니다.

예를 들어 abs(−3.23) 코드는 다음과 같이 표현할 수 있습니다.

- −3.23의 절댓값을 구하기 위해서 abs 함수를 호출합니다.
- abs 함수 입력값(인수)으로 −3.23을 전달합니다.
- abs(−3.23)의 출력값(리턴값)으로 3.23을 리턴합니다.

앞서 실습한 코드 print(abs(−3.23))가 어떤 식으로 작동하는지 살펴볼까요?

print가 인수로 abs(−3.23) 함수를 받아 그 결괏값을 화면에 출력해야 하는데, 아직 함수 abs의 결괏값이 무엇인지 모릅니다. 따라서 print 함수를 실행하기 전에 abs 함수를 먼저 처리해야 합니다.

abs 함수는 입력값의 절댓값을 리턴합니다. abs(−3.23)는 −3.23의 절댓값인 3.23을 리턴하고, 이 결괏값이 print 함수의 입력값이 되어 화면에 3.23이 출력됩니다.

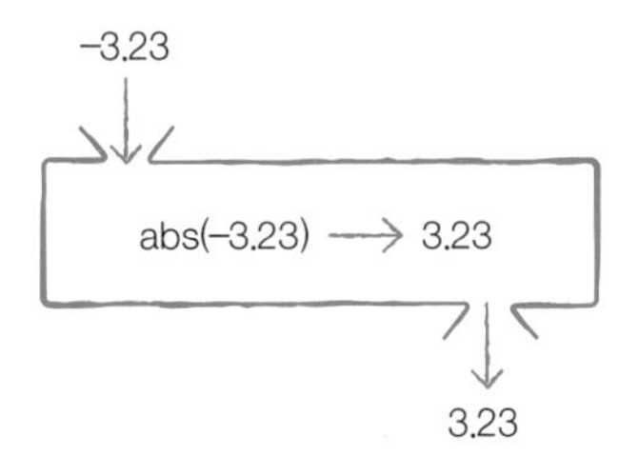

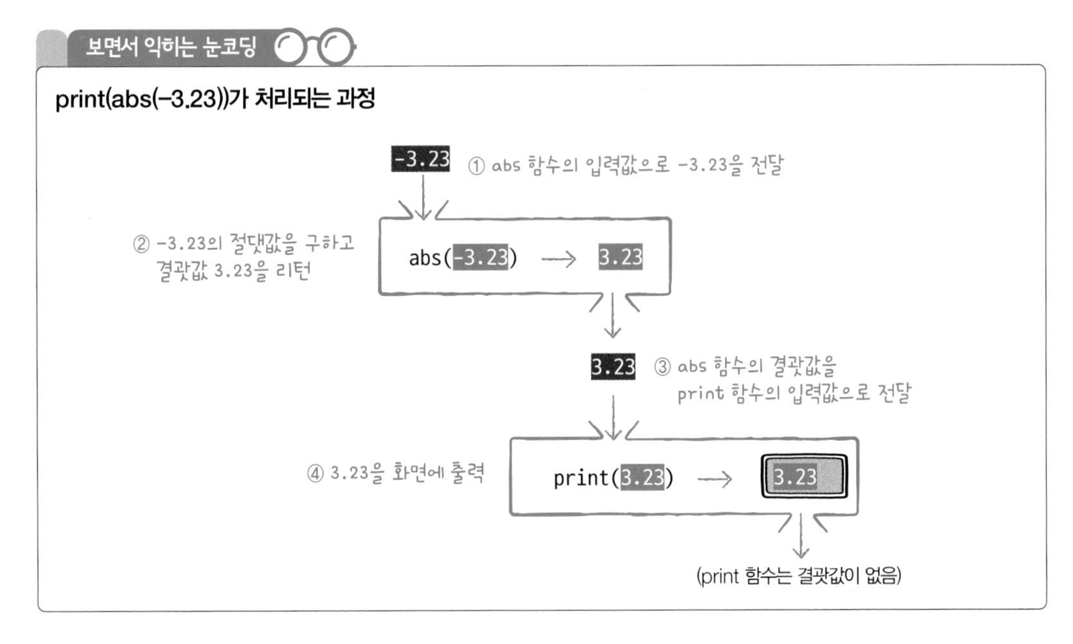

+ 여기서 잠깐 결괏값이 없는 print 함수

아무 것도 리턴하지 않는 함수도 있습니다. 대표적으로 print 함수는 주어진 데이터를 화면에 출력할 뿐이고, 별도의 결괏값을 리턴하지 않습니다. 이렇듯 함수는 어떤 결괏값을 리턴하는 것이 중요한 것이 아니라, 어떤 기능을 하느냐가 중요합니다. 그 함수의 기능이 결괏값을 리턴할 수도 있고, 아닐 수도 있는 것이죠. 참고로 파이썬은 결괏값을 리턴하지 않는 경우 자동으로 None 데이터를 리턴하는데, 조금 뒤에 다룹니다.

len 함수

len 함수는 주어진 데이터 세트에 저장된 데이터 개수를 리턴합니다. len 함수의 입력값으로 문자 데이터, 리스트, 레인지, 딕셔너리 등의 데이터 타입을 전달할 수 있습니다. 참고로 파이썬에서 문자 데이터는 여러 개의 문자로 구성된 데이터 세트이므로 len 함수를 사용해서 문자의 개수를 구할 수 있습니다.

숫자 데이터는 len 함수를 사용할 수 없습니다.

```
len(데이터 세트)
```

len 함수를 다음 코드로 실습하겠습니다.

직접 해보는 손코딩 소스 코드 builtin-len01.py

```
01 print(len("혼공프"))
02 print(len([1, 2]))
03 print(len({"이름": "혼공프", "사용언어": "파이썬", "대상독자": "입문자"}))
```

[실행 결과]

```
3
2
3
```

1줄은 len 함수에 문자열 "혼공프"를 입력값으로 전달합니다. "혼공프"는 3개의 문자로 이루어져 있기 때문에 len 함수의 결괏값은 3이 됩니다.

2줄은 len 함수에 리스트 [1, 2]를 입력값으로 전달합니다. [1, 2]는 2개의 요소를 가지고 있기 때문에 len 함수 결괏값은 2가 됩니다.

3줄은 len 함수에 딕셔너리 데이터 세트 {"이름": "혼공프", "사용언어": "파이썬", "대상독자": "입문자"}를 입력값으로 전달합니다. 이 딕셔너리는 3개의 요소를 가지고 있기 때문에 len 함수의 결괏값은 3이 됩니다.

sum 함수

숫자 데이터의 합계를 구하는 **sum** 함수를 알아보겠습니다. sum 함수는 리스트에 저장된 숫자 데이터를 모두 더해 합계를 계산합니다. 따라서 sum 함수의 입력값으로 숫자 데이터를 저장한 리스트를 전달해야 합니다.

```
sum(리스트)
```

sum 함수를 다음 코드로 실습하겠습니다.

직접 해보는 손코딩 소스 코드 sum01.py

```
01 print(sum([500, 20, 3]))
02 print(sum([3, 0.23]))
```

[실행 결과]

```
523
3.23
```

1줄은 sum 함수에 리스트 [500, 20, 3]을 입력값으로 전달합니다. 함수 출력값으로 500 + 20 + 3(합계)을 구해 리턴합니다.

2줄은 sum 함수에 리스트 [3, 0.23]을 입력값으로 전달합니다. 함수 출력값으로 3 + 0.23(합계)을 구해 리턴합니다.

파이썬의 내장 함수에 대해 배운 내용을 정리해 보겠습니다.

- 어떤 언어의 **내장 함수**built-in function는 그 언어가 기본적으로 제공하는 함수로, **파이썬 내장 함수**는 파이썬이 기본적으로 제공하는 함수입니다.
- 파이썬의 내장 함수 목록과 공식 매뉴얼은 웹 브라우저에 'python builtin function'으로 검색하면 쉽게 찾을 수 있습니다.

함수 만들기

파이썬이 기본적으로 제공하는 함수는 **파이썬 내장 함수**입니다. 반면에, 여러분이 만든 함수는 **사용자 정의 함수**user defined function라고 합니다. 내장 함수든 사용자 정의 함수든 함수를 만드는 방법은 동일합니다.

함수를 만들기 위해서 다음과 같이 세 가지를 생각해야 합니다.

- **함수 이름**: 함수의 기능을 유추할 수 있어야 합니다.
- **함수 입력값**: 함수의 기능을 수행할 때 입력값을 받을 수 있습니다.
- **함수 결괏값**: 함수의 기능을 수행한 뒤, 그 결괏값을 전달할 수 있습니다.

함수를 만들 때 함수 입력값과 출력값은 생략 가능합니다. 예를 들어 단순히 화면에 "Hello, World!" 메시지를 출력하는 함수가 있다고 가정해 봅시다. 이 함수는 단순히 미리 정해진 메시지를 출력하는 기능을 하므로 입력값을 받거나 결괏값을 전달할 이유가 없죠.

'함수를 만든다'는 것은 '함수를 정의한다'라고 표현하기도 합니다.

함수의 기본 형태

파이썬에서 함수는 다음과 같이 만들 수 있습니다.

```
def 이름():  ──> 함수 헤더(header)
□□□□함수의 기능을 수행할 명령문1 ┐
□□□□함수의 기능을 수행할 명령문2 ┘ ──> 함수 보디(body)
         ⋮
```

def는 '내가 함수를 만들 거야!'라고 파이썬에 알려 주는 역할을 합니다. 그다음에 함수 이름을 지어 주고, 괄호(...)와 콜론(:)을 입력합니다. 이렇게 표현한 명령문을 통틀어 **함수 헤더**header라고 합니다.

파이썬 명령어 def는 define(정의하다)의 줄임말입니다.

함수 이름은 아래와 같이 변수 이름과 동일한 규칙이 적용됩니다.

- 함수 이름은 숫자로 시작할 수 없습니다.
- 함수 이름에 공백을 사용할 수 없습니다.
- 함수 이름에 특수 문자는 밑줄(_)만 사용할 수 있습니다.
- 함수 이름에 키워드를 사용할 수 없습니다.

함수 헤더 정의가 완료되었으면 함수의 기능을 수행할 명령문을 입력합니다. 명령문은 여러 줄에 걸쳐 작성할 수도 있고, 하나의 명령문으로 끝날 수도 있습니다. 이러한 명령문은 반드시 헤더보다 들여 써야 합니다. 이렇게 표현한 명령문을 통틀어 **함수 보디**body라고 합니다.

본격적으로 함수를 만들어 보겠습니다. 이번에 만들어 볼 예제는 커피숍 이름과 고객의 주문 내역을 출력하는 프로그램입니다. 커피숍 이름은 '커피 장인'으로 하고, 여의도에 본점이 있다고 가정하겠습니다.

함수를 사용하지 않은 경우의 코딩 예

먼저, 커피숍 이름과 지점 정보를 화면에 출력하는 프로그램은 다음과 같습니다.

직접 해보는 손코딩 소스 코드 coffee01.py

```
01  print("커피 장인")
02  print("여의도 본점")
```

[실행 결과]

```
커피 장인
여의도 본점
```

함수를 사용한 경우의 코딩 예

앞의 프로그램을 함수를 사용해 만들어 보겠습니다.

직접 해보는 손코딩 소스 코드 func-basic01.py

```
01 def print_names():
02     print("커피 장인")
03     print("여의도 본점")
04
05 print_names()
```

[실행 결과]

```
커피 장인
여의도 본점
```

1줄은 함수의 헤더입니다. def 명령어를 사용해서 함수의 이름을 print_names라고 정의합니다. 앞으로 print_names 함수를 호출하면 함수의 보디가 실행됩니다.

2~3줄은 함수의 보디입니다. print 함수를 사용해 커피숍의 이름(2줄)과 지점 정보(3줄)를 출력합니다. 함수의 보디는 반드시 헤더보다 들여 써야 한다는 것을 기억하세요! 2~3줄은 1줄보다 4칸 들여 썼습니다.

5줄은 함수의 이름인 print_names에 괄호를 붙여 함수를 호출합니다. print_names는 입력값이 필요 없는 함수이므로 괄호 안이 비어 있습니다. 5줄의 명령어가 실행되면 print_names 함수가 호출되고, 2~3줄에 작성한 print_names 함수의 보디에 있는 print 명령어가 실행됩니다.

'함수를 사용한다'는 것은 '함수를 호출(call)한다'라고 표현하기도 합니다.

보면서 익히는 눈코딩

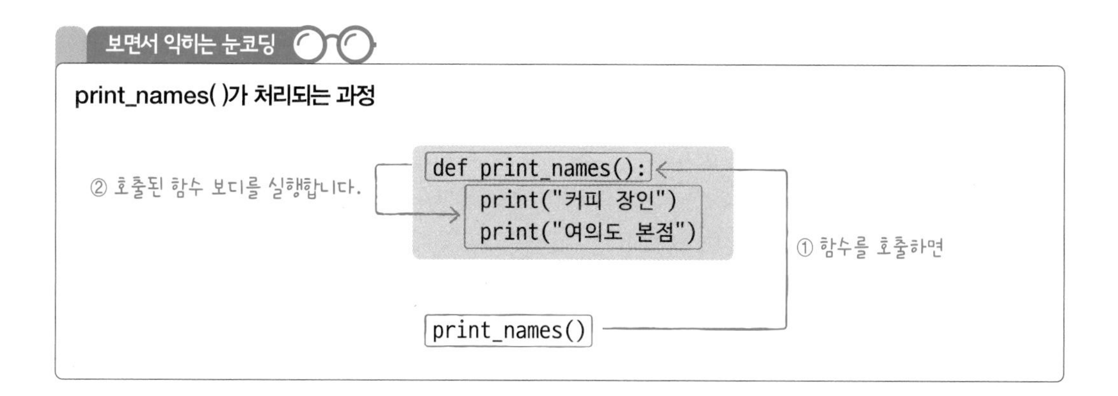

여기까지가 사용자 정의 함수를 만들고 사용하는 방법입니다. 자주 사용하는 명령어는 함수로 모아 정의해 놓으면 함수의 이름을 호출하는 것만으로 간편하게 사용할 수 있습니다. 간단히 정리해 보겠습니다.

- 기존에 존재하는 코드 위에 **def**로 시작하는 명령어로 함수를 정의하고
- 함수 호출 시 실행할 코드를 들여쓰기 후 입력합니다. 헤더 아래 들여쓰기 한 명령어를 함수의 보디라고 합니다.
- 함수는 **함수 이름()**의 방식으로 호출(사용)할 수 있습니다.

함수 결괏값 활용하기

이번에는 결괏값을 리턴하는 함수를 만들어 봅시다. 함수가 리턴할 결괏값은 다음과 같은 형식으로 정의할 수 있습니다.

```
def 이름():
□□□□return 결괏값
```

→ return 앞에 들여쓰기 잊지 마세요!

앞서 배운 코드와 다른 점은 **return** 명령어가 등장한다는 것입니다. return은 함수를 호출한 위치로 함수 결괏값을 전달하는 명령어입니다. 함수가 결괏값을 전달하는 것을 '리턴한다' 또는 '반환한다'고 표현합니다.

함수는 return 명령어를 만나면 그 이후의 코드 실행을 중단합니다. 5장에서 배운 break 명령어를 기억하나요? break는 반복 구조를 중단하는 명령어였죠. return 역시 break처럼 작동합니다.

return 명령어가 결괏값을 리턴하면 프로그램은 즉시 함수의 보디를 빠져나와 함수를 호출한 위치로 돌아갑니다.

결괏값을 리턴하는 함수 만들기

return 명령어를 사용해서 커피숍 이름을 리턴하는 함수를 만들어 보겠습니다.

직접 해보는 손코딩 소스 코드 func-return01.py

```
01 def get_shop_name():
02     return "커피 장인"
03
04 print(get_shop_name())
```

[실행 결과]

```
커피 장인
```

1줄은 get_shop_name 함수를 정의하는 함수 헤더입니다.

2줄은 return 명령어를 사용해서 "커피 장인"을 리턴합니다.

4줄은 print 명령어로 get_shop_name 함수가 리턴한 결괏값을 화면에 출력합니다.

+ 여기서 잠깐 함수 이름 짓는 요령

함수 이름은 그 기능을 유추할 수 있어야 합니다. 이 함수는 커피숍 이름을 리턴하는 함수이기 때문에 '커피숍 이름을 얻는다'는 표현으로 get_shop_name 이름을 사용했습니다.

보면서 익히는 눈코딩

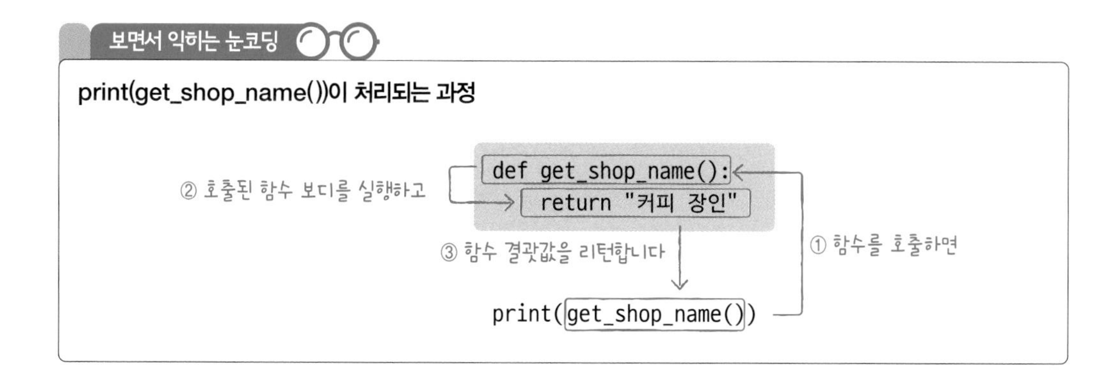

get_shop_name 함수가 호출되면 함수 보디가 실행되고, return 명령어를 통해 함수를 호출한 위치인 print로 함수의 결괏값인 문자열 "커피 장인"을 전달합니다. get_shop_name 함수의 결괏값은 print 함수의 입력값으로 사용되어 화면에 출력됩니다.

한 번만 더 연습해 볼까요? 이번에는 지점 이름도 함께 출력하는 함수입니다. 다음과 같이 3개의 함수를 정의하겠습니다.

- 커피숍 이름("커피 장인")을 리턴하는 함수
- 지점 이름("여의도 본점")을 리턴하는 함수
- 커피숍 이름과 지점 이름을 화면에 출력하는 함수

직접 해보는 손코딩 소스 코드 func-return02.py

```
01 def get_shop_name():
02     return "커피 장인"
03
04 def get_branch_name():
05     return "여의도 본점"
06
07 def print_names():
08     print(get_shop_name())
09     print(get_branch_name())
10
11 print_names()
```

[실행 결과]

```
커피 장인
여의도 본점
```

1줄, 2줄은 커피숍 이름을 리턴하는 함수 get_shop_name을 정의합니다.

4줄, 5줄은 지점 이름을 리턴하는 함수 get_branch_name를 정의합니다. 함수 이름은 그 기능을 유추할 수 있어야 합니다. 이 함수는 지점 이름을 리턴하는 함수이기 때문에 '지점 이름을 얻는다'라는 의미로 get_branch_name 이름을 사용했습니다.

7줄~9줄은 print_names 함수를 정의합니다. 함수 이름에서 기능을 유추할 수 있듯이, 이 함수는 커피숍 이름과 지점 이름을 화면에 출력합니다. 함수 보디에 다른 함수를 호출(8줄, 9줄)하는 코드가 등장합니다. 각각의 함수를 호출하면 그 함수 보디가 실행되고, 결괏값을 리턴합니다. 따라서 8줄은 "커피 장인"을 화면에 출력하고(실행 결과 1줄), 9줄은 "여의도 본점"을 출력합니다(실행 결과 2줄).

11줄은 print_names 함수를 호출합니다.

〈보면서 익히는 눈코딩〉을 통해 실행 순서를 한번 더 짚어 보겠습니다. 쉽게 이해할 수 있도록 함수 정의의 위치를 적절하게 재배치했습니다. 이 소스 코드 11줄의 print_names() 명령어를 실행하면 〈보면서 익히는 눈코딩〉의 1번부터 8번까지 차례대로 처리됩니다. 복잡해 보이지만, 다음의 세 가지 처리를 반복하기 때문에 쉽게 이해할 수 있습니다.

- 함수를 호출
- 호출된 함수 보디를 실행
- return 명령어가 있는 경우, 함수 결괏값을 리턴

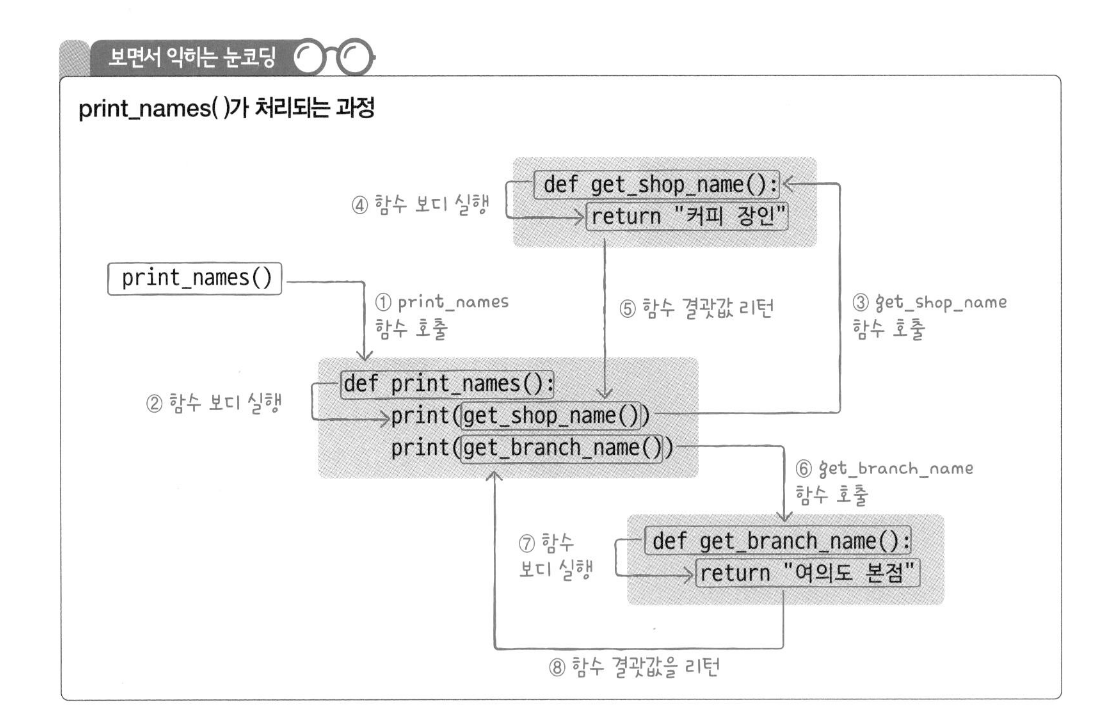

return 명령어가 없는 함수 만들기

만약 함수 보디에 return 명령어가 없으면 어떻게 될까요? return 명령어가 없는 함수 보디는 자동으로 None 데이터를 리턴합니다. 또한 결괏값 없이 return 명령어만 사용해도 None 데이터를 리턴합니다.

직접 해보는 손코딩 소스 코드 func-return03.py

```
01  def no_return():
02      pass
03
04  def no_return_value():
05      return
06
07  print(no_return())
08  print(no_return_value())
```

[실행 결과]

```
None
None
```

1~2줄은 함수 no_return을 정의합니다.

2줄은 원래 함수 보디를 작성해야 합니다. 만약 당장 보디를 작성하지 않는다고 하더라도, 들여쓰기를 포함한 최소한의 코드를 작성해야 하는데, 이때 파이썬 키워드 pass를 사용합니다. pass 키워드에 관해서는 3장 if 조건문에서 설명했습니다(181쪽 참조).

4~5줄은 함수 no_return_value를 정의하고, 함수 보디에 return 명령어만 사용합니다.

7줄은 함수 no_return을 호출하고, 그 결괏값을 print 함수에 전달합니다. 함수 no_return은 return 명령어가 없는 함수이기 때문에 파이썬에서 자동으로 None을 no_return 호출의 결괏값으로 리턴하고, 그 값을 print가 화면에 출력합니다(실행 결과 1줄).

8줄은 함수 no_return_value는 return 명령어가 반환할 값이 없기 때문에 그 결괏값으로 None을 리턴합니다. print로 확인할 수 있습니다(실행 결과 2줄).

+ 여기서 잠깐 **None 데이터**

None은 파이썬에서 '비어 있음, 없음, 존재하지 않음'을 의미하는 데이터로, 파이썬 키워드로 등록되어 있습니다. 주로 '어떤 데이터도 정해진 것이 없다, 주어진 것이 없다'는 사실을 알리기 위해 사용되죠. 프로그래밍 언어에 따라서 파이썬의 None 데이터와 비슷한 기능을 하는 명령어로 null, undefined 등이 사용됩니다.

함수 입력값 활용하기

이번에는 고객의 주문을 받아서 가격을 출력하는 프로그램을 만들어 보겠습니다. 여기서 다루는 함수가 이전의 함수와 다른 점은 '고객의 주문을 받는다'는 것입니다. 즉, 고객의 선택에 따라 그 결괏값이 달라집니다. 이때 고객의 주문을 **함수 입력값**이라고 생각할 수 있습니다.

함수를 정의할 때 함수 입력값은 다음과 같은 형태로 정의합니다.

```
def 이름(매개변수1, 매개변수2, ...):
    return 결괏값
```

헤더의 괄호 안에는 함수 입력값(인수)을 저장할 변수를 적어 줍니다. 이때 함수 입력값을 저장할 변수를 **매개변수**parameter라고 합니다. 매개변수가 여러 개라면 콤마(,)로 구분합니다. 이렇게 정의된 매개변수는 함수 보디에서만 사용 가능합니다. 참고로 함수 호출 시 함수의 입력값을 전달할 필요가 없다면 매개변수는 생략 가능하지만, 함수 헤더에 매개변수가 정의되면 함수를 사용할 때도 반드시 정의된 매개변수의 개수에 맞춰 입력값을 전달해야 합니다.

두 수를 더하는 add 함수 만들기

두 숫자 데이터를 입력값으로 받고, 두 수를 더하는 add 함수를 만들어 보겠습니다.

직접 해보는 손코딩 소스 코드 func-input01.py

```
01 def add(x, y):
02     return x + y
03 
04 print(add(3, 2))
```

[실행 결과]

```
5
```

1줄에서 함수 헤더를 통해 함수 이름(add)과 매개변수를 알 수 있습니다. add 함수의 매개변수는 x와 y로 총 2개네요. 함수를 호출할 때 반드시 입력값 2개를 전달해야 합니다.

2줄은 return 명령어를 사용해서 매개변수 x와 y의 덧셈 연산 결과를 리턴합니다.

4줄은 add 함수를 호출하면서 괄호 안에 입력값으로 전달할 데이터를 작성합니다. 1줄의 함수 헤더에서 확인할 수 있듯이, 이 함수 입력값은 2개이므로 반드시 2개의 데이터를 전달해야 합니다. 여기서는 3과 2를 함수 입력값으로 전달했고, 각각 1줄의 매개변수 x와 y에 전달됩니다. 2줄의 숫자 덧셈 코드(x + y)에 의해 3과 2의 합계를 구하고, 결괏값 5를 리턴합니다.

예제에서는 add 함수를 호출하면서 2개의 입력값(3, 2)을 전달합니다. 이 데이터들은 함수 헤더에 전달된 뒤, 각각 매개변수 x와 y에 저장됩니다. x와 y는 함수 보디(2줄)에서 사용됩니다. 따라서 return x + y는 return 3 + 2로 바뀌어 실행되고, 3 + 2의 결괏값이 4줄에 전달됩니다.

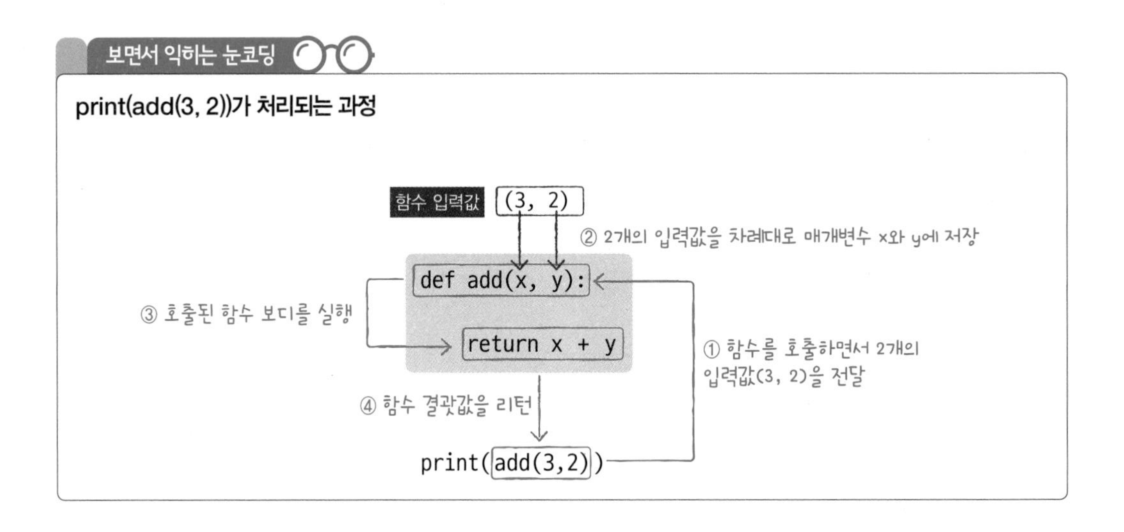

함수를 활용한 프로그램 만들기

함수 입력값을 사용하는 방법을 알아봤으니, 고객의 주문을 기록하는 프로그램을 만들겠습니다. 다음과 같이 고객의 주문 내역을 담은 리스트 order_detail이 있습니다.

```
order_detail = []
```

만약 고객이 "아메리카노" 2잔과 "플랫 화이트" 1잔을 주문하면 order_detail 리스트에 다음과 같이 저장됩니다.

```
order_detail = [
    {"메뉴": "아메리카노", "수량": 2},
    {"메뉴": "플랫 화이트", "수량": 1},
]
```

리스트 데이터 세트의 요소로 딕셔너리를 사용합니다.

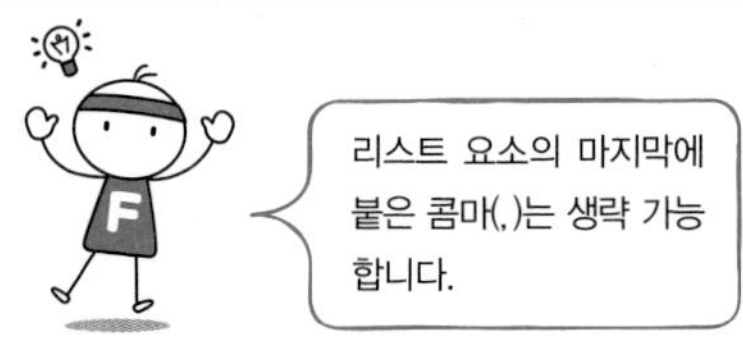

고객의 주문 내역을 기록하는 함수를 만들 것이므로, 함수 이름은 make_order로 하겠습니다. 이 함수 이름은 '주문을 만들다'라는 의미를 담고 있습니다.

직접 해보는 손코딩 소스 코드 func-input02.py

```
01 order_detail = []
02
03 def make_order(menu, qty):
04     order_detail.append({"메뉴": menu, "수량": qty})
05
06 print(order_detail)
07 make_order("아메리카노", 2)
08 make_order("플랫 화이트", 1)
09 print(order_detail)
```

[실행 결과]

```
[]
[{'메뉴': '아메리카노', '수량': 2}, {'메뉴': '플랫 화이트', '수량': 1}]
```

1줄은 주문 내역을 담은 리스트 order_detail을 만듭니다.

3줄은 주문을 기록하는 함수 make_order를 정의합니다. 이 함수의 매개변수(함수 입력값을 저장하는 변수)는 메뉴를 나타내는 menu와 주문 수량을 나타내는 qty로 총 2개입니다.

4줄은 make_order 함수가 호출되면 함수 매개변수에 전달된 주문 내용(이름, 수량)을 append 명령어를 사용해서 리스트 order_detail에 요소로 추가합니다.

파이썬은 기본적으로 작은따옴표를 사용하기 때문에 예제 코드에서 큰따옴표로 만든 문자 데이터라도 작은따옴표로 출력합니다.

+ 여기서 잠깐 리스트의 요소로 딕셔너리를, 딕셔너리의 요소로 리스트 사용하기

리스트와 딕셔너리는 여러 개의 데이터를 하나의 데이터 세트로 만든 것이고, 이러한 데이터 세트에 저장된 개별 데이터를 '요소'라고 합니다. 이때 리스트의 요소로 다른 리스트나 딕셔너리를 저장할 수 있습니다. 마찬가지로 딕셔너리의 요소로 다른 딕셔너리나 리스트를 저장할 수 있습니다(4장 확인 문제 참고).

고객의 주문 내역을 담은 리스트 order_detail의 요소로 딕셔너리를 사용했기 때문에 리스트 명령어 append에 딕셔너리를 입력값으로 전달합니다.

예를 들어 7줄에서 make_order 함수를 호출하면서 입력값으로 "아메리카노"와 2를 전달하면 3줄의 함수 매개변수 menu와 qty에 각각 "아메리카노"와 2가 저장됩니다. 이후 make_order 함수 보디(4줄)에 의해 다음과 같이 order_detail 데이터 세트에 새로운 요소(메뉴와 수량이 딕셔너리로 표현됨)를 추가합니다.

```
order_detail.append({"메뉴": menu, "수량": qty})
→ order_detail.append({"메뉴": "아메리카노", "수량": 2})
```

6줄은 주문 내역을 화면에 출력해서 현재 주문 내역이 없음을 확인합니다(실행 결과 1줄).

7줄은 함수 make_order를 호출하면서 입력값으로 "아메리카노"와 2를 차례대로 전달합니다. 이 함수의 실행 결과 order_detail은 다음과 같은 값을 갖게 됩니다.

```
[{'메뉴': '아메리카노', '수량': 2}]
```

8줄은 함수 make_order를 호출하면서 입력값으로 "플랫 화이트"와 1을 차례대로 전달합니다. 이 함수의 실행 결과 order_detail은 다음과 같은 값을 갖습니다.

```
[{'메뉴': '아메리카노', '수량': 2}, {'메뉴': '플랫 화이트', '수량': 1}]
```

9줄은 주문 내역을 담은 리스트 order_detail을 화면에 출력해서 현재까지 받은 주문을 출력합니다(실행 결과 2줄).

정리해 보겠습니다.

- 함수는 헤더와 보디로 구성됩니다.
- **함수 헤더**에는 함수 이름과 함수 입력값을 저장할 매개변수를 작성합니다. 함수 호출 시 함수의 입력값을 전달할 필요가 없다면 매개변수는 생략 가능합니다.
- **함수 보디**에는 함수의 기능을 실행할 코드를 작성합니다. 반드시 들여쓰기(일반적으로 4칸)를 해야 합니다.

- **return** 명령문을 사용해서 함수 보디를 수행한 결괏값을 리턴할 수 있습니다. return 명령문은 생략 가능하며, 이때는 파이썬이 자동으로 **None**을 리턴합니다.
- '함수 결괏값을 리턴한다'는 것은 '함수 결괏값을 함수를 호출한 위치에 전달한다'는 의미입니다.

레벨 업 사용자로부터 데이터를 입력받는 방법

지금까지는 입력값이 주어진 상황을 가정했어요. 예를 들어, 문자 데이터 "Hello, World!"를 만들고 화면에 출력하거나, 리스트 [3, 0.23]를 만들고 파이썬 내장 함수 sum을 사용해서 합계를 계산했죠. 만약 입력값이 주어진 것이 아니라, 프로그램 사용자로부터 키보드로 입력받으려면 어떻게 해야 할까요?

사용자로부터 데이터를 입력받는 명령어: input

input 명령어를 사용하면 키보드로 데이터를 입력받을 수 있어요. input 명령어는 파이썬 내장 함수인데요, 다음과 같이 사용할 수 있어요. input 명령어의 괄호 안에 입력된 문자 데이터는 화면에 출력되어 사용자로부터 입력받을 데이터에 대한 요구 사항 또는 안내 사항을 전달할 수 있습니다.

```
input(문자 데이터)
```

어렵지 않아요. 〈직접 해보는 손코딩〉으로 실습해 보겠습니다. 구글 코랩에서 다음 코드를 입력하고 실행하세요.

직접 해보는 손코딩 소스 코드 /levelup/levup_06_01_01.py

```
01  msg = input("헬로 월드를 입력하세요 >>> ")
02  print(msg)
```

위 코드를 실행하면 다음 그림과 같이 안내 메시지 "헬로 월드를 입력하세요 >>> "가 출력되고, 오른쪽에 키보드로 입력할 수 있는 텍스트 박스가 생성됩니다. 텍스트 박스를 자세히 보면 커서(|)가 깜빡이면서 사용자 입력을 기다리는 중임을 알 수 있어요.

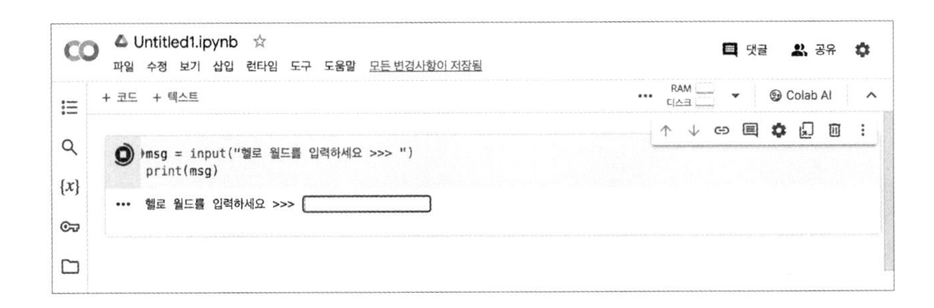

텍스트 박스에 'Hello, World!'를 입력하고 Enter 키를 누릅니다. 그러면 텍스트 박스에 입력된 데이터가 input 명령어를 호출한 곳에 전달됩니다. 여기서는 여러분이 입력한 "Hello, Wolrd!" 문자 데이터가 변수 msg에 저장되는 것이죠.

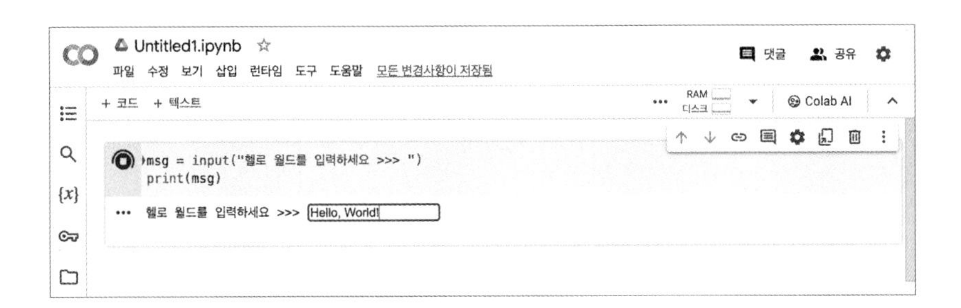

코드 2줄의 print 명령어가 실행되면 변수 msg에 저장된 입력 문자 데이터 Hello, World!가 화면에 출력됩니다.

input 명령어를 사용해서 사용자가 직접 키보드로 데이터를 입력하게 할 수 있어요.

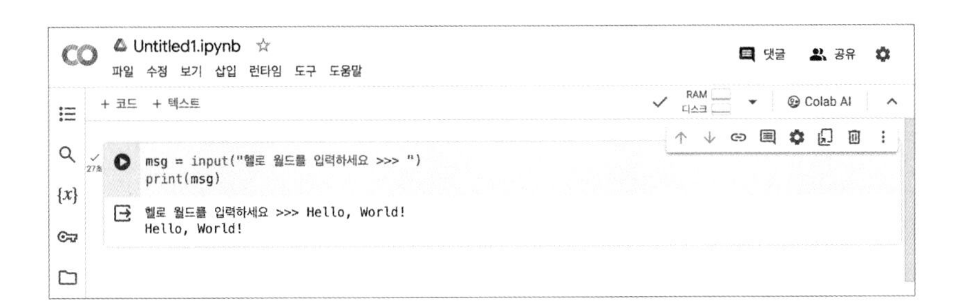

사용자로부터 숫자 데이터를 입력받는 방법

input 명령어는 사용자가 입력한 데이터를 모두 문자 데이터로 처리합니다. 정수 3은 "3"으로, 불 데이터 True는 "True"로, 리스트 [3, 0.23]은 "[3, 0.23]"로 입력되는 것이죠. 컴퓨터는 사용자가 입력한 데이터가 숫자인지, 리스트인지 구분하지 못합니다. 따라서 입력받은 데이터를 사용하려면 의도에 따라 적절히 데이터 타입을 변환해야 합니다.

이번 실습에서는 숫자 데이터를 입력받고 절댓값을 출력하는 예제를 작성해 볼게요. 구글 코랩에서 다음 코드를 입력하고 실행하세요.

직접 해보는 손코딩 소스 코드 /levelup/levup_06_01_02.py

```
01  data = input("절댓값을 계산할 숫자를 입력하세요 : ")
02  number = float(data)
03  print(number)
04  print(abs(number))
```

[실행 결과]

```
절댓값을 계산할 숫자를 입력하세요 : -3.23
-3.23
3.23
```

1줄은 input 명령어를 사용해서 문자 데이터를 입력받고 변수 data에 저장합니다.

2줄은 float 명령어를 사용해서 입력받은 문자 데이터 data를 부동 소수점 수로 변환하고 결괏값을 변수 number에 저장합니다.

3줄은 부동 소수점 수 number를 화면에 출력합니다.

4줄은 abs 명령어를 사용해 부동 소수점 수 number의 절댓값을 구하고 화면에 출력합니다.

절댓값을 구하는 abs 명령어는 3장에서 배운 적 있어요.

사용자로부터 리스트를 입력받는 방법: eval

지금까지 배운 파이썬의 데이터 세트에는 고유의 규칙이 있습니다. 예를 들어, 리스트를 만들 때는 대괄호[...]를, 딕셔너리를 만들 때는 중괄호{...}를 사용해야 하는 거죠.

eval 명령어는 문자 데이터를 파이썬의 문법에 맞는 코드로 변환합니다. 즉 문자 데이터 "[1, 2, 3]"를 리스트 [1, 2, 3]으로 자동 변환합니다. 마찬가지로 키-값 쌍으로 이루어진 문자 데이터가 중괄호에 감싸져 있다면 이를 딕셔너리로 자동 변환해 줍니다.

실습을 통해 eval 명령어에 대해 더 자세히 알아보겠습니다.

직접 해보는 손코딩 　소스 코드 /levelup/levup_06_01_03.py

```
01 raw = input("리스트 데이터 세트를 입력하세요 : ")
02 parsed = eval(raw)
03 print(raw, parsed)
04 print(repr(raw), repr(parsed))
```

[실행 결과]

```
리스트 데이터 세트를 입력하세요 : [3, 0.23]
[3, 0.23] [3, 0.23]
'[3, 0.23]' [3, 0.23]
```

1줄은 input 명령어를 사용해서 문자 데이터를 입력받고 변수 raw에 저장합니다.

2줄은 eval 명령어를 사용해서 입력받은 문자 데이터 raw를 적절한 데이터 세트로 변환합니다. 대괄호[...]를 잘 사용했다면 eval은 입력된 데이터를 리스트로 변환합니다.

3줄은 문자 데이터 raw와 eval을 사용해 변환한 리스트 parsed를 화면에 출력합니다. 하지만 raw와 parsed는 형태가 똑같아서 parsed가 리스트로 잘 변환되었는지 확인하기 어려워요. 이런 경우 repr 명령어를 사용하면 문자 데이터를 확실히 표시할 수 있습니다.

4줄은 repr 명령어를 사용해 데이터가 문자 데이터인 경우 양 끝에 따옴표를 붙여 표시하게 했습니다. 화면에 두 데이터를 출력해 보니 문자 데이터 raw에만 작은따옴표가 붙어 있어, parsed가 리스트임을 알 수 있어요.

repr 명령어는 2장에서 배운 적 있어요.

+ 여기서 잠깐　위험한 eval 명령어

eval은 주어진 문자 데이터를 파이썬 코드로 변환하여 실행합니다. 매우 강력한 기능이지만 반대로 생각하면 보안에 굉장히 취약하다는 치명적인 단점도 있어요.
예를 들어 eval 명령어에 문자 데이터 "delete(삭제)"를 전달하면 데이터가 파이썬 코드로 변환되어 실제로 모든 데이터를 삭제해 버릴 수도 있어요. 그러니 eval 명령어는 정말 필요한 경우가 아니라면 사용을 자제하는 것이 좋고, 사용하더라도 주의를 기울여야 합니다.

마무리

▶ 6가지 키워드로 정리하는 핵심 포인트

- **함수**는 어떤 기능을 하도록 작성된 프로그램입니다.
- **함수 입력값**은 함수에 전달되는 값입니다. 입력값은 인수라고 표현하기도 합니다.
- **매개변수**는 함수 입력값(인수)을 저장하는 변수입니다. 매개변수는 함수 보디에서만 사용할 수 있어요.
- **함수 출력값**은 함수 기능이 실행된 후 함수가 호출된 곳에 전달되는 값입니다. 출력값은 리턴값이라고 표현하기도 합니다.
- **파이썬 내장 함수**란 파이썬이 기본적으로 제공하는 함수입니다.
- **사용자 정의 함수**란 사용자가 직접 작성한 함수입니다.

▶ 확인 문제 (정답 411쪽)

1. 다음 add 함수에서 함수 헤더, 함수 보디, 매개변수, 인수, 리턴값을 구분해 주세요.

```
01  def add(first, second):
02      return first + second
03
04  print(add(3, 2))
```

```
(1) 함수 헤더:
(2) 함수 보디:
(3) 매개변수:
(4) 인수:
(5) 리턴값:
```

2. 다음 소스 코드를 보고 실행 결과를 맞혀 보세요.

```
01  def no_return():
02      pass
03
04  def no_return_value():
05      return
06
07  print(no_return())
08  print(no_return_value())
```

[실행 결과]

3. 다음 소스 코드를 보고 실행 결과를 맞혀 보세요.

```
01  def print_elements(arg):
02      for x in arg:
03          print(x)
04
05  print_elements(["Sun", "is", "rising"])
```

[실행 결과]

4. 다음 소스 코드를 보고 실행 결과를 맞혀 보세요.

```
01  def power(base, exp):
02      return base ** exp
03
04  print(power(3, 2))
05  print(power(10, -2))
```

[실행 결과]

5. 다음 소스 코드를 보고 실행 결과를 맞혀 보세요.

```
01  def square(dataset):
02      result = []
03      for x in dataset:
04          result.append(x * x)
05      return result
06
07  print(square([3, 2, 5]))
08  print(square([323, 60]))
```

[실행 결과]

6. 다음 소스 코드를 보고 실행 결과를 맞혀 보세요.

```
01  def dict_to_list(dataset):
02      result = []
03      for x in dataset:
04          result.append([x, dataset[x]])
05      return result
06
07  data = {"my_key": "my_value", "your_key": "your_value"}
08  print(dict_to_list(data))
```

[실행 결과]

7. 다음 소스 코드를 보고 실행 결과를 맞혀 보세요.

```
01  def count_down(number):
02      result = []
03      for x in range(number):
04          result.append(number - x)
05      return result
06
07  print(count_down(10))
```

[실행 결과]

도전 문제

easy | medium | hard

지금까지 파이썬의 함수에 대해 배웠습니다. 함수의 입력과 출력, 즉 인수와 리턴값과 같은 함수의 구성 요소를 배우고, 〈직접 해보는 손코딩〉을 통해 파이썬이 기본으로 제공하는 내장 함수도 실습해 보았습니다. 이번 도전 문제는 지금까지 배운 내용을 바탕으로 간단한 기능을 수행하는 함수를 만들어 볼 거예요. 때로는 직접 작성한 함수가 내장 함수보다 훨씬 편하게 쓰이기도 해요. 포기하지 말고 도전해 봅시다!

1. 태그 분리

태그(tag)란 게시물이나 사진 등 콘텐츠에 붙이는 꼬리표입니다. 최근에는 여러 가지 데이터에 태그를 붙여서 인공지능 학습에 사용하는 등 태그의 활용도가 증가하고 있어요. 어떤 콘텐츠에 다음과 같이 태그가 붙어 있다고 생각해 볼게요.

#한빛미디어, #혼공프, #혼공, #혼공학습단

위 태그의 문제는 하나의 문자열에 태그 네 개를 이어 붙여 놓았다는 것입니다. 다음 빈칸은 주어진 문자열에서 콤마와 해시태그(#)를 기준으로 태그를 각각 분리하고 리스트에 하나씩 저장하는 함수 split_tags의 보디입니다. 빈칸을 올바르게 채워 보세요.

```
def split_tags(tags):
    [          ]

print(split_tags("#혼공 첫 프로그래밍"))
print(split_tags("#한빛미디어, #혼공프, #혼공, #혼공학습단"))
```

```
["혼공 첫 프로그래밍"]
["한빛미디어", "혼공학습단", "혼공"]
```

hint 2장에서 배운 replace와 4장의 split 명령어를 복습해 보세요.

2. 구구단

사용자로부터 숫자를 입력받고 구구단을 출력하는 프로그램을 작성해 보겠습니다.

구구단을 출력하는 함수 gugudan과 사용자로부터 2~9 사이의 정수를 입력받을 함수 main이 필요합니다. 다음 조건을 참고해서 두 함수의 빈칸을 채워 보세요.

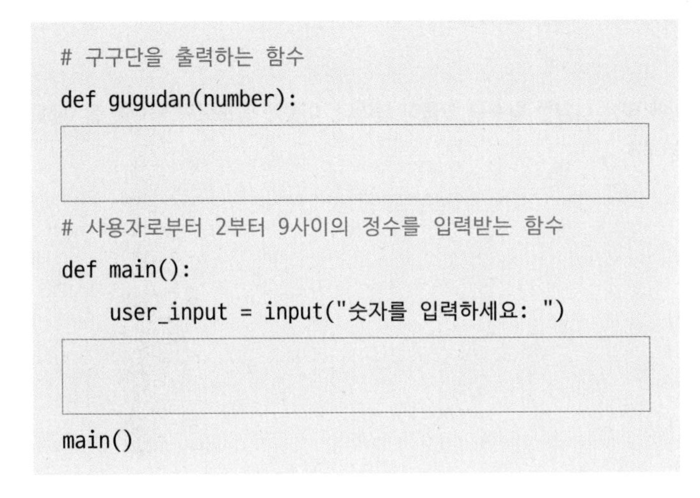

```
# 구구단을 출력하는 함수
def gugudan(number):
    [                    ]
# 사용자로부터 2부터 9사이의 정수를 입력받는 함수
def main():
    user_input = input("숫자를 입력하세요: ")
    [                    ]
main()
```

```
숫자를 입력하세요: 3 ⏎
3 x 1 = 3
3 x 2 = 6
3 x 3 = 9
3 x 4 = 12
3 x 5 = 15
3 x 6 = 18
3 x 7 = 21
3 x 8 = 24
3 x 9 = 27
```

또 주어진 범위 밖의 숫자를 입력했다면 2에서 9까지의 숫자만 입력할 수 있다는 안내문을 출력하도록 구현해 보세요.

```
숫자를 입력하세요: 10 ⏎
숫자 2~9까지 입력 가능합니다.
```

hint 입력된 데이터의 범위를 확인하기 위해 if~else 문을 활용할 수 있습니다.

```
만약 2 이상 9 이하의 정수를 입력했다면:
    구구단을 출력합니다.
그렇지 않으면:
    안내문을 출력합니다.
```

구구단 함수 정도는 만들어야 '코딩 좀 배웠다'고 할 수 있죠!

06-2 다양한 함수의 사례

핵심 키워드

조기 리턴 네이밍 컨벤션

상황에 맞게 다양한 함수를 만들어 봅니다. 이렇게 함으로써 함수를 잘 이해할 수 있습니다.

시작하기 전에

앞에서 함수를 만들고 호출하는 방법을 공부했습니다. 대부분의 새로운 지식이 그렇듯이 한번에 모두 소화하는 것은 어렵습니다. 따라서 이번에는 한입에 소화 가능한 간단한 함수를 만들어 보면서 조금 더 함수에 익숙해지도록 하겠습니다.

여기서 소개하는 함수에 관해서는 '함수를 만든다'라고 생각하지 말고, '퀴즈를 푼다'라고 생각하면 함수가 조금 더 쉽게 다가올 것입니다. 이번 학습을 마치면 적어도 '함수란 이렇게 만들고 사용하는 것이다!'라는 것에 대해 충분히 감을 잡을 수 있을 거예요.

'함수를 만든다'라고 생각하지 말고, '퀴즈를 푼다'라고 생각해 보세요.

정수가 홀수인지 확인하는 함수

함수 입력값으로 주어진 정수가 홀수인지 확인하는 함수를 만들겠습니다.

이 함수의 핵심은 다음과 같습니다.

- 숫자 데이터의 **나머지 연산자(%)**를 사용해서 홀수, 짝수 여부를 판단합니다.

직접 해보는 손코딩 소스 코드 ex-isodd.py

```
01  def is_odd_number(arg):
02      if arg % 2 == 1:
03          return True
04      return False
05
06  print(is_odd_number(3))
07  print(is_odd_number(2))
```

[실행 결과]

```
True
False
```

1줄은 함수 is_odd_number를 정의합니다. 매개변수 arg에는 함수 입력값이 저장됩니다. 함수의 기능을 잘 표현할 수 있도록 함수의 이름은 is_odd_number라고 짓습니다.

홀수를 영어로 odd number라고 합니다.

2줄은 if 조건문을 사용해서 arg가 홀수인지 판단합니다. 조건식 'arg를 2로 나눈 나머지가 1인가요?'의 결괏값이 True라면 3줄을 실행하고, 그렇지 않으면 if 조건문을 종료하고 4줄을 실행합니다.

3줄은 불 데이터 True를 리턴합니다. return 명령어는 뒤따르는 데이터를 리턴하고 함수를 바로 종료합니다. 즉, return 명령어가 실행되면 함수 보디에 남아 있는 이후의 명령어는 실행되지 않습니다. 이렇게 함수 실행 중간에 return 명령어를 사용해서 함수를 종료하는 것을 **조기 리턴**early return이라고 합니다.

4줄은 불 데이터 False를 리턴합니다. 이 부분이 실행된다는 것은 arg에 저장된 값이 짝수라는 것을 의미합니다.

6줄은 함수를 호출하면서 입력값으로 3을 전달합니다. 3을 2로 나눈 나머지는 1이기 때문에 2줄의 조건식 'arg % 2 == 1'의 결괏값은 True가 되고, 3줄을 실행해서 True를 리턴합니다.

7줄은 함수 입력값으로 2를 전달합니다. 2를 2로 나눈 나머지는 0이기 때문에 2줄의 조건식 결괏값은 False가 되고, 4줄을 실행해서 False를 리턴합니다.

2장에서 공부한 네이밍 컨벤션을 기억하나요? 변수의 이름을 지을때 많은 사람들이 사용하는 관례를 **네이밍 컨벤션**이라고 했죠. 함수 이름을 지을 때도 이와 같은 네이밍 컨벤션이 필요합니다.이름이 is_, has_, have_로 시작하는 함수는 어떤 데이터의 상태를 확인하거나, 특정 데이터를 가지고 있는지를 확인하고, 그 결괏값을 불 데이터 리턴하는 것이 관례입니다. 이렇게 하면 함수 이름만으로 리턴값이 불 데이터라는 것을 예측할 수 있습니다.

예를 들면 다음과 같은 함수 이름을 생각해 볼 수 있습니다.

- is_red_color → 빨간색인가요? (예/아니오)
- is_greater_than → ~보다 큰가요? (예/아니오)
- has_only_one_element → 오직 1개의 요소만 가지고 있나요? (예/아니오)
- have_members → 회원을 보유하고 있나요? (예/아니오)

정리해 보겠습니다.

- 정수의 홀수/짝수 여부는 숫자 데이터 **나머지 연산자**(%)를 활용해서 판단할 수 있습니다.
- 이름이 is_, has_, have_로 시작하는 함수는 불 데이터를 리턴하는 것이 관례입니다.

영어 알파벳을 감싸는 테두리를 출력하는 함수

이번에는 영어 알파벳을 감싸는 테두리를 출력하는 함수를 만들겠습니다.

이 함수의 핵심은 다음과 같습니다.

- 파이썬 내장 함수 len을 사용해서 문자 데이터의 길이를 구하고,
- **문자 데이터 반복 연결 연산자**(*)로 특정 기호를 문자 데이터의 길이만큼 출력해서 문자 데이터를 꾸밉니다.

직접 해보는 손코딩 소스 코드 ex-box.py

```
01 def get_bordered_str(arg):
02     result = ""
03     sep = "*"
04     length = len(arg)
05     result = result + (sep * (length + 4) + "\n")
06     result = result + (sep + " " + arg + " " + sep + "\n")
07     result = result + (sep * (length + 4))
08     return result
09
10 print(get_bordered_str("Hello, World!"))
11 print(get_bordered_str("323"))
```

[실행 결과]

```
*****************
* Hello, World! *
*****************
*******
* 323 *
*******
```

1줄은 함수 get_bordered_str을 정의합니다. 입력값은 매개변수 arg에 저장됩니다.

2줄은 비어 있는 문자 데이터를 만들고 변수 result에 저장합니다.

3줄은 문자 데이터를 꾸밀 기호로 "*"를 사용하고, 변수 sep에 저장합니다.

4줄은 파이썬 내장 함수 len을 사용해서 매개변수 arg에 저장된 문자 데이터의 길이를 구하고, 변수 length에 저장합니다.

5줄은 상단 테두리를 만듭니다. 문자 데이터 반복 연결 연산자(*)를 사용해서 기호 데이터 sep를 length+4만큼 반복합니다. 이때 +4는 arg에 저장된 문자 데이터의 앞뒤로 각각 2개의 문자를 더 출력할 것을 계산한 것입니다. 그리고 이 결괏값을 result에 문자 데이터 연결 연산자(+)를 사용해서 연결합니다. 상단 테두리를 출력하고 새로운 줄에 다른 값을 출력해야 하므로 이스케이프 문자 "\n"도 꼭 연결하세요.

> 이스케이스 문자 "\n"은 '줄바꿈'을 의미합니다.

6줄은 매개변수 arg의 양쪽에 "*" 기호와 빈칸을 하나씩 추가하고, 이스케이프 문자와 연결한 결괏값을 result에 연결합니다.

7줄은 5줄을 반복해서 하단 테두리를 만듭니다. 이때 하단 테두리를 출력한 이후 종료하는 것이기 때문에 이스케이프 문자를 연결할 필요는 없습니다.

8줄은 지금까지 비어있는 문자 데이터("", 2줄)에 상단 테두리(5줄), 몸통(6줄), 하단 테두리(7줄)를 연결한 결괏값을 저장한 result를 리턴합니다.

10~11줄은 함수를 호출하면서 함수에 입력값을 전달합니다. 함수가 결괏값을 여기에 리턴하면 print 함수로 출력합니다(실행 결과 1~6줄).

정리해 보겠습니다.

- 여러 가지 기호를 출력해서 문자 데이터를 꾸밀 수 있습니다.
- **문자 데이터 반복 연결 연산자**(*)를 사용하면 특정 기호로 줄line, 테두리border 등을 쉽게 만들 수 있습니다.

리스트 요소들의 합계와 평균을 구하는 함수

리스트에 숫자 데이터가 요소로 저장되어 있을 때, 모든 요소의 합계와 평균을 구하는 함수를 작성합니다. 평균은 다음과 같이 계산합니다.

```
평균 = 모든 요소의 합계 / 모든 요소의 개수
```

이 함수의 핵심은 다음과 같습니다.

- 숫자를 0으로 나눌 수 없으므로 요소의 개수가 0일 때 함수의 실행을 종료해야 합니다.
- 리턴값의 개수가 2개 이상이라면 리스트나 딕셔너리 같은 데이터 세트를 리턴하는 것이 좋습니다.

직접 해보는 손코딩 소스 코드 ex-list.py

```
01 def get_sum_and_average(arg):
02     length = len(arg)
03     if length == 0:
04         return "[오류] 요소의 개수가 0입니다."
05 
06     total = 0
07     for number in arg:
08         total = total + number
09     return {"합계": total, "평균": total / length}
10 
11 print(get_sum_and_average([]))
12 print(get_sum_and_average([3, 2]))
13 print(get_sum_and_average([-1, 0, 1, 2, 3]))
```

[실행 결과]

```
[오류] 요소의 개수가 0입니다.
{'합계': 5, '평균': 2.5}
{'합계': 5, '평균': 1.0}
```

1줄은 함수 get_sum_and_average를 정의합니다. 함수에 전달된 입력값은 매개변수 arg에 저장되고, 함수 보디(2~9줄)에서 사용할 수 있습니다.

2줄은 요소의 개수를 구하기 위해 파이썬 내장 함수 len을 사용하고, 그 결괏값을 length 변수에 저장합니다.

3~4줄은 조건식 '요소의 개수가 0 인가요?'의 결괏값이 True라면 4줄의 return 명령어를 실행해서 오류 메시지 문자를 리턴하고 함수를 종료합니다(조기 리턴).

6줄은 합계를 저장할 변수 total을 만들고, 초깃값으로 0을 저장합니다. 이 변수에 요소의 합계를 저장합니다.

7~8줄은 for 반복문을 사용해서 매개변수 arg에 저장된 값을 하나씩 꺼내 변수 number에 저장하고, 변수 total에 차례차례 더합니다.

9줄은 합계와 평균을 동시에 리턴해야 하므로 "합계"와 "평균"을 키(데이터 이름표)로 하는 딕셔너리를 만들고 리턴합니다.

11~13줄은 get_sum_and_average 함수를 호출하는 코드입니다. 함수 입력값으로 각각 비어있는 리스트, 숫자 데이터를 저장한 리스트를 전달합니다.

11줄의 경우 비어있는 리스트는 요소가 없기 때문에 요소의 개수가 0입니다. 따라서 3줄 조건식의 결과는 True가 되고, 4줄에서 오류 메시지를 리턴하고 함수의 실행을 종료합니다(실행 결과 1줄).

12~13줄의 경우 숫자 데이터를 입력값으로 전달했으며, 각각 합계와 평균을 계산한 뒤 딕셔너리 데이터 세트를 리턴하고 그 값을 화면에 출력합니다(실행 결과 2~3줄).

+ 여기서 잠깐 **프로그램의 처리 순서**

당연한 말이지만, 프로그램은 순서대로 작동합니다. 함수 get_sum_and_average는 우선 ❶ if문을 사용해 입력값의 길이가 0인지 확인하고 나서 ❷ for문으로 입력값의 합계를 구하는 순서로 작동하죠. 만일 if문과 for문의 순서가 바뀌면 어떻게 될까요?

```
01 def get_sum_and_average(arg):
02     length = len(arg)
03     total = 0
04
05     for number in arg:
06         total = total + number
07     return {"합계": total, "평균": total / length}
08
09     if length == 0:
10         return "[오류] 요소의 개수가 0입니다."
11
12 print(get_sum_and_average([]))
```

[실행 결과]

```
ZeroDivisionError: division by zero
```

ZeroDivisionError는 어떤 수를 0으로 나누려고 할 때 발생하는 오류입니다. 코드 블록의 순서만 바꿨을 뿐인데 오류가 발생하네요. 이는 프로그램이 7줄에 작성된 return 명령어를 만나면 이후의 코드를 실행하지 않고 결괏값을 조기 리턴하기 때문입니다. 따라서 리스트 요소의 개수를 확인하는 if문이 9~10줄에 작성되어 있지만, 이 코드는 절대 실행되지 않습니다. 이처럼 문법적으로는 문제가 없지만 논리적인 결함이 있어 의도치 않은 결과를 야기하는 오류를 논리 오류라고 합니다.

이와 같은 논리 오류는 프로그래밍에서 흔히 발생하며, 문법적인 문제가 없기 때문에 코드가 복잡해질수록 오류를 찾아 수정하기 어렵습니다. 하지만 걱정 마세요. 오류가 발생하지 않도록 미리 방지할 방법이 있습니다. 이 책의 3장 〈선택 구조 이해하기〉에서 그린 순서도를 기억해 보세요. 본격적으로 코딩을 하기 전에 순서도를 그려 보면 프로그램의 전체적인 논리 구조와 흐름이 한눈에 보이므로 잘못된 순서로 인해 발생하는 오류를 예방할 수 있습니다.

정리해 보겠습니다.

- 어떤 함수를 작성할 때, 오류가 발생할 상황을 미리 인지하여 if 조건식 등을 사용해서 오류 발생 시 **조기 리턴**하는 코드를 작성해야 합니다.
- 리턴해야 할 값이 2개 이상인 경우 하나의 데이터 세트로 만든 뒤 리턴하는 것이 좋습니다.

초를 시간, 분으로 변환하는 함수

이번에는 초second를 시간hour과 분minute으로 변환하는 함수를 만들겠습니다. 과정이 어려울 수 있지만, 조금만 집중해 봅시다!

이 함수의 핵심은 다음과 같습니다.

- 초 단위를 분 단위로, 분 단위를 시간 단위로 차례대로 변환합니다.
- 시간의 변환은 정수 나누기 연산자(//), 나머지 연산자(%)를 활용합니다.
- 0시간, 0분 등 불필요한 메시지를 생략하기 위해서 if 조건문과 조건식을 사용합니다.

직접 해보는 손코딩 소스 코드 ex-time.py

```
01  def convert_seconds(arg):
02      if arg < 60:
03          # 60초 미만이라면 초만 출력
04          return str(arg) + " 초"
05
06      seconds = arg % 60
07      minutes = arg // 60
08      if minutes < 60:
09          # 60분 미만이라면 분과 초를 출력
10          return str(minutes) + " 분 " + str(seconds) + " 초"
11
12      # 그 외의 경우 시간, 분, 초를 출력
13      hours = minutes // 60
14      minutes = minutes % 60
15      return str(hours) + " 시간 " + str(minutes) + " 분 " + str(seconds) + " 초 "
16
17  print(convert_seconds(3))
18  print(convert_seconds(60))
19  print(convert_seconds(323))
20  print(convert_seconds(60 * 60 + 323 * 2))
```

[실행 결과]

```
3 초
1 분 0 초
5 분 23 초
1 시간 10 분 46 초
```

1줄은 함수 convert_seconds를 정의합니다. 입력값은 1개이고, 매개변수 arg에 저장됩니다.

2~4줄은 만약 입력값으로 주어진 초(arg에 저장됨)가 60초 미만이면 4줄에서 초만 출력하고 함수를 종료합니다(조기 리턴). 함수 결괏값을 리턴하기 전에 파이썬 내장 함수 str을 사용해서 숫자 데이터 arg를 문자 데이터로 변환합니다.

6~10줄은 초를 분으로 변환하고, 그 값이 60분 미만이면 분과 초를 출력합니다.

이 부분에서는 함수 입력값으로 주어진 초가 60 이상이기 때문에, 변환된 초 seconds는 arg를 60으로 나눈 나머지로 구할 수 있습니다. 변환된 분 minutes는 arg를 60으로 정수 나누기 연산을 적용합니다.

주어진 초가 60초 미만인 경우 2~4줄을 실행하고 함수를 종료합니다(조기 리턴).

분으로 표현할 수 있는 시간은 59분이 최대이므로, 만약 minutes 값이 60 미만이면 분과 초를 출력하고 함수를 종료합니다(조기 리턴).

13~15줄은 여기에서 시간 hours는 변환된 분 minutes를 60으로 정수 나누기 연산을 적용합니다. 반면에, 변환된 분 minutes는 60 이상인 수가 저장되어 있으므로, 60으로 나눈 나머지를 구해 다시 minutes에 저장합니다. 그리고 hours, minutes, seconds 값을 결합하여 리턴합니다.

17~20줄은 함수를 호출하는 코드입니다(실행 결과 1~4줄).

정리해 보겠습니다.

- 초second를 시간hour 또는 분minute으로 변환하기 위해서는 **정수 나누기 연산**(//)과 **나머지 연산**(%)을 활용합니다.
- 60초 미만, 60분 미만 등 상황에 따라 return 명령어를 사용해서 함수 실행을 조기에 종료할 수 있습니다.

좀 더 알아보기

생성형 AI로 코딩 연습하기

생성형 AI 알아보기

생성형 AI Generative AI 또는 **생성형 인공지능**이란 텍스트, 이미지, 코드 등을 자동으로 생성하는 시스템을 말합니다. 사실 인공지능은 오랫동안 많은 연구가 이루어져 왔지만, 실제 생활에 영향을 줄 수 있을 정도의 결과를 얻기는 힘들었죠.

2022년 11월 30일, 오픈AIOpenAI가 생성형 AI 챗GPTChatGPT를 발표하면서 전 세계가 혼란에 빠지게 됩니다. 챗GPT는 그전에 발표된 인공지능과는 차원이 다른 훌륭한 결과를 만들어 냈기 때문이죠. 이후 구글의 제미나이gemini, 메타의 라마llama 등 전 세계를 선도하는 빅테크 업체들도 속속 생성형 AI 서비스를 출시하고 나섰습니다.

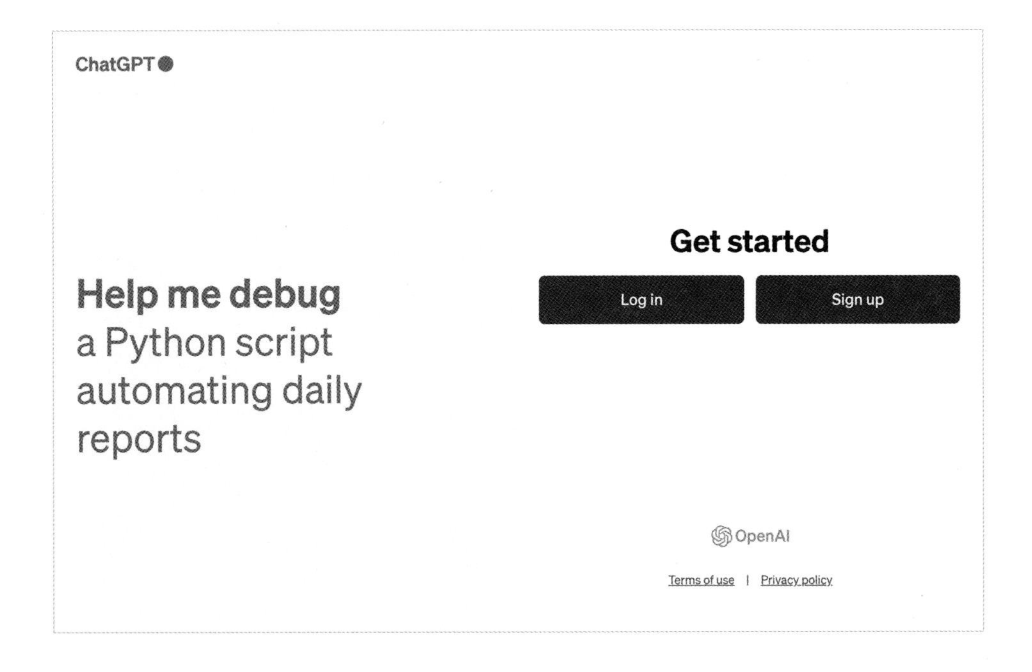

ColabAI를 사용해 헬로 월드 프로그램 작성하기

생성형 AI를 활용하면 소스 코드를 쉽게 작성하는 등 여러 가지 도움을 얻을 수 있습니다. 다양한 생성형 AI가 있지만, 구글 코랩에서 제공하는 Colab AI를 활용해서 소스 코드를 작성하는 방법을 알아봅시다.

01 **코랩에서 '새 노트' 생성하기** 구글 코랩 홈페이지에 접속하고, [파일]-[새 노트] 메뉴를 클릭하세요.

구글 코랩 홈페이지 주소

URL https://colab.research.google.com

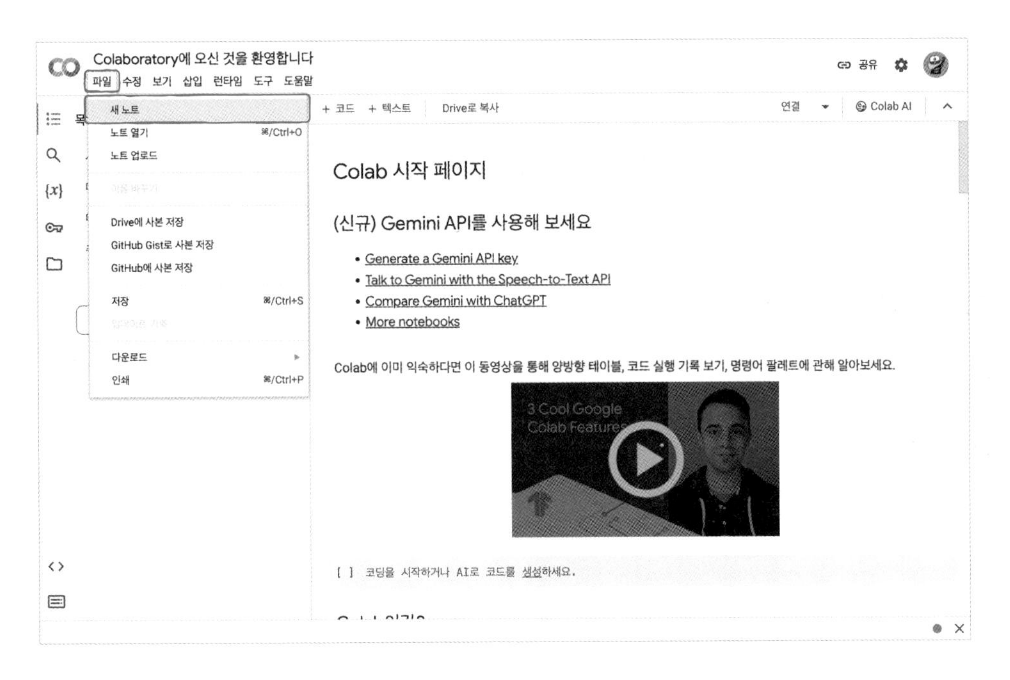

02 **프롬프트 입력하기** 새 노트의 오른쪽 상단에 있는 [Colab AI] 버튼을 클릭하세요. 개인정보 처리방침에 동의하면 코랩에서 제공하는 AI 코드 작성 기능을 사용할 수 있습니다. Colab AI 화면 하단에 여러분이 작성하고 싶은 코드에 대한 설명을 입력할 수 있는데, 이것을 **프롬프트**prompt라고 합니다.

프롬프트에 여러분이 작성하고 싶은 코드에 대한 설명을 입력하면 됩니다. 여기서는 헬로 월드 프로그램을 만들어 달라고 요청해 보겠습니다. 입력창에 '"Hello, World!"를 출력하는 코드를 작성해줘'를 입력하고 [제출( )] 아이콘을 누르세요.

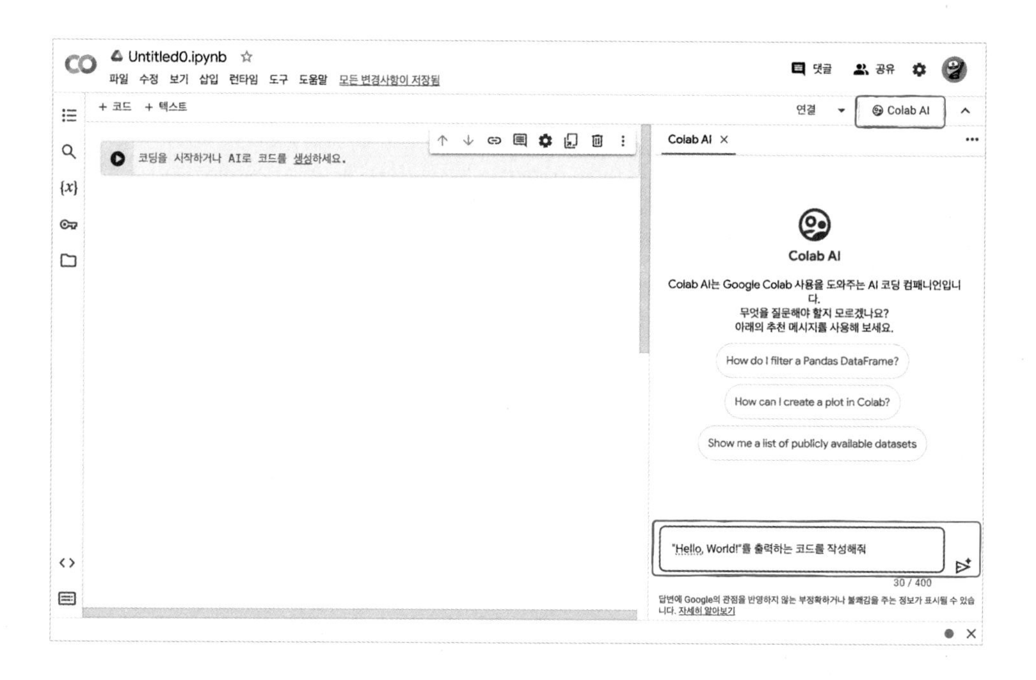

03 생성된 코드를 노트에 복사해서 실행하기 Colab AI가 여러분의 프롬프트를 바탕으로 헬로 월드 프로그램을 작성했습니다! 생성된 코드의 상단에는 두 개의 아이콘이 있어요. 왼쪽은 [복사(아이콘)], 오른쪽은 [코드 셀 추가(아이콘)] 아이콘입니다.

[코드 셀 추가(아이콘)] 아이콘을 클릭하면 코랩 노트의 셀에 생성한 코드가 바로 입력돼요. [셀 실행(아이콘)] 아이콘을 누르면 헬로 월드 프로그램의 결과를 출력합니다. 간단하죠?

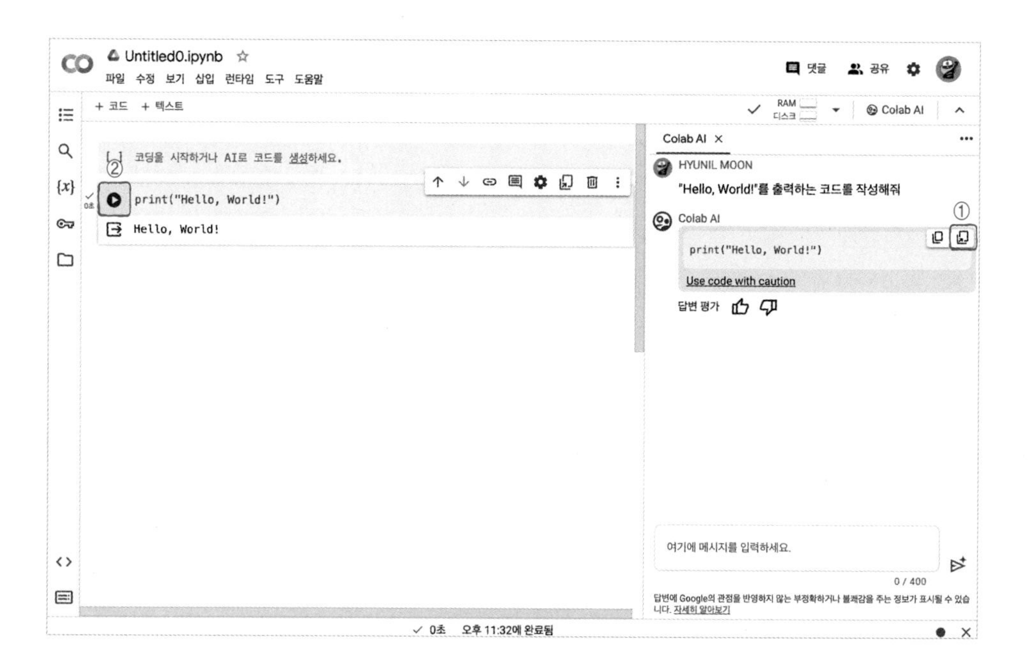

ColabAI를 사용해 홀수와 짝수를 판별하는 함수 작성하기

이번에는 좀 더 난이도 있는 프로그램을 만들어 볼게요. Colab AI가 도와주면 아주 쉽게 해낼 수 있습니다.

이 책에서 배운 코드를 ColabAI를 활용해 복습해 보세요. 코딩 연습에 많은 도움이 될 거예요.

01 **프롬프트 입력하기** 새 노트를 생성하고 [Colab AI] 창을 연 뒤에 하단의 입력란에 다음과 같이 프롬프트를 입력하세요.

```
다음의 조건을 만족하는 홀짝 판별 함수를 만들어 줘.
1. 함수 이름 : is_odd_number
2. 매개변수 이름 : arg
3. 함수 리턴값 : True 또는 False의 불(bool) 데이터
4. 함수 기능 : 이 함수는 숫자 데이터를 입력받고, 그 값이 홀수이면 True, 짝수이면 False
   를 리턴. if 명령어를 사용해서 입력된 숫자를 2로 나눈 나머지가 1이면 홀수, 그렇지 않으면
   짝수로 판단
5. 테스트 코드 : is_odd_number(3)와 is_odd_number(2)를 print 명령어로 출력
```

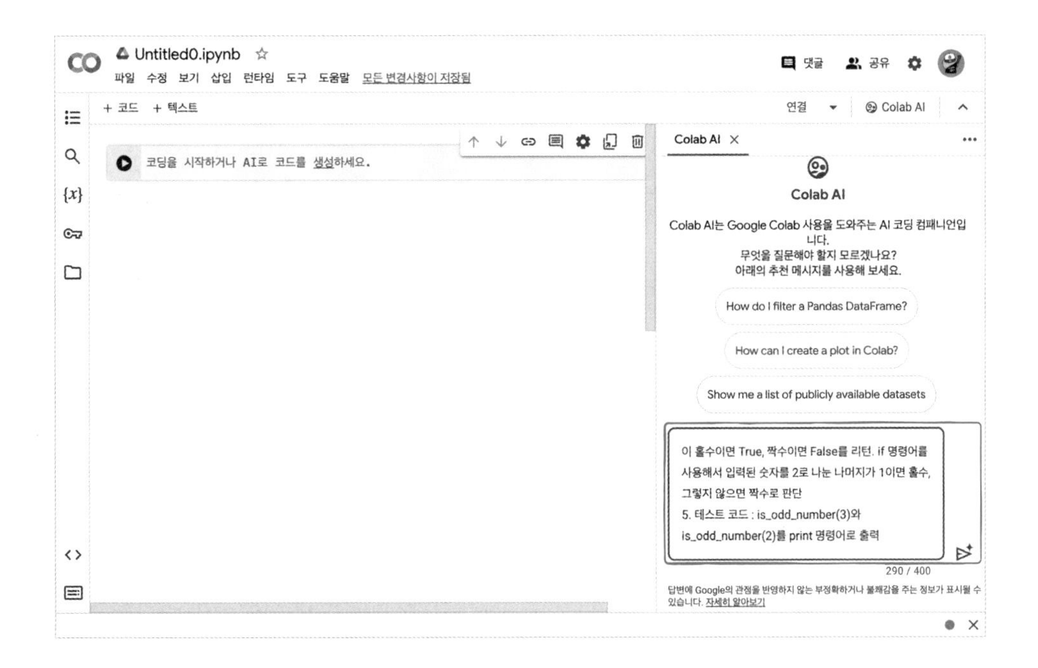

02 **코드 확인하기** Colab AI가 잠시 생각을 하더니, 코드를 만들어 줍니다. 생성된 코드의 오른쪽 상단에서 [코드 셀 추가( )] 아이콘을 클릭하면 다음 그림과 같이 노트에 Colab AI가 생성한 코드가 추가됩니다. [셀 실행( )] 아이콘을 눌러서 의도한 대로 함수가 잘 작성되었는지 확인해 봅시다.

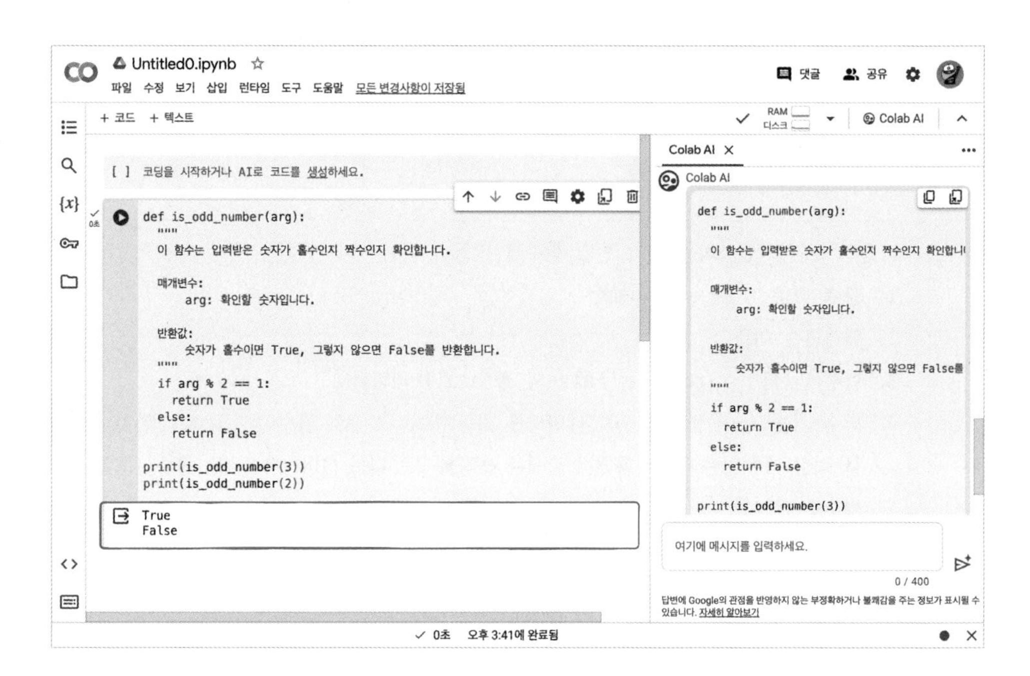

우와! 이 책의 6장에서 소개한 〈정수가 홀수인지 확인하는 함수〉와 동일한 결괏값을 출력하는 코드가 만들어졌네요. 조금 무섭지만, 신기하고 재미있지 않나요? 이제부터 프롬프트에 다양한 문장을 입력해서 원하는 프로그램을 만들어 보세요.

+ 여기서 잠깐 **긴 주석을 입력하는 방법**

주석(comment)이란 소스 코드에 부연 설명을 덧붙인 것입니다. 프로그램의 실행에는 아무런 영향을 미치지 않고, 이 소스 코드를 보게 될 사람에게 프로그램의 기능이나 목적을 보여 주기 위해 쓰는 거예요.

이 책의 2장에서 주석에 대해 간단히 다루었어요. 파이썬은 # 기호를 사용해 주석을 입력했죠. 그런데 주석으로 쓸 내용이 길어서 여러 줄로 입력해야 한다면 어떨까요? 문장이 줄바꿈을 할 때마다 # 기호를 입력해야 하니 번거로울 것입니다. 이때 세 개의 큰따옴표 """를 사용하면 더 편리하게 긴 주석을 입력할 수 있습니다.

앞서 살펴본 ColabAI가 작성한 프로그램에는 """로 시작하고 """로 끝나는 문단이 있어요. 파이썬은 """ 이후의 내용을 주석으로 인식하고 무시합니다. 그리고 다시 """를 만나면 주석이 끝났다고 인식하고 이후의 내용을 실행합니다.

마무리

▶ 2가지 키워드로 정리하는 핵심 포인트

- **조기 리턴**이란 함수 보디 중간에 return 명령어를 사용해서 함수를 종료하는 것을 말합니다. return 명령어 이후의 명령어는 실행되지 않습니다.
- **네이밍 컨벤션**에 의해 is_, has_, have_로 시작하는 함수 이름은 불 데이터를 리턴하는 것이 관례입니다.

▶ 확인 문제 (정답 417쪽)

1. 다음 소스 코드를 보고 실행 결과를 맞혀 보세요.

```
01 def is_odd(arg):
02     if arg % 2 == 1:
03         return True
04     return False
05
06 print(is_odd(3))
07 print(is_odd(2))
```

[실행 결과]

2. 다음 소스 코드를 보고 실행 결과를 맞혀 보세요.

```
01  def get_sum_of_two_numbers(start, end):
02      result = 0
03      for x in range(start, end + 1):
04          result = result + x
05      return result
06
07  print(get_sum_of_two_numbers(1, 10))
08  print(get_sum_of_two_numbers(1, 100))
```

[실행 결과]

3. 다음 소스 코드를 보고 실행 결과를 맞혀 보세요.

```
01  def print_hashes(rows):
02      for x in range(rows):
03          print("#" * (x + 1))
04
05  print_hashes(3)
```

[실행 결과]

4. 다음 소스 코드를 보고 실행 결과를 맞혀 보세요.

```
01  def print_reverse_hashes(rows):
02      for x in range(rows):
03          count = x + 1
04          print(" " * (rows - count) + "#" * count)
05
06  print_reverse_hashes(4)
```

[실행 결과]

5. 다음 소스 코드를 보고 실행 결과를 맞혀 보세요.

```
01  def replace_digits(str_):
02      return str_[:9] + "****"
03
04  print(replace_digits("010-1234-5678"))
05  print(replace_digits("010-9876-5432"))
```

[실행 결과]

도전 문제

easy | medium | hard

드디어 마지막 도전 문제입니다! 새로운 개념을 익히고, 직접 코딩하며 여기까지 달린 여러분 모두 수고하셨습니다. 이번 도전 문제는 지금까지 공부한 내용을 복습하는 차원에서 여러 가지 개념을 동원하도록 했습니다. 그렇게 어렵지 않으니 자신감 있게 도전해 보세요. 파이팅!

1. 소수점의 자릿수

부동 소수점 수를 소수점 n번째 자리까지 표시하는 함수 trunc를 만들어 보세요. 이때 round 함수를 사용하지 않고 직접 작성하도록 합니다. 함수 trunc는 각각 부동 소수점 수 arg와 소수점의 자릿수 n을 매개 변수로 받아 n의 자리 수까지 표시합니다.

```
def trunc(arg, n):
    # arg에 저장된 부동 소수점 수를
    # 소수점 n번째 자리까지 표시하고 리턴하세요.



print(trunc(0.325, 2))
print(trunc(9.87, 1))
```

```
0.32
9.8
```

hint1 어떤 수에 10을 곱하거나 나누면 수의 자릿값이 바뀝니다.

hint2 제곱 연산을 처리하는 연산자 **를 활용하세요.

hint3 어떤 수를 정수로 변환하는 명령어 int를 활용하세요.

부동 소수점 수를 다룰 때는 항상 조심해야 합니다. round를 사용하지 말고 직접 구현해 보세요.

2. 데이터의 개수

len은 문자 데이터의 글자수, 리스트에 들어 있는 요소의 개수를 세는 명령어입니다. len을 사용하지 않고 직접 이 기능을 구현해 봅시다.

함수 get_length는 매개 변수 arg를 받아 arg에 있는 요소의 개수를 세서 정수를 리턴합니다. 매개 변수 arg는 문자 데이터 또는 리스트, 딕셔너리를 받습니다. 함수 get_length의 보디를 올바르게 채우세요.

```
def get_length(arg):
    

print(get_length("python"))
print(get_length([3.23]))
print(get_length({1:1, 2:2, 3:3}))
```

```
6
1
3
```

hint 데이터 세트의 각 요소는 for 반복문을 사용해서 처리할 수 있습니다.

01-1 프로그래밍 알아보기

1. ②

해설

② 스마트폰도 컴퓨터이기 때문에 스마트폰에서 실행되는 카카오톡도 컴퓨터 프로그램입니다.

2. ②, ③

해설

소스 코드는 컴파일러 혹은 인터프리터를 통해 기계어로 번역됩니다.

01-2 "Hello, World!" 프로그램 만들기

1. ④

해설

④ 클라우드 파이썬 인터프리터는 웹 브라우저에서 코드 작성 및 실행을 모두 할 수 있으므로 별도의 파이썬 코드 편집기가 필요 없습니다.

2. ①

해설

② 파이썬 문법은 배우기 쉽다고 알려져 있습니다.

③ 파이썬의 실행 속도는 아주 빠르며, 기계 학습(머신러닝)과 같이 대용량의 수리 계산이 필요한 경우 수리 계산은 C 언어로 작성하고 나머지 부분을 파이썬으로 작성해서 상대적으로 느린 속도를 충분히 보완할 수 있어서 교육용뿐만 아니라 산업 전반에서 널리 사용됩니다.

④ 파이썬은 다른 프로그래밍 언어로 작성된 코드를 쉽게 가져가 사용할 수 있습니다.

3. ①

해설

① 파이썬 소스 코드의 확장자는 'py'입니다.

4. (3)

해설

(1) 소스 코드 1은 C 언어로 작성된 코드입니다.

(2) 소스 코드 2는 자바(Java) 언어로 작성된 코드입니다.

도전 문제

1. 소스 코드 /challenge/chal_01_02.py

```
print("나의 첫 자기 소개 프로그램")
print("1. 이름 : 나한빛")
print("2. 코딩을 공부하는 이유 : 나만의 프로그램을 만들어 보고 싶어서!")
print("3. 올해의 목표 : '혼자 공부하는 첫 프로그래밍 with Python' 완독하기")
```

02-1 문자 데이터

1. ②, ④

해설

① 아라비아 숫자(0~9)로 표기한 데이터는 경우에 따라서 문자 데이터 또는 숫자 데이터로 사용될 수 있습니다.

③ 따옴표 그 자체를 문자 데이터로 사용할 수 있습니다. 역슬래시(\)를 사용해서 이스케이프 문자로 만들어 사용할 수 있습니다.

⑤ 문자 인코딩의 한 종류인 UTF-8은 전 세계적으로 사용됩니다.

2. ②

해설

② 문자 데이터는 따옴표를 양옆에 써 주어야 합니다.

3.

```
"프로그래밍을 \'처음\' 배우는 상황이라면?" 또는 '프로그래밍을 \'처음\' 배우는 상황이라면?'
"프로그래밍이란 무엇인지 \'감\'을 잡고 싶다면?" 또는 '프로그래밍이란 무엇인지 \'감\'을 잡
고 싶다면?'
'프로그래밍 \'입문자\'에게 책을 추천하고 싶다면?'
'이 모든 상황에 알맞은 \"만능", \'코딩 입문서\'!\n'
"\"혼자 공부하는 첫 프로그래밍\"을 소개합니다!!!"
```

4.

```
Hello, World!
Sun is shining.
```

5.

```
"혼공프"로 시작하는 프로그래밍!
'혼공프'로 시작하는 프로그래밍!
'혼공프'로 시작하는 프로그래밍!
"혼공프"로 시작하는 프로그래밍!
Sun,
Moon,
Sky
```

해설

- 1줄: 작은따옴표('...')로 만들어진 문자 데이터는 큰따옴표("...")를 문제 없이 출력합니다(실행 결과 1줄).
- 2줄: 작은따옴표로 만들어진 문자 데이터에서 작은따옴표를 문자 데이터로 사용하려면 이스케이프 문자 \' 를 사용합니다(실행 결과 2줄).
- 3줄: 큰따옴표("...")로 만들어진 문자 데이터는 작은따옴표('...')를 문제 없이 출력합니다(실행 결과 3줄).
- 4줄: 큰따옴표로 만들어진 문자 데이터에서 큰따옴표를 문자 데이터로 사용하려면 이스케이프 문자 \" 를 사용해야 합니다(실행 결과 4줄).

• 5줄: 이스케이프 문자 \n은 문자 데이터 출력 시 새로운 줄에 출력합니다. 이스케이프 문자 \n이 두 번 사용됐으므로, 총 세 줄에 걸쳐 출력합니다(실행 결과 5~7줄).

02-2 문자 데이터 처리

1. ④

해설

① 문자 데이터의 길이를 계산할 때 하나의 공백을 1로 계산합니다.

② 문자 데이터의 길이를 계산할 때 이스케이프 문자는 역슬래시와 기호를 하나로 생각해서 1로 계산합니다.

③ 문자 데이터의 인덱스는 0부터 시작하고, 다른 번호로 시작할 수 없습니다.

⑤ 슬라이싱을 할 때 문자 데이터의 길이를 넘어선 인덱스 번호를 사용하면 자동으로 마지막 문자까지 처리합니다.

⑥ 인덱싱을 할 때는 반드시 인덱스 번호를 알맞게 적어 줘야 합니다.

2.

```
3 + 2 = 5
==========
5분 23초
```

해설

• 1줄: 5개의 문자 데이터를 문자 데이터 결합 연산자(+)로 결합한 값을 화면에 출력합니다(실행 결과 1줄).

• 2줄: 문자 데이터 "="를 문자 데이터 반복 결합 연산자(*)로 10회 반복 결합한 결괏값을 화면에 출력합니다(실행 결과 2줄).

• 3줄: 5개의 문자 데이터를 문자 데이터 결합 연산자로 결합한 결괏값을 화면에 출력합니다(실행 결과 3줄). 빈 공백(" ")도 하나의 문자로 처리됩니다.

3.

```
3

2
```

해설

- 1줄: 문자 데이터 "0123456789"를 만들고, 인덱싱 [3]을 처리한 결괏값을 화면에 출력합니다. 인덱스는 0부터 시작하므로, 인덱스 3은 네 번째 문자를 가리킵니다. 따라서 이 코드의 결괏값은 3을 화면에 출력합니다.
- 2줄: 문자 데이터를 만들고, 슬라이싱 [3:3]을 처리한 결괏값을 화면에 출력합니다. 슬라이싱을 할 때 시작 위치 인덱스부터 (끝 위치 인덱스 – 1)까지 문자를 선택해서 자릅니다. 따라서 [3:3]과 같이 시작 위치 인덱스와 끝 위치 인덱스가 같은 슬라이싱의 경우, 결괏값으로 어떤 문자도 선택하지 않은 빈 문자 데이터(" ")를 만들게 됩니다. 그 결과 이 코드는 빈 문자 데이터를 출력합니다.
- 3줄: 문자 데이터를 만들고, 슬라이싱 [2:3]을 처리한 결괏값을 화면에 출력합니다. 슬라이싱을 할 때 끝 위치에 해당하는 인덱스는 포함하지 않기에 슬라이싱 [2:3]의 결괏값은 인덱싱 [2]와 같은 값인 "2"가 됩니다. 따라서 이 코드는 "2"를 화면에 출력합니다.

4.

```
혼자 공부하는 프로그래밍
13
혼자
공부하는
프로그래밍
```

해설

- 1줄: 문자 데이터 "혼자 공부하는 프로그래밍"을 화면에 출력합니다(실행 결과 1줄).
- 2줄: 파이썬 명령어 len을 사용해서 문자 데이터 "혼자 공부하는 프로그래밍"의 문자 개수를 화면에 출력합니다(실행 결과 2줄). 빈 공백도 하나의 문자에 포함되는 것을 기억하세요.

- 3줄: 문자 데이터 "혼자 공부하는 프로그래밍"에 슬라이싱을 적용합니다. 범위 시작 인덱스를 지정하지 않았으므로 자동으로 인덱스 0부터 시작해서 인덱스 (2−1)까지 슬라이싱하고, 그 결괏값을 화면에 출력합니다(실행 결과 3줄). 슬라이싱 할 때 범위 끝 인덱스에 해당하는 문자 데이터는 포함하지 않는다는 것을 기억하세요.
- 4줄: 문자 데이터에 슬라이싱을 적용합니다. 인덱스 3부터 인덱스 (7−1)까지 슬라이싱하고, 그 결괏값을 화면에 출력합니다(실행 결과 4줄).
- 5줄: 문자 데이터에 슬라이싱을 적용합니다. 범위 끝 인덱스를 지정하지 않았으므로, 자동으로 문자 데이터의 문자 개수 13으로 결정됩니다. 따라서 인덱스 3부터 인덱스 (13−1)까지 슬라이싱하고, 그 결괏값을 화면에 출력합니다(실행 결과 5줄).

5.

```
C Major Scale
-------------
CDEFGAB
```

해설

- 1줄: 문자 데이터 "C Major Scale"를 화면에 출력합니다(실행 결과 1줄).
- 2줄: 문자 데이터 반복 결합 연산자를 사용해서 "-"를 반복 결합합니다. 이때 결합 횟수로 문자 데이터 "C Major Scale"의 문자 개수를 지정합니다(실행 결과 2줄).
- 3−11줄: 문자 데이터 인덱싱과 문자 데이터 결합 연산자를 사용해서 "CDEFGAB"를 화면에 출력합니다(실행 결과 3줄).

도전 문제

1. 소스 코드 /challenge/chal_02_02.py

```
print("23/03/2024"[6:] + "-" + "23/03/2024"[3:5] + "-" + "23/03/2024"[:2])
```

해설

이 코드는 문자 데이터를 슬라이싱한 뒤 + 연산자를 사용해서 이어 붙인 것입니다. "23/03/2024"[6:]는 인덱스가 6인 문자(2)부터 끝까지, "23/03/2024"[3:5]는 인덱스가 3인 문자(0)부터 인덱스가 4인 문자(3)까지, "23/03/2024"[:2]는 문자 데이터의 처음부터 인덱스가 1인 문자(3)까지 슬라이싱합니다.

02-3 숫자 데이터

1. ④

해설

① "323"과 323은 아라비아 숫자가 쓰였지만, "323"은 숫자 기호가 따옴표로 쌓여있기 때문에 문자 데이터로 처리됩니다.

② 코딩에서 여러 가지 연산이 연속으로 사용된 경우 소괄호(...)를 사용해서 연산의 우선순위를 강제로 정할 수 있습니다. 코딩에서 대괄호[...]와 중괄호{...}는 다른 의미로 사용합니다.

③ 여러 개의 사칙 연산자(+, -, *, /)가 동시에 사용된 경우 곱셈과 나눗셈이 덧셈과 뺄셈보다 우선 처리됩니다.

⑤ 나머지 연산자(%)는 숫자 데이터의 나눗셈에서 '몫과 나머지' 방식으로 계산한 뒤, 나머지를 선택하는 기능을 합니다. 따라서 (3%2)의 결괏값은 1이 됩니다. 책의 본문을 참고하세요.

2.

```
숫자 데이터 확인 문제
=*=*=*=*=*=
9
5
23
3.5657536863853114e+150
5.0
23.0
```

해설

- 1줄: "숫자 데이터(정수) 확인 문제"를 화면에 출력합니다(실행 결과 1줄).
- 2줄: "=*"를 반복 결합 연산자(*)를 사용해서 5회 반복 결합하고, 결합 연산자(+)를 사용해서 "="를 결합한 뒤, 그 결괏값을 화면에 출력합니다(실행 결과 2줄).

- 3줄: 숫자 데이터 3을 2 제곱한 결괏값을 화면에 출력합니다(실행 결과 4줄).
- 4줄: 숫자 데이터 323을 60으로 나눈 몫을 화면에 출력합니다(실행 결과 4줄).
- 5줄: 숫자 데이터 323을 60으로 나눈 나머지를 화면에 출력합니다(실행 결과 5줄).
- 6줄: 부동소수점수 323.0을 60 제곱한 결괏값을 화면에 출력합니다. 파이썬은 컴퓨터 메모리 용량 한도 내에서 무한대의 수를 표현할 수 있습니다(실행 결과 6줄).
- 7줄: 부동소수점수 323.0을 60으로 나눈 몫을 화면에 출력합니다(실행 결과 7줄).
- 8줄: 부동소수점수 323.0을 60으로 나눈 나머지를 화면에 출력합니다(실행 결과 8줄).

3.

```
연산자 우선순위 확인 문제
=*=*=*=*=*=
523
523
500
```

해설

- 1~2줄: 1번 문제와 동일합니다(실행 결과 1~2줄).
- 3줄: 곱셈과 나눗셈 연산자는 덧셈과 뺄셈 연산자에 대해서 우선순위가 있습니다. 따라서 수식 323 // 60 * 100이 먼저 처리되고, 그 결괏값에 23을 더한 값을 화면에 출력합니다(실행 결과 3줄).
- 4줄: 괄호는 다른 어떤 연산자보다 먼저 처리됩니다. 따라서 수식 (323 // 60 * 100)이 먼저 처리됩니다(실행 결과 4줄).
- 5줄: 괄호가 먼저 처리되므로 (23 + 323)이 처리된 후, 그 결괏값에 // 60 * 100이 처리됩니다(실행 결과 5줄).

도전 문제

1. 소스 코드 /challenge/chal_02_03_01.py

```
print(float("1,234.567".replace(",", "")))
```

해설

이 코드는 괄호 가장 안쪽에서부터 해설해야 합니다. 먼저 문자 데이터 "1,234.567"에 replace 명령어를 사용해서 ","를 빈 문자 데이터 ""로 교체, 즉 제거합니다. 그러고 나서 콤마(,)를 제거한 문자 데이터 "1234.567"을 float 명령어에 전달해서 부동 소수점 수로 변환합니다.

2. 소스 코드 /challenge/chal_02_03_02.py

```
print(int(float("1,234.567".replace(",", ""))))
```

해설

이 코드는 괄호 가장 안쪽에서부터 해설해야 합니다. 먼저 문자 데이터 "1,234.567"에 replace 명령어를 사용해서 ","를 빈 문자 데이터 ""로 교체한 뒤, float 명령어에 전달해서 부동 소수점 수로 변환합니다. 그러고 나서 부동 소수점 수 1234.567을 int 명령어에 전달해서 정수로 변환합니다.

02-4 변수

1. "안녕하세요"는 변수 이름으로 사용할 수 있지만(네이밍 룰 만족), 특별한 이유가 없다면 사용하지 않는 것이 좋습니다(네이밍 컨벤션 불만족).

변수 이름	사용 가능 여부(O/X)	사용 불가능한 이유
this_element	O	–
that element	X	공백을 포함할 수 없습니다.
$my_element	X	특수문자는 밑줄(_)만 사용할 수 있습니다.
_	O	–
None	X	키워드는 사용할 수 없습니다.
안녕하세요	O	–

2.

```
Hello, World!
```

해설

- 1줄: 변수 hello 에 문자 데이터 "Hello"를 저장합니다.
- 2줄: 변수 world 에 문자 데이터 "World!"를 저장합니다.
- 3줄: 문자 데이터 결합 연산자를 사용해서 hello, 문자 데이터 ", ", world를 결합한 결괏값을 화면에 출력합니다(실행 결과 1줄).

3.

```
5
23
```

해설

- 1줄: 숫자 데이터 323을 60으로 나눈 몫을 변수 quotient에 저장합니다.
- 2줄: 숫자 데이터 323을 60으로 나눈 나머지를 변수 remainder에 저장합니다.
- 3~4줄: quotient와 remainder에 저장된 데이터를 각각 화면에 출력합니다(실행 결과 1!2줄).

4.

```
안녕하세요
나한빛입니다
```

해설

- 1줄: "안녕하세요" 문자 데이터를 만들고 변수 data에 저장합니다.
- 2줄: print 명령어를 사용해서 변수 data에 저장된 데이터, 즉 "안녕하세요"를 화면에 출력합니다.
- 3줄: "만나서 반가워요" 문자 데이터를 만들고 변수 data에 저장합니다. 변수는 데이터를 반복해서 저장할 수 있습니다.
- 4줄: "나한빛입니다" 문자 데이터를 만들고 변수 data에 저장합니다.

- 5줄: print 명령어를 사용해서 변수 data에 저장된 데이터를 화면에 출력합니다. 현재 data에 저장된 데이터는 "나한빛입니다"이므로 이 데이터가 화면에 출력됩니다.

03-1 선택 구조 이해하기

1. ④

해설

④ 조건식을 그림을 표현할 때 조건식의 결과가 "예"인 경우 반드시 오른쪽 화살표로, "아니오"인 경우 반드시 아래쪽 화살표로 그려야 하는 것은 아닙니다. 프로그램의 진행 방향에 따라 다양한 방향의 화살표를 사용할 수 있습니다.

2.

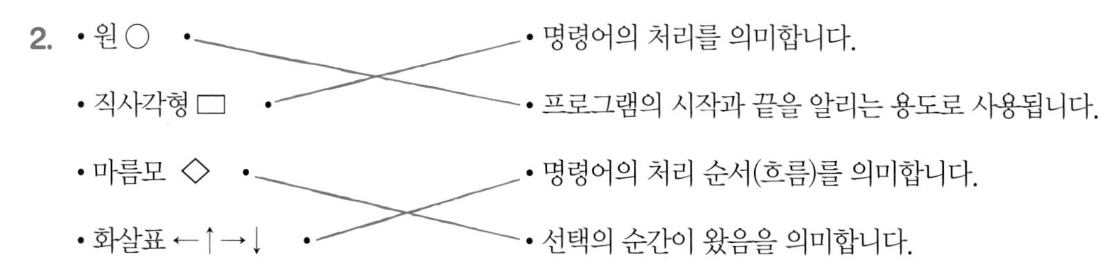

3.

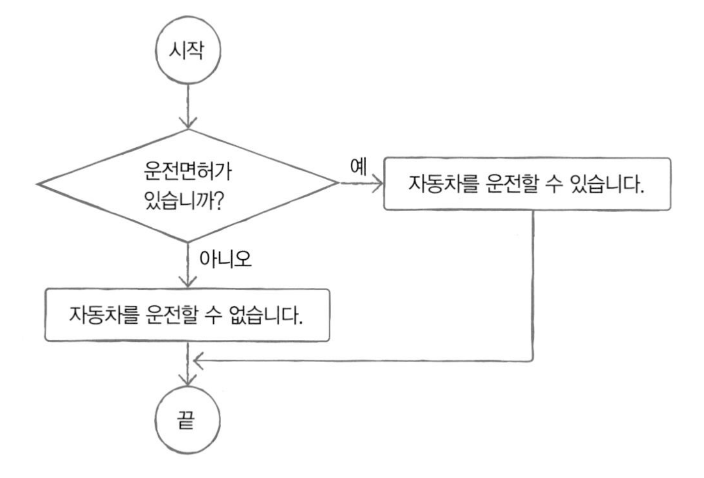

도전 문제

1.

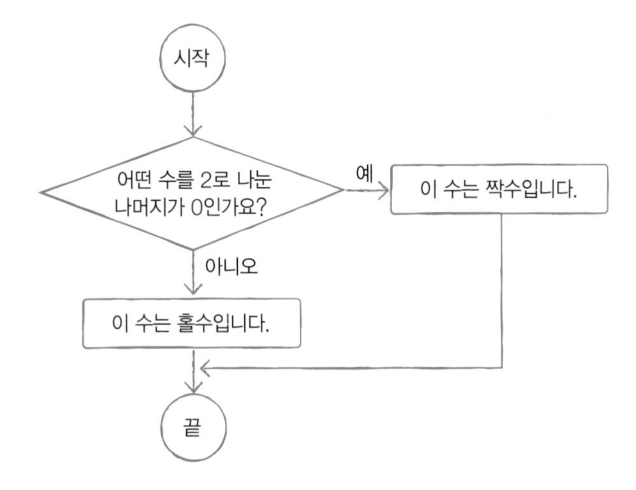

03-2 선택 구조를 파이썬으로 코딩하는 방법

1.

```
True
False
True
True
```

해설

- 1줄: 불 데이터 True와 True는 같은 값이므로, 이 조건식의 결괏값은 True 입니다(실행 결과 1줄).
- 2줄: 문자 데이터 "True"와 불 데이터 True는 다른 값이므로, 이 조건식의 결괏값은 False입니다(실행 결과 2줄).
- 3줄: 숫자 데이터 323을 60으로 나눈 몫은 5이므로, 이 조건식의 결괏값은 True입니다(실행 결과 3줄).

• 4줄: 문자 데이터끼리의 크기 비교는 이름순 정렬과 같습니다. 프로그래밍에서 영어 소문자는 대문자보다 이름순 정렬 시 우선순위를 가지므로, 문자 데이터 "abc"는 문자 데이터 "Abc"보다 큽니다. 따라서 이 조건식의 결괏값은 True입니다(실행 결과 4줄).

2.

```
시작!
예!
끝!
```

해설

• 1줄: "시작!" 메시지를 화면에 출력합니다(실행 결과 1줄).

• 2~5줄: if~else 구조를 시작합니다. 조건식의 결괏값이 True인 경우 3줄을 처리하고, 그렇지 않으면(else) 5줄을 처리합니다. 2줄에서는 조건식에 직접 True 값이 주어졌으므로 3줄을 처리합니다(실행 결과 2줄).

• 6줄: "끝!" 메시지를 화면에 출력합니다(실행 결과 3줄).

3.

```
시작!
취미로 운동을 하는군요!
끝!
```

해설

• 1줄: 문자 데이터 "운동"을 변수 hobby에 저장합니다.

• 3줄: 문자 데이터 "시작!"을 화면에 출력합니다(실행 결과 1줄).

• 4~11줄: if~elif~else 구조를 시작합니다. 모두 4개의 대안이 있고, 3개의 조건식이 있는 구조입니다.

• 4줄: 변수 hobby에 저장된 값이 문자 데이터 "독서"와 같다면 5줄의 명령문을 실행하고, if~elif~else 구조를 종료합니다. 1줄에서 hobby에 저장된 값이 "운동"이므로, 4줄의 조건식의 결괏값은 False입니다. 따라서 5줄의 무시하고 6줄로 넘어갑니다.

- 6줄: hobby에 저장된 데이터가 "운동"이면, 7줄의 명령어를 실행합니다. 1줄에서 hobby에 저장된 데이터가 "운동"이므로, 6줄의 조건식의 결괏값은 True입니다. 따라서 7줄을 실행하고 if~elif~else 구조를 종료합니다.
- 7줄: 문자 데이터 "취미로 운동을 하는군요!"를 화면에 출력합니다(실행 결과 2줄).
- 12줄: 문자 데이터 "끝!"을 화면에 출력해서 프로그램의 종료를 알립니다.

도전 문제

1. 소스 코드 /challenge/chal_03_02_01.py

```
year = 2024  # 이 값을 변경해서 코드를 실험해 보세요.

if year % 4 == 0 and year % 100 == 0 and year % 400 == 0:
    print(str(year) + "년은 윤년입니다.")
elif year % 4 == 0 and year % 100 == 0:
    print(str(year) + "년은 평년입니다.")
elif year % 4 == 0:
    print(str(year) + "년은 윤년입니다.")
else:
    print(str(year) + "년은 평년입니다.")
```

해설

이 코드는 if~elif~else 문을 사용해서 대안이 3개 이상인 선택 구조를 만들었습니다. 이 코드는 특히 순서가 중요합니다. 가장 복잡한 조건부터 차례대로 통과하게 만들어야 하죠.

먼저, 변수 year에 저장된 숫자 데이터를 4로 나눈 나머지, 100으로 나눈 나머지, 400으로 나눈 나머지가 모두 0이면 year가 윤년이라고 출력합니다.

첫 번째 조건을 만족하지 못하면 두 번째 조건을 검사합니다. 만일 변수 year에 저장된 숫자 데이터를 4로 나눈 나머지와 100으로 나눈 나머지는 0이지만 400으로 나눈 나머지가 0이 아니면 year가 평년이라고 출력합니다.

첫 번째와 두 번째 조건을 만족하지 못하면 세 번째 조건을 검사합니다. 만일 변수 year에 저장된 숫자 데이터를 4로 나눈 나머지는 0이지만 100으로 나눈 나머지와 400으로 나눈 나머지는 0이 아니면 year가 윤년이라고 출력합니다.

세 조건 모두에 해당하지 않는 year는 평년입니다.

04-1 효율적인 데이터 관리 1: 리스트

1. ①

해설

② 여러 개의 데이터를 하나의 데이터 세트로 만드는 방법은 다양합니다. 이 책에서는 리스트, 딕셔너리, 레인지 데이터 세트를 소개합니다.

③ 프로그래밍 언어에 따라 리스트를 만들 때 다양한 괄호를 사용합니다. 예를 들어 파이썬과 자바스크립트는 대괄호[...]를, C 언어와 자바는 중괄호{...}를 사용합니다. ④ 리스트를 만들 때 각 데이터 간의 구분은 쉼표(,)를 사용합니다.

⑤ 리스트에 저장된 각 데이터와 쉼표 사이에 공백을 자유롭게 추가할 수 있습니다. 일반적으로 시각적인 편의를 위해서 데이터 뒤에 붙는 쉼표는 공백이 없고, 데이터 앞의 쉼표는 1칸의 공백을 추가합니다.

2.

```
lang_set     = ["파이썬", "C 언어", "자바", "자바스크립트"]
lang_eng_set = ["Python", "C", "Java", "JavaScript"]
```

3.

```
menu_set  = ["안심구이", "등심구이", "육개장", "물냉면"]
price_set = [39000, 35000, 9000, 8000]
```

도전 문제

1. 소스 코드 /challenge/chal_04_01_01.py

```
history = []
history.append("네이버")
print("방문 목록:", history)

history.append("구글")
print("방문 목록:", history)

history.append("유튜브")
print("방문 목록:", history)
```

해설

이 코드는 append 명령어를 사용해서 history 리스트에 문자 데이터를 하나씩 추가합니다. append 명령어는 리스트의 마지막에 요소를 추가하고, 리스트는 순서가 있는 데이터 세트이므로 "네이버", "구글", "유튜브"를 순서대로 추가하는 것이 중요합니다.

2. 소스 코드 /challenge/chal_04_01_02.py

```
history = []
history.append("네이버")
print("방문 목록:", history)

history.append("구글")
print("방문 목록:", history)

history.append("유튜브")
print("방문 목록:", history)

popped = history.pop()
```

```
print("방문 목록:", history)

history.append("인스타그램")
print("방문 목록:", history)

popped = history.pop()
print("방문 목록:", history)
```

해설

이 코드는 append와 pop 명령어를 사용해서 리스트에 데이터를 추가 및 삭제합니다.

먼저 방문 목록 리스트에 "네이버"와 "구글", "유튜브"를 차례대로 추가하고 화면에 출력합니다. 그러면 방문 목록 리스트의 맨 마지막 요소는 "유튜브"이므로 '뒤로 가기'를 만나면, pop 명령어를 사용해 "유튜브"를 삭제합니다. pop 명령어가 실행된 직후 방문 목록 리스트의 맨 마지막 요소는 "구글"입니다.

그러고 나서 append 명령어를 사용해 방문 목록 리스트의 맨 마지막에 "인스타그램"을 추가합니다.

다시 '뒤로 가기'를 만나면 pop 명령어를 사용해 방문 목록 리스트의 맨 마지막 요소를 삭제합니다.

04-2 효율적인 데이터 관리 2: 딕셔너리

1. 리스트를 사용한 성적표 데이터 관리

```
grade    = ["1학년", "2학년", "3학년"]
subjects = ["국어", "영어", "수학", "코딩", "체육"]
scores   = [
    [85, 0, 60, 95, 0],
    [90, 80, 70, 95, 0],
    [95, 85, 75, 100, 100],
]
```

해설

이 코드는 리스트를 사용해서 성적표 데이터를 정리한 것입니다. 리스트로 데이터를 관리할 때 주의할 점은, 데이터 세트 별로 동일한 종류 및 동일한 개수의 데이터를 사용해야 한다는 것입니다.

변수 scores에 저장된 2차원 리스트를 살펴보죠. 이 문제에서 영어 과목은 2학년에 처음 등장했지만, 데이터 세트별로 데이터 개수를 맞추기 위해 1학년 데이터에도 영어 점수를 추가(0점)했습니다. 마찬가지로 3학년에 처음 등장한 체육 과목을 위해서 1학년 및 2학년에 체육 과목 점수를 추가(0점)해야 합니다. 만약, 학년이 올라갈수록 과목이 증가하면 어떤 코드를 어떻게 바꿔야 할까요? 한번 고민해 보세요.

설명을 간단히 하기 위해서 영어 점수를 1학년에 추가할 때 0점으로 넣었지만, 이런 경우 왜곡된 정보(실제 0점인지, 과목이 없었는지 구분하기 어려움)를 만들 수 있습니다. 따라서 0점을 넣는 것보다 '데이터 없음'이라는 표시를 하는 게 좋습니다. 프로그래밍 언어별로 '데이터 없음'을 표시하는 방법이 다양한데요, 파이썬은 None이라는 키워드를 사용합니다.

딕셔너리를 사용한 성적표 데이터 관리 〈1〉

```
scores = {
    "1학년": [85, 0, 60, 95, 0],
    "2학년": [90, 80, 70, 95, 0],
    "3학년": [95, 85, 75, 100, 100],
}
```

해설

이 코드는 앞서 리스트로 만든 코드에 학년 정보만 이름표로 추가해서 딕셔너리로 변환한 것입니다. 학년별 점수 데이터 세트는 리스트를 계속 사용하기 때문에 리스트의 단점, 즉 불필요한 정보(1학년 영어 및 체육 과목 점수, 2학년 체육 과목 점수)를 관리해줘야 문제가 계속 발생하죠.

딕셔너리를 사용한 성적표 데이터 관리 〈2〉

```
scores = {
    "1학년": { "국어": 85, "수학": 60, "코딩": 95 },
    "2학년": { "국어": 90, "영어": 80, "수학": 70, "코딩": 95 },
    "3학년": { "국어": 95, "영어": 85, "수학": 75, "코딩": 100, "체육": 100 }
}
```

해설

이 코드는 학년별 점수 데이터 세트도 딕셔너리로 표현했습니다. 이렇게 함으로써 리스트로 관리했을 때의 단점을 해결할 수 있습니다.

딕셔너리를 사용한 성적표 데이터 관리 〈3〉

```
scores = {
    "국어": { "1학년": 85, "2학년": 90, "3학년": 95 },
    "수학": { "1학년": 60, "2학년": 70, "3학년": 75 },
    "코딩": { "1학년": 95, "2학년": 95, "3학년": 100 },
    "영어": { "2학년": 80, "3학년": 85 },
    "체육": { "3학년": 100 }
}
```

해설

이 코드는 딕셔너리를 사용해서 과목별, 학년별로 데이터 세트를 구성했습니다. 위 〈2〉번 코드와 비교했을 때, 어떤 기준을 우선순위로 둘 것인지에 대한 관점(학년별, 과목별 vs 과목별, 학년별)이 달라졌습니다. 어느 것이 더 좋다고 말할 수 없고, 필요에 따라 적절하게 선택하면 됩니다.

2. 리스트를 사용한 주식 가격 데이터 관리 〈1〉

```
names = ["삼송전자", "헤이닉스"]
prices = [
    [50800, 49950, 48900, 47300, 45600, 48100],
    [82800, 82500, 80600, 80400, 73100, 83100]
]
```

해설

이 코드에서 가격 데이터 세트를 관리하는 방법을 잘 살펴보세요. 여기서는 '종목별로, 일자별로' 가격 데이터를 관리합니다.

리스트를 사용한 주식 가격 데이터 관리 〈2〉

```
names = ["삼송전자", "헤이닉스"]
prices = [
    [50800, 82800],
    [49950, 82500],
    [48900, 80600],
    [47300, 80400],
    [45600, 73100],
    [48100, 83100]
]
```

해설

이 코드는 가격 데이터 세트를 '일자별로, 종목별로' 관리한 것입니다.

앞서 '리스트를 사용한 주식 가격 데이터 관리 〈1〉'과 비교했을 때 어느 것이 좋다고 말하기 어렵습니다. 어떤 프로그램을 작성할 것인가에 따라서 적절히 선택해서 사용하면 됩니다.

딕셔너리를 사용한 주식 가격 데이터 관리 〈1〉

```
prices = {
    "삼송전자": [50800, 49950, 48900, 47300, 45600, 48100],
    "헤이닉스": [82800, 82500, 80600, 80400, 73100, 83100]
}
```

해설

이 코드는 딕셔너리를 사용해서 종목별로, 일자별로 가격 데이터를 관리한 것입니다. 앞서 '리스트를 사용한 주식 가격 데이터 관리 〈1〉' 코드에서 names와 prices를 하나로 합친 것이라고 볼 수 있죠. 일자별 가격 데이터 세트는 리스트를 사용했습니다.

딕셔너리를 사용한 주식 가격 데이터 관리 〈2〉

```
prices = {
    "삼송전자": {
        "2": 50800,
        "3": 49950,
        "4": 48900,
        "5": 47300,
        "6": 45600,
        "9": 48100
    },
    "헤이닉스": {
        "2": 82800,
        "3": 82500,
        "4": 80600,
        "5": 80400,
        "6": 73100,
        "9": 83100
    }
}
```

해설

이 코드는 일자별 가격 데이터 세트를 딕셔너리로 관리한 것입니다. '딕셔너리를 사용한 주식 가격 데이터 관리 〈1〉'의 코드와 비교했을 때, 날짜별 가격을 확인할 수 있다는 것이 특징이죠.

3. 리스트를 사용한 요리별 재료 데이터 관리

```
names = ["김치찌개", "떡볶이"]
recipe = [
    ["돼지고기", "김치", "마늘", "마늘", "청양고추"],
    ["떡", "설탕", "고추장", "간장", "고춧가루", "대파", "어묵"],
]
```

딕셔너리를 사용한 요리별 재료 데이터 관리

```
recipe = {
    "김치찌개": ["돼지고기", "김치", "마늘", "마늘", "청양고추"],
    "떡볶이": ["떡", "설탕", "고추장", "간장", "고춧가루", "대파", "어묵"],
}
```

4. 딕셔너리를 사용한 이력서 데이터 관리

```
items = {
    "성명(한글)": "나한빛",
    "성명(영문)": "Na Hanbit",
    "주소": "서울시 서대문구",
    "취미 및 특기": {"취미": "독서", "특기": "글쓰기"},
    "저서": {
        "혼공 시리즈": ["혼공프로", "혼공파", "혼공씨", "혼공자바"],
        "이것이 시리즈": ["이것이 데이터 분석이다 with 파이썬", "이것이 C 언어다", "이
것이 자바다"],
    },
}
```

도전 문제

1. 소스 코드 /challenge/chal_04_02_01.py

```
cities = {
    "2024년": "파리",
    "2021년": "도쿄",
    "2016년": "리우데자네이루",
    "2012년": "런던",
    "2008년": "베이징",
}
print(cities)
```

해설

이 코드는 중괄호{...}를 사용해 딕셔너리를 만들고 화면에 출력합니다.

다음과 같이 작성할 수도 있습니다.

```
cities = {}
cities["2024년"] = "파리"
cities["2021년"] = "도쿄"
cities["2016년"] = "리우데자네이루"
cities["2012년"] = "런던"
cities["2008년"] = "베이징"
print(cities)
```

해설

이 코드는 먼저 중괄호{...}를 사용해 비어 있는 딕셔너리를 만든 뒤, 대괄호[...]를 사용해 딕셔너리에 요소를 하나씩 추가합니다.

2. 소스 코드 /challenge/chal_04_02_02.py

```
cities = {
    "2024년": "파리",
    "2021년": "도쿄",
    "2016년": "리우데자네이루",
    "2012년": "런던",
    "2008년": "베이징",
}

dict_keys = cities.keys()
keys = list(dict_keys)
print("개최년도:", keys)

dict_values = cities.values()
values = list(dict_values)
print("개최도시:", values)
```

해설

이 코드는 중괄호{...}를 사용해 딕셔너리 cities를 만들고, keys와 values 명령어를 사용해 딕셔너리의 키와 값을 추출하고 리스트로 저장합니다.

cities.keys()는 딕셔너리 cities에서 모든 키를 추출해 변수 dict_keys에 저장합니다. 이때 dict_keys는 리스트가 아니므로 list(dict_keys)를 사용해 데이터 세트 dict_keys를 리스트로 변환한 다음 변수 keys에 저장합니다.

cities.values()는 딕셔너리 cities에서 모든 값을 추출해 변수 dict_values에 저장합니다. 이때 dict_values는 리스트가 아니므로 list(dict_values)를 사용해 데이터 세트 dict_values를 리스트로 변환한 다음 변수 values에 저장합니다.

05-1 반복 알아보기

1.

```
5!
4!
3!
2!
1!
0!
```

해설

- 1줄: count 변수에 5를 저장합니다. 이 변수는 앞으로 반복 처리 횟수를 관리하는 도구로 사용됩니다.
- 2줄: while 반복문을 사용해서 조건식 'count 값이 0보다 크거나 같은가요?'의 결괏값이 True인 경우, 3~4줄을 반복 처리합니다. 현재 count는 5를 저장하고 있으므로, 이 조건식의 결괏값은 True가 되고, 3~4줄을 처리할 수 있습니다.
- 3줄: count 변수에 저장된 숫자를 문자 데이터로 변환하고(str 명령어 사용), "!" 문자 데이터와 연결한 결괏값을 화면에 출력합니다.

- 4줄: count 변수에서 1을 뺀 값을 count 변수에 다시 저장합니다. 이제 count는 4를 저장하고, 2줄로 돌아가서 조건식의 결괏값에 따라 3~4줄을 반복 처리할지 결정합니다. 이런 식으로 반복 처리를 할 때 중요한 것은 조건식에서 사용한 비교 연산자의 올바른 선택입니다.
- 이 예제에서는 '>='를 사용했기 때문에 count 값이 5부터 0이 될 때까지 총 6회 반복 처리하지만, 만약 '>'를 사용하면 count 값이 5부터 1이 될 때까지 총 5번 반복 처리합니다. 이처럼 조건식이 조금만 달라져도 프로그램의 결과는 크게 차이가 나기 때문에, while 반복문을 사용할 때는 항상 조건식의 정확한 관리가 중요합니다.

2.

```
5!
4!
3!
2!
1!
```

해설

- 1줄: 5부터 1까지 숫자 데이터를 저장한 리스트 데이터 세트를 만들고 변수 count에 저장합니다.
- 2줄: for 반복문을 사용해서 count에 저장된 데이터 개수만큼 3줄을 반복 처리합니다. 변수 x에는 매회 반복 처리할 때마다 count 데이터 세트에서 꺼낸 데이터가 저장됩니다.
- 3줄: x에 저장된 숫자 데이터를 문자 데이터로 변환하고, "!" 문자 데이터를 연결한 결괏값을 화면에 출력합니다.
- 이처럼 여러분이 의도한 대로 특정 횟수만큼 정확히 반복 처리하기 위해서는, 반복 처리할 횟수만큼의 데이터를 저장한 데이터 세트를 미리 준비하고, for 반복문을 사용해서 처리하는 것이 안전합니다.

3.

```
1
2
짝!
4
5
짝!
7
8
짝!
10
```

해설

- 1줄: range 명령어를 사용해서 10개의 숫자 데이터를 가진 레인지 데이터 세트를 만들고, count 변수에 저장합니다.
- 2줄: for 반복문을 사용해서 count 데이터 세트에 저장된 데이터 개수만큼 3~6줄을 반복 처리합니다. 변수 n은 매회 반복 처리할 때마다 0부터 9까지 숫자가 저장됩니다.
- 3줄: if~else 조건문을 사용해서 조건식 '(n + 1) % 3 == 0'의 결괏값이 True라면 4줄을 실행하고, False라면 6줄을 실행합니다. 이 조건식은 '현재 실행 횟수가 3의 배수인가요?'라는 의미입니다. 단, n이 0부터 9까지 저장되기 때문에, 1을 더해서 1부터 10까지 저장된 변수처럼 활용합니다.
- 4줄: 화면에 "짝!" 메시지를 출력합니다. 3줄의 조건식의 결괏값이 True일 때 실행됩니다.
- 5줄: 3줄의 조건식의 결괏값이 False일 때 실행됩니다. else는 별다른 처리를 하지 않고, 바로 다음 줄의 코드를 실행합니다.
- 6줄: 변수 n에 1을 더한 결괏값을 화면에 출력합니다.
- 이 프로그램은 369 게임을 for 반복문을 사용해서 만든 것입니다. 첫 번째 반복 시에는 n에 0이 저장되고, 따라서 조건식의 결과는 False 가 되므로 6줄을 실행합니다. 총 10회 반복 할 때마다 n 변수, 조건식 결괏값, 처리되는 명령어, 화면 출력값을 정리하면 다음 표와 같습니다.

반복 횟수	n	(n + 1) % 3 != 0	처리되는 명령어	화면 출력값
1	0	True	print(n + 1)	1
2	1	True	print(n + 1)	2
3	2	False	print("짝!")	짝!
4	3	True	print(n + 1)	4
5	4	True	print(n + 1)	5
6	5	False	print("짝!")	짝!
7	6	True	print(n + 1)	7
8	7	True	print(n + 1)	8
9	8	False	print("짝!")	짝!
10	9	True	print(n + 1)	10

4.

```
혼자
공부하는
첫 프로그래밍!
```

해설

- 1줄: 5개의 문자 데이터를 저장한 리스트 데이터 세트를 만들고, words 변수에 저장합니다.
- 2줄: for 반복문을 사용해서 words 데이터 세트에 저장된 데이터 개수만큼 3~6줄을 반복 처리합니다. 변수 x는 매회 반복 처리할 때마다 "혼자", "공부하는", "첫", "프로그래밍", "!" 문자 데이터가 저장됩니다.
- 3줄: if 조건문을 사용해서 조건식 'x == "첫"'의 결괏값이 True일 때 4~5줄을 처리하고, False일 때는 6줄을 처리합니다. 이 조건식은 'x에 저장된 데이터가 "첫" 문자 데이터인가요?'라는 의미입니다.
- 4줄: 만약 x에 저장된 데이터가 "첫" 문자 데이터라면, "첫 프로그래밍!"을 화면에 출력하고, 5줄을 실행합니다.
- 5줄: break 명령어를 사용해서 현재 진행 중인 반복 처리를 중단하고, 전체 for 반복문을 종료합니다. 따라서 5줄의 명령어가 실행되면 6줄은 처리되지 않습니다.

- 6줄: x에 저장된 데이터가 "첫" 문자 데이터가 아니라면, x에 저장된 데이터를 화면에 출력합니다. 따라서 "혼자", "공부하는" 등 2개의 문자 데이터만 화면에 출력하고, x에 "첫"이 저장되면 3줄의 조건식이 True가 되므로, 4~5줄을 실행 후 for 반복문을 종료합니다.

5.

```
10!
20!
```

해설

- 1줄: range 명령어를 사용해서 20개의 숫자 데이터를 저장한 레인지 데이터 세트를 만들고, count 변수에 저장합니다.
- 2줄: for 반복문을 사용해서 count 데이터 세트에 저장된 데이터 개수만큼 3~5줄을 반복 처리합니다. 변수 x는 매회 반복 처리할 때마다 0부터 19까지 20개의 데이터가 차례대로 저장됩니다.
- 3줄: if 조건문을 사용해서 조건식 '((x + 1) % 10) != 0'의 결괏값이 True인 경우 4줄을 처리하고, False인 경우 5줄을 처리합니다. 이 조건식의 의미는 '현재 진행 중인 반복 횟수가 10의 배수가 아닌가요?' 변수 x는 0부터 시작하기 때문에 1부터 시작하는 횟수로 바꾸기 위해서 x를 (x + 1)로 바꿨습니다.
- 4줄: continue 명령어를 사용해서 현재 진행 중인 반복 처리를 중단하고, 다음 횟수의 반복 처리를 합니다.
- 5줄: 현재 진행 중인 반복 처리 횟수를 문자 데이터로 변환하고, "!" 문자 데이터와 연결한 결괏값을 화면에 출력합니다.

도전 문제

1. 소스 코드 /challenge/chal_05_01_01.py

```
for n in range(51):
    if (n + 1) % 10 == 0:
        print(n + 1)
```

해설

range(51)은 0부터 50까지 숫자를 생성합니다. for 반복문의 n은 레인지 데이터 세트에서 숫자를 순서대로 꺼내 저장하고, n이 50이 될 때까지 반복문을 실행합니다.

조건문은 n+1을 10으로 나눈 나머지가 0인지 검사합니다. 이때 n이 0부터 시작하기 때문에 n에 1을 더해 1부터 시작하게 만들었습니다. n+1이 조건을 만족하면 10의 배수입니다.

더 간단하게 작성할 수도 있습니다.

```
for n in range(10, 51, 10):
    print(n)
```

해설

range(10, 51, 10)은 10부터 50까지 10씩 증가하는 숫자를 생성합니다. for 반복문의 n은 순서대로 10, 20, 30, 40, 50을 저장합니다.

2. 소스 코드 /challenge/chal_05_01_02.py

```
result = []
for n in range(10):
    result.append(10 - n)
print(result)
```

해설

이 코드는 먼저 비어 있는 리스트 result를 생성합니다.

반복문의 range(10)은 0부터 9까지 숫자를 생성합니다. for 반복문의 n은 레인지 데이터 세트에서 숫자를 순서대로 꺼내 저장하고, n이 9가 될 때까지 반복문을 실행합니다.

반복문이 실행되는 동안 append 명령어를 사용해 result 리스트에 끝에 데이터를 추가합니다. 반복문이 실행되는 동안 n과 10−n, 리스트 result가 어떻게 변화하는지 다음 표를 통해 확인해 보세요.

n	10-n	result
0	10	[10]
1	9	[10, 9]
2	8	[10, 9, 8]
3	7	[10, 9, 8, 7]
4	6	[10, 9, 8, 7, 6]
5	5	[10, 9, 8, 7, 6, 5]
6	4	[10, 9, 8, 7, 6, 5, 4]
7	3	[10, 9, 8, 7, 6, 5, 4, 3]
8	2	[10, 9, 8, 7, 6, 5, 4, 3, 2]
9	1	[10, 9, 8, 7, 6, 5, 4, 3, 2, 1]

더 간단하게 작성할 수도 있습니다.

```
result = list(range(10, 0, -1))
print(result)
```

해설

이 코드의 첫 번째 줄은 괄호 가장 안쪽에서부터 해설해야 합니다. 먼저 range(10, 0, −1)은 10부터 1까지 −1씩 감소하는 숫자를 생성합니다. 이때 range 명령어의 결괏값은 레인지 데이터 세트이므로, list 명령어를 사용해 리스트로 변환한 다음 변수 result에 저장합니다.

05-2 데이터 세트와 for 반복문

1.

```
플
랫
화
이
트
```

해설

- 1줄: "플랫화이트" 문자열(여러 개의 문자를 하나의 세트로 만든 문자 데이터)을 만들고 coffee 변수에 저장합니다.
- 2줄: for 반복문을 사용해서 coffee 문자열의 문자 개수만큼 3줄을 반복 처리합니다. 변수 x에는 매회 반복 처리할 때마다 "플", "랫", "화", "이", "트"가 저장됩니다.
- 3줄: 변수 x에 저장된 문자 데이터를 화면에 출력합니다.

2.

```
2!
4!
6!
8!
10!
```

해설

- 1줄: 1부터 10까지 숫자 데이터를 저장한 리스트를 만들고 count 변수에 저장합니다.
- 2줄: for 반복문을 사용해서 count 데이터 세트에 저장된 데이터 개수만큼 3~4줄을 반복 처리합니다. 변수 x에는 매회 반복 처리할 때마다 1부터 10까지 숫자 데이터가 저장됩니다.
- 3줄: if 조건문으로 조건식 'x % 2 == 0'의 결괏값이 True일 경우 4줄을 실행합니다. 이 조건식의 의미는 'x가 2의 배수인가요?'입니다. 따라서 x가 2의 배수일 때만 4줄을 실행합니다.
- 4줄: x에 저장된 숫자 데이터를 문자 데이터로 바꾸고, "!" 문자를 연결한 결괏값을 화면에 출력합니다.

3.

```
3
6
9
12
15
```

해설

- 1줄: range 명령어를 사용해서 0부터 1씩 증가하는 숫자 데이터를 5개 저장한 레인지 데이터 세트를 만들고 five 변수에 저장합니다.
- 2줄: for 반복문을 사용해서 five 데이터 세트의 데이터 개수만큼 3줄을 반복 처리합니다. 이때 변수 x에는 매회 반복 처리할 때마다 0, 1, 2, 3, 4가 차례대로 저장됩니다.
- 3줄: 변수 x에 저장된 값에 1을 더하고, 3을 곱한 결괏값을 화면에 출력합니다. 이 코드는 five에 저장된 데이터 개수만큼 반복 처리되는데, 결국 3의 배수를 5번 출력하게 됩니다.

4.

```
아메리카노 : 3100
플랫 화이트 : 4100
화이트 초콜릿 모카 : 4600
```

해설

- 1줄: 커피 이름을 담은 문자 데이터 3개를 리스트로 만들고, order 변수에 저장합니다.
- 2줄: 커피 가격을 담은 숫자 데이터 3개를 리스트로 만들고, price 변수에 저장합니다.
- 3줄: for 반복문을 사용해서 데이터 개수(3개)만큼 4줄을 반복 처리합니다. 이때 for 반복문의 반복 횟수를 결정할 데이터 세트로 range(3) 코드로 만든 레인지 데이터 세트를 사용합니다. 변수 x는 매회 반복 처리할 때마다 0, 1, 2가 저장됩니다.
- 4줄: x에 저장된 인덱스 번호를 사용해서 order 리스트와 price 리스트에 저장된 데이터를 하나씩 꺼내 화면에 출력합니다.

5.

```
990
120
990
120
```

해설

- 1줄: 숫자 데이터 2개를 저장한 리스트를 만들고, scores 변수에 저장합니다.

- 2줄: scores 데이터 세트에서 0번 인덱스에 저장된 데이터를 화면에 출력합니다. 리스트는 인덱스로 데이터에 접근할 수 있다는 사실을 기억하세요.
- 3줄: scores 데이터 세트에서 1번 인덱스에 저장된 데이터를 화면에 출력합니다.
- 5줄: 숫자 데이터 2개에 각각 "TOEIC", "TOEFL iBT" 이름표를 붙여서 딕셔너리를 만들고, scores 변수에 저장합니다.
- 6줄: scores 데이터 세트에서 "TOEIC" 이름표가 붙은 데이터를 화면에 출력합니다. 딕셔너리는 이름표로 데이터에 접근할 수 있다는 사실을 기억하세요.
- 7줄: scores 데이터 세트에서 "TOEFL iBT" 이름표가 붙은 데이터를 화면에 출력합니다.

6.

```
아메리카노 : 3100
플랫 화이트 : 4100
화이트 초콜릿 모카 : 4600
```

해설

- 1줄: 커피 이름을 담은 문자 데이터 3개를 리스트로 만들고, order 변수에 저장합니다.
- 2~6줄: 커피 가격을 담은 숫자 데이터 3개에 각각 이름표를 붙인 딕셔너리를 만들고, price 변수에 저장합니다.
- 8줄: for 반복문을 사용해서 order 데이터 세트의 데이터 개수만큼 9줄을 반복 처리합니다. 변수 x는 매회 반복 처리할 때마다 "아메리카노", "플랫 화이트", "화이트 초콜릿 모카"가 저장됩니다.
- 9줄: x에 저장된 문자 데이터를 이름표로 사용해서 price 딕셔너리에서 가격 데이터를 꺼내고, 이름표와 함께 화면에 출력합니다.

7.

```
6
15
```

해설

- 1줄: 리스트의 데이터로 다른 리스트를 저장한 2차원 리스트를 만들고 변수 numbers에 저장합니다. 2차원 리스트는 이 책의 [04-2]절에서 다루었습니다. numbers 리스트에 저장된 첫 번째 데이터는 [1, 2, 3] 리스트가 되고, 두 번째 데이터는 [4, 5, 6] 리스트가 됩니다.
- 3줄: for 반복문을 사용해서 numbers 리스트에 저장된 데이터 개수만큼 반복 처리합니다. 이때 매회 반복 시마다 변수 row에는 [1, 2, 3]과 [4, 5, 6] 리스트가 차례대로 저장됩니다.
- 4줄: 숫자 데이터 0을 만들고 변수 total에 저장합니다. total 변수는 3줄의 for 반복문 내부(코드 블록)에서 만들었기 때문에 4~7줄에서 사용 가능합니다. 이 변수는 앞으로 row에 저장된 리스트 데이터의 합계를 저장할 것입니다.
- 5줄: 새로운 for 반복문을 사용해서 row 리스트에 저장된 데이터 개수만큼 반복 처리합니다. 이때 매회 반복 시마다 변수 x에는 1, 2, 3(row 리스트 값이 [1, 2, 3]일 때) 또는 4, 5, 6(row 리스트 값이 [4, 5, 6]일 때)이 차례대로 저장됩니다.
- 6줄: 4줄에서 만든 total 변수에 5줄의 x에 저장된 숫자 데이터를 저장합니다. 3줄의 row 리스트 값이 [1, 2, 3]일 때 x는 1, 2, 3이 되므로 total에는 총 6이 저장되고, row 리스트 값이 [4, 5, 6]일 때 x는 4, 5, 6이 되므로 total에는 총 15가 저장됩니다.
- 7줄: total 변수에 저장된 값을 화면에 출력합니다.

8.

```
플랫 화이트 2잔, 합계 : 8200
화이트 초콜릿 모카 1잔, 합계 : 4600
```

해설

- 1~7줄: 커피 메뉴별 이름과 가격을 딕셔너리로 만들고, menu 변수에 저장합니다.
- 9~12줄: 커피 이름과 주문량을 딕셔너리로 만들고, my_order 변수에 저장합니다.
- 14줄은 for 반복문을 사용해서 my_order 데이터 세트에 저장된 데이터 개수(2개)만큼 15~18줄을 반복 처리합니다. 변수 x는 매회 반복 처리할 때마다 "플랫 화이트", "화이트 초콜릿 모카"를 저장합니다. 딕셔너리를 for 반복문에 사용하는 경우, 딕셔너리 데이터의 이름표가 x 변수에 저장된다는 사실을 기억해 주세요(리스트는 데이터 그 자체가 저장됨).

- 15줄: x에 저장된 메뉴 이름을 활용하여 menu에서 가격을 뽑아서 price 변수에 저장합니다.
- 16줄: x에 저장된 메뉴 이름을 활용하여 my_order에서 주문량을 뽑아서 qty 변수에 저장합니다.
- 17줄: 가격(price)과 주문량(qty)을 곱셈한 결괏값을 total 변수에 저장합니다.
- 18줄: 메뉴 이름(x), 주문량(qty), 총 주문가격(total)을 화면에 출력합니다.

도전 문제

1. 소스 코드 /challenge/chal_05_02_01.py

```
list_1 = ["파이썬", "자바", "C언어"]
list_2 = []

for idx in range(len(list_1)):
    temp = [idx, list_1[idx]]
    list_2.append(temp)

print(list_1, ">>>", list_2)
```

해설

이 코드는 "파이썬", "자바", "C언어"를 요소로 갖는 리스트 list_1을 생성하고, 비어 있는 리스트 list_2를 생성합니다.

반복문의 len(list_1)은 리스트 list_1의 요소의 개수를 리턴합니다. list_1에는 세 개의 문자 데이터가 있으므로 range(len(list_1)) 명령어는 range(3)과 같습니다. 따라서 for 반복문의 변수 idx에는 0, 1, 2가 차례대로 저장됩니다.

변수 temp는 변수 idx와 list_1의 데이터를 저장하는 리스트입니다. 반복문이 실행되며 idx와 list_1[idx], temp 리스트가 어떻게 변화하는지 다음 표를 통해 확인해 보세요.

idx	list_1[idx]	temp
0	"파이썬"	[0, "파이썬"]
1	"자바"	[1, "자바"]
2	"C언어"	[2, "C언어"]

append 명령어를 사용해서 리스트 temp를 list_2에 순서대로 저장합니다.

반복문이 종료되면 list_1과 list_2를 화면에 출력합니다.

range 명령어를 사용하지 않는 경우 다음과 같이 작성할 수도 있습니다.

```
list_1 = ["파이썬", "자바", "C언어"]
list_2 = []

idx = 0
for value in list_1:
    temp = [idx, value]
    list_2.append(temp)
    idx = idx + 1

print(list_1, ">>>", list_2)
```

해설

이 코드의 변수 idx는 숫자 0을 저장합니다.

for 반복문의 변수 value는 list_1의 요소를 차례대로 저장합니다. list_1의 요소의 개수만큼 반복문을 실행합니다. 앞서 살펴본 range를 사용한 코드와 다른 점은 변수 idx에 1을 더하는 코드를 추가한 것입니다. 반복문이 실행되며 변수value와 idx, 리스트 temp가 어떻게 변화하는지 확인해 보세요.

value	temp	idx
		0
"파이썬"	[0, "파이썬"]	1
"자바"	[1, "자바"]	2
"C언어"	[2, "C언어"]	

2. 소스 코드 /challenge/chal_05_02_02.py

```
list_key = ["종목", "날짜", "종가"]
list_value = ["엔비디아", "2024-02-26", 790.92]

dict_price = {}
for idx in range(len(list_key)):
    key = list_key[idx]
    value = list_value[idx]
    dict_price[key] = value

print(dict_price)
```

해설

이 코드의 변수 dict_price는 비어 있는 딕셔너리입니다.

for 반복문의 len(list_key)는 list_key의 요소의 개수를 리턴합니다. 리스트 list_key에는 세 개의 문자 데이터가 있으므로 range(len(list_key)) 명령어는 range(3)과 같습니다. for 반복문의 변수 idx에는 차례대로 0, 1, 2가 저장됩니다. 반복문이 실행되는 동안 idx와 list_key[idx], list_value[idx] 그리고 dict_price가 어떻게 변화하는지 다음 표를 통해 확인해 보세요.

idx	list_key[idx]	list_value[idx]	dict_price
0	"종목"	"엔비디아"	{"종목": "엔비디아"}
1	"날짜"	"2024-02-26"	{"종목": "엔비디아", "날짜": "2024-02-26"}
2	"종가"	790.92	{"종목": "엔비디아", "날짜": "2024-02-26", "종가": 790.92}

반복문이 종료되면 화면에 dict_price 딕셔너리를 출력합니다.

06-1 함수 활용하기

1.

```
(1) 함수 헤더 : def add(first, second)
(2) 함수 보디 : return first + second
(3) 매개변수 : first, second
(4) 인수 : 3, 2
(5) 리턴값 : 5
```

2.

```
01:  None
02:  None
```

해설

- 1~2줄: 함수 no_return은 return 명령어를 사용하지 않는 함수입니다. 따라서 리턴값이 없는 함수입니다. 리턴값이 없는 함수는 자동으로 None을 리턴합니다.
- 4~5줄: 함수 no_return_value는 return 명령어만 사용한 함수입니다. 이러한 경우 파이썬은 자동으로 None을 리턴합니다.
- 7~8줄: no_return 함수와 no_return_value 함수는 모두 None을 리턴하므로, 각 리턴값인 None을 화면에 출력합니다(실행 결과 1, 2줄).

3.

```
Sun
is
rising
```

해설

- 1~3줄: 함수 print_element는 함수 호출 시 전달받은 인수를 매개변수 arg에 저장하고, for 구조를 활용해서 매개변수 arg에 저장된 요소를 하나씩 꺼내 화면에 출력하는 처리를 반복합니다.
- 5줄: 함수 print_element를 호출하면서 인수로 "Sun", "is", "rising" 문자 데이터를 요소로 갖

는 리스트를 전달합니다. 이 인수는 함수 print_element의 매개변수 arg에 전달되고, 함수 보디 2~3줄에 의해 각 요소가 화면에 출력됩니다(실행 결과 1~3줄).

4.

```
9
0.01
```

해설

- 1~2줄: 함수 power를 정의합니다. 이 함수는 매개변수 base에 전달된 값을 매개변수 exp만큼 제곱한 값을 리턴합니다. 즉 base_exp 값을 구하는 함수죠.
- 4줄: 함수 power를 호출하면서 인수로 3과 2를 전달합니다. 따라서 3의 2제곱인 9를 리턴값으로 얻을 수 있고, 이 값을 화면에 출력합니다(실행 결과 1줄).
- 5줄: 함수 power를 호출하면서 인수로 10과 −2를 전달합니다. 따라서 10의 −2제곱인 0.01을 리턴값으로 얻을 수 있고, 이 값을 화면에 출력합니다(실행 결과 2줄).

5.

```
[9, 4, 25]
[104329, 3600]
```

해설

- 1~5줄: 함수 square는 주어진 인수의 각 요소를 제곱한 값을 리턴하는 함수입니다.
- 2줄: 결괏값을 저장할 목적으로 빈 리스트 데이터 세트를 만들고, 변수 result에 저장합니다.
- 3줄: 매개변수 dataset에는 함수 호출 시 전달된 인수가 저장됩니다. for 구조를 사용해서 dataset에 저장된 요소를 하나씩 변수 x에 저장하고 4줄의 명령어를 반복 처리합니다.
- 4줄: x를 2번 곱해서 제곱한 값(x * x)을 result 데이터 세트에 추가합니다. 리스트 데이터 세트 명령어 append는 인수로 전달된 데이터를 리스트의 끝에 추가하는 기능을 합니다. 4줄의 명령어는 arg에 저장된 요소 개수만큼 반복 처리됩니다.
- 5줄: result에 저장된 리스트 데이터 세트를 리턴합니다.
- 7줄: 함수 square를 호출하면서 [3, 2, 5]를 인수로 전달합니다. sqaure는 리스트 데이터 세트

의 각 요소를 제곱한 값을 리턴하므로, [9, 4, 25]를 화면에 출력합니다(실행 결과 1줄).

- 8줄: 함수 호출 시 [323, 60]을 인수로 전달하고, 그 결과 [104329, 3600]을 화면에 출력합니다(실행 결과 2줄).

6.

```
[['my_key', 'my_value'], ['your_key', 'your_value']]
```

해설

- 1줄 : 함수 dict_to_list는 인수로 전달된 딕셔너리 데이터 세트를 리스트 데이터 세트로 변환하는 기능을 하는 함수입니다.
- 2줄 : 이 함수의 결괏값을 저장할 리스트 데이터 세트를 만들고, 변수 result 에 저장합니다.
- 3줄 : 함수 호출 시 인수로 전달된 데이터는 매개변수 dataset에 저장됩니다. for 구조를 활용해서 dataset 의 각 요소를 하나씩 꺼내 반복 처리합니다.
- 4줄 : 변수 x는 딕셔너리 데이터 세트 dataset에 저장된 각 요소의 키(key)를 의미하고, 명령어 dataset[x] 은 각 요소의 값(value)을 의미합니다. 딕셔너리 데이터 세트의 각 요소를 [키, 값]의 형식으로 리스트 데이터 세트로 변환하고([x, dataset[x]]), 리스트 데이터 세트 명령어 append를 사용해서 이 데이터를 result에 추가합니다.
- 7줄 : 함수 호출 시 인수로 사용할 딕셔너리 데이터 세트를 만들고, 변수 data에 저장합니다. 이 딕셔너리 데이터 세트는 2개의 요소를 가지고 있고, 각 요소의 키(key)는 "my_key", "your_key" 문자 데이터입니다.
- 8줄 : dict_to_list 함수를 호출하면서 인수로 7줄에서 만든 딕셔너리 데이터 세트를 전달합니다. dict_to_list 함수는 딕셔너리 데이터 세트의 각 요소를 [요소의 키, 요소의 값] 형식으로 리스트 데이터 세트로 변환한 값을 리턴합니다(실행 결과 1줄).

7.

```
[10, 9, 8, 7, 6, 5, 4, 3, 2, 1]
```

해설

- 1줄: count_down 함수를 정의합니다. 이 함수는 1개의 입력값을 받을 수 있고, 함수에 전달

된 입력값은 매개변수 number에 저장됩니다.

- 2줄: 비어있는 리스트를 만들고 변수 result에 저장합니다.
- 3줄: 파이썬 range 명령어(함수)를 사용해서 0부터 number−1까지 숫자 데이터를 저장한 레인지 데이터 세트를 만들고, 이 레인지 데이터 세트에 저장된 숫자 데이터 개수만큼 for 반복문을 사용해서 4줄을 반복 처리합니다. 이때 변수 x에는 매회 반복 처리 시 0부터 number−1까지 숫자가 차례대로 저장됩니다.
- 4줄: 리스트 데이터 세트 명령어 append를 사용해서 result 리스트 끝에 (number − x)를 계산한 결괏값을 저장합니다. 예를 들어 number가 10인 경우, 첫 번째 반복 처리 시에는 x에 저장된 값이 0이므로, (10 − 0)을 계산한 결괏값을 result에 추가합니다.

```
result.append(number - x)
→ result.append(10 - 0)
→ result.append(10)
```

- number가 10인 경우 매회 반복 처리 시마다 number, x, result에 저장된 값의 변화를 표로 나타내면 다음과 같습니다.

반복 횟수	number	x	number − x	result.append()	result
1	10	0	10	result.append(10)	[10]
2	10	1	9	result.append(9)	[10, 9]
3	10	2	8	result.append(8)	[10, 9, 8]
4	10	3	7	result.append(7)	[10, 9, 8, 7]
5	10	4	6	result.append(6)	[10, 9, 8, 7, 6]
6	10	5	5	result.append(5)	[10, 9, 8, 7, 6, 5]
7	10	6	4	result.append(4)	[10, 9, 8, 7, 6, 5, 4]
8	10	7	3	result.append(3)	[10, 9, 8, 7, 6, 5, 4, 3]
9	10	8	2	result.append(2)	[10, 9, 8, 7, 6, 5, 4, 3, 2]
10	10	9	1	result.append(1)	[10, 9, 8, 7, 6, 5, 4, 3, 2, 1]

- 5줄: 2~4줄의 코드 처리 후 result에 저장된 리스트를 리턴합니다.

• 7줄: cound_down 함수를 호출하면서 10을 입력값으로 전달한 뒤, 그 리턴값(함수 호출 결괏값)을 화면에 출력합니다. 만약 10을 입력값으로 전달하면 위 표와 같이 [10, 9, 8, 7, 6, 5, 4, 3, 2, 1]을 화면에 출력합니다.

도전 문제

1. 소스 코드 /challenge/chal_06_01_01.py

```
def split_tags(tags):
    hash_removed = tags.replace("#", "")
    list_tags = hash_removed.split(",")
    return list_tags
```

해설

함수 split_tags의 보디 첫 번째 줄은 replace 명령어를 사용해 문자 데이터 tags에 포함된 해시태그(#)를 제거하고, 변수 hash_removed에 저장하는 코드입니다.

해시태그(#)를 제거한 다음 split 명령어를 사용해서 콤마(,)를 기준으로 문자 데이터를 분리하고 리스트로 저장합니다.

함수 split_tags는 문자 데이터를 요소로 갖는 리스트 list_tags를 리턴합니다. 각 명령어가 실행될 때마다 결괏값이 어떻게 변화하는지 다음 표를 통해 확인해 보세요.

tags	hash_removed	list_tags
"#파이썬, #자바"	"파이썬, 자바"	["파이썬", "자바"]

2. 소스 코드 /challenge/chal_06_01_02.py

```
def gugudan(number):
    for n in range(1, 10):
        print(str(number) + " x " + str(n) + " = " + str(number * n))
```

```
def main():
    user_input = input("숫자를 입력하세요: ")
    user_input = int(user_input)

    if user_input >= 2 and user_input <= 9:
        gugudan(user_input)
    else:
        print("숫자 2~9까지 입력 가능합니다.")
```

해설

main 함수부터 살펴봅니다. 먼저 input 명령어를 사용해 사용자로부터 숫자 데이터를 입력받고 변수 user_input에 저장합니다. input 명령어로 받은 데이터는 모두 문자 데이터로 취급되므로 int 명령어를 사용해 직접 정수로 변환해야 합니다.

if 조건문은 입력받은 숫자 데이터가 2 이상 9 이하인지 검사하고, 조건식의 결괏값이 True이면 함수 gugudan을 실행합니다. 조건식의 결괏값이 False이면 안내문을 출력합니다.

함수 gugudan은 사용자로부터 받은 숫자 데이터 number를 입력값으로 받아 구구단을 출력하는 함수입니다. 반복문의 range는 1부터 9까지 숫자를 생성하고, 레인지 데이터 세트의 숫자가 변수 n에 차례대로 저장됩니다.

반복문은 총 9번 실행됩니다. str 명령어는 주어진 데이터를 문자 데이터로 변환합니다. number가 3일 때, 반복문이 실행될 때마다 n과 str(number*n)가 어떻게 변화하는지 다음 표를 통해 확인하세요.

n	number*n	str(number*n)
1	3	"3"
2	6	"6"
3	9	"9"
4	12	"12"
5	15	"15"
6	18	"18"

7	21	"21"
8	24	"24"
9	27	"27"

06-2 다양한 함수의 사례

1.

```
True
False
```

해설

- 1줄: 함수 is_odd는 함수 호출 시 전달된 입력값이 홀수(odd)인지 여부를 판단하고, 그 결괏값을 리턴하는 함수입니다.
- 2~3줄: 나머지 연산자(%)를 사용해서 매개변수 arg에 저장된 입력값을 2로 나눈 나머지를 구하고(arg % 2), 그 값이 1과 같으면(입력값이 홀수라면) 불 데이터 True를 리턴합니다. 한편, 3줄의 return 명령어가 실행되면 True를 리턴하면서 함수를 종료합니다. 즉 4줄은 실행되지 않습니다. 이러한 리턴 방식을 '조기 리턴'이라고 합니다.
- 4줄: 숫자 데이터를 2로 나눈 나머지는 0 또는 1인데, 나머지가 1인 경우(홀수)는 2~3줄에 의해 처리되고, 나머지가 0인 데이터(짝수)는 4줄에서 처리됩니다. 따라서 4줄에서는 False를 리턴합니다.
- 6줄: 함수 is_odd를 호출하면서 입력값으로 3을 전달합니다. 3은 홀수이므로, 함수의 리턴값으로 True를 얻을 수 있고, 이 값을 화면에 출력합니다(실행 결과 1줄).
- 7줄: 2는 짝수이므로, 함수의 리턴값으로 False를 얻을 수 있고, 이 값을 화면에 출력합니다(실행 결과 2줄).

2.

```
55
5050
```

해설

- 1줄: 함수 get_sum_of_two_numbers는 start부터 end까지 합계를 구하고, 그 값을 리턴하는 함수입니다.
- 2줄: 합계를 저장할 변수 result를 만들고, 초깃값으로 0을 저장합니다.
- 3~4줄: 파이썬 내장함수 range를 이용해서 start부터 end+1까지 레인지 데이터 세트를 만들고, for 구조를 사용해서 각 요소를 반복 처리합니다.
- 4줄: 합계를 저장할 result에 x(레인지 데이터 세트의 각 요소가 저장됨)를 더합니다. 이 명령어는 모든 레인지 데이터 세트의 요소에 반복 적용합니다.
- 5줄: 합계를 저장한 result를 리턴합니다.
- 7줄: 함수 호출 시 1과 10을 입력값으로 전달하고, 1부터 10까지 합계를 결괏값으로 얻을 수 있습니다. 이 결괏값을 화면에 출력합니다(실행 결과 1줄).
- 8줄: 함수 호출 시 1과 100을 입력값으로 전달하고, 1부터 100까지 합계를 결괏값으로 얻을 수 있습니다(실행 결과 2줄).

3.

```
#
##
###
```

해설

- 1줄: 함수 print_hashes를 정의합니다. 함수의 입력값으로 전달된 데이터는 매개변수 rows에 저장되고, rows는 함수 보디 2~3줄에서 사용할 수 있습니다.
- 2줄: for 반복문을 사용해서 rows에 저장된 숫자만큼 3줄을 반복 처리합니다. 만약 함수 입력값으로 3이 전달된 경우, range(3) 코드는 0부터 1씩 증가하는 숫자 3개를 저장한 레인지 데이터 세트를 만들기 때문에, 변수 x는 매회 반복 처리할 때마다 0, 1, 2를 저장합니다.
- 3줄: x에 1을 더한 값만큼 "#"를 반복 연결한 결괏값을 화면에 출력합니다.

• 5줄: print_hashes 함수를 실행하는 코드입니다. 입력값으로 전달한 3은 1줄의 매개변수 rows에 저장됩니다.

4.

```
   #
  ##
 ###
####
```

해설

• 1줄: 함수 print_reverse_hashes를 정의합니다. 함수의 입력값으로 전달된 데이터는 매개변수 rows에 저장되고, rows는 함수 보디 2~4줄에서 사용할 수 있습니다.

• 2줄: for 반복문을 사용해서 rows에 저장된 숫자만큼 3~4줄을 반복 처리합니다. 만약 함수 입력값으로 4가 전달된 경우, range(4) 코드는 0부터 1씩 증가하는 숫자 4개를 저장한 레인지 데이터 세트를 만들기 때문에, 변수 x는 매회 반복 처리할 때마다 0, 1, 2, 3을 저장합니다.

• 3줄: 변수 x에 저장된 값에 1을 더한 값을 count 변수에 저장합니다. count 변수는 현재 실행 횟수를 1부터 시작하도록 만드는 데 사용합니다.

• 4줄: 현재 실행 횟수(count)만큼 "#" 문자를 반복 연결한 결괏값을 화면에 출력합니다. 다만 매회 반복 출력할 때마다 전체 실행 횟수(rows)에서 현재 실행 횟수(count) 값을 차감한 만큼 빈칸을 출력해서, 위 3번 문제의 결괏값을 세로로 뒤집은 모양을 출력합니다.

• 6줄: print_reverse_hashes 함수를 실행하는 코드입니다. 입력값으로 전달한 4는 1줄의 매개변수 rows에 저장됩니다.

5.

```
010-1234-****
010-9876-****
```

해설

• 1줄: 함수 replace_digits는 주어진 전화번호의 마지막 4자리를 별표로 변환한 값을 리턴하는 함수입니다.

• 2줄: 마지막 4자리 번호를 제거하기 위해서, 매개변수 str_에 저장된 함수의 입력값에 슬라이싱 [:9]를 적용하고, 마지막에 "****"를 연결해서 리턴합니다.

• 4줄: 함수를 호출하면서 문자 데이터 "010-1234-5678"을 전달합니다. 그 결괏값으로 "010-1234-****"를 얻을 수 있습니다(실행 결과 1줄).

• 5줄: 함수를 호출하면서 문자 데이터 "010-9876-5432"를 전달합니다. 그 결괏값으로 "010-9876-****"를 얻을 수 있습니다(실행 결과 2줄).

도전 문제

1. 소스 코드 /challenge/chal_06_02_01.py

```
def trunc(arg, n):
    times = 10**n
    return int(arg * times) / times
```

해설

함수 trunc는 부동 소수점 수 arg와 숫자 데이터 n을 입력값으로 받습니다. 함수의 보디는 10의 n 제곱수를 연산하여 변수 times에 저장합니다. 함수의 리턴값에 있는 int 명령어는 주어진 데이터를 정수로 변환합니다. 함수 trunc는 arg*times를 정수로 변환하고 다시 times로 나눈 값을 리턴합니다.

arg가 0.325이고 n이 2일 때, 함수의 보디와 결괏값에 있는 변수 times, arg*times, int(arg*times)가 어떻게 연산되는지 다음 표를 통해 확인해 보세요.

times	arg*times	int(arg*times)	int(arg*times)/times
100	32.5	32	0.32

2. 소스 코드 /challenge/chal_06_02_02.py

```
def get_length(arg):
    cnt = 0
    for i in arg:
        cnt = cnt + 1
    return cnt
```

해설

함수 get_length는 문자 데이터 arg를 입력값으로 받고 숫자 데이터 cnt를 리턴합니다.

함수의 보디에 있는 for 반복문은 arg의 각 요소를 변수 i에 저장하고 arg의 길이만큼 반복문을 실행합니다. 반복문이 실행되는 동안 변수 cnt가 1씩 증가하며 arg의 요소의 개수를 세는 셈입니다. arg가 ["a", "b", "c"]일 때, 반복문이 실행되는 동안 변수 i와 cnt가 어떻게 변화하는지 다음 표를 통해 확인해 보세요.

i	cnt
	0
"a"	1
"b"	2
"c"	3

찾아보기

한글

영문